刘同舫学术文丛

刘同舫◎著

MAKESI DE ZHEXUE LICHANG

马克思的哲学立场

人民出版社

作 者 简 介

刘同舫，男，1966年生，湖北天门市人，法学博士，浙江大学“文科领军人才”，浙江大学马克思主义学院院长、教授、博士生导师、一级学科带头人。主要研究领域：马克思主义哲学。在《中国社会科学》等刊物发表论文150多篇，被《新华文摘》等转载45篇；出版学术专著7部、主编教材5部；主持国家社科基金项目4项（含重大项目和重点项目各1项）、省部级项目6项；成果获省部级奖励9项。享受国务院政府特殊津贴，入选“国家百千万人才工程”国家级人才，被授予“国家有突出贡献中青年专家”，获评全国“高校思想政治理论课教师年度影响力标兵人物”，入选广东省委宣传部“宣传思想文化领军人才”和“十百千工程”优秀人才。兼任教育部高校思想政治理论课教学指导委员会委员、浙江省高校马克思主义理论教育研究会副会长等社会职务。

ZUOZHE JIANJIE

总　序

系列文丛是我近年来公开发表的学术论文的有机融合。系列文丛选取并加以整理的论文，绝大多数为我本人独自撰写的，也挖掘了与我的硕士、博士研究生合作撰写的成果。我对大部分论文的内容重新做了较大程度的修改，并根据著作结构的整体需要对部分论文的原有题目及一级标题做了相应改动。系列文丛大致反映了我近年来的学术关注点与研究范围以及学术主张与思想追求。

系列文丛之一《马克思的哲学主题》，是对马克思人类解放的理论与实践问题进行的分析，基本上汇集了我对主流政治哲学——马克思人类解放理论研究的成果。我较为系统地探讨了马克思人类解放理论与社会形态理论之间的内在关联，马克思人类解放理论的思想源泉，马克思人类解放理论整体性叙事结构、演进逻辑，多重维度的解放（政治解放、经济解放、社会解放、文化解放、劳动解放、人性解放及个性解放）与人类解放之间的张力，马克思人类解放理论的后续效应与理论延伸、对西方学者的理论及其争议作出的回应，马克思人类解放理论的现实追问与实现方式等。这些问题的探讨归根到底是在丰富的参照与宽广的视野中对马克思人类解放道路的可能性、必要性问题的回答。

系列文丛之二《马克思的哲学立场》，汇集了近年来我研究马克思主义基本理论及其发展的一些论文。马克思人类解放理论深藏于马克思主义基本理论及其发展之中，离开了对这些理论的准确把握与合理阐发，人类解放理论就失去了依托。以人类解放为核心主题的马克思主义经典著作及其所包含的基本原理产生于特定的历史条件和文化背景下，但它们有超越自身时空的生命价值和思想特质，迄今仍指导并且参与对现实的塑造，具有不可忽视的影响力，我们需要在忠于原有文本的基础上，在实践中不断丰富和发展马克思主义基本理论。只有深入研究人类解放理论所植根的马克思的哲学立场，才能充分把握人类解放理论的严密逻辑论证。因而，此部分以马克思哲学主题的本质精神为理解前提，对有关唯物史观的一些重要理论问题、马克思哲学思想的解读模式问题、马克思的人学思想、西方马克思主义对马克思哲学思想的拓展等都作了论述，并在学科交叉中探讨了时代性问题，诸如教育、道德等问题。

系列文丛之三《技术的当代哲学视野》，汇集了近年来我研究技术与人类生存、人类命运等技术哲学问题的系列论文。我在以马克思“人类解放”为学术研究主题进行探索的同时，深刻感受到人类面临的最大现实问题可能是由技术革命而导致的人类的生存命运。我怀着对广袤自然的无比敬畏之情，意识到由技术革命引发的生态文明的现代转向，我以为有必要在传统文化与现代文化交融的背景下，深入思考如何消解环境生存的当代困境，开拓生态文明研究进路的问题。人类解放从根本上内在地包含了人类从自然界中解放出来的问题，但过去学术界主要是从人类内部的矛盾、冲突、压迫等来谈论人类解放与人的解放，故而我们还必须深入思考人类对外部自然限度的把握与超越的问题。而对外部自然限度的把握、超越与人类技术发展密切相关，值此境遇，技术也就构成了哲学关注的焦点之一。尽管技术不能被断定是现实问题之源，但却折射着所有的现实问题。因此，任何一位理论工作者都难以回避对技术的哲学反思以及对如何获得与复杂技术世界相关联的自由关系的反思，这种反思是对人类的前途、未来和人类的真正解放的沉思与求索。技术问题也构成了我的哲学研究的另一重要主题。我对技术问题的思考主要集中在下列方面：关于对技术的本质、技术的异化、技术的理性与非理性等问题的思考，关于对技术与环境关系问题的思考，关于对技术与现代性关系问题的思考。

我坚信这种以人类解放为中心线索来解读马克思主义基本理论，探索当代社会所凸显的科技异化问题的努力是有意义的，方向是正确的。

刘同舫
2016 年国庆节

目　录

第一章 澄清前提与划清界限

第一节 启蒙理性及现代性：马克思的批判性重构*

启蒙理性是一个多维度的现代性课题，它既是崇尚理性权力、重塑理性权威的思想史命题，也是推动现代社会改变生活方式、制度结构和文化形态的历史力量启蒙理性为近现代社会发展奠定了一套全新的宇宙论、生存论和价值论，开创了一种崭新的世界秩序，即资本主义世界体系。这种奠定和开创完全是一项现代性的设计，理性与资本的结合在其中扮演着决定性的角色，并逐渐成为“必然性”的代名词，充分显示出人类社会实践重新建构世界秩序以克服机运、摆脱偶然性的欲望与能力。但自20世纪以来，随着启蒙理性自我解放过程中隐含的自我毁灭因素的凸显以及资本逻辑对启蒙理性自我分裂的推动，启蒙理性逐渐自我逆转、蜕变为现代性矛盾的重要因素，陷入“多重隐忧”之中，引起了灾难性的社会危机，由此导致反思和批判启蒙理性成为现代人制衡现代性的重要力量。然而，启蒙理性是一个纠合了资本逻辑和现代性的复杂领域，对启蒙理性的批判不能仅仅停留在自身的领域之内，企图通过调校启蒙理性或者对启蒙理性采取全面否定的方式来解决根本问题是行不通的；而是需要既从内在的思想史视域来加以检审，又从外在

---

* 本节以首篇位置发表在《中国社会科学》2015年第2期，《中国社会科学》英文版2016年第3期全文刊发，《新华文摘》2015年第13期全文转载并作为封面要目推荐；《高等学校文科学术文摘》2015年第3期全文转载。该文被评价为“在很大程度上代表了2015年马克思主义基本原理研究的水平”。（参见北京大学马克思主义学院组编：《马克思主义理论学科发展报告（2015）》，中国人民大学出版社2016年版，第25页）

的历史社会结构视角来规定和把握。对启蒙理性的批判内含了对资本的批判、对现代性的批判和对极端反启蒙的批判。批判启蒙理性是为启蒙理性寻找出路的立足点，马克思主义超越现当代哲学对启蒙理性的批判路径，将对启蒙理性的批判转化为实践批判、社会批判和资本批判，从而能够在肯定现代性的同时克服现代性的缺陷，为以启蒙理性为核心的现代社会向更高形态的发展找寻到努力的方向和可靠的救赎道路。

一、启蒙理性兴起的双重考察

理解世界历史的发生与展开，必须把握“启蒙运动”这一关键性的转折点。西方之所以成为今日的西方，成为在全球化时代被接纳或被拒斥的“西方中心主义”的西方，主要就在于启蒙运动以来的发展。启蒙运动的发展是对既有世界秩序和精神秩序的变革，它既是“生产方式和交换方式的一系列变革的产物”①，也是人类价值理念秩序的断裂与重构，并被认为是标识着人类公开运用理性以摆脱自身不成熟状态的过程。在《答复这个问题：“什么是启蒙运动?”》一文中，康德就指出：“要有勇气运用你自己的理智！这就是启蒙运动的口号。”②启蒙哲人坚信，运用不断生成与进步的理性，能够消除种种错误的认识、祛除迷信和无知，使人类获得关于自然、社会和自身的真理性认识，并消除人类社会固有的一切弊病，由此启蒙理性成为衡量世界万事万物的标准。诚如恩格斯所述：“在法国为行将到来的革命启发过人们头脑的那些伟大人物，本身都是非常革命的。他们不承认任何外界的权威，不管这种权威是什么样的。宗教、自然观、社会、国家制度，一切都受到了最无情的批判；一切都必须在理性的法庭面前为自己的存在作辩护或者放弃存在的权利。思维着的知性成了衡量一切的唯一尺度。”③

启蒙理性是“与对神的敬畏、对权威的崇拜相对立，与自发的情感、

① 《马克思恩格斯文集》第2卷，人民出版社2009年版，第33页。

② ［德］康德：《历史理性批判文集》，何兆武译，商务印书馆1990年版，第22页。

③ 《马克思恩格斯文集》第9卷，人民出版社2009年版，第19—20页。

主观的感受相对立的明智的判断、独立的思考和自我选择的能力”[①]。这种理性能力表面上是对古希腊理性主义精神的复活，其代表人物也大多是熟稔古代哲学思想的近代理性主义哲学家，如培根、笛卡尔、霍布斯、卢梭、洛克等，实质上是对古代理性主义的背离与重构。因为启蒙理性是在资本主义运动瓦解封建社会和唯名论革命摧毁中世纪神学基础的过程中萌生的“自我筹划”能力，根植于其中的“自我肯定”“自我创造”等现代性因素是古代理性主义所不具备的。因此，必须从社会历史需求和思想史逻辑相结合的视角对启蒙理性的兴起作溯源式的考察，从源头上还原启蒙理性的本真面目。

（一）启蒙理性兴起的社会历史需求

从社会历史发展的角度看，启蒙理性的出现是新时代、新秩序的需求及其在观念上的表现。人们不再承认超自然的权威、不再敬畏传统秩序，只相信自身的理性判断、只服从真理性的认识，一切事物都无法超越理性的审视。由此，启蒙理性摧毁了一切旧秩序、旧理念，将理性推向了权力的顶峰，把人推向了表征现代性理念的自主自治的位置。这表明：启蒙理性的兴起是资本主义生产方式运动的产物，是以思想斗争的形式表现出来的资产阶级政治革命，表征着资产阶级冲破封建主义的旧市民社会和中世纪神权政治的束缚以掌握自身命运的过程。

对于这一资本主义的解放方式，马克思认为：“政治解放同时也是同人民相异化的国家制度即统治者的权力所依据的旧社会的解体。旧的市民社会直接具有政治性质，就是说，市民生活的要素，例如，财产、家庭、劳动方式，已经以领主权、等级和同业公会的形式上升为国家生活的要素。”[②] 由此造成在旧的市民社会即封建社会中形成了一个个分离的、特定的等级秩序，封建社会的个体隶属于每个特定的等级秩序，与国家整体分离开来，这种特定社会组织的生产生活条件具有等级政治性质，使得封建社会个体的特定的活动和地位变成了个体的普遍的活动和地位。对于封建社会而言，“等级不仅建立在社会内部的分离这一主导规律上，而且还使人同自己的普遍本质分

① 甘绍平：《启蒙理性·传统理性·非理性主义·当代合理性》，载湖北大学哲学研究所《德国哲学》编委会编：《德国哲学论文集》第 11 辑，北京大学出版社 1991 年版，第 123 页。
② 《马克思恩格斯文集》第 1 卷，人民出版社 2009 年版，第 44 页。

离，把人变成直接与其规定性相一致的动物。中世纪是人类史上的动物时期，是人类动物学”①。

资产阶级政治革命推翻了旧有的统治权力和秩序，摧毁了“一切等级、同业公会、行帮和特权，因为这些是人民同自己的共同体相分离的众多表现。于是，政治革命消灭了市民社会的政治性质”②。正所谓“资产阶级在它已经取得了统治的地方把一切封建的、宗法的和田园诗般的关系都破坏了。它无情地斩断了把人们束缚于天然尊长的形形色色的封建羁绊”③，资产阶级政治革命把直接具有政治性质的旧的市民社会分割为原子式的独立个体，由此个体得以从原先的特定的社会组织中解放出来，与国家整体建立了普遍关系。在此基础上，“公共事务本身反而成了每个个体的普遍事务，政治职能成了他的普遍职能”④。政治革命激发了人民在封建社会被分散的政治精神，从而引发了反思自身的理性需求，唤发了投身公共政治的激情。换言之，在一切等级和固定的因素烟消云散之后，在一切神圣的因素被亵渎之后，人民需要用冷静的、理性的眼光重新审视他们的生活地位和相互关系。虽然在康德看来，即便一场革命能够推翻神权和绝对王权的统治，也绝不可能完全实现思想方式的真正变革。但国家事务被提升为人民普遍事务的政治事实提出了对人民进行理性启蒙和引导人民自我启蒙的历史任务，可以说，公共领域、公共自由的出现必然要求人民充分运用自身的理性能力对公共事务作出判断。正是在这个意义上，康德坚决要求“在一切事情上都有公开运用自己理性的自由”“必须永远要有公开运用自己理性的自由”⑤。资产阶级政治革命开创的新世界需要人们大胆运用自己的理性，推崇人的自我解放和自我实现，号召人们勇于创造自己的历史，这无疑正是启蒙理性兴起的社会历史要求。

我们也必须看到启蒙理性兴起带来的巨变。启蒙理性的出现进一步推

---

① 《马克思恩格斯全集》第 3 卷，人民出版社 2002 年版，第 102 页。

② 《马克思恩格斯文集》第 1 卷，人民出版社 2009 年版，第 44 页。

③ 《马克思恩格斯文集》第 2 卷，人民出版社 2009 年版，第 33—34 页。

④ 《马克思恩格斯文集》第 1 卷，人民出版社 2009 年版，第 45 页。

⑤ ［德］康德：《历史理性批判文集》，何兆武译，商务印书馆 1990 年版，第 25 页。

动了资本主义的发展：一方面，启蒙理性与资本的结合几乎成了无坚不摧的绝对力量，奔袭全球，击溃了一切地方的和民族的自给自足和闭关状态，使各个国家的物质生产和精神生产、消费都成为世界性的，把一切民族都卷入世界历史中来，并“使农民的民族从属于资产阶级的民族，使东方从属于西方”①，形成了“西方中心主义”的世界观；另一方面，启蒙理性与科学技术的结合推动了西方工业文明的迅猛发展，极大地膨胀了人类控制自然、掌握自身命运的野心，甚至于认为工具理性能够完全解决人类的道德与宗教、自由与正义等所有问题，导致了工具理性的凸显与价值理性的失落，从而埋下了启蒙理性危机的隐患。

（二）启蒙理性兴起的思想史逻辑

从思想史的视域看，启蒙理性是中世纪晚期神学家邓斯·司各脱和威廉·奥卡姆发起的唯名论革命的结果。唯名论革命是一场针对中世纪经院学者普遍持有的实在论的革命，它将一种源自柏拉图流经奥古斯丁直至托马斯·阿奎那的必然的、等级的存在论破除殆尽，进而把偶在论作为新的存在论与新的世界逻辑，由此彻底清除了事物自身具有必然性规定的自然目的论观念。偶在论的世界观使人类失去了在存在连续链条中的尊贵地位，成为大地上无所依靠的原子式个体，迫使人们唯有依托自身理性去理解和掌控自然，并建构合乎理性的世界新秩序，这就是康德所谓的“人为自然立法”的思想史背景。

古代理性主义者认为，理性是“作为宇宙之本源和世界之灵魂的一种本体论意义上的实体，是内在于现实中的本质性的结构，或者说，世界的客观的秩序原则；同时又是指人们对于这样一种客观秩序进行反思的努力或能力”②。人们之所以能够对世界秩序进行理性的反思，就在于人的理性与世界秩序都源自同一个最高的存在。理性——无论是赫拉克利特的“逻各斯”还是阿那克萨哥拉的“心灵”，无论是柏拉图的“理念”还是新柏拉图主义的“太一”，甚至斯多葛学派的“世界理性”——被认为是支配世界和人自身的

①　《马克思恩格斯文集》第2卷，人民出版社2009年版，第36页。

②　甘绍平：《启蒙理性·传统理性·非理性主义·当代合理性》，载湖北大学哲学研究所《德国哲学》编委会编：《德国哲学论文集》第11辑，北京大学出版社1991年版，第125页。

本源、支配世界万物发生发展的总体性结构。世界是在理性支配下的链条秩序，自然、社会和人自身都是理性的展现，所以人的使命就是理解和把握世界的理性结构，将自己融进理性秩序中，为实现理性的目标而奋斗。这种理性结构是巨大的、“链条”式的存在，具有理智和审美的特质。世界在这一必然主义的存在论图景中呈现出由上而下的、严密的、连续的等级秩序，最高的一环是终极实在、终极原因，也就是神的存在，人是巨大“存在链条”中的一个环节。世界是一个审美的和谐整体，任何环节的缺失都将破坏世界秩序的协调一致。

然而，司各脱和奥卡姆的唯名论革命摧毁了这一“存在链条”。在奥古斯丁、安瑟伦和阿奎那等基督教神学家那里，古希腊的存在论还依然占据着支配地位。特别是中世纪的经院哲学家通过诠释柏拉图的“理念论”，对世界持一种实在论的存在论观点，认为共相高于殊相，共相是真实存在的，世界是神的理性范畴的展示。如美国学者吉莱斯皮指出，经院哲学家“体验、相信和断言的并不是殊相的终极实在性，而是共相的终极实在性。他们以一种三段论逻辑来阐明这种体验，这种逻辑被认为对应着或反映了神的理性。创世本身便是这种理性的体现，人作为理性的动物和神的形象处于受造物的顶峰，受一种自然目的和神启的超自然目标的指引”①。可是，司各脱和奥卡姆极力推崇“全能”是神的最重要性质，并提出唯意志论的神学观念，强调上帝的意志先于理性，上帝在创造世界的过程中具有绝对自由，事物的存在纯粹只是因为上帝的意愿；人类居住的世界仅仅是上帝的恩典行为，是上帝偶然的意志选择的结果，根本不存在如古希腊存在论所主张的“存在链条”。“我们这个世界只是上帝在无数的可能世界中偶然选中并造出来其中一个，他完全可以有其他也许是更好的选择。这样一来，由强调理智的优先性所导致的上帝与其造物之间的必然性关联打破了，两者之间的关系乃纯粹偶然的；造物即宇宙万物并非充满了上帝赋予的有机的、必然的理智秩序，而是偶在的。”② 唯意志论神学彻底割断了肇源于古希腊存在论的因果链条，使得

① ［美］米歇尔·艾伦·吉莱斯皮：《现代性的神学起源》，张卜天译，湖南科学技术出版社2012年版，第22页。

② 林国基：《神义论语境中的社会契约论传统》，上海三联书店2005年版，第73页。

世间万物的存在成为偶然的、个体性的事件，认为共相实际上不存在，共相的名称只是纯粹的符号，这种存在论层次上的革命就是唯名论革命的实质。

面对这一偶然的、个体主义的存在论语境，以共相存在为基础的自然目的论也就不再成立，但这并不代表世界是混乱无序的。因为既然神是纯粹的、主动的意志或力量，世界是由神的意志所决定的持续不断的运动，那么神的意志就具有机械因果性。①“人应当如何生活”的设想不再是要求作为个体或群体的人在“存在链条”中规范自己的心性、实现自己的德性，相反，摆脱了存在链条束缚的人类是自由的，具有自我创造的意志自由，能够运用自己的理性来研究神的意志的形式和结构，即研究自然和社会的运作逻辑。人们相信通过人的理性的发现或发明可以如上帝创世般“无中生有”地建构合乎理性的社会。培根的“知识就是力量”、笛卡尔的人是“自然的主人和所有者”以及康德的“绝对律令”等，正是启蒙理性在这一思想史背景中兴起的证明。

启蒙理性肇兴于唯名论革命之后的思想史语境，旨在解决中世纪世界秩序崩塌所留下的问题，其重构世界秩序的雄心所彰显出来的理性之光确实在不断地推动现代世界的迅猛发展，但“理性万能论”以及漠视价值理性、崇拜工具理性的畸形理性观，也确实导致人变成手段而不再是目的。启蒙理性在反对宗教神话与迷信精神的过程中逐渐塑造了自身的神话，但也使其面临自我毁灭的危险。

二、启蒙理性的光亮与阴影

在“古今之变”的视域下，启蒙运动既是一场现代性的多维度的历史运动，也是一种社会发展方向和人类价值理念的“总体转变”，集中体现在社会制度组织转型、生存价值理念重估和个体精神气质重塑等方面。“在这场运动中，社会层面的变化促进了新的知识价值理念的形成，浸润在此种新形式的价值理念结构中的‘现代人’，其心性结构、实存样式逐渐地发生了

① 参见［美］米歇尔·艾伦·吉莱斯皮：《现代性的神学起源》，张卜天译，湖南科学技术出版社2012年版，第48页。

变化。”[①] 启蒙运动及其所孕育的启蒙理性，不仅通过与资本主义工业和科学技术的结合创造了“比过去一切世代创造的全部生产力还要多，还要大”[②]的生产力，而且通过更新欧洲思想的自我理解，全面改变了人类的生存样式。在某种意义上说，启蒙理性之光的力量确实无与伦比，启蒙运动以来的变化似乎都在应验着启蒙哲人所持有的绝对理性主义信条——随着理性的不断生成和进步，人类最终能够自如地拥有和掌控自然，为自身构建理想的世界。

随着现代性的急剧开展，人们也逐渐觉察到启蒙之光的阴影。价值理性的失落、工具理性的张扬、反理性思潮的出现等悲剧性的历史现实一次次地反讽着美好的启蒙理性设计。启蒙理性并不是“全知全能全善”的上帝，并不能绝对拥有真理，也不能拥有绝对真理，但启蒙理性却恰恰要充当真理，充当一种“新的宗教”。所以，20 世纪初以来的所有哲学思潮——无论是现象学式的存在主义，还是以法兰克福学派为代表的批判理论，无论是结构主义、后结构主义还是技术批判主义、后现代主义——几乎都在批判启蒙理性的绝对话语霸权，揭示启蒙之光的阴影。

（一）启蒙理性的光亮：建构合理性的现代世界

迄今为止，尽管人们对于“现代性的本质”有着诸多歧义见解，但对于“启蒙理性”作为现代性核心理念的理解，则基本形成共识。在西方社会“走出中世纪”、摆脱当时占支配地位的神权政治体制和神学式文化的过程中，正是由于启蒙理性之光“从根本上清除基督教的二元论之超自然形态，力求建立内在的—理性的世界解释，使所有生活领域变成一个自在的有机组织”[③]，从而指引着人类摆脱宗教神学与封建社会的双重压迫。

在社会制度组织层面，启蒙理性使世界秩序斩断了此岸与彼岸的关联，并以抽象的个人主义和社会契约论为理论基础论证了现代国家的建构原则，所谓“真理的彼岸世界消逝以后，历史的任务就是确立此岸世界的真

---

① 刘同舫：《中国语境的现代性及其现实意义》，《天津社会科学》2010 年第 1 期。

② 《马克思恩格斯文集》第 2 卷，人民出版社 2009 年版，第 36 页。

③ 刘小枫：《现代性社会理论绪论——现代性与现代中国》，上海三联书店 1998 年版，第 176 页。

理”[①]。一方面，启蒙哲人通过对宗教神学的批判，提出天赋人权是人与生俱来而不可剥夺的权利，令人们明确地意识到自身作为理性个体所拥有的自由权利，即摆脱神以及其人间“代理”对人的统治而自我做主，如狄德罗所说：“没有一个人从自然得到了支配别人的权利。自由是天赐的东西，每一个同类的个体，只要享有理性，就有享受自由的权利。”[②]另一方面则通过对神权体制的批判，彻底击溃了“君权神授”的国家建构理念，阐述了“政教分离”的世俗政治原则，提出了“主权在民”的社会契约论，改变了过去一部分人对另一部分人进行奴役统治的状况，成就了以“平等主权参与者”为基础的民主社会架构。据此，现代性重构了人类社会的制度组织，推动了现代民族国家的崛起和政治制度的进步，打破了封建制的经济秩序，促进了大工业生产和自由市场经济的扩张，使得“在后封建的欧洲所建立起来的而在20世纪日益成为具有世界历史性影响的行为制度与模式”[③]比任何古代的秩序类型更具有活力，也更加注重自由、民主和平等。

在生存价值理念层面，启蒙理性冲破基督神学的思想牢笼，重估了关涉现代个体和群体安身立命的价值理念，突出人的个性、主体性和自我意识，强调把价值实质还原为主体的意识，自由和平等理念被指认为现代性最重要的原则。启蒙运动之前，由于宗教的神圣纽带作用，个体都被系于以神为本体的具有连续的、封闭的、等级的有机整体之中，个人失去了独立和自由，只能在宗教的客观价值理念中生存，人们被束缚于他律的自在的价值秩序当中，如尼采所抨击的：“‘道德世界秩序’意味着什么？意味着：有一个神的意志一劳永逸地存在，它规定人可以做什么、不可以做什么；一个民族、一个个人的价值，是根据他们顺从神的意志的多少来衡量”[④]。但通过唯名论革命对古代世界图景的摧毁以及启蒙运动对宗教的猛烈批判，启蒙理性开辟了对人类价值理念秩序的重新建构，人们“把自己理解成新的，也就是

① 《马克思恩格斯文集》第1卷，人民出版社2009年版，第4页。

② 北京大学哲学系外国哲学史教研室编译：《十八世纪法国哲学》，商务印书馆1979年版，第427页。

③ [英] 安东尼·吉登斯：《现代性与自我认同》，赵旭东等译，生活·读书·新知三联书店1998年版，第16页。

④ 吴增定：《〈敌基督者〉讲稿》，生活·读书·新知三联书店2012年版，第172页。

把自己理解成自我发源的、彻底自由的和有创造性的，而不仅仅由传统所决定，或由命运或由天意所主宰”①，从而形成了平等的、自由的、个体主义的世界图景。在这种世界图景中价值被主体化，康德的绝对律令取代了客观价值理念的绝对性，天赋平等自由的现代性理念剥夺了封建等级理念的正当性，使得每个个体或群体捍卫和追求属于自身的权利的行为具有天然的合理性。

在个体精神气质层面，启蒙理性重塑了现代个体的精神气质和生存样式，形成了舍勒和西美尔所论及的“现代人”类型。中世纪封建社会向现代资本主义社会的历史转变过程既是宏观维度的社会制度组织、生存价值理念的转换，也是微观维度的个体精神气质、存在样式的更新。在封建主义的文明秩序中，人们在生活理想上受到宗教伦理和贵族道德的宰制，从而在人的心性结构中，禁欲主义的生存样式占据中心地位，宗教伦理始终在行为层面压抑人们对现世生活的功利主义享受，人们则习惯于从充满权欲、专横和奴性的文明中满足自身的现世追求。但在现代资本主义文明秩序中，随着“世界的除魅”即世界的理性化，上帝的神圣启示不再作为人类世俗生活的价值标尺，生命的爱欲转而朝向一种权力意志的自我肯定，享受现世生活被当成天经地义，并导向无限的赢利欲与旺盛的工作欲，力图通过持续性的、理性的资本主义方式的企业活动来获取再生性的利润，形成了一种强调无止境自我创造的资本主义精神气质。这种资本主义精神气质体现了启蒙理性改造自然与社会的伟大理想，推动了人类社会向合乎理性与合乎目的性相统一的方向发展，这是我们必须充分肯定的。

启蒙理性所开创的现代性作为一场“总体转变”，在构建社会制度组织层面更加趋向世俗化和理性化，实现了合理性的目标；在更新人的价值理念和精神气质方面更加趋向自治化和感性化，实现了主体化的目的，这些都在促使现代社会走向更加人道、文明的世界历史道路，显示了启蒙理性之光的巨大力量和伟大贡献。但是，随着启蒙理性自身所秉有的内在矛盾的凸显，

① ［美］米歇尔·艾伦·吉莱斯皮：《现代性的神学起源》，张卜天译，湖南科学技术出版社 2012 年版，第 7 页。

其光亮也受到了难以避免的遮蔽，从而留下了无限的历史阴影。

（二）启蒙理性的阴影：走向反理性的神话世界

启蒙运动以来，人类普遍相信理性的力量，认为凭借理性之光不仅能够走出黑暗的中世纪时代，而且能够绝对合理地重新建构自然和社会秩序。现代性就是合理性或者说理性化的建构过程，它旨在用启蒙理性的设计来构筑全新的世界秩序。这一理性设计在资产阶级政治革命中也确实发挥了巨大的作用，促使人类历史从宗教神学的统治秩序中挣脱出来，实现了世界秩序的除魅化、世俗化和科学化，推动了人类在物质和精神生活领域的极大进步。然而，现代性并不是没有崎岖与挫折的光明大道，启蒙理性之光也并非只有光亮。伴随着内在的理性自身分裂机制和外在的资本逻辑增殖冲动的作用，现代性所带来的危机正在不断地敲击启蒙理性的幻梦，催促着人们正视启蒙理性自身的内在矛盾。

第一，从大众理性走向精英理性。启蒙运动倡导人民对自身秉有的自然理性的运用，“启蒙运动就是人类脱离自己所加之自己的不成熟状态。不成熟状态就是不经别人的引导，就对运用自己的理智无能为力”①。启蒙理性具有全人类性，是一种大众理性，是以对天赋的自然理性的开发来确定、彰显人的目的和价值。但是，启蒙理性的发展却背离了这种美好的初衷，从大众理性走向了精英理性。启蒙之后的现代社会虽然比中世纪世界更加自由、平等和民主，然而不同的个体或群体的生存始终要受到政治体制、经济和社会条件的限制，也要受到各种自然禀赋条件与不同社会地位深刻而持久的影响。因此，由于个体偶在性的差别以及实际教养、实际权力和实际资产的极大差异，理性的权力被把持在那些有资本、有地位以及资质、素养较高的精英群体手中。在理性与权力交织成的统治网络中，精英们打着“真理”“中立”“客观”“正当”“合理性”“社会正义”等旗号骗取大众的信任，实行自身的制度、法制和规则程序。在《德意志意识形态》中，马克思就已深刻地剖析了这一将为资产阶级利益辩护的“意识形态”当作“普遍理性”的行为。启蒙理性从大众理性蜕变成精英理性，形成了支撑精英统治的政治合理

① ［德］康德：《历史理性批判文集》，何兆武译，商务印书馆1990年版，第23页。

性和价值合理性，这种精英合理性是一种新的更加隐蔽的社会等级制度的精神基础，是资本逻辑的统治力量在理论意识上的实现。恩格斯敏锐地指出了启蒙理性的这一局限："当法国革命把这个理性的社会和这个理性的国家实现了的时候，新制度就表明，不论它较之旧制度如何合理，却决不是绝对合乎理性的。理性的国家完全破产了。"① "总之，同启蒙学者的华美诺言比起来，由'理性的胜利'建立起来的社会制度和政治制度竟是一幅令人极度失望的讽刺画。"②

第二，从科学理性走向工具理性。如果说在政治经济制度层面启蒙理性产生了从大众理性到精英理性的蜕变，那么在知识价值理念层面则发生了从科学理性向工具理性的转化。科学是启蒙理性批判宗教神学的强有力武器，费尔巴哈曾指出，近代哲学从宗教精神中创立了"纯粹人性的、自由的、自我意识的、博爱的、无所不包的、无处不在的、普遍的、有独立思考能力的科学精神"③，这种新创立的科学精神使得"否定性的宗教精神遭到贬谪，把它从世界统治的宝座上推下来，把它拘禁在处于历史急流的那个狭窄领域之内，而自己则成为世界的原则和本质，成为新时代的原则"④。从费尔巴哈的观点看，科学理性是涵盖了价值理性与工具理性的现代理性主义精神。但是，在科学理性运用于社会实践的过程中破坏了其自身的价值理性追求。一方面，自笛卡尔通过"主体性哲学"确立主客体二分的原则以来，世界成为主体的客观对象物，是没有意义的物质存在，只有通过理性之光的观照、规整与重构，才能成为有意义的世界，由此科学理性对于主体而言是一种认识、改造和控制世界的工具性存在，科学理性变成理性的工具化，工具理性成为科学理性的本质；另一方面，由于科学理性运作的社会条件受制于资本逻辑的宰制，而资本出于自我增殖的冲动，需要将客体化的世界和人类都当作材料、工具来加以利用，因此在资本逻辑增殖冲动的支配下，科学理性的发展必然转变为企图对外部自然和人的内部自然的全面支配与利用，从

① 《马克思恩格斯文集》第 9 卷，人民出版社 2009 年版，第 272 页。
② 《马克思恩格斯文集》第 9 卷，人民出版社 2009 年版，第 273 页。
③ ［德］路德维希·费尔巴哈：《费尔巴哈哲学史著作选》，商务印书馆 1978 年版，第 15 页。
④ ［德］路德维希·费尔巴哈：《费尔巴哈哲学史著作选》，商务印书馆 1978 年版，第 15 页。

而异化为工具理性。工具理性虽然能够给人类带来巨大的物质财富，但按照工具理性组织起来的极权化的政治经济体制、工业化的机器大生产和各种物化的社会结构将使得人类不得不屈从于异化秩序的统治，人反而没能成其为人。

第三，从工具理性走向“反理性”。启蒙理性一旦蜕变为工具理性，人也就不可避免地成为工具性对象，成为理性的手段而不再是理性的目的，从而造成对人的价值理性的排斥，甚至完全否定一切未能得到工具理性证明的价值或规范，使工具理性走向压抑人类发展的“反理性”。在资本逻辑的推动下，工具理性的支配领域一再扩大，确实产生了如哈贝马斯所言的“自主化的工具理性的扩张”导致“生活世界的内在殖民化”：“我们错误地将来自工具理性的标准应用于生活世界的问题中，以及应用于那些完好地存在于它们自己的社会领域的制度中”①。资本逻辑主宰下的工具理性膨胀为一种“总体性”，成为了控制人类世界的绝对权力。启蒙理性本来期望通过主体的觉醒与解放走出一条从“神话”到“启蒙”的道路，但在其瓦解了宗教秩序的同时，却没有形成新的价值理性，反而是在资本逻辑和理性分裂机制的支配下，演化为日益片面化、绝对化的工具理性，工具理性凭借其巨大的技术效益和经济效益不断自我神圣化、自我绝对化，形成一种工具理性主导的“天命”秩序，最终蜕化为“反理性”——启蒙理性自身成为毋庸置疑的启蒙神话。“如同神话已经实现了启蒙一样，启蒙也一步步深深地卷入神话。启蒙为了粉碎神话，吸取了神话中的一切东西，甚至把自己当作审判者陷入了神话的魔掌。”② 启蒙理性之光也随之消融在无边无际的黑暗之中。

启蒙理性作为现代性秩序的支撑理念，当今全球文明的许多观念要素都是由启蒙理性奠基的，其伟大贡献不可磨灭，而我们时代的许多问题也在启蒙理性中有其根源。正是在理性的自我分裂机制和资本逻辑的作用下，启蒙理性不断损害人的主体性价值，给人类社会带来了生存和发展的危机。

---

① ［英］尼格尔·多德：《社会理论与现代性》，陶传进译，社会科学文献出版社2002年版，第136页。

② ［德］马克斯·霍克海默等：《启蒙辩证法：哲学片断》，渠敬东等，上海人民出版社2003年版，第9页。

三、启蒙理性的蜕变与现代性危机的产生

启蒙理性作为兴起于西方资本主义社会的思想形态，在西方社会“走出中世纪”、改变人的生存形态的过程中具有关键作用，但同时也给西方社会带来了巨大危机，并借助资本的全球化将危机扩散至全世界，启蒙所推崇的理性发生了蜕变。而启蒙理性蜕变所带来的社会危机是以“现代性问题”的形式凸显出来的。现代性作为涵盖世界图景、生产方式、价值理念、个体心性结构等的“总体转变”，既给人类社会的发展与进步带来了巨大的成就，却也由于其本身固有的内在局限与矛盾使人类社会陷入多重的“现代性隐忧”之中。如吉登斯指出：“现代性是一种双重现象。同任何一种前现代体系相比较，现代社会制度的发展以及它们在全球范围内的扩张，为人类创造了数不胜数的享受安全的和有成就的生活的机会。但是现代性也有其阴暗面，这在本世纪变得尤为明显。”①

启蒙理性的现代性方案在17世纪末18世纪初的“古今之争”中不断遭到质疑。源自培根、笛卡尔、伏尔泰等现代哲学家的新知识观、新时间观对人类持有一种线性的发展观念，主张现代优于古代、现代人优越于古代人，即便作为完美典范的古希腊人与现代人相比还不够成熟，它不过是人类的童年。而乔纳森·斯威夫特、约翰·德莱顿、卢梭则对这种现代主张持质疑的态度，坚决捍卫古典思想的权威，如卢梭在其《论科学与艺术》一文中认为，科学与艺术不但没能“敦风化俗”，使人类更加完善，反而是让人类变得更加伪善与羸弱，“科学研究都更会软化和削弱勇气，而不是加强和鼓舞勇气”②。德国社会学家乌尔里希·贝克强调，启蒙理性的现代性方案导致了“风险社会”的形成。在贝克的社会理论中，“风险社会”概念描述的是现代性社会制度的性质，是从社会机体结构的角度挖掘现代性危机的潜能，反映现代性社会秩序的风险程度。显然，贝克侧重于从制度层面来描述“风险社会”。笔者认为，集中体现现代性危机的“风险社会”实质上是启蒙理性蜕变带来的世界与人自身的危机，应包括以下四个方面：制度上的极权主义危

① ［英］吉登斯：《现代性的后果》，田禾译，译林出版社2000年版，第6页。

② ［法］让－雅克·卢梭：《论科学与艺术》，何兆武译，商务印书馆1963年版，第28页。

机、环境上的生态危机、价值理念上的虚无主义危机以及精神气质上的怨恨心态危机。①

第一，极权主义社会的显现。自古希腊罗马至中世纪时期，人类主要是从自然、神、上帝等“存在巨链”的创造者那里获得存在的价值和人生的意义，但启蒙运动以后，人类通过反抗宗教神学彻底清除了其生存价值的神义论根据，进入“上帝死了”的偶在论时代，呈现出“价值真空”的境遇。对于这一“价值真空”的填补，启蒙了的“现代人”诉诸人类权力意志的自我创造以及自由的、解放的历史未来来论证自身的存在正当性。“我们的日常生活、学习和工作都被组织在这个通向未来的时间之流中，没有这个目的论的时间叙事，我们就不知道我们生活、工作和学习的意义。”② 然而，由于启蒙理性具有高度的普遍性和同一性，往往声称所构建的理论体系具有无所不包的、客观的、必然的性质，能够用来解释世间的一切，且其所张扬的主体性也体现了理性独断宰制一切的性质。因此，启蒙理性的历史目的论叙事带有不容置疑的垄断性和强制性。这样，一旦走向美好未来的社会建构之途被权力精英、财富精英和知识精英等所把持，所有与精英们设定的历史目的及其实现途径不相符合的人和物都会有被排斥、被压制，甚至被消灭的危险，启蒙理性的历史目的论叙事反而成了制度上极权主义的合法性论证。霍克海默和阿道尔诺就认为：“启蒙带有极权主义性质。”③ 在启蒙运动推动下，以追求普遍的自由、平等、人权、博爱的法国大革命演变为一场专制暴行，恰恰印证了霍克海默和阿道尔诺的观点。

第二，全球生态危机的泛滥。在古代和中世纪世界中人与自然是相统一的，但这种人与自然的和谐关系被启蒙运动打碎并重建。作为一种主体理

---

① 笔者在此更突出“风险”一词所体现的危机是“人造危机”的特别含义。“风险的相对概念不是稳妥，而是危险。风险与危险的差异在于：风险取决于人的决断，它引致的损害亦是由人的决断决定的；危险则是先于人的行为决断而给定的，引致的损害亦是由外在因素决定的。”（参见刘小枫：《现代性社会理论绪论——现代性与现代中国》，上海三联书店1998年版，第49页）

② 汪晖：《死火重温》，人民文学出版社2000年版，第5页。

③ ［德］马克斯·霍克海默、［德］西奥多·阿道尔诺：《启蒙辩证法：哲学片断》，渠敬东等译，上海人民出版社2003年版，第4页。

性，启蒙理性将自我从世界中抽身出来，预设为自明性的绝对前提，笛卡尔的“我思故我在”、康德的“人为自然立法”就是其体现，而由此建构起来的主客体对立的二元论关系模式使得自然界成为失去生命的物理世界、资源世界，自然是“有用”之物，对自然的征服与使用是理性的目标。在资本逻辑的推动下，启蒙理性进一步表现为一种客观的、可计算的工具理性形式，它将事物的价值都转化为“交换价值”，把世间万物都对象化为“资源”，成为粉饰资本统治秩序的意识形态，这必然导致生态危机：一方面是无止境地追求剩余价值，理性征服自然界的欲望不断引诱、刺激人的贪欲和占有欲；另一方面是工具理性所主导的生产主义、经济主义的发展模式成为现代社会的生活基础，由征服世界所诱发的消费主义、享乐主义的生活模式成为现代社会的生活主轴。这样，以工具理性表现出来的“生产力”最大限度地开发、利用自然资源和不断地向自然界排放各种废弃物，造成全球范围的生态危机。理性与资本相结合所形成的经济发展的扩张主义必将致使启蒙理性的美好社会构想淹没在全球生态危机的泛滥之中。正如有论者所指出的：“以前人们往往比较注意在马克思那里有对资本主义‘第一重矛盾’，即资本主义生产无限扩大趋势与劳动人民有支付能力需求相对缩小之间的矛盾的分析，而实际上马克思还有对资本主义‘第二重矛盾’，即资本主义生产无限扩大的趋势与自然界承载能力有限性之间的矛盾的探讨。”① 一旦理性与资本主导的现代性生产逻辑突破了世界的生态底线，那么资本主义所构筑的文明世界就有可能被埋葬。

第三，虚无主义危机的威胁。价值上的虚无主义危机是现代性危机在人类精神层面的表现，是启蒙理性走向工具理性、逆转为反理性的必然结果。按照马克斯·韦伯的区分，价值理性侧重于对人类的伦理道德、宗教艺术等实质性价值的表达，认可道德理性在人类社会实践中的主导性，坚持对永恒价值的信仰；工具理性则注重对生产制作的可计算性、精确性等纯粹理性的表达，认可普遍性、可操作性等形式理性标准。然而，在资本逻辑、消费主义、科技力量等因素的推动下，工具理性逐渐淹没价值理性而成为启蒙

① 陈学明：《资本逻辑与生态危机》，《中国社会科学》2012 年第 11 期。

理性的主流。在马克思看来，这一转变表征的正是资产阶级在现代历史上的作为："它使人和人之间除了赤裸裸的利害关系，除了冷酷无情的'现金交易'，就再也没有任何别的联系了。它把宗教虔诚、骑士热忱、小市民伤感这些情感的神圣发作，淹没在利己主义打算的冰水之中。它把人的尊严变成了交换价值，用一种没有良心的贸易自由代替了无数特许的和自力挣得的自由。"① 道德品质在以工具理性为核心价值理念的现代社会中失去了主导性的地位，"使用价值""交换价值"凌驾于道德责任、道德义务之上，一切神圣的因素都被纳入市场体系之中，贴上价格标签，成为商品。只要在经济上是有效益的，在道德上就是正当的，这无疑是价值理念的"本末倒置"。无论资本逻辑抑或科技力量都无法对人类的生存价值给予奠基，由此，一方面，价值的客观来源无从谈起，导致价值设定依赖于个体的不同感受，陷入价值主观主义；另一方面，工具理性的僭越将一切原有的价值逻辑转化为商业逻辑，导致个体安身立命的根基被抽空，生活缺乏理念上的凭靠，陷入价值虚无主义。列斐伏尔就曾指出："虚无主义深深地内植于现代性，终有一天，现代性会被证实为虚无主义的时代，是那个无人可预言'某种东西'从中涌出的时代。"②

第四，怨恨心态的滋生。在对怨恨心态的社会学考察中，德国社会学家马克斯·舍勒指出，怨恨心态是个体或群体的生存性价值比较的结果，怨恨心态的滋生源自两方面的因素：个体或群体在实际权力、实际资产和实际修养等方面出现极大差异，某种平等的政治权利或其他权利受到社会的广泛承认。③ 事实上，滋生怨恨的两个因素正是资产阶级的政治革命和启蒙理性的平等理念。一方面，政治革命消灭了旧市民社会的政治性质，将束缚于特殊等级中的人民解放出来，形成了原子式的平等个体，平等个体在政治领域都是国家主权的平等参与者，但在市民社会中却是不平等的私人。政治国家"以自己的方式废除了出身、等级、文化程度、职业的差别"，而"国家根本

① 《马克思恩格斯文集》第 2 卷，人民出版社 2009 年版，第 34 页。

② Henri Lefebvre, *Introduction to Modernity*, trans, John Moore, London: Verso, 1995, p.224.

③ 参见［德］马克斯·舍勒：《价值的颠覆》，罗悌伦等译，生活·读书·新知三联书店 1997 年版，第 13 页。

没有废除这些实际差别，相反，只有以这些差别为前提，它才存在”。[①] 另一方面，根据理性的形式原则，天赋人权和自由平等是人人生而有之的不可剥夺的自然权利，启蒙理性极力倡导自由、平等、人权的现代性价值理念，而且这种价值理念在启蒙之后早已深入人心。当个体或群体在市民社会的实际地位与其在政治国家的虚幻地位不相符合时，怨恨心态往往就会在这种生存性的比较中凸显滋生，如舍勒所说，“群体的与宪政或‘习俗’相应的法律地位及其公共效力同群体的实际权力关系之间的差异越大，怨恨的心理动力就会越聚越多”[②]。

启蒙理性所开启的“现代性”在给人类社会带来“多重隐忧”的同时也令自身陷入饱受质疑的“现代性危机”之中，即便为现代性辩护的哈贝马斯也不得不将现代性说成是“未完成的方案”以区别于现代社会的历史进程，认为现代历史过程是对现代性方案的歪曲和异化。现代社会历史过程形成的社会危机及其导致的灾难性后果与启蒙理性的现代性方案密不可分，而历史进程中显现的对现代性方案的误解、歪曲，正彰显着现代性方案的致命缺陷。因此，在后现代主义者看来，“反启蒙”是一项名正言顺的后现代事业。

四、启蒙理性的后现代境遇

近代以来，启蒙理性一直是西方社会最高的精神权威，也是整个资本主义社会发展成就的显著标志。然而，启蒙理性的现代性方案却导致西方社会乃至全球都陷入巨大的社会危机之中，世界大战、极权主义、种族屠杀、局部战争、生态危机等局部的或全球性的灾难彻底击溃了启蒙理性的合法性根基，全面动摇甚至摧毁了启蒙运动所张扬的理性至上的现代性理念。启蒙理性从 20 世纪上半叶以来就不断受到越来越严厉的质疑与批判，其中最尖锐的质疑和批判来自后现代论者。

20 世纪 60 年代，西方学术界兴起了一股“后现代性”思潮，这股思潮

① 《马克思恩格斯文集》第 1 卷，人民出版社 2009 年版，第 30 页。

② ［德］马克斯·舍勒：《价值的颠覆》，罗悌伦等译，生活·读书·新知三联书店 1997 年版，第 12 页。

在20世纪80年代达到兴盛，并在各个人文社会科学领域急剧扩张，刮起了一股坚决要与启蒙理性的现代性运动及其种种理念相决裂的旋风。后现代主义者赋予现代性诸多必须予以鞭挞、批判的标签：理性主义、逻各斯中心主义、基础主义、普遍主义、绝对主义、总体主义、人本主义、本质主义等，但归根结底是要反对启蒙理性奠定的现代社会秩序。在后现代主义者看来，现代性秩序就是一个充满危机的霸权主义或精英主义秩序，它是现代社会种种危机与灾难的总根源，反启蒙就是对启蒙理性及现代性的批判，就是要推翻尚带有乌托邦色彩的现代性秩序。美国著名的后现代文学理论奠基人——伊哈布·哈山声称："这样的精英秩序也许是世上最后的神秘祭仪，在我们这些被末日灾难和极权主义吓得心惊胆颤的人心中，它们已经不再有位置了。"① 美国后现代主义神学家大卫·格里芬也认为："我们可以，而且应该抛弃现代性，事实上，我们必须这样做，否则，我们及地球上的大多数生命都将难以逃脱毁灭的命运。"②

与现代性针锋相对是后现代性的自我定位，"如果说后现代主义这一词汇在使用时可以从不同方面找到共同之处的话，那就是，它指的是一种广泛的情绪而不是任何共同的教条"③，一种人类可以而且必须超越现代性的情绪。后现代性作为倡导多元主义的文化社会秩序构想从其出现伊始就将自身定位为对现代性的质疑、批判和超越，定位为对启蒙理性的解构实验。这种对启蒙理性的怀疑、批判与超越贯穿于整个后现代性的论述中，虽与20世纪上半叶的非理性或反理性思潮颇有渊源，但还不至于激进地陷入"非理性"或"反理性"的盲目处境，而更多的是对启蒙理性阴影的指控及其统治合法性的否定。后现代性是一种否定性的思潮，其对启蒙运动、对现代性的批判是否定的，其思想的力量不在于提出什么观念，而在于反对什么观念，不在于建构更加自由平等的秩序，而在于揭露秩序背后的隐性统治。尽管后

---

① ［美］伊哈布·哈山：《后现代的转向——后现代理论与文化论文集》，刘象愚译，时报出版社1993年版，第83页。

② ［美］大卫·格里芬编：《后现代科学——科学魅力的再现》，马季方译，中央编译出版社2004年版，第19页。

③ ［美］大卫·格里芬编：《后现代科学——科学魅力的再现》，马季方译，中央编译出版社2004年版，第20页。

现代性的否定主义给现代性贴上了许多标签，但最关键的则是反对以下三种肇端于启蒙运动以来的支撑性理念：作为话语霸权主义的理性中心主义、作为西方中心主义的普遍主义和作为人类中心主义的主体主义。

第一，反对作为话语霸权主义的理性中心主义。作为现代性的理论基础，启蒙理性与近代以来的全球现代化成就有着密切的关系，后现代性对于现代性的批判最重要的就是解构启蒙运动以来的理性中心主义。在后现代论者看来，启蒙运动的理性中心主义完全是绝对主义的话语霸权、宏大叙事，这种理性中心主义的话语霸权源自柏拉图主义，但直到启蒙运动才达到顶峰，所以要超越现代性就必须拒斥作为话语霸权的理性中心主义。美国哲学家理查德·罗蒂就认为，海德格尔和杜威抱有的信念值得肯定——“希腊人的‘智慧’追求为人类一大错误，这种智慧的意义是，一种凌驾一切之上的知识系统可一劳永逸地为道德和政治思考设定条件”①。后现代性论者认为，两千多年哲学史的“诸神之争”已表明启蒙理性无法为人类实践提供真理性的知识，其所设计的现代性方案的合法性依据也不是来自真理，而是来自理性中心主义的话语霸权，是“宏大叙事”压制了“小叙事”建构出来的权威。“如果没有一种观点能够为所有哲学家所信服，那么在某一时期某一种观点占据了统治地位只能是出于霸权主义；如果哲学家们不能就知识基础问题达成一致，而又试图让哲学充当全部知识的基础，那么这只能说明哲学在利用自己的特权在知识中推行一种霸权主义。”② 反对话语霸权主义的理性中心主义就要求打破“宏大叙事”的权威，张扬一直以来受到压抑的“小叙事”，解构“大写主体”，尊重在多样性、差异性的文化政治斗争中崛起的“小写主体”。如果说现代性宣告“上帝死了”，那么后现代性则宣告“人也死了”，当然，这里的“人”是抽象意义上的人，是指忽视、贬斥、压抑人的情感和意志的“理性主体”。后现代性论者通过打破同一性、提倡多样性、拒绝虚假共识、激活现实分歧，为“小写主体”的“小叙事”正名，打破了启蒙理性的话语霸权主义，“后现代主义的轮廓至今仍

---

① ［美］理查德·罗蒂：《哲学和自然之镜》，李幼蒸译，生活·读书·新知三联书店 1987 年版，第 13—14 页。

② 姚大志：《后现代主义与启蒙》，《社会科学战线》2005 年第 1 期。

不清楚，但其中心经历——理性的死亡，似乎宣告了一项历史工程——现代性的终结”①。

第二，反对作为西方中心主义的普遍主义。启蒙理性在理论层面追求绝对的、适用于任何时空的普遍真理；在实践层面则希望通过普遍真理的指导实现全人类的解放，在尘世建构一个自由平等的天国，启蒙理性及其所开创的西方资本主义现代化模式曾被认作是达到这一“尘世天国”的最可靠路径。近代西方资本主义的现代化发展模式的确建构出了全新的世界体系，使得西方世界在经济发展、政治文明、科技创新、文化生产等各个领域都占有压倒性的优势，“西方的道路就是我们的道路”“西方的今天就是我们的明天”“西方的就是普遍的”等意识形态牢固地笼罩住人们的思想，从而造成种种特殊的、源自西方的发展理念、利益诉求、政治观念，甚至人生意义都被当作历史发展中的“普世价值”强加给其他区域的个体、族群或民族国家。也正是依托这种普遍主义或文化帝国主义话语权，形成了种族、政治、价值、思维等不同层面的“西方中心主义”，而“西方中心主义”的背后实质上还是启蒙理性主义的话语霸权在发挥作用。后现代性的出场既然要批判理性中心主义，自然也要毫不留情地批判作为西方中心主义的普遍主义。既然启蒙理性的真理只不过是一种权力叙事，那么其所谓的普遍性道路就更不过是权力的制造、理性的僭越。在后现代性论者看来，以“西方”为中心建构出来的资本主义世界体系，人为地强制构筑了“前现代”与“现代”、“文明”与“野蛮”、“先进”与“落后”等一系列二元对立的秩序框架，只有打破这一框架，才能激活宗教、种族、性别、职业等特殊性的多元身份话语。任何其他的非西方的特殊性主体如果要作为独立的价值世界存在下去，就必须“像现代西方那样进入普遍性与特殊性的辩证法，在文化和政治的逻辑中，将现代性变成自我认识和自我表述的语言——不是把它作为‘普遍性’的规律，作为一种一成不变的形式，而是用这种材料和语言讲出自己的故事，塑造一个生活世界和价值世界的自我形象，表达一种集体的意志和富有

① 王治河：《扑朔迷离的游戏——后现代哲学思潮研究》，社会科学文献出版社 1993 年版，第 10—11 页。

感染力的理想”[①]。利奥塔倡导的“异教主义政治学”，罗蒂宣扬的“种族中心主义”，福柯论证的“真理政治学”，都是对普遍主义、文化帝国主义、西方中心主义批判路径的寻求。

第三，反对作为人类中心主义的主体主义。消解“中心”、解构“主体”是后现代性的目标之一，因此，反对和解构作为人类中心主义的主体主义是后现代性的题中应有之义。在德里达看来，自柏拉图以来的西方哲学都在追求“中心”“基础”和“本源”，并且将这些“中心”“基础”和“本源”当作先验的、自明的现象加以维护，但这些“中心”都是由理性建构的，是虚幻的、根本不存在的。德里达的解构主义以及后现代性的种种论述就是要消解“中心”，达到“去中心化”的目的。现代性张扬人性解放和人的主体精神，使得人类的世界观从以“自然”或“神”为中心转向以“人自身”为中心，主张人为自然立法，人为自身确立道德责任，人靠自己解放自己。这种人类中心主义的实质正是启蒙运动提出的主体主义，人从“存在巨链”中抽身出来，凸显于世间万物之上，成为自主的、自我构成的主体，成为自然和社会的主人，从而形成了主客体分离的二元论局面。然而，后现代性论者认为主体主义的二元论世界观导致了全球性的生态危机，因为它“为现代性肆意统治和掠夺自然（包括其他所有种类的生命）的欲望提供了意识形态上的理由。这种统治、征服、控制、支配自然的欲望是现代精神的中心特征之一”[②]。虽然现代世界已经不再是古代的“存在秩序”，但世界还是一个有机的、整体的结构，世界如果不包含于我们，我们便不完整，我们如果不包含于世界之中，世界也不完整。人类作为全球生态系统的一个物种，不能凌驾于其他物种之上，而是要融入生态系统之中。“后现代人世界中将拥有一种在家园感，他们把其他物种看成是具有其自身的经验、价值和目的的存在，并能感受到他们同这些物种之间的亲情关系。借助这种在家园感和亲情感，后现代人用在交往中获得享受和任其自然的态度这种后现代精神取代了现代人的统治欲和占

---

① 张旭东：《全球化时代的文化认同：西方普遍主义话语的历史批判》，北京大学出版社 2006 年版，第 24 页。

② ［美］大卫·格里芬编：《后现代精神》，王成兵译，中央编译出版社 1998 年版，第 5 页。

有欲。”①

后现代性以其极具反叛性的思维、话语和主张向启蒙神话和资本主义制度刺出了锋利一剑，打破和消解了启蒙理性的桎梏，向人们展示了掩盖在理性、文明、自由之下的另一种面相，从而促使人们积极深入地展开对启蒙运动和资本主义体系的历史性反思。在某种程度上，后现代性的反启蒙和解构现代性是有意义的，其所倡导的异质、多元和个性开启了人类思想的新视域，给人类的社会实践注入了新鲜活力。然而后现代性的批判同时也具有不可忽视的问题，作为一种否定主义的思潮，它解构理性、消解“中心”，将“真理”还原为叙事的霸权，把评判事物的标准——善恶、是非、对错、意见与真理悬置起来，从另一个角度推进和延续了现代性的虚无主义，再一次陷入了现代性的悖论之中。后现代性对现代性的资本主义文明体系的批判只是采取了局部救治和改良的方案，没有从根本上质疑和改变现实的资本主义制度，所以其对现代性的批判仅仅是文化上的翻新，而不可能是实践上的革命。对于马克思主义来说，批判启蒙理性、批判现代性并不是要简单否定其全部思想，更是要寻找超越资本主义现代化发展模式的路径，真正实现人类的自由和解放。

五、马克思的启蒙理性批判路径

后现代性思潮无疑是当今世界上最激烈的反启蒙思潮之一，其反启蒙的批判路径揭示了启蒙理性的矛盾与困境，所给出的后现代解决方案也为现代社会的发展与进步注入了新鲜活力。然而，启蒙理性的矛盾与困境的根源并不在于理性自身，而在于理性背后的“物质的生活关系”②这一本质性领域的矛盾，但因后现代性对启蒙理性、现代性运动、资本主义文明体系的批判路径注重于消解理性中心、解构宏大叙事等，没有从根本上质疑、批判和解决本质性领域的矛盾，这就注定后现代性的批判路径不可能获得成功。而马克思主义的批判之所以能够超越后现代性及当代哲学对启

① ［美］大卫·格里芬编：《后现代精神》，王成兵译，中央编译出版社1998年版，第24页。

② 《马克思恩格斯文集》第2卷，人民出版社2009年版，第591页。

蒙理性和现代性的批判，就在于它“不是为批判而批判，而是为某种社会（基础、制度）的以及文化（观念）的变革开辟道路”[①]，从而将对启蒙理性的批判转化为实践批判、社会批判和资本批判，从而能够真正实现现代性的终结。

从马克思人类解放理论的视域来看，对启蒙理性及现代性运动的批判不能停留于意识形态层面，“批判的武器当然不能代替武器的批判，物质力量只能用物质力量来摧毁”[②]。只有深入批判启蒙理性的存在论基础，才能命中启蒙理性蜕变的要害；只有根本克服启蒙理性异化的缺陷，才能为启蒙理性及现代性找寻到出路。而马克思的唯物史观强调，不是社会意识决定社会存在，而是社会存在决定社会意识。包括理性在内的一切意识观念的存在论基础都是活生生的现实生活，是“物质的生活关系”。因而，对启蒙理性的批判必须转向深入探究“物质的生活关系”，并依照当前的历史语境转变为对资本逻辑及资本主义生产关系的批判。

首先，马克思将对启蒙理性及现代性的批判转向为对“物质的生活关系”的探究。

从马克思的视域来看，对于启蒙理性及现代性的批判必须超出启蒙主义的视界，直抵启蒙思想体系的本源性根基。只有对本源性根基的批判才是真正本质性的批判。这种自觉的批判路径对于马克思来说是“一以贯之”的。在对“犹太人问题”的研究中，马克思即认为，鲍威尔虽然致力于宗教批判和政治批判，但由于受到自由主义思想体系的限制，其批判混淆了政治解放和普遍的人的解放，还只是落在启蒙理性主义的泥沼内，囿于由霍布斯等现代政治哲人所开启的现代性视域内。马克思认为，要解决“犹太人问题”——实质上是现代性问题的体现——必须将批判向纵深推进，完成对现代国家的根本性批判。这就决定了马克思同鲍威尔不同的批判理路，他在吸取了鲍威尔长处的基础上，将对现代性的批判推进到全新的理论境域。面对启蒙理性开启的现代性历史处境，青年马克思确实表现出天才者的敏感与深

① 程广云：《后现代：走向“多元”的现代性》，《哲学研究》2005 年第 5 期。

② 《马克思恩格斯文集》第 1 卷，人民出版社 2009 年版，第 11 页。

邃，他不是去探求与鲍威尔的一致性方面，而是密切关注着自身与鲍威尔的分歧，并将其分歧上升到政治哲学理念的高度。马克思一开始就把鲍威尔的批判路径看作一个“矛盾体”，因为鲍威尔“提供了一些条件，这些条件并不是政治解放本身的本质引起的。他提出的是一些不包括在他的课题以内的问题，他解决的是一些没有回答他的问题的课题”①，并将其解释为“毫无批判地把政治解放和普遍的人的解放混为一谈”②的现代性批判。鲍威尔论证“犹太人问题”的出发点，遵循的是启蒙理性所开启的现代性原则，这一原则将“现代国家”作为最高的统治秩序，认为其所达到的秩序形态就是人的自由状态所能达到的限度。但马克思指出，鲍威尔“批判的只是‘基督教国家’，而不是‘国家本身’，他没有探讨政治解放对人的解放的关系”③。鲍威尔没有超越现代性的原则来看待问题，这与后现代性的批判立场具有相似性。马克思超越现代性立场，坚持要深刻理解“政治解放与人的解放”的关系，必须探讨“现代国家”本源性、基础性问题，即要探讨启蒙理性及现代性的本源性问题。只有将“现代国家”还原到其本质性领域，才能透彻地把握现代性统治秩序的特点与局限，洞悉启蒙理性的真正界限，也才能由此重新奠定人类自由的基础。这一本质性领域、本源性基础是什么呢？马克思通过阐述宗教与政治的复杂关系、论述公民权与人权的分离原则，探讨了“现代国家”的本源性、基础性问题。他指出：“封建社会已经瓦解，只剩下了自己的基础——人，但这是作为它的真正基础的人，即利己的人。因此，这种人，市民社会的成员，是政治国家的基础、前提。”④市民社会成员及其所生活的领域——“物质的生活关系”就是现代政治国家的基础。在《〈政治经济学批判〉序言》中，马克思明确指出：“我的研究得出这样一个结果：法的关系正像国家的形式一样，既不能从它们本身来理解，也不能从所谓人类精神的一般发展来理解，相反，它们根源于物质的生活关系，这种物质的生活关系的总和，黑格尔按照18世纪的英国人和法国人的先例，概括

① 《马克思恩格斯文集》第1卷，人民出版社2009年版，第25页。
② 《马克思恩格斯文集》第1卷，人民出版社2009年版，第25—26页。
③ 《马克思恩格斯文集》第1卷，人民出版社2009年版，第25页。
④ 《马克思恩格斯文集》第1卷，人民出版社2009年版，第45页。

为‘市民社会’”[①]。马克思以原创性的方式回答了启蒙理性及现代性的本源问题，开辟了一条鲜明的批判路径。

其次，马克思探究了“物质的生活关系”本质性领域的性质及其与理性、宗教、文化等领域的关系。

在马克思看来，无论是理性、政治、宗教抑或是文化、道德、艺术诸如此类的意识形态领域都不具有绝对的自主性。自启蒙运动以来，意识形态的各类形式被划分为各种相对独立的文化领域，并被认为具有天然的自治性，甚至将“从这些不同的思想中抽象出‘思想’观念等等，并把它们当做历史上占统治地位的东西，从而把所有这些个别的思想和概念说成是历史上发展着的概念的‘自我规定’”[②]。这使得政治、宗教、文化、道德都成为不相统属的领域，彼此之间的论题只存在交叉，而不存在层次。马克思则与这种哲学方式、哲学理念相决裂：“我们判断这样一个变革时代也不能以它的意识为根据；相反，这个意识必须从物质生活的矛盾中，从社会生产力和生产关系之间的现存冲突中去解释。”[③] 马克思只将“物质的生活关系”这一带有存在论性质的领域指认为“绝对自主的”领域，这种自主不只是在物质生活领域上的自主，毋宁说它是政治、宗教、文化和道德等所谓的自主领域的更深层次的基础。对马克思来说，所谓启蒙理性是自主的、道德价值是自在自为的各种命题并非不言而喻；只有在人们忽视了事物的核心、对作为一切事态根源的“物质的生活关系”视而不见的时候，这些命题才会被认为是理所当然的。尽管一个人可以在各个“自主性领域”中是具有自由决断能力的个体，但“物质的生活关系”始终向他提出作为一个人不能回避和忽视的物质、金钱、世俗的问题，这些问题不仅涉及霍布斯所言的惧怕暴死而力求保存生命的生存欲望，而且从根本上涉及黑格尔所述的获取承认的生命欲望，以及实现自身自由的终极理想。

马克思对“物质的生活关系”这一领域的探究消解了理性、政治与宗教等的“自主性”神话，重新奠定了理性、政治、宗教等领域的本源性基

---

① 《马克思恩格斯文集》第 2 卷，人民出版社 2009 年版，第 591 页。
② 《马克思恩格斯文集》第 1 卷，人民出版社 2009 年版，第 553 页。
③ 《马克思恩格斯文集》第 2 卷，人民出版社 2009 年版，第 592 页。

础。从“物质的生活关系”来看待人的本质和人的理性，表明历史的和现实的实践是孕育理性的土壤，使得启蒙理性无法凌驾于历史与实践之上，突破和超越了对人的理性的先验哲学式的理解。社会实践的不断生成替代了抽象的理性逻辑对人的本质的规约，呈现出历史与现实的多样性，消除了理性中心主义的观念。并且由于“物质的生活关系”是不断生成变化的，因而理性对现实的改造必须遵循一定的限度，但“物质的生活关系”毕竟具有一定的运动规律与目标，把握规律、实现目标又要求理性能够具有超前的洞察力。在马克思看来，理性面对“物质的生活关系”领域需要保持一定的适当的平衡。

最后，马克思将对启蒙理性及现代性的批判转化为对资本主义生产关系的批判。

近现代以来的“物质的生活关系”的集中体现就是作为“社会生产过程的最后一个对抗形式”[①]的“资产阶级的生产关系”，启蒙理性及现代性的存在基础也是由资本主义的生产方式所界定的。所以，对启蒙现代性及其所承诺的解放图景的批判不能停留于意识形态层面，只有深入批判并超越资本主义的生产方式，才能真正解释与克服启蒙现代性的工具主义、虚无主义、霸权主义以及生态污染等危机。后现代性对现代性的批判虽然刚强猛烈，最终却与现代性形成共谋关系，原因在于其批判的核心始终瞄在理性中心主义，瞄在意识形态层面的话语争夺，没有深入到培育启蒙理性的资本主义生产方式中。启蒙现代性不仅是理性力量的体现，更是资本逻辑的霸权体现，只有将批判深入到现代性背后的“物质的生活关系”，才不会重新陷入现代性的怀抱。在笔者看来，马克思的批判分为三个层面。

一是解剖“商品拜物教”。在《资本论》开篇的第一章，马克思即指出：“资本主义生产方式占统治地位的社会的财富，表现为‘庞大的商品堆积’，单个的商品表现为这种财富的元素形式。因此，我们的研究就从分析商品开始”[②]。商品表面看似简单内里实则古怪，充满了形而上学的奥妙和神

① 《马克思恩格斯文集》第2卷，人民出版社2009年版，第592页。

② 《马克思恩格斯文集》第5卷，人民出版社2009年版，第47页。

学的怪诞。因为由资本主义生产方式所支配的商品生产过程把私人劳动的社会属性反映成劳动产品的物性，反映成物的社会属性，将劳动者同劳动的社会关系，劳动者之间的社会关系都当成劳动者之外的物与物的社会关系，彻底掩盖了人与人之间的关系，这种普遍的错觉形成了现代资本主义社会的"商品拜物教"。事实上，在前资本主义社会那里，人与人之间的关系是显在的、直接的人身依附关系，封建等级秩序天然不可侵犯，人与人之间天然不平等，"存在链条"思想正是这一社会现实的观念反映；而在资本主义社会，表面上推翻了天然不可侵犯的封建等级秩序，形成了人人自由平等的现代世界，实质上人与人之间的关系被隐蔽的、伪装的商品拜物教方式所掩盖，这也正是启蒙现代性各种观念的思想根基。

二是批判"资本逻辑"。"资产阶级生存和统治的根本条件，是财富在私人手里的积累，是资本的形成和增殖；资本的条件是雇佣劳动。"① 资本的出现完全改变了世界的面貌与运作逻辑，使得整个社会的生产与再生产都变成资本的自我增殖。资本逻辑的运作以资本的形成、保全和增殖为目标，在支配劳动的同时也支配了劳动者，资本的主体性支配了理性的主体性。人的理性主体性是由资本逻辑所塑造出来的，一旦产生必然遵循资本逻辑利己主义的、自私自利的运转规律，而且不断为资本及资产阶级的存在提供合法性辩护。马克思多次将资本家称为"人格化的资本"②，其所表征的正是资本作为一种物的社会关系反过来统治和支配着人自身，资本的物化逻辑支配了人的自由自觉的发展逻辑。

三是扬弃"资本主义私有制"。"商品拜物教"和"资本逻辑"导致现代社会不断出现巨大危机，而资产阶级对其危机束手无策。从应对周期性的经济危机来看，"资产阶级用什么办法来克服这种危机呢？一方面不得不消灭大量生产力，另一方面夺取新的市场，更加彻底地利用旧的市场"③。不触动和扬弃资本主义制度、资产阶级私有制，应对启蒙现代性种种危机的举措就都不可能从根本上解决问题。根本的解决之道只能是彻底摧毁资本的统治，

---

① 《马克思恩格斯文集》第 2 卷，人民出版社 2009 年版，第 43 页。

② 《马克思恩格斯文集》第 5 卷，人民出版社 2009 年版，第 269 页。

③ 《马克思恩格斯文集》第 2 卷，人民出版社 2009 年版，第 37 页。

也就是要改变资本主义制度为社会主义制度，改变资本主义私有制为社会主义公有制，不再把“有用性”当作价值的标准，不再把工具理性当作理性本身，不再把对自然的猎取当作生存的手段，从而切断资本逻辑运转的社会条件，重建人与自然、人与人之间的和谐关系。

启蒙理性是一个现代性课题，是资本主义文明体系的思想根基，对启蒙理性的反思与批判同时就是对现代性和资本主义生产方式的反思与批判。启蒙给近现代社会带来了非同凡响的成就，这是不可否认的，但同样不可否认的是，它也给社会带来了各种各样的危机和灾难。所以，“反启蒙”“反现代性”必须也应当被看成是启蒙及现代性本身不可或缺的重要部分，没有“反启蒙”“反现代性”的制约，启蒙和现代性就无法克服和超越自身制造的迷信与危机。反思和批判启蒙理性是全球化时代政治哲学发展的重大理论主题，也是推进马克思主义政治哲学发展的重人理论课题。

马克思一生的理论构思另辟蹊径地展开了对启蒙理性及现代性的批判，其直抵问题本质的批判路径超越了现当代诸多西方哲学家以及各类后现代思想流派的批判方式，将对启蒙现代性的批判最终转变为对资本主义生产方式的批判，将对启蒙现代性种种弊端的克服转化为对资本主义私有制的扬弃。在马克思所描绘的历史发展的三大形态中，从第二大形态向第三大形态飞跃的过程，所揭示的正是人类从以资本主义为代表的现代性生存方式向一种能够克服现代性缺陷的社会主义生存方式的转变，这为以启蒙理性为核心的现代社会向更完善形态的发展探寻到了一条全新的救赎道路。

第二节　马克思哲学观的自我转变及其阶段性*

哲学观问题是哲学的基本问题，它关涉到哲学的性质及其功能。学界一般认为，马克思以对人类历史发展的观察和考察为前提，实现了思想史上哲学观的伟大变革和划时代的哲学贡献，完成了从唯心主义向唯物主义的自我转变。从马克思哲学观发展的总趋势看，这一观点是正确的。它是对马克思哲

* 本节由笔者与笔者的研究生徐国胜合作完成，原载于《江汉论坛》2014 年第 9 期。

学观自我转变、自我扬弃的整体揭示和描述，但不能够展露和体现马克思哲学观自我发展的阶段性、过程性。马克思哲学观的自我转变、自我扬弃并不是一蹴而就的，其脉络经历了三个决定性阶段（浪漫主义、激进民主主义、哲学共产主义），构成了从唯心主义→浪漫主义→激进民主主义→哲学共产主义→科学共产主义的重大转向。当然，从物理时间意义上我们很难对这种转变的历程和阶段做绝对的划分，在文本的写作次序上也很难从分类学的意义上进行绝对的归类，但这并不能否认马克思哲学观自我转变、自我扬弃所具有的阶段性与过程性特征。

一、反思思维理性：从唯心主义到浪漫主义

学生时代的马克思深受黑格尔思想的影响，具有浓厚的唯心主义色彩。马克思在1840—1841年的博士论文《德谟克利特的自然哲学和伊壁鸠鲁的自然哲学的差别》中，就曾在对宗教的批判上，以黑格尔的唯心主义为出发点，将人的意识即精神与理性作为武器，反对宗教、批判神学，用理性的哲学分析宗教产生的社会历史根源，并将其作为消灭宗教的现实力量，与非理性的神学相对抗，揭示非理性神学的本质。其对哲学功能的理解也是唯心主义的，他将意识性和思维性的哲学看作是现实世界历史的引发者，主张从哲学转向历史而非从历史出发开拓哲学。他曾在博士论文中指出，“一个本身自由的理论精神变成实践的力量，并且作为一种意志走出阿门塞斯的阴影王国，转而面向那存在于理论精神之外的世俗的现实”，“这种转变的一定方式就可回溯到一种哲学的内在规定性和世界历史的性质……世界的哲学化同时也就是哲学的世界化，哲学的实现同时也就是它的丧失，哲学在其外部所反对的东西就是它自己内在的缺陷，正是在斗争中它本身陷入了它所反对的错误，而且只有当它陷入这些错误时，它才消除掉这些错误”①。在理解哲学、世界和自我意识的关系中，马克思主张通过自我意识来推动哲学及世界的改造与发展。虽然学生时代马克思的思想拥有“扬弃哲学”的批判性新见解，但在总体上还处在黑格尔的唯心主义框架之内。

① 《马克思恩格斯全集》第40卷，人民出版社1982年版，第258页。

给予学生时代的马克思以唯物主义启发、推动其向唯物主义迈出第一步的正是来自被传统教科书所忽视的浪漫主义。浪漫主义惯于使用瑰丽的辞藻、浮夸的想象构筑与客观世界针锋相对的空间，并以此批判、针砭现实，以诗歌的形式，道出了哲学的意蕴。浪漫主义所展现的华丽表达，与欧洲古典文学相得益彰，其所指求的诗化世界，更是对当时社会的另一种解脱，所以，浪漫主义在欧洲社会掀起了一股热潮，影响了诸多文学、哲学等巨匠，马克思也在其列。浪漫主义不仅短暂停留于大学时期马克思的诗意生活中，同样也扎根在马克思的哲学王国中。

大学时期的马克思对浪漫主义极为沉迷，他曾选择了浪漫派重要代表人物 A. 施莱格尔的两门课程：《荷马研究诸问题》与《普罗佩尔提乌斯的挽歌》，还特别痴迷于浪漫主义诗人海涅的作品。在马克思的文本中，行文风格和表达技巧都带有浪漫主义的意蕴：浪漫主义的反讽文体不时出现，浪漫主义的诗意化倾向也有所显露。马克思开始向往浪漫主义所诉诸的诗意生活。

浪漫主义真正从本质上深入马克思的思想并对其哲学观的转变产生深刻的影响，显现于博士论文完成之后。当马克思博士论文中所推崇的“思维理性”，无法解决反动当局出台的打压言论自由的政令、控制民众行为的现实问题时，他意识到理论与现实之间存在着难以弥合的鸿沟。而浪漫主义所倡导的表达对当下现实的不满与批判主张则使马克思认识到关注现实问题的重要性，促使马克思逐渐挣脱纯粹理想化的理性思辨，放弃原本从事教学工作的计划，转而选择抨击德国封建专制制度，为争取出版自由等现实指向而不懈奋斗。马克思通过反思思维理性，转而投身《莱茵报》，开始着眼于社会现实问题的内在动机因素，标志着马克思实现了从唯心主义向浪漫主义的彻底转变，使其开始具有了唯物主义的理解倾向，并对其哲学观的方向性转变具有引导作用。浪漫主义在哲学观上所认为的“存在先于意识”思想，对学生时代马克思哲学观的转变所带来的影响已初见端倪，它将马克思从思维世界拉回到现实世界，给予了马克思以唯物主义思想启迪，实质性地推动马克思向唯物主义方向迈出了重要一步。

浪漫主义在马克思思想历程中停留虽然短暂，但不能以时间的长短作为衡量标准，而否认其在哲学观自我转变过程中的影响。只有回到马克思思想发展的逻辑与历史之中，才能真正体会浪漫主义在其哲学观体系形成中的作用。

二、审视封建专制：从浪漫主义到激进民主主义

从1842年初马克思参与《莱茵报》创刊开始，到1843年3月退出《莱茵报》编辑部为止（我们可以称为马克思早期思想的《莱茵报》时期），这一时期是青年马克思哲学观发展的重要阶段。

马克思通过对现实封建专制的审视，意识到浪漫主义的深刻缺陷：浪漫主义只是一场诗意化的美梦，难以触及真正的现实世界。马克思认为，在批判制度的功能上，浪漫主义只是对社会表面现象的批判和否定，并没有触及现象背后的根本性、源泉性因素，这种隔靴搔痒式的机械批判和否定难以对现实世界的改变产生实效；从最终目的与社会归属来看，浪漫主义将诗化、艺术之美作为其最终归途，将现实问题托付于虚无诗化，最终结果只会是一种"乌托邦"构想。基于这种认识，马克思试图超越浪漫主义。他在肯定浪漫主义批判现实、表达对现实不满的批判精神基础上，摒弃了浪漫主义式的表层化批判，将批判的矛头直指更为深刻的德国封建专制制度的落后性，在批判对象上实现了对浪漫主义的超越；反思浪漫主义将世界归于诗意化的存在，并将关注的重心转向现实世界的政治、经济问题，着眼点置于人民群众的政治利益和社会利益，在目标设想上实现了对浪漫主义的超越。通过对封建专制制度的深度审视、对阶级关系和利益的细致剖析，使马克思对国家法律意志、立法产生了疑虑，对之前所推崇的黑格尔国家理性思想发生了动摇并开始予以反思。马克思在这一阶段始终以批判、战斗的姿态屹立于封建专制制度面前，以其尖锐的笔锋一次次刺入封建专制制度的脏器，充分展现出其内心的革命情怀、激进倾向以及民主主义思想，表明马克思正逐步以激进民主主义完成对浪漫主义的超越。这种超越倾向主要体现在《莱茵报》上所发表的一系列批判封建专制制度的文章中。

《论普鲁士最近的书报检查令》一文，标志着马克思在理论上从浪漫主

义转向激进民主主义的萌芽（在实践中，马克思开始投身于政治斗争，拉开了他与封建专制制度进行殊死斗争的序幕）。

《关于出版自由和公布等级会议记录的辩论》一文，不仅重申了上文关于批评反动当局限制言论自由的核心内容，并在此基础上深入审视了封建专制制度："省议会"的每个代表都是从自身所处等级利益出发，从而表现出对出版自由的迥异态度；"省议会的权利已不再是省的权利，而是反对省的权利，省议会本身也成为对省采取极端非法行为的体现者"①，已成为私人和统治阶级牟利的工具，不再具有普遍代表性和象征性。

《关于林木盗窃法的辩论》一文，马克思以"一无所有的阶级"为视角，不厌其烦地阐述封建专制制度的蛮横霸道，对"省议会"仅代表林木所有者的利益并将法律用于牟取私人利益进行了深刻揭露和无情批判，他指出，"正如哑巴并不因为人们给了他一个极长的话筒就会说话一样，私人利益也并不因为人们把它抬上了立法者的宝座就能立法"②。

《摩塞尔记者的辩护》一文，马克思通过阐述在摩塞尔河沿岸种植葡萄的农民利益被剥削，不断陷入贫困境地的现状，质问政府管理工作的实效，揭露政府管理机构中所存在的官僚本质。站在"一无所有的阶级"立场上公然指责政府的官僚体制、质疑其存在的必要性，这与马克思从黑格尔哲学中继承而来的国家与法的思想有着巨大的差距。

马克思通过《莱茵报》将他对封建专制制度的怒吼传递给民众，《莱茵报》在马克思的带领下，激进民主主义色彩也愈来愈浓厚。在这一时期，马克思充分展现出其对封建国家与封建制度的彻底批判以及对广大无产阶级的现实关怀，面对普鲁士反动当局的一系列专制举措，他表现出彻底批判与对抗的精神；面对"一无所有的阶级"陷入贫困，显露出对劳动群众利益的关注和体恤；在亲眼目睹国家与法沦为私人牟取利益的工具和保护伞时，反思自己所坚持的黑格尔国家与法的观念，逐渐对黑格尔的思想产生疑虑进而转向对其进行批判。

① 《马克思恩格斯全集》第 1 卷，人民出版社 1995 年版，第 156 页。
② 《马克思恩格斯全集》第 1 卷，人民出版社 1995 年版，第 289 页。

激进民主主义阶段体现了马克思哲学观由唯心主义向唯物主义自我转变、自我扬弃的趋向，但并不意味马克思在唯物主义与唯心主义的哲学观上进行了根本性区别和判断。尚囿于黑格尔思想框架之中的马克思，其衡量社会的出发点仍然是唯心主义国家和法的观念，并未完全超出唯心主义的范畴。但对政治经济问题的重视、对“一无所有的阶级”的关注等，表征着马克思距离唯物主义的大门越来越近。

三、提升理性思辨：从激进民主主义到哲学共产主义

在 1843 年初到 1844 底，马克思的哲学观又有了新的发展和进展。马克思此阶段的代表性论著有：1843 年夏季创作的《黑格尔法哲学批判》；1843 年末至 1844 年 1 月创作的《〈黑格尔法哲学批判〉导言》；1843 年秋季创作的《论犹太人问题》；1844 年 4—8 月间创作的《1844 年经济学哲学手稿》等。

《莱茵报》时期的经历颠覆了马克思对黑格尔国家与法观念的认识，他开始研究理性国家存在与实现的可能性和现实性。在大量阅读了有关欧洲各国历史著作，尤其是关于法国资产阶级革命史后，马克思着手撰写关于批判黑格尔国家观的《黑格尔法哲学批判》，费尔巴哈的思想也逐渐向马克思渗透。在关于市民社会与国家之间关系问题上，马克思明确指出，“我的研究得出这样一个结果：法的关系正像国家的形式一样，既不能从它们本身来理解，也不能从所谓人类精神的一般发展来理解，相反，它们根源于物质的生活关系，这种物质的生活关系的总和，黑格尔按照 18 世纪的英国人和法国人的先例，概括为‘市民社会’”①。费尔巴哈对马克思的影响不仅仅局限于马克思对唯物主义思想的批判继承，还在于费尔巴哈关于人的学说对马克思思想的启发，这一思想在马克思激进民主主义阶段与最终完成哲学观的自我转变达至科学共产主义阶段的中间过渡环节中留下了举足轻重的印迹。

在激进民主主义阶段，马克思就已开始转向共产主义，表明了他对共

① 《马克思恩格斯文集》第 2 卷，人民出版社 2009 年版，第 591 页。

产主义的郑重立场。而在继承费尔巴哈思想并以此批判黑格尔唯心主义国家观的过程中，他对革命、无产阶级有了精辟的理解，其共产主义思想更为鲜明。但这种共产主义思想较之于成熟时期的科学共产主义，笔者称之为“哲学共产主义”。哲学共产主义是新黑格尔派哲学的必然产物，其最为直接的来源即是费尔巴哈的人本主义思想。称这一阶段为哲学共产主义阶段，称马克思为“哲学共产主义者”①，主要源于马克思的共产主义观的分析原则是哲学的。

首先，从哲学原则出发阐述无产阶级的重要性及其参与革命的内在动力，经济学分析不占重心地位。马克思当时对无产阶级在社会革命中的地位已有初步认识，并将无产阶级与哲学紧密联系起来，“德国人的解放就是人的解放。这个解放的头脑是哲学，它的心脏是无产阶级。哲学不消灭无产阶级，就不能成为现实；无产阶级不把哲学变成现实，就不可能消灭自身”②。哲学成为无产阶级的精神武器，无产阶级则是哲学的物质武器。但是在理解无产阶级参与共产主义运动、发动社会革命的动机时，马克思还是从费尔巴哈的人本主义哲学思想出发，将无产阶级视为“一个被戴上彻底的锁链的阶级，一个并非市民社会阶级的市民社会阶级，形成一个表明一切等级解体的等级，形成一个由于自己遭受普遍苦难而具有普遍性质的领域”③，正因为马克思在无产阶级参与社会革命这一问题上的原始出发点和语境是哲学的，所以他将问题诉诸人的复归，而不是现实经济问题。

其次，从哲学原则出发揭示社会革命的主要内容及其进程：在革命内容的维度上，无论是《论犹太人问题》中的人类解放，还是《〈黑格尔法哲学批判〉导言》中的人民革命，马克思都是将其理解为使人的世界与人的关系回归于人本身。理性思辨式的人性复归是此时马克思的核心内容；在革命进程的维度上，马克思并没有从经济学角度提出无产阶级夺取政权、建立无产

---

① 哲学共产主义者也是恩格斯对马克思、赫斯、卢格、海尔维格等共产主义者的评价与称谓。笔者认为，这正是对那个时代的马克思在亲历了一系列政治、经济等社会现实问题后提升理性思辨，阐述其共产主义思想的完美概括。

② 《马克思恩格斯文集》第1卷，人民出版社2009年版，第18页。

③ 《马克思恩格斯文集》第1卷，人民出版社2009年版，第16页。

阶级专政、推行无产阶级的阶级统治这一思想，而是从哲学原则的角度提出革命后的世界将会由一个联合体来代替之前的市民社会，在这个联合体中，政权将不复存在，阶级斗争也将随之消亡。虽然在《1844年经济学哲学手稿》中开始关注经济现象，但没有从经济学的批判视角揭示无产阶级的力量和社会革命的科学进程。

最后，从哲学原则出发设想未来的共产主义社会，将之归附于人的本质复归。在马克思看来，“共产主义是对私有财产即人的自我异化的积极的扬弃，因而是通过人并且为了人而对人的本质的真正占有；因此，它是人向自身、也就是向社会的即合乎人性的人的复归，这种复归是完全的复归，是自觉实现并在以往发展的全部财富的范围内实现的复归”①。马克思所设想的共产主义社会还只是建立于虚拟的、难以触及的哲学理性思辨与哲学基地之上，其出发点、核心内容及落脚点都留有费尔巴哈人本主义思想的影子。他将共产主义视为人的本质复归，而非将其视为历史发展的必然趋势，没有认识到共产主义是取代资本主义社会的、生产力高度发达的、实行按需分配的实体存在，反映出对共产主义的哲学性概括。

哲学共产主义阶段是建立在哲学分析基地上的，还处于以哲学原则、哲学思辨进行论证的阶段。马克思还没能完全从经济学视角考察共产主义和无产阶级等内容，只能选择批判继承费尔巴哈的人本主义思想，并由此出发，对共产主义进行纯粹的哲学论辩，但正如恩格斯所说，“一切社会变迁和政治变革的终极原因，不应当到人们的头脑中，到人们对永恒的真理和正义的日益增进的认识中去寻找，而应当到生产方式和交换方式的变更中去寻找；不应当到有关时代的哲学中去寻找，而应当到有关时代的经济中去寻找”②。称这一阶段为哲学共产主义阶段而非科学共产主义阶段，意味着其共产主义思想尚未完全成熟，也意味着此时马克思的哲学观尚未完成向成熟的自我转变、自我扬弃。

---

① 《马克思恩格斯文集》第1卷，人民出版社2009年版，第185页。

② 《马克思恩格斯文集》第3卷，人民出版社2009年版，第547页。

四、终结思辨体系：从哲学共产主义到科学共产主义

在1845—1846年创作的《关于费尔巴哈的提纲》和《德意志意识形态》等论著中，马克思的哲学观又有了突破性进展和彻底性转变。

哲学共产主义的出发点和落脚点都在于人性的复归，带有哲学思辨性质。在《1844年经济学哲学手稿》写作时期，马克思虽然开始从人本主义哲学视角向经济学视角转变，但始终贯彻了人本主义思想，并将共产主义等同于人道主义。随着马克思对经济学问题研究的不断深入，他开始逐渐体悟到要想真正认识和揭示共产主义实现的现实性和可能性，其唯一途径即是通过剖析资本主义社会的经济结构，从经济基础出发揭开共产主义的神秘面纱。《关于费尔巴哈的提纲》《德意志意识形态》的撰写与完成，标志着马克思哲学观的彻底转变——离开哲学基地、终结思辨体系，把共产主义思想从"哲学"提升到"科学"。

科学共产主义并不是从哲学原则出发，而是从客观经济现实和社会事实出发的实践运动，它"和所有过去的运动不同的地方在于：它推翻一切旧的生产关系和交往关系的基础，并且第一次自觉地把一切自发形成的前提看做是前人的创造，消除这些前提的自发性，使这些前提受联合起来的个人的支配。因此，建立共产主义实质上具有经济的性质，这就是为这种联合创造各种物质条件，把现存的条件变成联合的条件"①。科学共产主义立于经济分析之上认识和改造世界的实践倾向，与哲学共产主义站在哲学基地之上，从哲学原则出发认识、阐述和设想共产主义的哲学思辨具有本质区别，它具有以下特点：

在研究方法上，马克思突破传统的哲学思辨式抽象演绎，转而注重客观现实与历史存在，以实证分析法、矛盾分析法解析和透视共产主义思想。他把离开实践的思维与各种争论，归结为纯粹经院哲学的范畴并加以摒弃，认为其不可能将共产主义这一具有历史性意义的思想真正推向前进。他选择以社会和历史基础为依据，以实证分析的方法进行解读，以期真正推演出符合逻辑和历史发展的共产主义。在其研究起点的选择上，马

---

①　《马克思恩格斯文集》第1卷，人民出版社2009年版，第574页。

克思认为，“抽象的人”是哲学思辨的产物，不具有实践性，从而被从事实际活动的“现实的人”所取代，成为研究切入点。“德国哲学从天国降到人间；和它完全相反，这里我们是从人间升到天国。这就是说，我们不是从人们所说的、所设想的、所想象的东西出发，也不是从口头说的、思考出来的、设想出来的、想象出来的人出发，去理解有血有肉的人。我们的出发点是从事实际活动的人，而且从他们的现实生活过程中还可以描绘出这一生活过程在意识形态上的反射和反响的发展”①；其分析方法的核心不再是停留于思辨空间的人性复归，而是采用矛盾分析的方法，立足于社会实践发展过程中的主要矛盾——生产力和交往形式之间的矛盾。只有运用矛盾分析的方法，正确处理生产力与交往形式这一主要矛盾，才能从根源上解决历史冲突，规避历史冲突的发生，也才能揭示社会发展的一般规律和人类演化的一般进程。

在研究内容上，马克思扬弃了费尔巴哈的人性复归思想，着重阐述共产主义思想的科学性与现实性。“费尔巴哈对感性世界的‘理解’一方面仅仅局限于对这一世界的单纯的直观，另一方面仅仅局限于单纯的感觉。费尔巴哈设定的是‘人’，而不是‘现实的历史的人’。”② 马克思在熟识费尔巴哈思想的局限性基础上，对共产主义思想进行了更为深入、切实的阐发：在消灭资产阶级之后的社会走向问题上，主张要经过无产阶级专政阶段，“每一个力图取得统治的阶级，即使它的统治要求消灭整个旧的社会形式和一切统治，就像无产阶级那样，都必须首先夺取政权，以便把自己的利益又说成是普遍的利益，而这是它在初期不得不如此做的”③。在对共产主义进行界定和构想时，马克思也完全超越了费尔巴哈的人本主义归宿，对共产主义进行了科学、准确的界定，对共产主义社会给予了符合现实推演逻辑的设想。科学共产主义并非是传统意义上的“真正的社会主义”，而是对共产主义有了明确、科学的界定，将共产主义的革命立场、革命方式进行了审慎和全面的概括，是真正意义上的科学之共产主义。对于尚未实现的共产主义社会将会是

---

① 《马克思恩格斯文集》第 1 卷，人民出版社 2009 年版，第 525 页。

② 《马克思恩格斯文集》第 1 卷，人民出版社 2009 年版，第 527—528 页。

③ 《马克思恩格斯文集》第 1 卷，人民出版社 2009 年版，第 536—537 页。

怎样的图景，马克思完全脱去其哲学外衣，将共产主义社会的状态描述为：生产力高度发达；各尽所能、按需分配；劳动作为生活的第一需要而不再是谋生的手段；每个人的自由全面发展是一切人自由全面发展的条件。这种描述完全超越了哲学思辨式的抽象演绎，赋予了共产主义以现实风貌，使共产主义成为符合现实境况演化的合目的性与合规律性的社会理想。

马克思以对社会现实与人类历史发展的观察和考究为前提，实现了哲学观的自我扬弃，通过若干阶段达到哲学观从唯心主义到唯物主义的总体转变。在哲学观发展所经历的“路途”中，不管是马克思有意还是无意的推进与“逗留”，笔者认为，其阶段性都是一种客观存在。揭示马克思哲学观自我转变过程及其演进逻辑的客观性，有利于我们准确、全面和深度把握马克思哲学的实质，这也是我们“走进马克思”和“回到马克思”的理论前提和认识前提。

第三节　从应然到实然：马克思社会批判的价值取向转变*

马克思思想的阐发、创造与发展都建立在对原有旧哲学体系或不成熟哲学体系的批判、扬弃基础之上，批判的方式是有力支撑马克思整体思想的关键。青年马克思所采用的批判方式是以应然价值取向为主的批判，其批判以某一抽象的哲学概念为基点，以社会现实问题为对象，具有哲学思辨的价值倾向性以及对问题推理的应然目的性，价值批判的结果呈现为抽象的、自我设定的应然状态。相对而言，以《关于费尔巴哈的提纲》《德意志意识形态》为转折点，马克思完成了由应然价值取向为主的批判方式向实然价值取向为主的批判方式的转变。它们的差异性主要体现在两个方面：从批判方法看，实然价值取向为主的批判不以思辨性的哲学分析为核心，而代之以实证性和科学性的经济学分析方法，具有更明确的现实指向性与针对性；从追求结果看，实然价值取向为主的批判所追求的不是带有价值倾向的应然设定，而是

---

* 本节原载于《南京政治学院学报》2015 年第 2 期，人大“复印报刊资料”《马克思列宁主义研究》2015 年第 7 期全文转载。

侧重于对实然的本真展现。当然，马克思社会批判价值取向的转变不是思想的对抗与断裂，而是思想重心的变化和方法论的转移，其理论脉络、思想旨趣在方法论转变的前后具有一致性。从应然到实然批判价值取向的转变是马克思思想发展的必然，也是其人类解放实现的内在要求。

一、哲学向经济学学科批判的转向

哲学批判作为哲学家最常用和最易于接受的方式，在哲学史上有着长久的发展历史。哲学家一方面善于以其敏锐的眼光、缜密的思维来察觉和洞悉现实世界的各种问题，用抽象性强、思辨性高的论证方式和哲学话语将问题探究至对象的深处；但是另一方面，面对超乎想象的复杂现实难题，哲学家也难以寻找到真正克制和抵抗这种困境的钥匙，无法利用现存的条件对现实进行改造，只能在理性世界中依靠哲学批判的方式思考现实问题的出路和解决路径，宣泄其拯救世界的情怀，预设未来的理想境地。因而，在这种批判性探究的过程中，理性哲学在哲学家的思辨、推理中扮演着重要的角色，俨然成为其思考的逻辑起点。这种在哲学范畴之内进行的、带有价值倾向性的哲学批判，在马克思早期思想中并不鲜见。

在马克思的青年时代，“批判”是当时的流行词汇，如施特劳斯、鲍威尔就以“批判的哲学家”自居，施特劳斯把自己所做的事情称为“批判”的工作，鲍威尔则自称为“批判的批判”的工作。但马克思认为这些批判都只是形式上的批判，于是他开始了“对批判的批判所作的批判”的工作。其中，黑格尔的理性主义和费尔巴哈的人本主义是马克思哲学批判过程中的有力武器，它们成为马克思在哲学批判路程中的“拐杖”。

黑格尔的理性主义对青年马克思影响至深，以至于马克思在看待社会发展和国家存在等一系列问题上，都始终坚信只要理性国家存在，世界就必然趋向美好。在黑格尔的理性主义思想中，社会的发展和进步被视为理性决定的结果，国家的存在也是理性的产物。当时的马克思认为，社会的发展、国家的存在必然代表所有民众的心声，也保障所有人的权益，每个人的权益都将获得法律的保护。然而，在《莱茵报》编辑工作的经历使马克思开始对黑格尔理性主义产生怀疑，并从这一美梦中慢慢苏醒。马克思萌发了从历史中寻找具有真理性答案的想法，并付诸实践。通过对历史学、社会学等的研究，马克思逐渐从黑格尔的唯心主义哲学运思中挣脱出来，寻找到更为科学、合理的哲学依靠。费尔巴哈的思想，吸引了马克思的注意，并不断获得马克思的赞赏。马克思十分认同费尔巴哈从唯物主义视角对宗教所进行的批判，他认为对宗教的抨击与批判的主要依据在于：宗教是由人创造的，而非宗教创造了人。费尔巴哈的哲学思想已经入驻马克思的哲学营地，并对其产生或隐或现的作用。此外，费尔巴哈的人本主义思想所投射的人的本质复归更是马克思对费尔巴哈思想赞赏有加的主要原因。马克思笃信费尔巴哈关于人的问题的解析，并在费尔巴哈人本主义影响之下，开始对资本主义社会进行新一轮的批判，即在《1844 年经济学哲学手稿》中所显现的对资本主义异化世界的针砭，他的批判不像黑格尔辩证法只局限于精神领域，而是努力超出精神的范围，成为真正改变世界的活动。在这一批判过程中，马克思以异化尤其是劳动异化作为批判核心，将人的本质复归视为批判目标，通过否定之否定的批判方式，希冀能够彻底消灭异化。然而，不论是马克思所预设的理性主义国家模式还是摆脱资本主义异化世界的人的本质复归，在现实的面前都显露出自身的尴尬和不堪。

马克思早期哲学层面的批判方式存在一定局限性，原因主要在于：第一，缺乏与现实生活的互动。当时马克思虽然看到资本主义社会制度下人们的苦难，却未能真正深入了解到导致人们苦难的根本原因，只是更注重抽象思辨性质的意识活动。马克思驻足哲学基地进行批判，用异化理论对人的问题、资本主义社会进行剖析，以类似于外行人看内行功夫的错位性批判分析探察资本主义社会的主要矛盾，难以达到其目的。第二，缺乏革命性和现实性。哲学批判是通过意识层面的推演以及逻辑的附加而形成，而并非真正意义上对现存世界进行改造和完善的手段，缺乏革命性和现实性，这也正是马克思在《1844 年经济学哲学手稿》写作时期开始意识到并加以重点关注的问题，而问题得以解决主要呈现在其后期的思想之中。

在《关于费尔巴哈的提纲》中，通过对德国古典哲学的批驳以及对实践概念的认识，马克思意识到，按照以往哲学家的批判路径，哲学只不过是充当解释世界的工具，而没能使其成为改变世界的手段。基于对哲学认知的不同理解，马克思倡导实践概念的引入与运用，使原本富有思辨性质的哲学批判方式发生了质的改变。在《德意志意识形态》中，马克思着手探索改变世界的现实路径，认为只有从资本主义社会发展的根本入手，探究其经济根源，才能有力地揭露资本主义社会的谎言和骗局，直击资本主义社会的脏器。马克思彻底扬弃了费尔巴哈的人本主义思想，最终创立了唯物史观。在对资本主义社会进行彻底批判、寻找导致异化的根源时，经济学批判成为马克思的主要手段和工具。他从资本主义经济运作的内在关系中揭示出私有制与异化劳动对人的根本制约性，揭露了在物化世界中货币使人们之间的关系演化为物的关系的实质。资本主义私有制虽然在历史中曾发挥着重要作用，但现已成为生产力片面发展的根本原因。经济学批判对资本主义的直击不同于哲学批判的隔靴搔痒，它并非脱离现实的表象批判，而最终指向的是生产力与生产关系之间的复杂矛盾，这便是马克思经济学批判最有力和最具科学性的判断。马克思经济学批判的作用不仅体现于对资本主义社会真相的揭露，更体现于它为人们摆脱资本主义的迫害、追求人类解放指明了现实道路——号召全体无产者联合起来，通过革命的方式消灭私有制、消除异化，还人以真正的自由自觉的劳动。这为马克思后来在《1857—1858年经济学手稿》《资本论》等著作中展开全面而整体的经济学批判打下了坚实基础。

经济学批判具备的独特性在于：首先，它从异化现象深入到异化本质及其深刻根源，属于从现象到本质的探究理路，指向造成问题的根本原因。在马克思之前，众多资本主义人道主义者和国民经济学家等都看到无产者的贫穷和悲惨现状，也曾试图寻找导致这一现状的原因，尝试对无产阶级进行解救，但他们都只是停留于抽象的人的分析，未能抓住问题的核心和要点。马克思利用经济学批判真正找到了无产阶级贫困的根本原因，并依此寻觅到实现解放的现实出路。其次，马克思的经济学批判利用经济关系中的基本矛盾，尤其是生产力与生产关系的矛盾来分析判断问题。在《德意志意识形态》中，马克思就明确指出，这两者之间矛盾和冲突的爆发会带来其他各种形式的革命、不同等级之间的冲突等等，还包括各种其他的思想矛盾、政治争斗等问题，甚至认为“一切历史冲突都根源于生产力和交往形式之间的矛盾”[①]。再次，马克思的经济学批判不仅仅是一种方式，同时也体现为一种建构，即对共产主义社会的建构，对人类解放的建构。马克思的思想目标不是“解释世界”，而在于“改变世界”，他的落脚点不是简单停留于对资本主义社会的批判程度，其视野早已辐射到实现共产主义和人类解放等宏伟目标的建构上。

从哲学向经济学学科批判的转向凸显了马克思在方法论、分析方式的切换和对社会现实问题的不断深入思考，也呈现出马克思哲学观整体性的升华与超越。马克思转向经济学批判，就是“为了将人的生存和发展问题置于社会历史的现实运动之中来加以考察。正因为如此，他才没有在科学研究中陷入实证的琐细，而是为经济事实建立起批判的概念”[②]。正是伴随着这种从抽象思辨到针对现实的批判方式的转变，马克思才逐渐扬弃早期思想，创立唯物史观，进入到思想发展的巅峰时期。

二、应然预设到实然结果追求的转换

马克思从哲学批判到经济学批判的转向，具体体现为从早年对异化、物化等概念的频繁应用，到思想成熟时期较少使用这一类哲学概念，取而代之以商品、生产力、剩余价值等经济学概念，与此同时，批判的价值取向也相应地发生改变，即从追求应然预设到实然结果的转换。这种转换体现为在运用哲学批判时，其所指向的目标属于价值预设式的人的本质复归；而在运用经济学批判时，其所指向的最终价值目的在于符合历史发展规律的全人类解放。

青年马克思在探讨诸问题时，更多的是以继承前人哲学遗产的方式进行的，将目标设定为应然的推演终点，而非实然的必然结果，即在价值追求上将康德的德性、黑格尔的绝对精神等类似的价值预设作为最终的批判归属。价值预设是先验的逻辑设定，它的前提在于首先对事物主体设定一种理想状态，或者一种抽象的本源状态，然后要求现实世界的缺陷主体或

① 《马克思恩格斯文集》第1卷，人民出版社2009年版，第567—568页。
② 汪信砚等：《论马克思的哲学观》，《哲学研究》2013年第12期。

不完满主体向这一先验状态不断趋近。撰写博士论文时期，马克思将意识哲学作为哲学批判的武器，预设个体是自我意识的存在，不仅具有自身的独立性和主体性，而且能够表达各自的看法和观念，使自身权益获得保障。这在当时的资本主义现实社会中，只能是“应该如此的展望”，不可能是“真实世界的实现目标”；《莱茵报》时期，马克思敬仰黑格尔的理性主义和法哲学，坚信凭借理性国家的存在与发展，每个人都能够在其中获得自己理想的生活。但随着之后对无产者贫困现实与统治者阶级本性的观察与洞悉，马克思开始质疑、反思原初的理性理想社会论断。而最能够体现马克思站在哲学基地之上进行应然结果探索历程的是《1844 年经济学哲学手稿》这一时期。

在《1844 年经济学哲学手稿》中，马克思频繁使用异化、物化等概念来剖析资本主义社会对人的奴役，披露人成为不完整的人受到资本主义社会多方面剥削与压迫的现实，并希冀通过否定之否定的方式，将人从异化世界中解救出来，使他们能够自由自觉地劳动，享受自由而全面的发展。马克思的设想与愿望看起来如此美好，让人无限憧憬。然而，马克思这一时期思想的出发点、对人的异化的消解途径以及最终所要达到的目标都缺乏现实根基，难以真正在现实生活中实现，他所追求的不过是一种应然结果——人的本质复归的实现。

第一，从思想的出发点来看，马克思将人的类本质视为起点。马克思指出人与动物的区别在于人是有意识的存在，能够进行自由自觉的劳动，但是现实社会却将体现人的类本质的劳动异化了。他指证，在资本主义社会，工人的劳动是被支配的强制性劳动，工人不能自由选择自身的劳动方式，不能自主控制劳动过程，更不能支配自己的劳动产品。在这种状况下，不仅人与自己生产出来的产品及整个生产活动相异化，而且人与人之间、人与人的类本质之间也都产生相互间的异化关系。虽然马克思尖锐地指出资本主义社会对人的奴役、剥削和压迫，但对造成异化的根源问题，在这一时期他只是从资本主义社会的资本、分工、工资等层面加以解析，尚未深入造成这一事实的更深层次原因，未能寻找到异化世界最稳固的根基，以致其异化思想呈现出鲜明的哲学思辨性。

第二，从对人的异化的消解路径来看，马克思认为，应该通过革命实践的方式消灭私有制和异化劳动，把革命理论同共产主义运动相结合，将人从生产劳动和社会关系中解救出来，主张“对异化的扬弃只有通过付诸实行的共产主义才能完成”①。关于解救的出路，马克思思考的角度只是共产主义运动，尚未触及无产阶级革命，也还没有对未来理想社会进行细致的演绎。同时，他在论述共产主义运动的历史必然性时，也只是强调“历史将会带来这种共产主义行动”，并没有从资本主义社会发展的内在矛盾出发，论证人类作为历史推进的主体，将主动地推动共产主义运动的开展和进行的自主必然性。之所以形成这种思想的非完整性，缘于马克思在这一阶段还没有完整掌握资本主义的内在运行机制，尚未深挖到资本主义发展的根本问题与主要矛盾。

第三，从所要达到的目标来看，人的感性存在和人的类本质的统一，即人的类本质的复归是马克思这一时期奋力追求的目标。人的类本质复归是贯穿于《1844年经济学哲学手稿》的核心思想，只有实现人的类本质复归，工人才能真正摆脱资本主义社会的束缚，才能不再将劳动作为生存手段加以利用。马克思以人的类本质复归来替代人类解放，将目标以价值预设的形式，设定为对应然发生的结果追求，这反映出此时马克思还没有真正抓住社会历史发展的主要矛盾和根本规律，也无法为社会历史的发展设定一个符合规律的目标。实现人的类本质复归的目标只是一种理想的可能性，可能性的实现是马克思下一步的关键性任务。

在《1844年经济学哲学手稿》写作时期，马克思主要以人本主义为核心，通过异化劳动理论剖析整个资本主义社会，将人性复归作为最终追求的结果。但异化劳动理论不是一把完整锻造的“锁钥”，它还带有抽象的思辨性。这一时期，马克思的社会经济形态概念尚未形成，其对劳动的认识也还有待深化；作为唯物史观的基本范畴——社会存在、生产力、社会经济基础、社会上层建筑等也还没有形成，建立在这些范畴之上的唯物史观的基本原理虽隐有阐明和论述，但却没有真正给予明确界定与表达。青年马克思关

① 《马克思恩格斯文集》第1卷，人民出版社2009年版，第231页。

于社会问题的提出及其解决方式囿于哲学思辨体系，缺乏现实性和物质性，难以实现对社会的实践改造，无法使应然的价值预设转变为实然的现实途径。他倡导的人的类本质复归，只能如无根之学和空中楼阁般的存在，是一种充满理想性、哲学思辨式的应然结果，而不是实然景象的展现。

从《德意志意识形态》写作开始，马克思就摒弃了价值预设式的应然推测，开始在现实路途中摸索人类解放实现的可行性路径，对人类解放的到来给予肯定性回答，为我们展现了未来社会的实然图景。这一转变源于马克思对现实的充分考察和合乎规律、合乎历史运行的演绎。首先，马克思通过对资本主义社会的深入剖析，发掘了人类社会发展的必然规律——生产力与生产关系之间的关系，指证了共产主义的实现是人类社会发展规律不可逆转之必然。资本主义必然灭亡，随之而去的还有资本主义对人的奴役、剥削，以及与资本主义所有相对应的社会关系，取而代之的将会是社会主义的生产关系以及建立在其上的共产主义社会。其次，马克思所构设的共产主义社会，不再是极具抽象思辨性的哲学概念或哲学运思，而是具有客观根据、在现实中能够预见的未来实然景象。在这样的社会中，人们将不再受到来自政治、经济、文化等的束缚与压迫，每个人都可以获得实质性的解放。从马克思对未来社会的描绘中，我们既能够看到历史发展的轨迹在未来运行的轮廓，也能够在现实生活中看到未来的影子。他所描绘的共产主义，不是虚无缥缈的虚幻存在，而是忠于规律、始于现实、合乎发展的实然存在。正如马克思所言，其思想的起点“不是意识决定生活，而是生活决定意识。前一种考察方法从意识出发，把意识看做是有生命的个人。后一种符合现实生活的考察方法则从现实的、有生命的个人本身出发，把意识仅仅看做是他们的意识”①。

归附于人性复归的应然状态和偶然存在，是马克思早期对人的发展最终走向的确认和定位，它只不过是作为终极意义上的理想设定存在于理性思维之中，难以真正在现实中完美呈现。《德意志意识形态》等著作对共产主义的现实考察和逻辑演进，使马克思所构设的每个人的自由而全面发展的实

① 《马克思恩格斯文集》第1卷，人民出版社2009年版，第525页。

然图景映入人们的眼帘，以实然状态和必然结果的方式呈现在人们的面前。应然与实然的对比，充分凸显出社会批判价值取向转向的差异性，也显现出马克思社会批判的实然价值取向的科学性与真理性，更坚定了人们对构建共产主义的信心与决心。

三、实然价值取向的社会批判：通往解放的分析方式

在马克思整个思想进程中，始终贯穿着“问题—批判—解放”的基本线索，他自始至终都以问题开始，坚持两大重要精神——批判精神与解放精神。批判与解放两者之间相伴相随，是不可分割的统一体。不经过深入、透彻的批判，就难以抵达真理的彼岸，便无法登上通往未来的渡船。但若仅有对对象的批判，缺乏对对象归属的确认与解放，其批判就像是少了目标的船只，便会随波逐流。只有有了人类解放思想的引导，批判才能明晰自己的方向。

马克思社会批判理论是用实然价值取向为主的经济学批判方式对资本主义社会及其内在矛盾进行彻底的、历史的批判理论，它揭示了资本主义社会的历史规律，解析了人类社会发展的客观轨迹，并号召全世界无产阶级联合起来，共同推翻资产阶级的残酷统治，逐步迈向共产主义理想社会。在整个过程中，实然价值取向的社会批判是通往解放的核心分析方式。

（一）实然价值取向为主的社会批判的前提：对时代问题和社会历史现实的深刻把握和全面体悟

马克思将社会发展分为三大形态，其中第二大形态是人对物的依赖关系，这也是马克思对资本主义社会根本性的认识之一。在马克思看来，随着资本主义社会大机器、大工业时代的来临，整个社会变成了以物的依赖性为基础的社会。个体的活动已经不能由自身控制和掌握，即人对自身已经失去了控制权，取而代之的是人被自己生产出的劳动产品和产物决定，其实质就是马克思所阐述的人的异化。人已经不再是作为其本身而存在，而是作为物的对象而存在，在这种状态下人与物的关系被彻底颠倒。人与人之间所构建起来的社会关系，也不再由人自身来决定，物作为中介和桥梁成为社会关系的搭建者，人们通过交换价值和货币将社会联系确立起来。物取代人获得了

整个社会的统治权，人则被贬黜为物的奴隶，即使是作为资本持有者的资产阶级同样和无产阶级一样处于物的控制之下。无产阶级被异化，是迫于要进行生产以获取维持生命活动的物资资料的生存需要；而资产阶级被物所异化，则是由于资产阶级本身所具有的无比贪婪的本性。在物的依赖关系的社会形态中，异化不只是针对部分群体或阶级，而是一种普遍现象。只有深刻把握和全面透析人的这种严重异化与被动地位，并寻找到解决这一问题的切实方案，才能够使包括无产阶级和资产阶级在内的全体人得以解除异化的枷锁，使人类得到自由而全面的发展。

（二）实然价值取向为主的社会批判的核心：对资本主义社会内在矛盾的深刻揭露和彻底批判

马克思紧紧地把握住生产力与生产关系这两者之间的矛盾关系，对资本主义社会的根本性问题和内源性矛盾进行了深刻揭露。随着生产力的发展，资本主义受到内在贪婪本性的驱使，不断扩大自身控制的范围，拓展世界市场，并将所有国家都纳入这一宏大的世界市场之中，使其一切生产活动都演变为全球性的生产活动。资产阶级在这种殖民、扩张以及迅速发展过程中，将分散的资源和分离的人口以资本主义掠夺等多种方式聚集起来，其结果就是将所有生产资料和财产都集中在少数的统治者——资产阶级的手中，而人口也逐渐从原先的散居状态变为集聚于城市和工厂的密集状态。经济基础决定上层建筑，资产阶级在经济上的统治地位必然带来其在政治上的话语权和统治力，从而将整个世界都收归至其剥削与压迫的残酷统治之下。

马克思指出，资产阶级所构建的商业帝国以自己的方式即“商业危机”来反抗资产阶级及其统治的存在条件。事实上，“商业危机”的周期性爆发及资本主义原先的支配权逐渐丧失，其根源就在于生产力的发展已经达到极高的程度，以致于资本主义的所有制关系已不能够适应其发展，这种不适应“使整个资产阶级社会陷入混乱”，“使资产阶级所有制的存在受到威胁”①。为了解决这一问题，要么彻底改变资本主义生产关系，但那

① 《马克思恩格斯文集》第2卷，人民出版社2009年版，第37页。

意味着资产阶级自己毁灭自己的生存根基；要么依靠夺取新的市场来缓和自身矛盾，但这种缓和手段无论如何都无法阻止历史的必然进程，迎接它的只能是更为彻底的革命，即推翻资本主义私有制的无产阶级革命运动，资本主义必将灭亡。

（三）实然价值取向为主的社会批判的最终旨趣：构建符合社会发展规律的现实的“自由王国”

批判的过程也是建构的过程，在对资本主义社会进行批判的同时，马克思也开始了对共产主义社会的建构。经过对经济学的细致研究和对社会现实的深度考察，马克思不再将问题及其解决放置在哲学范畴之内，而是从现实出发进行科学的、合乎规律的逻辑演绎，并最终寻找到可以抵达现实的“自由王国”的无产阶级革命实践路径。以实然价值取向为主的社会批判的特点就在于其所指向的最终旨趣不是一种应然状态，而是彻底扬弃原先的那种虚幻、抽象的价值预设，将理论的出发点设定在现实之中，并通过实践性的革命手段构建一个合乎社会、历史发展规律的理想社会——共产主义和人类解放的社会。

实然价值取向为主的社会批判作为马克思中晚期的批判方式，是通向人类解放道路的核心分析方式。马克思从应然到实然的批判价值取向的转变是马克思思想发展的必然走向，也是其人类解放实现的内在要求。缺乏以实然价值取向为主的社会批判的支撑和助推，马克思的人类解放也只能止步于抽象思辨式的人性复归，而非每个人的自由全面发展。以实然价值取向为主的社会批判之于马克思思想的建构，其意义重大而深远。

第四节　马克思早期共产主义的构思逻辑*

共产主义运动是否具有理论上的可欲性与实践上的可行性，以“社会主

*　本节由博士生陈晓斌与笔者合作完成，本节原载于《哲学动态》2013 年第 12 期，原文题目为《马克思早期共产主义的构思逻辑——对〈1844 年经济学哲学手稿〉“私有财产和共产主义”一节的解读》。

义”[①]为目标的社会形态是否可以实现，是人文社会科学研究中最具争议性的热点问题之一。厘清这一问题，需要我们不断回到马克思主义的经典文本，直面文本的论证逻辑，清理问题的争议源点，从而做出合理的解读。《1844年经济学哲学手稿》中“私有财产和共产主义”一节是马克思对共产主义运动和“社会主义”形态的第一次哲学式刻画，形塑了马克思早期共产主义的理论品质，在共产主义思想史中具有重要地位。笔者即试图通过对这一核心章节的细致绎读，从马克思批判粗陋的共产主义、阐明共产主义的理论实质出发，指出马克思阐发的“共产主义”超越了过去与现存的异化秩序，并且重构出“存在与历史”的形成过程，切断抽象思辨带来的自然存在与超验存在的关系，让人民摆脱“被创生”的观念，以此进入“社会主义”这一“整全”（the whole）视域和状态，最终实现人的解放，由此揭示出早期马克思对共产主义运动和“社会主义”形态这一论题的深刻构思逻辑。

一、共产主义与人性改造

在《1844年经济学哲学手稿》中，马克思认为，私有财产让人变成对自己来说是异己的和非人的对象，人在劳动中不断现实化的过程就是人不断变成异己物的实现过程。作为对私有财产之扬弃的共产主义不仅仅是消灭私有财产，它更是现实人的真正生活作为“财产”的索还，是人对人的本质、人的生命、人的作品的感性的占有，这种占有不是直接的、片面的享受，而是作为总体的人重新占有自己的全面本质，即人在由他生产的对象性世界中重新获得全面的自我，剥夺私有财产只不过是人对世界的重新占有的结果而已。在共产主义扬弃私有财产的过程中，包含着对不合理现存秩序的否定，

---

① 此处“社会主义”一词使用的是《1844年经济学哲学手稿》语境中的含义。在《1844年经济学哲学手稿》中，“社会主义”并不是指一种必然走向共产主义社会的社会形态，恰恰相反，“共产主义”是走向“社会主义”的“必然的形式”和“有效的原则”。“社会主义”在《1844年经济学哲学手稿》中指的是以“社会化人类”为目标的社会形态，它是私人与公民的结合，是个体与社会的融合，类似于马克思在《关于费尔巴哈的提纲》中所提出的“新唯物主义”立脚点的“人类社会或社会的人类”，在某种意义上相当于《哥达纲领批判》中的“共产主义社会”。（参见《马克思恩格斯文集》第1卷，人民出版社2009年版，第196—197、506页）

包含着对现存世界的批判和治疗，“革命之所必需，不仅是因为没有任何其他的办法能够推翻统治阶级，而且还因为推翻统治阶级的那个阶级，只有在革命中才能抛掉自己身上的一切陈旧的肮脏东西，才能胜任重建社会的工作”①。正如目光深邃的美国政治哲学家埃里克·沃格林所指出的：“共产主义不是一个制度的改革，它实际上是对人性的改造。”②

基于“人性改造”的目的，马克思批判了以法国空想主义为代表的原始的、粗陋的共产主义，阐明了共产主义的理论实质。在他看来，粗陋的共产主义受到物质财产的深刻影响，以致它力图消灭不能被所有人作为私有财产占有的一切，力图用强制的方法将人的才能、天赋都抹平或毁灭。这样的共产主义将物质的直接占有当作人的生活和存在的唯一目的，它不是要取消工人生存的规定性，而是要将这一规定性推广到一切人身上，其最极端的表现则是“公妻制”的观念，企图将妇女变为公有的和共有的财产，从而反对婚姻这种排他性的私有财产形式。粗陋的共产主义对私有财产怀有因贪欲形成的忌妒心以及平均主义的欲望，到处依照私有财产的逻辑否定人的个性，它“是私有财产的卑鄙性的一种表现形式，这种私有财产力图把自己设定为积极的共同体”③。粗陋的共产主义虽然认识到自身是人向自身的还原与复归，是人的自我异化的扬弃，但它终究没有理解私有财产的本质，没有理解人的本质，其作为共产主义依旧受到私有财产的束缚与感染。粗陋的共产主义对人的认识，尚未超越黑格尔所描绘的关于“主奴辩证法”二元结构中恶性循环的人。

马克思认为，共产主义必须充分地理解私有财产与人的本质。“这种物质的、直接感性的私有财产，是异化了的人的生命的物质的、感性的表现。私有财产的运动——生产和消费——是迄今为止全部生产的运动的感性展现，就是说，是人的实现或人的现实。”④对私有财产的扬弃，必须是对一切异化的积极扬弃，对人的生命的重新而全面占有，“是人的一切感觉和特性

① 《马克思恩格斯文集》第1卷，人民出版社2009年版，第543页。

② ［美］埃里克·沃格林：《没有约束的现代性》，张新樟等译，华东师范大学出版社2007年版，第155页。

③ 《马克思恩格斯文集》第1卷，人民出版社2009年版，第185页。

④ 《马克思恩格斯文集》第1卷，人民出版社2009年版，第186页。

的彻底解放；但这种扬弃之所以是这种解放，正是因为这些感觉和特性无论在主体上还是在客体上都成为人的。眼睛成为人的眼睛，正像眼睛的对象成为社会的、人的、由人并为了人创造出来的对象一样”①。这种对异化的扬弃包括两个方面：一方面是在人的意识、内心领域对精神生活的异化如宗教异化的扬弃，另一方面是在历史、社会领域对现实生活的异化如经济异化的扬弃。所以扬弃了宗教异化的无神论尚不是共产主义，但是共产主义则是直接从无神论开始，是追求现实和实效的历史运动，“共产主义是对私有财产即人的自我异化的积极的扬弃，因而是通过人并且为了人而对人的本质的真正占有；因此，它是人向自身、也就是向社会的即合乎人性的人的复归，这种复归是完全的复归，是自觉实现并在以往发展的全部财富的范围内实现的复归”②。这是马克思首次对共产主义进行理论阐述，充分展示了其所构建的共产主义对私有财产及人的本质、人性复归的理解与把握，超越了“主人—奴隶”的二元对立结构，使得工人的解放意识不再是要么当奴隶，要么当主人的选择，而是真正触及主人与奴隶的人性及其本质。

马克思强调了共产主义作为人性的复归是在以往发展起来的全部财富范围内自觉生成的，即包括通过工业形成的人本学的自然界、工业生成的对象性的存在等等。工业体系的发展使得非人化特征直接而充分地得以发展，但马克思所构思的共产主义运动并不是要取消由资本主义发展起来的工业体系，因为其工业体系不断进入人的生活、改造人的生活、为人的解放提供了充足准备。正是洞悉到马克思这一看似相悖的观点，沃格林评价说：“他（指马克思——笔者注）究竟想通过共产主义革命达到什么目的？这是马克思思想体系的一个关键点，也是通常容易忽略的一点。马克思关于这一点说得不多，但是他就这一点所说的话已经足以毫无疑义地澄清他的意图。听起来很异想天开，他想保留工业生产体系的不可避免的技术专业化，却又想取消人的专业化”③。

① 《马克思恩格斯文集》第1卷，人民出版社2009年版，第190页。

② 《马克思恩格斯文集》第1卷，人民出版社2009年版，第185页。

③ ［美］埃里克·沃格林：《没有约束的现代性》，张新樟等译，华东师范大学出版社2007年版，第152页。

二、共产主义的可欲性与可行性

以沃格林为代表的哲学家对马克思所阐述的共产主义提出了值得深思的问题：共产主义在理论上是否可欲、实践上是否可行？马克思是如何设想实现这种共产主义的？

马克思认为，既然“异化”是在历史中产生的，人的“解放”也只能在历史中得到实现。“历史将会带来这种共产主义行动，而我们在思想中已经认识到的那正在进行自我扬弃的运动，在现实中将经历一个极其艰难而漫长的过程”①，在“共产主义行动”过程中，无产阶级是其历史实践的主体，但作为主体的无产阶级的历史行动还必须与自己的头脑——哲学相结合，但与“历史行动”相结合的“哲学”并不是“作为形而上学的哲学”，而是一种革命的行动主义理论，具有对现存秩序的独断性解释和改造使命，沃格林称之为“灵知主义”②。这一“灵知主义”在马克思的《1844年经济学哲学手稿》中，已经不再披上“哲学”的面纱，而是直接汲取了“自然科学”的形式。自然科学通过工业日益在实践上进入人的生活，成为真正人生活的基础，尽管它现在是以异化的形式成为人的基础，但在这门科学里，人是它的直接对象，人的历史作为“自然史的一个现实部分，即自然界生成为人这一过程的一个现实部分”③，也是它的直接对象。人的感性的本质力量只有在自然对象中才能得到客观的实现，并只有在一般自然界的科学即自然科学中才能获得自我认识。由此，作为“灵知主义”新形式的自然科学也对人、人的本质力量、人的历史具有绝对性的把握与阐释，在马克思那里拥有了对罪恶与苦难起源的决定性理解，拥有了对人与自然、人与社会、人与人之间关系的绝对性把握，因为“整个的人类奴役制就包含在工人对生产的关系中，而一切奴役关系只不过是这种关系的变形和后果罢了”④。诚如沃格林对这一

---

① 《马克思恩格斯文集》第1卷，人民出版社2009年版，第232页。

② 沃格林对于“灵知主义”有自己的解说，他认为，“灵知”可等同于黑格尔意义上的“真知”，与“爱知”相对，“灵知主义”则是试图通过自身的理论体系重新解释和塑造世界，从而实现其控制存在秩序、解脱人的苦难的救赎使命。（参见［美］埃里克·沃格林：《没有约束的现代性》，张新樟等译，华东师范大学出版社2007年版，第40—41页）

③ 《马克思恩格斯文集》第1卷，人民出版社2009年版，第194页。

④ 《马克思恩格斯文集》第1卷，人民出版社2009年版，第167页。

“灵知主义”的理路所作的精辟论断：“我们必须从人的原始开端——人刚从动物状态中呈现出来之时——追溯人的历史；我们必须追溯人越来越卷入到生产过程中去直至完全异化的各个阶段；我们必须进一步研究与异化的发展相应的解放的可能性；最后，我们必须设想以革命推翻异化秩序，代之以自由秩序的观念。”①

在共产主义的视域中，人类过去的历史是人的“异化”史，未来的历史将是实现人的“解放”过程史，这一解放进程将是异化过程的反转，是人把被异化出去的本质力量收回自身的存在之中的过程。现实的共产主义行动本身就是推翻现存的异化秩序的历史过程，而人们对世界的体系化解释以及在思想中已经进行过的自我异化的扬弃，一旦与无产阶级这一因其自身的普遍苦难而具有普遍性革命的力量相结合，必将促进现实运动的进步。

人的异化与自我异化在完全物化的、成为商品的、彻底丧失自身的无产阶级的“普遍受难”中达到顶峰，无产阶级是整个社会所产生的无辜受难者。无产阶级将一方面发挥对现存秩序的否定性形式的作用；另一方面发挥对未来秩序的肯定性形式的作用，它将从“我没有任何地位”转变为“我必须成为一切”。正如德国学者卡尔·洛维特指出的：“并非因为无产者是‘神灵’，而是因为他们体现着处于异化极端的人的类本质，无产阶级才拥有一种世界历史的作用，并且对整个事情的发生过程具有一种基础的意义。”②无产阶级在过去与现存的异化秩序下完全丧失的一切，必将在未来秩序中重新获得全面的占有，这种占有通过共产主义对私有制的积极扬弃，通过人性的解放对自我异化的突围，将历史性地真正解决人与自然、人与人之间的冲突问题。这一革命理想在经济学上的表现则是，由于无产阶级的普遍受难与完全丧失自身，它不再如同以往的革命阶级那样受制于特定的私有财产关系，其个人的生存与革命的目标都不再局限于特定的财产关系，使得无产阶级成为不代表特殊的和有限的“普遍阶层”，从而能够在世界范围内联合起来摧

---

① ［美］埃里克·沃格林：《没有约束的现代性》，张新樟等译，华东师范大学出版社 2007 年版，第 147—148 页。

② ［德］洛维特：《从黑格尔到尼采》，李秋零译，生活·读书·新知三联书店 2006 年版，第 424 页。

毁现存的权力秩序，消解资产阶级的私人人性、私人所有制以及私人资本主义秩序，重新占有社会发展的全部财富，并将社会财富归属于社会共同体，并且在融入共同体的同时依靠共同体重新拾获驾驭物的力量，消灭分工，创造出全面占有人的本质、获得人的全面发展的手段与能力。

在马克思的理论设想中，作为革命行动主义理论的哲学拥有对人的本质和人的历史的绝对性把握，其与作为物质力量的无产阶级相结合，通过革命实践能够彻底推翻现存异化秩序，反转人的异化过程，并在把哲学变为现实的过程中使得无产阶级消灭自身。由此共产主义在理论上是可欲的，其所以可欲是因为哲学的理论彻底性抓住了人本身，具有对开端的决定性解释。在实践上也是可行的，其所以可行是因为经由无产阶级革命的历史行动，能够彻底扬弃现实的私有财产。然而，我们还必须注意到，马克思在《1844年经济学哲学手稿》中认为，共产主义是一种扬弃人的自我异化的解放运动，即便超越了过去与现存的异化秩序，它本身也“并不是人类发展的目标，并不是人类社会的形态”①，因为终极的发展目标将是进入“社会主义”的“整全”视域和状态，成为“社会主义的人”、成为“完善的个人”。

三、重构“存在与历史”的形成过程

马克思在《1844年经济学哲学手稿》中将共产主义与无神论做类比，认为无神论作为神的扬弃是理论的人道主义的生成，是以扬弃宗教作为自身中介的人道主义，共产主义作为私有财产的扬弃是实践人道主义的生成，是人的财产、人的本质、人的生命的复归，是以扬弃私有财产作为自身中介的实践人道主义。实践人道主义对于人在精神与物质双重性解放和复原上都是一个现实的、必然的历史性环节。但是，扬弃中介的无神论和共产主义“决不是人所创造的对象世界的消逝、舍弃和丧失，决不是人的采取对象形式的本质力量的消逝、舍弃和丧失，决不是返回到非自然的、不发达的简单状态去的贫困。恰恰相反，无神论、共产主义才是人的本质的现实的生成，是人的本质对人来说的真正的实现，或者说，是人的本质作为某种现实的东

① 《马克思恩格斯文集》第1卷，人民出版社2009年版，第197页。

西的实现"[①]。然而，共产主义带来的人的本质的现实生成、人的本质的真正占有，是以扬弃私有财产为中介的推演结果，私有财产是其原初起点，即便是"最近将来的必然的形态和有效的原则"[②]，毕竟还不是真正从自身开始的肯定，其本身并非人的发展的目标，也不是人的社会的形态。按照马克思《1844年经济学哲学手稿》的论证，共产主义并不是外在于人性的社会形态，也不是一个社会发展的固定点，它表现为一场革命的运动，一场不断否定和消灭现存秩序之恶的运动，一场改造、提升人性的运动。沃格林曾指出："马克思不像早先的教派主义者那样首先创造出有着新的心灵的上帝的人民，然后再引导这些人民进行革命，而是想先让革命发生，然后让上帝的人民从革命过程中产生出来。"[③]"上帝的人民"——真正的"人的发展的目标"和"人的社会的形式"——在马克思看来，就是"社会主义的人"，或者说是一种社会化的人。"社会主义是人的不再以宗教的扬弃为中介的积极的自我意识，正像现实生活是人的不再以私有财产的扬弃即共产主义为中介的积极的现实一样。"[④]"社会主义"作为人的一种积极的自我意识，是人的自我意识从自身开始的肯定，是人的自我意识消弭了存在与本质的张力之后的"整全"，它无需再像无神论或共产主义那样，通过否定神或扬弃私有财产而设定"人的存在"，"社会主义"不需要这一中介行动，因为"它是从把人和自然界看作本质这种理论上和实践上的感性意识开始的"[⑤]。

"感性意识"是马克思厘定的"社会主义的人"的新视域，是"社会主义的人"摆脱"被创生"的思想桎梏，从而肯定自身、达到自在自为的"整全"视域和状态的新世界观。而对人民意识来说，在观念上理解自然界和人是通过自身而存在是非常困难的，"被创生"是一个深深地根植于人民意识

---

① 《马克思恩格斯文集》第1卷，人民出版社2009年版，第217页。

② 《马克思恩格斯文集》第1卷，人民出版社2009年版，第197页。

③ ［美］埃里克·沃格林：《没有约束的现代性》，张新樟等译，华东师范大学出版社2007年版，第94页。

④ 《马克思恩格斯文集》第1卷，人民出版社2009年版，第197页。

⑤ 《马克思恩格斯文集》第1卷，人民出版社2009年版，第197页。马克思在《1844年经济学哲学手稿》中指出，全部历史都是为了使"人"成为感性意识的对象，马克思新的历史观就是从人类存在的感性事实出发来理解生活的。（参见《马克思恩格斯文集》第1卷，人民出版社2009年版，第194页）

中的观念。在人民意识中，人作为存在之链条的一环，把自己看成了从属的存在物，他不仅要靠别人维持自己的生活，而且还要依靠“上帝的恩典”为生。“如果我的生活不是我自己的创造，那么我的生活就必定在自身之外有这样一个根源”①；但马克思强调认为，真正的人、“人的整全”必须排斥“被创生”的观念，必须反叛上帝，才能成就其独立自由的本质，“任何一个存在物只有当它用自己的双脚站立的时候，才认为自己是独立的，而且只有当它依靠自己而存在的时候，它才是用自己的双脚站立的”②。而如何才能摆脱“被创生”的观念呢？按照马克思在《1844 年经济学哲学手稿》中的论述，已然可窥见其途径：重构“存在与历史”的形成过程，切断抽象思辨带来的自然存在与超验存在之关系，让人成为“社会主义的人”以进入“社会主义”这一新的“整全”视域和状态。

马克思认为，在人类社会的形成过程中生成的自然界是人的现实的自然界，通过工业社会形成的自然界是人本学的自然界，人的对象化的本质力量在自然界中以感性的、异化的对象形式呈现在人类面前。这表明，人是创造自身存在的存在者，是为自己本身而存在着的存在物，它与自身的存在有一种存在论上的关系。如有学者指出：“对自身存在的创生，在现实的表现方式中，即是在人类个体的对象性活动中发生了对自身的类存在的创生，也即，对社会的创造。无疑，对象性的本质力量的外化，作为对象性活动，它所创生的类存在，一定是感性的存在，也就是说，如此被创生的社会是感性的社会”③。马克思曾明确指出：“对社会主义的人来说，整个所谓世界历史不外是人通过人的劳动而诞生的过程，是自然界对人来说的生成过程，所以关于他通过自身而诞生、关于他的形成过程，他有直观的、无可辩驳的证明。因为人和自然界的实在性，即人对人来说作为自然界的存在以及自然界对人来说作为人的存在，已经成为实际的、可以通过感觉直观的，所以关于某种异己的存在物、关于凌驾于自然界和人之上的存在物的问题，即包含着

① 《马克思恩格斯文集》第 1 卷，人民出版社 2009 年版，第 195 页。

② 《马克思恩格斯文集》第 1 卷，人民出版社 2009 年版，第 195 页。

③ 王德峰：《社会权力的性质与起源——一个历史唯物主义的分析》，《哲学研究》2008 年第 7 期。

对自然界的和人的非实在性的承认的问题，实际上已经成为不可能的了。”①马克思正是通过“社会主义的人”的“实际的、可以感觉直观的”这一新视域，切除了抽象思辨的路径，切断了人、自然界的存在过程与超验者超越过程的联系。一切关于超越于人和自然界之上的存在物的问题，关于人和自然界的“被创造”的问题，都被马克思所克服与清除。要成为“社会主义的人”，就是要成为马克思对“存在与历史”过程所构想的人，因此人进入到一个新的“整全”视域和状态，这一“整全”状态让人们能够实际地、直观地、无可辩驳地洞察到自身的“存在与历史”过程，洞悉到自己对自身和社会的创造过程。②如果“社会主义的人”进入到马克思构建的“存在与历史”的整全状态，人就能够洞悉到整个世界历史不外是通过人的劳动而诞生的过程，是人自身创造了自己和社会，人是人的最高本质，自然也是人化的自然，人关于这个世界以及人自身的开端、中间与未来就有了绝对性的把握。

在这一“整全”视域和状态之中，马克思早期对共产主义的构思达到了顶峰，它彻底超越了异化状态所带来的罪恶与苦难，实现了人的解放。一方面，人们能够在对象性的世界中感性地占有自己的创造物，对象性本质力量所创造的一切事物对人来说都成为社会的对象，人本身也成为了社会化的存在物，人这个存在物在绝对的贫困中从自身产生出了绝对的内在丰富性；另一方面，人以全面的方式占有了自己的本质，他将通过对世界的任何一种人的关系——视觉、听觉、触觉、味觉、思维、欲望、意志和爱，等等——在对象性的世界中肯定自己。马克思认为，人对任何东西的任何行为都是占有人的现实、人的世界的历史性规定，并且任何对象对于人的意义，都只能以人的某项感觉所及的程度为限。“社会的人的感觉不同于非社会的人的感

① 《马克思恩格斯文集》第1卷，人民出版社2009年版，第196—197页。

② 关于“自己对自身和社会的创造过程”的思考，维塞尔将其与马克思的普罗米修斯“救世情结”联系起来进行了阐释：“马克思知道他是一个创造世界的神灵，他不想成为受造物，他不想从受造物的生存视野来看这个世界——尽管他承认人要摆脱陈规是有困难的。他拒绝经验中存在的分裂——人与世界、内在存在与超验存在、人与神、主体与客体、行动与思想之间的分裂——这些分裂指向创造的秘密。他想从对立统一（coincidentia oppositorum）的角度，即从神的立场来看世界”。（参见［美］维塞尔：《马克思与浪漫派的反讽》，陈开华译，华东师范大学出版社2008年版，第166页）

觉”①，“社会主义的人”的感性意识、感性需要与其他类型的人的意识、需要是不同的，对于“社会主义的人”来说，其“整全”的视域和状态使人通达了独立自由的本质，使人成其为人。

马克思早期以共产主义的理论构思完成了其对真正的人类自由的哲学式捍卫与期望。根据马克思早期对共产主义的构想逻辑，世上所有之人，尽管民族、种族、肤色、性别、职业等不同，而要想获得真正的解放，都必须经由无产阶级发动的共产主义革命运动，进入一种能够扬弃私有财产和自我异化、消灭“犹太精神”的“社会组织”，从而消除私人与公民、个体存在与社会存在之间的矛盾，即都需要摆脱自身的一切附属的偶然性，进入全新的“存在与历史”秩序，由此才能克服异化状态、脱胎换骨成为“社会主义的人”、并保有自在自为的“整全”视域和自由的状态，最终实现人的本质、完成人的解放。

通过对马克思《1844年经济学哲学手稿》中“私有财产和共产主义”一节的思路描绘和理论解读得出结论，在《1844年经济学哲学手稿》中，马克思已展开了对共产主义的哲学式刻画，并从理论层面论述了人类从奴役走向自由、从异化走向整全、从资本主义走向“社会主义”的解放路径，最终完成了一曲关乎人类解放的哲学叙事。虽然这一解放叙事及其理论延续在历史实践中遇到了一定程度的阻力与障碍，但是短暂历史时空的挫折完全不足以否定马克思的共产主义设想，其在历史的长河中依然独具魅力，因为它提供了一套彻底解决人类苦难的革命方案，其解放话语始终是激励人类不断奋斗以求超越自身的原动力。

第五节　《手稿》与《形态》理论立场的差异*

《1844年经济学哲学手稿》到《德意志意识形态》，马克思的理论立场发生了重大转变，这种转变至少表现在三个方面：对异化的使用及其态度、对

① 《马克思恩格斯文集》第1卷，人民出版社2009年版，第191页。

* 本节原载于《甘肃社会科学》2014年第1期，原文题目为《历史深处的未来想象——马克思从〈1844年经济学哲学手稿〉到〈德意志意识形态〉理论立场的转变》。

费尔巴哈哲学思想的认识、对共产主义的理解及其论证方式等，其转变是马克思历史唯物主义形成的基本“标尺”，也是马克思从抽象人本主义哲学走向现实的历史深处并展开对未来共产主义深刻想象的表现。随着对异化思索的深入，马克思对社会现实的批判以及对历史进程的描绘更加客观、准确；费尔巴哈哲学是《1844年经济学哲学手稿》与《德意志意识形态》的共同关注点①，通过对费尔巴哈哲学态度的转变，马克思用现实的人及其客观的历史发展理念代替了人本主义；马克思在对共产主义语境变化的论证中展开了对通往未来现实道路的想象。对这种转变的深入分析，有利于对马克思历史唯物主义发展过程的认识，也有利于对马克思历史唯物主义形成因素的本质性的探究。

一、异化的使用：边缘化趋向及其实质

通过对比《1844年经济学哲学手稿》和《德意志意识形态》两个文本，我们发现马克思对异化劳动概念的使用频率明显不同。在《1844年经济学哲学手稿》中异化劳动作为基本概念贯穿全文始终，《德意志意识形态》中的异化劳动似乎已被边缘化，仅作为“借用概念”偶尔提及。关于异化概念被边缘化的使用问题，是马克思有意为之，他试图实现从自身异化思想的先验性、表面性、不彻底性到隐藏在背后的根源性揭示，这是异化概念在使用率上出现差异的实质。

在《1844年经济学哲学手稿》时期，马克思认为人有其固有本质，这个本质就是自由自觉的确证。人的本质通过改造世界的劳动（把自然界变成人的直接的生活资料和生命活动材料，变成人的无机的身体的对象化活动）得到实现。但是马克思通过对资本主义条件下工资、地租、利润的剖析，意识到在资本主义社会中工人的劳动不是本真的劳动，而是受异己的力量所支配的劳动，即异化劳动，并对异化劳动的多重规定性进行了分析，对异化

① 马克思在《1844年经济学哲学手稿》写作时期的思想在很大程度上受到费尔巴哈影响，是在费尔巴哈人本学框架下进行的；《德意志意识形态》展开了对费尔巴哈、鲍威尔和施蒂纳等人所代表的德国哲学以及所谓的“先知”所推崇的德国社会主义的批判。马克思对费尔巴哈哲学态度的转变及其相关思想，是马克思历史唯物主义形成的一个重要因素。

劳动的多重分析构成了对马克思质疑国民经济学和批判社会现实的理论出发点。

异化在《1844 年经济学哲学手稿》中是马克思使用频率很高的一个基本范畴。他从异化劳动出发说明历史，认为历史是人的劳动本质通过异化和异化的扬弃的实现；从异化劳动出发分析私有财产，把私有财产看成是异化劳动的必然结果与必然产物；从异化劳动出发说明分工，把分工看成是人的本质异化的表现；从异化劳动出发说明资本主义社会存在的阶级关系和奴役关系的客观性；从异化劳动出发解释社会的上层建筑和意识形态；从人的本质及其异化出发说明认识、思维的形成发展和作用；从异化劳动出发说明人与自然、人与社会之间的深刻关联；从异化劳动出发说明资本主义生产方式的内在矛盾性，揭示资本主义灭亡的必然趋势和规律性；用异化劳动的扬弃说明共产主义运动的可能性，等等。

马克思此时的异化思想是对社会现实进行的哲学性描述。马克思的异化思想的逻辑前提是以“自由自觉的活动”为实质的人的类特性，这种人的类特性具有高度的哲学抽象性。马克思的异化思想显然是人的抽象预设意义上的异化理念，其理念与激情的批判表征在抽象的哲学层面上，还不能足以楔入现实社会生活领域，与现实社会生活存在距离。马克思虽然提出了消灭异化的必然性，但是对消灭异化的现实手段和途径还没有科学的、特别是经济学的认识，这使得他愈是应用异化去分析历史，就愈感到自身异化思想的先验性、表面性和不彻底性。

在《德意志意识形态》一书中，马克思对异化的使用频率骤然下降，究其原因，我认为此时马克思的论述主题已发生了改变，他不满于停留在对异化现象的表面揭示上，其实质是要进一步挖掘其背后的根源性，要从社会历史的客观逻辑对异化现象的根源做出进一步的说明与指认。《德意志意识形态》回答了《1844 年经济学哲学手稿》提出的未能解决的问题——人自身为什么在劳动中被异化？这种异化为什么不能以人类的本质作为分析依据？提出了扬弃异化的两大根源——“以往的全部生产运动”和“私有财产的运动”，他将异化及异化的性质问题上升到生产力与生产关系矛盾运动规律的高度，并以此解释异化的产生与表现形式。他强调物质生产是由人的肉体组织决定的，是为解决吃穿住行等物质生活需要而进行的，应该从直接的物质生产出发去考察生产过程，把这种生产作为历史的基础。

马克思在探究推进人的本质和社会变化的动机、机制时写道："人们用以生产自己的生活资料的方式，首先取决于他们已有的和需要再生产的生活资料本身的特性。这种生产方式不应当只从它是个人肉体存在的再生产这方面加以考察。更确切地说，它是这些个人的一定的活动方式，是他们表现自己生命的一定方式、他们的一定的生活方式。"① 他从过程的角度、动态的视野看待"人的本质"，探索人的存在方式并给出了答案：人是与自身的活动、自身的生活状态相联系的存在。马克思不再把人以类的形式作为异化的预先设定，对个人的状况不再作纯经验性的判断，而归结为生产的物质条件，"他们是什么样的，这同他们的生产是一致的——既和他们生产什么一致，又和他们怎样生产一致"②。这一论述和《1844年经济学哲学手稿》从人的本质的对象化出发去考察生产，把现实的物质生产看成是异化、动物性的谋生活动截然相反，显然实现了对"人的本质是自由自觉的活动"的超越，进而对人的认识、对异化的认识达到了一个新的高度和阶段。

马克思在不同历史时期关于异化劳动概念使用频率的不同，表明马克思在对异化劳动性质的理解不断加深的基础之上实现了历史观转变。马克思在《德意志意识形态》中清算"从前的哲学信仰"创立了科学的历史观，由异化概念引申出生产力和交往范畴，这是导致马克思哲学观的深刻变革，开始实现从唯心主义向唯物主义转变。

二、对费尔巴哈的态度：从赞扬到征讨

1843—1844年，马克思在很大程度上深受费尔巴哈人本主义论证方法及其对德国唯心主义哲学整体批判的影响。他批判黑格尔又向费尔巴哈"靠拢"的倾向，在撰写《1844年经济学哲学手稿》时几乎达到了顶点，此时，马克思坚决而且明确地站在费尔巴哈立场上，马克思本人也对此有过表达。

---

① 《马克思恩格斯文集》第1卷，人民出版社2009年版，第519—520页。

② 《马克思恩格斯文集》第1卷，人民出版社2009年版，第520页。

在《1844年经济学哲学手稿》序言开篇他就指出“对国民经济学的批判，以及整个实证的批判，全靠费尔巴哈的发现给它打下真正的基础。从费尔巴哈起才开始了实证的人道主义的和自然主义的批判。费尔巴哈的著作越是得不到宣扬，这些著作的影响就越是扎实、深刻、广泛和持久”①。在“对黑格尔的辩证法和整个哲学的批判”单独章节中，马克思认为：“费尔巴哈是唯一对黑格尔辩证法采取严肃的、批判的态度的人；只有他在这个领域内作出了真正的发现，总之，他真正克服了旧哲学”②。马克思认为费尔巴哈的功绩主要有三点：第一，费尔巴哈证明了黑格尔哲学不过是思辨宗教，也是人的异化，应当受到谴责。第二，费尔巴哈以人与人的社会关系为基础，确立了他的唯物主义理论前提，并把唯物主义推上了哲学的制高点。第三，费尔巴哈把自然界和人作为基础，以此和黑格尔的通过否定之否定实现自身的绝对观念对立。

这一阶段马克思给予费尔巴哈极高评价，对比《1844年经济学哲学手稿》时期的马克思与费尔巴哈，两人在诸多问题的出发点上是一致的。首先，认识感性对象性的一致。费尔巴哈曾提出过“人没有对象，便是无”这一命题，马克思在《1844年经济学哲学手稿》中也曾指出，现实的人以感性的自然界为对象，同时也把自己作为感性存在的对象，感性存在的人与感性存在的自然都是对象性存在，马克思对象性认识的思想与费尔巴哈的思想具有一致性，马克思显然继承了费尔巴哈关于感性对象性的衣钵。其次，在认识主体与对象的必然关系上具有一致性，马克思和费尔巴哈一样，都印证了认识主体与对象之间具有的“感性需要”的关系。一方面，主体的对象是作为不依赖于他的对象而在他之外的存在；另一方面，这些对象又是他的需要的对象，是确证其本质所必须的对象，是其生命表现的对象。主体只有凭借现实的感性对象，才能表现自己的生命。例如，“太阳是植物的对象，是植物所不可缺少的、确证它的生命的对象，正像植物是太阳的对象，是太阳的唤醒生命的力量的表现，是太阳的对象性的本质力量的表现一样”③。此

① 《马克思恩格斯文集》第1卷，人民出版社2009年版，第112页。

② 《马克思恩格斯文集》第1卷，人民出版社2009年版，第199页。

③ 《马克思恩格斯文集》第1卷，人民出版社2009年版，第210页。

外，他们都假定人有共同本质，都从自然界出发去说明人的类本质，都承认自然界是不依赖于人的意志的客观存在物，都从自然界的客观性出发去批判黑格尔的唯心主义，等等。

在《1844年经济学哲学手稿》写作阶段，费尔巴哈的思想为马克思写作提供了重要的思想资源。尽管马克思在这一阶段也有许多不同于前人的创新性理论因素，但这些因素只是马克思思想发展史中的量变环节，马克思思想的质变或颠覆性变化还没有发生，马克思的思想尚处在费尔巴哈哲学思想的总框架中。而在《德意志意识形态》时期，我们发现马克思对费尔巴哈的态度有了急剧的转换——从赞扬到"征讨"。马克思在《德意志意识形态》中专列一章并在章节的主标题中直接对费尔巴哈哲学提出批判，与之划清界限，并通过论证得出"费尔巴哈是多么错误"① 的结论，而在此结论之后又进一步分析和印证自己的判断。

第一，费尔巴哈不能正确认识人们周围的感性事物，只把人们周围的感性事物看成是直观的对象。马克思指责费尔巴哈没有意识到感性世界是工业化的产物，而不是与生俱来的存在，感性世界是一种人化自然，是人类历史活动的结果，是在人类代际传递的基础上，在一定的社会关系中不断形成的。同时，费尔巴哈没有意识到，人类的感性活动是以物质生产劳动为基础，是劳动和创造不断累积的效应和结果。

第二，费尔巴哈不懂得人与环境、人与自然的关系。费尔巴哈一直强调人与自然、人与环境的统一，由于他不懂实践、物质生产，无法正确地说明人与自然界、与周围环境的辩证统一关系，甚至得出荒谬结论。费尔巴哈强调人与自然、人与环境的统一，但在现实中存在着人与自然，人与环境的矛盾和不协调，由于费尔巴哈对传统哲学的批判不彻底，仅从感性存在而不是感性活动出发，也就不能正确说明这些现象。他把这些现象的出现，看成是不幸的偶然事件，是一种反常现象。他不是诉诸纯粹的尚未置于人的统治下的自然界，就是用人与自然的幻想的统一反对这种矛盾和不协调。人和自然的统一必然建立在工业化进程的基础之上，人只有在工业化进程实践中，

① 《马克思恩格斯文集》第1卷，人民出版社2009年版，第548页。

在物质生产活动中才能改变客观环境和改变人，实现人与自然、人和环境的统一。

第三，费尔巴哈不能科学地揭示人的本质。费尔巴哈撇开历史进程与历史发展考察人，从上帝出发逻辑推论与逻辑推导得出关于人的本质的结论。他所指的人是从宗教演变而来的抽象的个体，不是生活在客观现实社会中的个体；他所阐述的人的本质是许多个人自然而然地联系起来的共同性质。马克思则认为人是由物质生产劳动决定的，他以物质生产劳动为根据和“钥匙”来考察人、规定人的本质，认为人是现实中存在的个人，受社会物质条件所决定，社会的物质生产条件是理解人的前提。

马克思扬弃了费尔巴哈式一般唯物主义的形而上学性、消极直观性，把费尔巴哈的“人的存在本身就是人的本质”的自然主义的观点、把人的本质的规定包含在人与人的统一之中，纳入生产力与生产关系的分析中。马克思对费尔巴哈这种态度的转变，把费尔巴哈的“哲学人本学”提升到了“历史唯物主义”的高度。从某种意义上说，马克思正是在对费尔巴哈批判的过程中发现并提出唯物史观。

三、论证共产主义的语境：从人本学到经济学

马克思在《1844 年经济学哲学手稿》和《德意志意识形态》中，对共产主义的论证都具有经济学和哲学的特征，但侧重点不同。在《1844 年经济学哲学手稿》中，马克思以人本学哲学视角为主又兼顾政治经济学视角的方式共同论证共产主义实现的可能性，认为共产主义是一种原则、一个境界，具有浓厚的人本主义色彩和浪漫主义气息；在《德意志意识形态》中那种哲学论证为主经济学论证为辅的关系发生了颠倒，在经济关系上认为共产主义是现实的运动与制度，凸显了其经济共产主义思想，并在历史深处展开了对共产主义的设想和论证，实现了从哲学共产主义思想到经济共产主义思想的转变，使其共产主义思想得到了跨越式发展。

《1844 年经济学哲学手稿》以人本学哲学统辖经济学的方式，第一次在较为系统严整的理论形式中表述了马克思关于共产主义的初步原理，我们可以称为“哲学共产主义”。其论证的逻辑主线是：人的本质是自由活动—资

本主义私有制下自由活动变成异化劳动—人和社会被全面异化—人类将通过劳动实践发展自己—扬弃异化回归真正人的状态，从而实现自由发展的共产主义，这种共产主义有其自身的人本学哲学原则和哲学基础，具有浓厚的哲学共产主义痕迹。

共产主义的人本学哲学原则：人对人的本质的真正占有。马克思此时把费尔巴哈的“人是人的最高本质”看作最高原则和“绝对命令”。马克思认为，资本主义私有制使得人的感觉仅仅局限于对财产的满足和占有，异化劳动使人失去了人自身的本质。共产主义就是要从根本上使自己的本质得到恢复并重建已经丧失的人的本质，达到对人的本质的真正占有，扬弃异化的根本目的不仅是达到对物的占有，更重要的是为了人本身的解放，感觉主体和感觉对象同时都获得解放。在共产主义条件下，作为“整全的人”以全面发展的方式来占有自己的类本质。统治人们的宗教是人的无限意识的对象，艺术是人的感性思维的对象化，社会制度、国家是人的社会关系，这些都是属于人自身的。只有消灭私有制，才能使得造成异化的一切因素向人的本质复归，人才能作为完整的人而实现人的全面发展。此时，马克思所指的“人”是一种预设，不是一种现实的存在。

共产主义的人本学哲学基础：社会主义、自然主义、人道主义三者的统一。马克思认为，人既是自然存在物，也是社会存在物，人的主体活动是一种物质的、感性的活动，作为人的本质的劳动，体现了人自身的自然力量与对象世界的能动关系。私有制和异化劳动造成人和自然界的分离，人对对象世界的占有反而变成对自然界的丧失。共产主义克服了异化劳动，取而代之的是自由自觉的活动，真正消除了人与人、人与自然的异化关系，继而实现了自然主义和人道主义的统一。马克思关于“自然主义 = 人本主义”的观点，意味着人和自然界的统一、人和自然界和谐一致的发展。“社会是人同自然界的完成了的本质的统一，是自然界的真正复活，是人的实现了的自然主义和自然界的实现了的人道主义。”① 这里的“社会”显然指的是通过对资本主义私有制的全面扬弃，来彻底实现人对自然界的占有的共产主义。人的

① 《马克思恩格斯文集》第 1 卷，人民出版社 2009 年版，第 187 页。

发展与物质生产力的发展、共产主义作为自然主义和人道主义的统一，表现为对私有制和异化劳动造成的一系列矛盾——人和自然、人与人、存在和本质、对象化和自我确证、自由和必然、个体和类之间矛盾的解决，这些矛盾作为在私有制社会无法得到解决的历史之谜，只有在共产主义对私有制和异化劳动扬弃后才能根本解决。此时，马克思是用自然主义和人道主义的统一来理解共产主义对历史之谜的解答。

马克思在《1844年经济学哲学手稿》中用哲学的方式表达了通过改革私有制扬弃人类异化状态，把共产主义和人的异化的扬弃理解为人的类本质和社会本质的复归。这种理解最终无法超出异化理论的哲学人本学框架，有很强的价值预设，缺少历史维度，它主要是一种哲学论证、思想演绎和文学描摹，在某种程度上仍然是抽象思辨式的，是人的类特性的抽象体现。

马克思在《德意志意识形态》中找到了通向共产主义的现实途径，站在唯物主义基地之上，主要在经济学话语系统中分析了分工、大工业、生产力与共产主义的关系，论证了共产主义运动与制度，进而展开对未来共产主义理想的社会想象，实现了从哲学共产主义思想到经济共产主义思想的转变。其理论思路是：以分工为现实起点，通过分析西欧经济发展的历史，对私有制社会（部落所有制、古代公社所有制和国家所有制、封建的或等级的所有制、资本主义现代私有制）及其更替关系进行评判，进而揭露资本主义经济与生产方式的秘密、历史局限。这是一种以经济学研究为主的科学实证批判方法，是马克思历史唯物主义开始建构的直接基础。

马克思认为，在经济学意义上，分工包含着生产和消费、享受和劳动、个人利益和共同利益等矛盾，针对分工的矛盾所造成的后果，马克思作出了一个极重要的逻辑确认："用哲学家易懂的话来说"，就是"异化"，分工是造成异化的根源。但是，在分工和异化的关系问题上，马克思更加强调根源性分析，逻辑论证的主题发生了转化，他力图用科学的经济学规定取代哲学价值规定（"分工"是从经济科学结构中能确认的现实范畴，"异化"是价值评判）。在对分工进行论述中，他认为，脑力劳动和体力劳动的分离是一次重要的分工，与分工同时出现的还有分配，而且是劳动及其产品不平等的分配（无论在数量上或质量上），脑力劳动者集中了生产工具、资本、享受和需要，体力劳动者则是完全相反的情况。分工造成了社会活动与社会关系的异化，尤其是社会关系中的经济关系和物质关系的异化。“生产力、社会状况和意识，彼此之间可能而且一定会发生矛盾，因为分工使精神活动和物质活动、享受和劳动、生产和消费由不同的个人来分担这种情况不仅成为可能，而且成为现实，而要使这三个因素彼此不发生矛盾，则只有再消灭分工。”①此时，经济学的实证范畴——分工，取代了旧式人本主义话语中的哲学逻辑规定。

从经济发展的趋势看，大工业的发展是实现共产主义的现实力量。共产主义的实现是生产力发展的必然结果，也是作为“世界历史性存在”的交往普遍性发展的必然结果。大工业的自动化体系造成了大量的生产力并且通过普遍竞争扩大了人们的交往。“大工业创造了交通工具和现代的世界市场，控制了商业，把所有的资本都变为工业资本，从而使流通加速（货币制度得到发展）、资本集中。”②大工业消灭了各国、各地区长期形成的封闭而不开放的状态，开创了普遍联系的世界历史，使相互联系的国家、地区及其中的人们各种需要的满足都依赖于整体世界。大工业的发展破除地域限制，所有国家都或主动或被动地融入世界市场进行普遍竞争的斗争，而这恰恰是摆脱异化的条件之一。“无产阶级只有在世界历史意义上才能存在，就像共产主义——它的事业——只有作为‘世界历史性的’存在才有可能实现一样。”③大工业渗透的地方都会有市场的形成、贸易的推进，都为共产主义的实现而准备条件、积蓄力量。马克思由此肯定了资本主义大生产的历史作用，但更为重要的是对资本主义大生产的弊端进行批判，确认资本主义灭亡的根据，其批判已不再是从哲学人本学话语中引申出来的那种价值否定，而是从现实的经济运动本身的客观趋势中论证共产主义实现的必然性。

《德意志意识形态》还从经济的视角出发，认为共产主义是一种现实的运动和制度。就共产主义运动而言，“它推翻一切旧的生产关系和交往关系的基础，并且第一次自觉地把一切自发形成的前提看做是前人的创造，消除

---

① 《马克思恩格斯文集》第1卷，人民出版社2009年版，第538页。
② 《马克思恩格斯文集》第1卷，人民出版社2009年版，第566页。
③ 《马克思恩格斯文集》第1卷，人民出版社2009年版，第539页。

这些前提的自发性，使这些前提受联合起来的个人的支配”①。共产主义运动具有经济内容（政治内容也服务于经济内容），它要打碎束缚生产力的一切桎梏，为人类获取更多的社会物质生活条件而努力。就共产主义制度而言，“建立共产主义实质上具有经济的性质，这就是为这种联合创造各种物质条件，把现存的条件变成联合的条件。共产主义所造成的存在状况，正是这样一种现实基础，它使一切不依赖于个人而存在的状况不可能发生”②。共产主义制度是一种经济性质明显的社会制度，在共产主义社会中，阶级、国家、政治已经消亡，人们的任务就是为发展生产力创造更好的条件。

《1844 年经济学哲学手稿》从价值悬设出发理解共产主义，共产主义是纯粹的历史抽象的结果；《德意志意识形态》则从经济学出发理解共产主义，把对共产主义的抽象认识还原于对经济现实的实证批判。经济学论证构成了对共产主义运动与制度进行实证分析的前提，也是马克思历史唯物主义达至成熟的方法论基础。马克思经历了从哲学到经济学的学科视域转换，只有理解这种转换和分清这种区别，才能真正认识马克思展望未来社会的具体历史语境。

马克思面向社会，思考现实，通过对异化思想的实质深化、对费尔巴哈哲学态度的转变，对共产主义进行从哲学到经济学话语系统的描述，走向了历史的深处并在历史的语境中进一步揭示出历史发展的真实进程和本来面目，展示出其理论深沉的历史感、现实感与对现实问题的指向；马克思走向了问题的深处，并展开了对共产主义未来的想象与无限的价值追求，凸显出了其理论的现实性与理想性的高度统一。

第六节　马克思对资本逻辑的批判及其边界意识*

现代社会发展中出现的多重危机和隐忧，日益暴露出现代性问题的内在矛盾和困境，呼唤着学术界对现代性问题进行深刻反思。而现代性问题归根到

① 《马克思恩格斯文集》第 1 卷，人民出版社 2009 年版，第 574 页。

② 《马克思恩格斯文集》第 1 卷，人民出版社 2009 年版，第 574 页。

* 本节由博士生韩淑梅与笔者合作完成，原载于《天津社会科学》2015 年第 6 期。

底是由资本逻辑决定的，资本逻辑是现代性问题生成的基础和土壤。在当前诸多学术话语中，对马克思资本逻辑批判思想的研究应得以进一步凸显。笔者基于世界史形成的视角，梳理近代理性主义进步观，考察马克思资本逻辑批判产生之前的思想境况，在比较中彰显马克思对资本逻辑世界史意义的前提性确证；深入剖析马克思资本逻辑批判的生成路径及其具体内容，展现马克思对人类命运奥秘的开解魅力；分析马克思资本逻辑批判的边界意识，指明资本逻辑运行中存在的内在边界和外在边界，呈现资本逻辑的全图景；从而科学认识马克思资本逻辑批判理论的思想实质和重要地位。

一、世界历史的开启：理性还是资本

世界历史“是资产阶级的生产方式向全世界扩张的过程和结果”。[①]16—19 世纪，伴随着资产阶级经济的不断发展，以往自然形成的各国孤立、封闭的状态陆续被打破，历史“在愈来愈大的程度上成为全世界的历史”。[②]对于这一崭新世界秩序的开启根源，近代哲学家们的回答大多是“伟大的理性”。无论是法国哲学家笛卡尔、英国哲学家休谟还是德国哲学家黑格尔，都秉承理性主义进步观，推崇理性的至高权威，将理性视为征服和占有自然界，改变社会规制，创造全新生存论和价值论，推动资本主义社会历史向前行驶的内动力。

作为西方理性主义哲学的肇始者，笛卡尔的理论核心在于其著名的“我思故我在”论断。“我思故我在”产生于笛卡尔运用彻底怀疑的方法探寻知识重构的根基中。笛卡尔认为，人类要发展科学，建立科学体系的稳固大厦，必须找到坚实可靠的知识出发点，强调运用怀疑的方法，排除一切“沙子和浮土”，尽可能地怀疑所有事物，包括感官知觉、数学知识甚至上帝等等，从而发现唯一确定和不可怀疑的便是“我在怀疑”。笛卡尔意识到，当我怀疑一切时，“我在怀疑”事实本身是不可怀疑的，由此提出“我思故我在”的精简命题。

---

① 马俊峰：《马克思世界历史理论的方法论意义》，《中国社会科学》2013 年第 6 期。

② 《马克思恩格斯全集》第 3 卷，人民出版社 1960 年版，第 51 页。

“我思故我在”的具体内容蕴含着鲜明的主体理性进步观，宣扬了主体理性在世界历史形成中的创造性作用。其一，“思”与“我”具有高度同一性：“我在”指认的就是“我思”即思维的存在，没有“我思”便不会有“我在”。人的存在之根就在于思维和理性，它们是人们开创世界历史的根本属性。其二，“我思”——理性的自然之光是认识世界的第一原则和最终根据，是“我思”客体——外部现象的“实在”和“本质”。在笛卡尔的哲学原理中，整个世界俨然成为主体理性的对象世界，世界历史的开创只不过是主体理性不断进步的历史表征。其三，主体理性具有普遍性和必然性。每个人先天均等地拥有产生正确认识和辨别事物真伪的理性能力，不必求助于宗教的权威或外在的上帝。理性平等的思想体现了近代资产阶级精神独立的要求，是资本主义民主思想的基础，为资本主义推动世界历史向前行进提供了重要精神支撑。

休谟以经验理性极端完成者的姿态来凸显理性的世界史意义。在休谟看来，所有科学知识都建基于经验和观察的基础之上，所谓的“伟大的理性”从来不能产生任何先验知识，甚至就连我们最自以为是依赖理性演绎推理发现的因果关系，在任何情况下都“不是凭借于理性，乃是凭借于经验”①，只是人们对日常生活中恒常结合现象的条件反射式的惯性联想。休谟将理性归结为习性的产物，限定在经验范围之内，倡导基于经验事实研究的自然实验科学的绝对权威和真理性，认为它们是促进资本主义科学技术和生产力发展的原生动力。

拒斥各种形而上学是休谟经验理性的另一鲜明特征。休谟指出，观念是印象在记忆中的摹本，有无相对应的印象原型，是判断观念真假的根本标准。无论是“物质实体”还是上帝、自我等的“精神实体”是否存在，既不可知也无法论证，人们从未获得它们的印象原型，没有经验过其原始感觉。休谟强烈反对在现实生活中将“人”形而上学化，认为“人”不是纯粹理性的认识主体，而是“限于日常生活中，限于日常实践和经验的题目上”② 的

① ［英］休谟：《人类理解研究》，关文运译，商务印书馆 1982 年版，第 28 页。

② ［英］休谟：《人类理解研究》，关文运译，商务印书馆 1982 年版，第 143 页。

个体生命存在者。个体对现世日常生活中各种财富、权力和享乐的世俗追求，规定了资本主义全新的生存论和价值观，促进了整个资本主义社会秩序和法则的形成与稳固。休谟对形而下世俗生活的赞赏和强调，是替新兴资产阶级功利行为进行的露骨辩护，迎合了当时蓬勃兴起的资本主义主流价值观，是为资本主义社会的“疾驰”而进行的“摇旗呐喊”。

在黑格尔看来，无论是主体理性的知识确定还是经验理性的知识限定，都存在着共同的致命缺陷：没有实现主观和客观、理性和现实的同一。“哲学的最高目的就在于确认思想与经验的一致，并达到自觉的理性与存在于事物中的理性的和解。”[①]黑格尔认为，应重新审视、厘定理性，赋予理性以实体和主体的双重属性：一方面，理性是世界的存在之根，是客观对象的本质和灵魂；另一方面，理性又是以自我为中介不断运动、发展、变化的主体。在黑格尔的理念中，理性不仅是主体的自我意识，更是客观世界的本源，现实社会的发展只不过是理性展现和实现自我的外在表征及显现过程。正如他所宣称的：“‘理性’是世界的主宰”、“‘理性’统治了世界，也同样统治了世界历史”[②]。正是在这一意义上，黑格尔的理性观常常被冠以“历史理性”、“世界理性”、“国家理性”等称谓。

黑格尔还将理性和现实的同一演绎至真实社会的发展之中：理性会在自我运动中扬弃现实市民社会的分裂状态进入到理性自由国家。他将国家看作理性发展的最高阶段，视为人类的自我意识所能达到的顶峰，认为世界历史完成于理性自由国家的建立。在黑格尔的历史哲学中，理性自由国家最终在日尔曼（资本主义德国）得以成熟、完满和实现[③]。黑格尔的理性观预设了历史发展的终点，认为不断进步的人类文明进程将在资本主义社会形态达到顶峰，理性的绝对目的——自由自此成为“普照的光”。他的浓厚的历史理性主义进步观是对资产阶级社会“完满性”的歌颂。

在近代哲学家的视域中，资本主义世界历史完全是一部高奏理性凯歌的历史，他们以不同的理论立场和观点诠释了理性的世界史意义，将理性视

① ［德］黑格尔：《小逻辑》，贺麟译，商务印书馆2009年版，第42页。

② ［德］黑格尔：《历史哲学》，王造时译，上海书店出版社2006年版，第8、23页。

③ 参见［德］黑格尔：《历史哲学》，王造时译，上海书店出版社2006年版，第100页。

为推动“物的依赖”社会形成和发展的开创性动力。然而，在马克思看来，理性从来没有如此大的威力，问题的根本在于理性背后更为深刻的根源——驱动物质利益追求的资本逻辑。理性仅仅是资本逻辑在精神层面的表达，理性主义进步观也不过是资本逻辑运动在意识形态层面的抽象反映。资本不断增殖和无限扩张的运行逻辑才是形成资本主义世界历史的本源性动力，正如马克思指出的：资本一出现，就“包含着一部世界史”，“标志着社会生产过程的一个新时代”①。

二、人类命运的开解：对资本逻辑的瓦解

对人类命运的反思与探寻是马克思奋斗终生的第一主题。不同于经典理性主义者，马克思认为“资本来到世间”不仅改变了整个社会的面貌和运作状况，而且近现代人类的生存秩序也由此发生了巨大变化。在资本主义社会，资本无止境地追求剩余价值和不断扩张的逻辑全面宰制与奴役着人，阻断了人的自由自觉的全面发展，将人贬低为等同于机器的价值增殖的工具，使人们遭受种种剥削和异化的悲惨命运。正是通过对资本逻辑的深刻揭露，马克思才真正解析了导致人们生存困境的根本原因。但是，马克思对决定人类命运的关键——资本逻辑的批判并非一蹴而就，而是经历了一个不断深入直至最终抵达的艰辛探索历程。

大学时期，受青年黑格尔派的影响，马克思将人的自由与解放诉诸意识哲学，高扬一种根植于个体的内在自我意识。在“博士论文”中，马克思极力强调伊壁鸠鲁原子偏斜学说内蕴的个体自由意志，认为其是“最高神性的一切天上的和地上的神”②，能够引领人们挣脱“命运的枷锁”去追求精神自由和快乐幸福的宁静生活。这一时期对伊壁鸠鲁自然哲学的赞誉，是马克思寻求自身心灵自由和精神驰骋的内心表达，也是其对人们努力摆脱宗教神学的束缚而获得释放和自在的殷切希冀。然而，德国古典哲学实质上是刚刚登上历史舞台的新兴德国资产阶级的思想抽象。马克思对自我意识的推崇和

---

① 《马克思恩格斯文集》第5卷，人民出版社2009年版，第198页。

② 《马克思恩格斯全集》第1卷，人民出版社1995年版，第12页。

呐喊反映出其并未“超越启蒙”，也未触及“历史的深处”，相反是秉承和激化了启蒙理性的主题思想。

《莱茵报》时期，残酷的社会现实击碎了马克思对自由精神解放的自觉追求。这一期间，书报检查令、出版自由、林木盗窃法的辩论等问题，径直为马克思呈现了当时德国人卑劣命运的真实图景——精神自由遭野蛮扼制、合理物质享有权被残暴剥夺。这使马克思清醒地认识到，思辨的自我意识概念不再适用，如何使国家保障个人自由和大多数人民的利益才是问题的焦点。然而，不容乐观的是，当时的德国并没有如黑格尔所言是理性和自由的化身，德国没有改变人们不自由的命运，相反，成为私人谋取物质利益的工具，“成为林木所有者的耳、目、手、足，为林木所有者的利益探听、窥视、估价、守护、逮捕和奔波”①。这一颠倒的、“本末倒置”的晦暗现实对马克思的哲学信仰和理论视野产生了巨大冲击。

马克思开始质疑曾一度褒扬的黑格尔国家理性观，着手系统研究黑格尔的法哲学和国家学说。在研究中马克思察觉到，黑格尔的理性国家与德国现实判然不同，德国政府没有维护绝大多数人的利益，“沦为林木占有者的工具”，政治国家并不能决定市民社会，恰恰相反，市民社会才是政治国家的前提。对市民社会和国家关系的厘清，表明马克思已发现“物质利益”关系，超越了黑格尔国家理性观视域，开始建基于一个新的视角——市民社会去寻找社会历史和人类命运的奥秘。对此，恩格斯曾评论道：“要获得理解人类历史发展过程的锁钥，……应当到黑格尔所那样蔑视的‘市民社会’中去寻找。但关于市民社会的科学，也就是政治经济学”②。

政治经济学是马克思中晚期研究的重心。正是在政治经济学研究中，马克思揭露了资本无止境追求增殖和不断扩张的逻辑本性，找到了资本主义社会禁锢人的自由解放命运的根源。马克思的政治经济学研究始于对“当前经济事实”的困惑：为什么“工人生产的财富越多，……他就越贫穷。工人创造的商品越多，他就越变成廉价的商品”③？为了解答这一困惑，马克思

---

① 《马克思恩格斯全集》第1卷，人民出版社1995年版，第267页。
② 《马克思恩格斯全集》第16卷，人民出版社1964年版，第409页。
③ 《马克思恩格斯文集》第1卷，人民出版社2009年版，第156页。

对商品和劳动及其关联进行了揭示。马克思分析了商品的两个根本属性——使用价值和价值，指出使用价值作为商品的物质属性表征的是商品的有用性，价值作为商品的社会属性指涉的是商品的可交换性；剖析了导致商品二重性的原因即劳动二重性——具体劳动和抽象劳动，抽象劳动是撇开具体形式的无差别的人类劳动，它凝结在商品中形成价值，具体劳动以具体的对象性活动形式产生商品的使用价值。

对商品、劳动及其关联的揭示，是马克思解剖资产阶级社会的关键。基于此，马克思揭露了资本主义的生产过程具有双重性质：一方面表现为通过具体劳动生产商品使用价值的劳动过程；另一方面显现为通过抽象劳动创造商品价值（内含剩余价值）的价值增殖过程。对资本主义生产本质的解剖，使得马克思最终解开了资产阶级社会物的形式掩盖下的人与人之间的剥削关系，揭开了资本增殖的神秘面纱："商品形式……把生产者同总劳动的社会关系反映成存在于生产者之外的物与物之间的社会关系"①。在市场上表现为商品与商品之间的平等交换关系，实质上是资本所有者对创造商品价值的雇佣工人抽象劳动的剥削关系。正是抽象劳动，创造了超出劳动力本身价值的新价值即剩余价值。

追逐剩余价值的本性必然要求资本在运行过程中遵循价值增殖、不断自我扩张以及自私自利原则的规律和逻辑。这种规律和逻辑已经魔化成"特殊的以太"，构成了资本主义社会的统治力量和核心法则，成为万物的丈量尺度，万物都通过交换关系和交换原则被同质化。人也卑微地降格为资本的附属物，其存在的合法性根据完全交付资本裁定，甚至生命的价值和存在的意义都被简单、粗暴地规约和蒸馏为抽象的交换价值，"人和人之间除了赤裸裸的利害关系，除了冷酷无情的'现金交易'，就再也没有任何别的联系了"②。资本逻辑的统治力量必然堵塞人的多样性、丰富性本质的绽放，致使人的自由解放维度丧失，人们终将走向与自身生命本质相异化的命运。资本逻辑钳制和主宰的世界，"人的发展采取了物的发展的形式，人类历史不再

① 《马克思恩格斯文集》第 5 卷，人民出版社 2009 年版，第 89 页。
② 《马克思恩格斯文集》第 2 卷，人民出版社 2009 年版，第 34 页。

是人本身的历史，而是资本发展的历史”[①]。在马克思的视野中，开解人们受欺压和奴役命运的根本途径就在于瓦解资本逻辑，击碎资本主义体系运行的核心。

从哲学批判到政治批判直至深入“物质的生活关系”的资本逻辑批判，马克思“走向历史的深处”，揭示了资本主义社会物与物的平等交换下掩盖的资本占有者对工人的不平等的压榨和统治关系，解开了人们颠倒的、异化的“存在”命运的奥秘：资本作为一种物的社会关系反过来统治和支配着人自身，其追求无限增殖的运行逻辑主宰和控制着整个资本主义社会的运作，彻底阻断了人的自由自觉的全面发展。在理性及现代性刚刚崭露头角的资本主义时代，马克思就已经揭示出资本逻辑的魔性和虚假性，寻找到开解人们生存困境的根源——瓦解资本逻辑，凸显其作为伟大哲学家敏锐的问题意识和深厚的解放情怀。

三、资本逻辑的内在边界和外在边界

在尖锐批判资本逻辑钳制和阻断人的自由解放逻辑的同时，马克思也确证了资本逻辑完善人的本质的客观积极作用，肯定了资本逻辑的内在运行及展开过程为推动人的主体性、类特性的真正实现提供了坚实的经济基础和丰富多样的社会关系。

首先，资本逻辑的内在运行推动了生产力发展。资本追求增殖的运行规律，决定了资产阶级必定加速发展科学技术，深入探索整个客观对象领域，奋力突破现有生产水平和生产资料的限制，以不断拓展和提升使用价值的创造及其使用。可以说，资本增殖的内在本性是提高生产力和增加社会财富的“助推器”，它促使人们不断提升改造自然能力的力度和厚度，创造出“一个普遍有用性的体系”以及“社会成员对自然界……的普遍占有”[②]，从而为以每个人的自由全面发展为根本目标的共产主义社会形态的达至提供了重要的物质保障。

---

① 张一兵、蒙木桂：《神会马克思——马克思哲学原生态的当代阐释》，中国人民大学出版社 2004 年版，第 125 页。

② 《马克思恩格斯文集》第 8 卷，人民出版社 2009 年版，第 90 页。

其次，资本逻辑的展开过程促成了社会关系的丰富性。在马克思所划分的三大社会形态的“人的依赖”阶段，地域性的社会关系造就的是封闭性、狭隘性的个人。在“物的依赖”阶段，资本追逐增殖和不断扩张的本性冲破了一切区域的、民族的限制，使人的交往与联系在世界范围内大大扩展，人们开始“普遍地占有社会联系本身”，地域性的个人也“为世界历史性的、经验上普遍的个人所代替”①。在这种扩大的、丰富的社会关系中，人们能够在更广阔的视域和地域上挖掘自身的独特个性和多方面的潜能。

但是，资本逻辑对生产力发展和社会关系丰富的文明化作用，并不能抹杀其发展的有限性，资本逻辑的运行永远无法突破现存的边界，即由基本矛盾导致的内在边界和科学技术发展底线、自然资源有限性导致的外在边界。资本逻辑运行无法逾越的内在边界主要体现在：

第一，资本逻辑内含生产社会化与资本主义私有制的根本矛盾和固有界限。马克思指出，资本集中和垄断的不断加强、劳动规模的日益扩大以及劳动资料日趋国际化的使用，使得资本主义的生产劳动越来越采取协作性、社会性的形式和方式。这种具有联合性的生产社会化形式与资本主义条件下的资本垄断和私人占有制之间不相融合，一旦生产社会化的深入发展，“达到了同它们的资本主义外壳不能相容的地步。这个外壳就要炸毁了。资本主义私有制的丧钟就要响了”②。生产的社会化与资本主义私人占有制之间的矛盾，是资本逻辑本身固有的运行界限。资本及其逻辑的发展都无法克服、逾越这一内在界限。

第二，资本逻辑内含生产无限扩大和社会消费能力相对缩小的基本矛盾和内在界限。受无比贪婪本性的驱使，资本主义不断扩大生产规模和开拓新的生产领域，创造出数量和种类日益繁多的使用价值，这就迫切需要足够的“有效需求”和社会消费能力来予以吸纳和消费。然而，资本家趋利的欲望以及剥削率的提高，使得社会上大多数人的消费能力被压榨至相当狭小的范围之内，其相对于剩余价值生产扩大而言却不断萎缩。由此形成了生产无

① 《马克思恩格斯文集》第 1 卷，人民出版社 2009 年版，第 538 页。
② 《马克思恩格斯文集》第 5 卷，人民出版社 2009 年版，第 874 页。

限扩大与社会消费能力相对缩小的冲突和结构性矛盾，导致供应和需求之间的失衡。当供需失衡达到一定临界点之后，就会产生严重的生产过剩，造成生产、流通领域的脱节和受阻，从而爆发周期性的日益严重的经济危机。经济危机是资本主义无法克服的痼疾，直接威胁着资本本身，是资本逻辑基本矛盾最集中的表现形式和内在发展界限。

如果把资本、生产、消费、所有制关系作为一个运行系统，资本逻辑止步于这个系统矛盾所产生的内在边界的同时，也受这个系统外部环境的发展状况——科学技术发展底线、自然资源有限性导致的外在边界的制约。

科学技术是资本主义实现价值增殖和经济腾飞的第一要素。但科学技术有自身发展的限度，科学技术的本性决定其功能的底线和边界。科学技术的本质是人们利用自身的知识和技能对外部世界进行改造，使之呈现出预想景象的实践活动。这种实践活动并非恣意妄为，它是自然规律和科学规律的实际应用，受一定规律的指引和束缚。科学技术的发展要遵循一定的自然规律和科学规律，“我们不要过分陶醉于我们人类对自然界的胜利。对于每一次这样的胜利，自然界都对我们进行报复”①。规律所“禁止”的功能或属性就是科学技术发展的边界和极限，科学技术的边界所到之处应是规律所运行的轨迹之处②。科学技术发展的底线自然构成了资本逻辑运行的外在界限。

自然资源的有限性也是资本逻辑无法超越的外在界限。在前资本主义条件下，使用价值的生产过程，是为了满足人们一定的自然需要和社会需要，其对自然界的开发和利用是有限度的，不会从根本上干扰外部自然的内部循环。而在资本主义价值增殖的生产过程中，受无比贪婪本性的驱使，资产阶级无限度地利用和榨取自然资源，将自然环境的自我修复潜能彻底损坏，根本危害了整个地球生态系统的存续与发展，并最终影响和破坏资本主义劳动过程的原材料和再生材料的来源——自然资源。自然资源是有限的，它不可能永远满足无止境资本增殖的劳动过程的大肆开采和滥用。如果资产阶级不重视人与自然之间的关系，不维护自然、生态与人类社会的和谐与平

① 《马克思恩格斯文集》第9卷，人民出版社2009年版，第559页。

② 参见刘同舫：《技术的本质与技术发展的界域》，《学海》2006年第4期。

衡，无节制、毁灭性地榨取自然资源，必将自掘坟墓、自我毁灭。

马克思超越了近代哲学的理性主义，以对资本逻辑的批判方式找到了资本主义世界历史开启的缘由以及人类生存困境的根源，敏锐地意识到资本逻辑运行与发展具有的限度以及无法突破的界限。他对资本逻辑的批判凸显了马克思学说本身具有的理论魅力，对资本逻辑运行限度的理解体现了其思想的问题意识和边界意识，表明了资本逻辑孕育着自我灭亡的趋势。马克思批判资本逻辑的方式与意识，为颠覆资本主义制度和谋划未来社会提供了方向性理论力量。

第七节　“尘世”创造“天国”：马克思的宗教批判原则*

马克思在“博士论文”中对宗教的批判总体上还囿于“青年黑格尔派”的思想传统，力求通过宗教批判使人们的思想摆脱宗教的“监护”，从而推动社会进步。但此后马克思敏锐地意识到这一批判方式的局限——将自我意识哲学作为宗教批判的前提和归宿不能消灭宗教，对宗教的彻底批判要走出自我意识哲学的视野，推进到社会现实层面。《莱茵报》的工作使马克思从对自我意识哲学的赞扬者逐渐转变为主张实际地解决具体经济、政治问题的现实主义者，同时开始清理自身与“青年黑格尔派”的思想关系，并通过宗教批判审理了“天国”与“尘世”、思想与现实的根本关系。

一、物质利益问题的洗礼

马克思在《〈政治经济学批判〉序言》中曾说：“1842—1843 年间，我作为《莱茵报》的编辑，第一次遇到要对所谓物质利益发表意见的难事……是促使我去研究经济问题的最初动因。”① 物质利益问题之所以是令马克思苦恼的难题，主要在于“青年黑格尔派”的哲学理性无法解释带有非理性因素的利益纷争问题。“青年黑格尔派”承继黑格尔法哲学的精神，将市民社会这

---

* 本节由博士生陈晓斌与笔者合作完成，原载于《福建论坛》2016 年第 1 期)，原文题目为《“尘世”如何创造“天国”——马克思的宗教批判原则与逻辑演绎。

① 《马克思恩格斯文集》第 2 卷，人民出版社 2009 年版，第 588 页。

个物质利益的斗争场所纳入政治理性与国家自由意志的范畴之中，认为哲学理性可以普遍而自由地遨游其中。但实际上，在遭遇物质利益问题纷争之时，哲学理性的自由与普遍性要求遭遇挑战，法和利益的实质关系具有一种与哲学理性立场相反的性质，利益占据了法的上风，“法的利益只有当它是利益的法时才能说话，一旦它同这位圣者发生抵触，它就得闭上嘴巴”[①]。这一现象在单纯的哲学理性世界观上划出了一道“伤口”。物质利益问题不仅触发了相当严重的理论危机——使单纯的哲学理性面临尖锐挑战，而且加剧了不同利益主体之间的对立与斗争，甚至使得“思想”与“现实”之间的裂痕不断扩大。

在《关于林木盗窃法的辩论》中，马克思写道：“利益是讲求实际的，世界上没有比消灭自己的敌人更实际的事情了……私人利益总是怯懦的，因为那种随时都可能遭到劫夺和损害的身外之物，就是私人利益的心和灵魂。有谁会面临失去心和灵魂的危险而不战栗呢？如果自私自利的立法者的最高本质是某种非人的、异己的物质，那么这种立法者怎么可能是人道的呢”[②]？马克思对“利益”的认识开始脱离青年黑格尔派的理解方式，利益不是人与人之间的理性关系，不可能是“人道的”，“这里所谓‘非人的、外在的物质’，指的是私有财产。私有财产成了人的最高本质……一个简单的推论即足以表明，以私有财产为本质的人，其生活的客观动因和主观愿望都在理性之外”[③]。真正理解物质利益在社会现实中的作用，必须拥有一种不同于黑格尔法哲学思想的新的解释原则，这种原则能够充分厘清思想与现实的关系。“当黑格尔哲学无力解决马克思在《莱茵报》所遇到的那些物质利益问题的时候，费尔巴哈的《关于哲学改造的临时纲要》发表了。它致命地打击了黑格尔哲学——神学的最后的避难所和合理的支柱。”[④] 费尔巴哈运用人本主义、唯物主义批判宗教与哲学联盟的世界观深深地影响了马克思，费尔

---

① 《马克思恩格斯全集》第 1 卷，人民出版社 1995 年版，第 287 页。

② 《马克思恩格斯全集》第 1 卷，人民出版社 1995 年版，第 255—256 页。

③ 王德峰：《社会权力的性质与起源——一个历史唯物主义的分析》，《哲学研究》2008 年第 7 期。

④ ［德］弗·梅林：《马克思传》，樊集译，人民出版社 1965 年版，第 70—71 页。

巴哈的《关于哲学改造的临时纲要》"对马克思发生影响是无疑的，马克思因此而三改其《黑格尔法哲学批判》稿件。在费尔巴哈发表《关于哲学改造的临时纲要》后，马克思对该书初稿重新进行了加工，而在此之前，马克思则还在某种程度上受到鲍威尔哲学思想的束缚。因为正是在《黑格尔法哲学批判》草稿中，马克思删除了'自我意识'一词"①。结合物质利益问题困境和费尔巴哈的人本哲学理论，马克思开始走出自我意识哲学的批判视野，将对宗教的批判推进到社会现实层面，对人类的生活条件作出了社会学式的实证分析。"马克思越来越清楚地认识到事实比观念更有力，事实不会因为观念要它们改变而改变。因此他不得不修正黑格尔学说，使观念适应现实，而不是要现实适应观念。在这一点上，马克思同布鲁诺·鲍威尔以及自由青年黑格尔派决裂了。马克思从现实本身出发，争取实践原则的胜利，使观念同现实之间建立起更密切的内在联系。"②

二、宗教批判的新原则

鲍威尔在对宗教的批判中认为，宗教压迫是社会压迫的根源，基督徒的解放、犹太人的解放，都只有在克服自己宗教的前提下才能获得。"鲍威尔把犹太人的理想的抽象本质，即他的宗教，看做他的全部本质。"③ 鲍威尔得出的结论是："'如果犹太教徒轻视自己的狭隘戒律'，如果他废除自己的整个犹太教，'那就不会对人类有任何贡献'。"④ 在鲍威尔看来，犹太人对世界、对人类的贡献是因为他们的犹太教，所以他天真地认为，只要犹太人在安息日去参加公开的会议，那就称不上犹太教徒。马克思在《论犹太人问题》中清晰地复述了鲍威尔的宗教批判模式和对"犹太人问题"的解决方式：犹太人和基督徒之间最根本的对立形式是宗教对立，"只要犹太人和基督徒把他们互相对立的宗教只看做人的精神的不同发展阶段，看做历史撕去

---

① 侯才：《青年黑格尔派与马克思早期思想的发展》，中国社会科学出版社 1994 年版，第 49 页。

② [法] 奥古斯特·科尔纽：《马克思的思想起源》，王谨译，中国人民大学出版社 1987 年版，第 63—64 页。

③ 《马克思恩格斯文集》第 1 卷，人民出版社 2009 年版，第 48 页。

④ 《马克思恩格斯文集》第 1 卷，人民出版社 2009 年版，第 48 页。

的不同的蛇皮，把人本身只看做蜕皮的蛇，只要这样，他们的关系就不再是宗教的关系，而只是批判的、科学的关系，人的关系。那时科学就是他们的统一。而科学上的对立会由科学本身消除。”① 这里的“科学”并不是指自然科学，而是指黑格尔哲学精神中蕴含的科学。② 鲍威尔的论述使现存的宗教现象、宗教关系与抽象的绝对精神理念发生关联，使宗教成为理念发展链条上的一个环节。宗教现象的实存性没有被当作实存性本身来对待，而是被当成某种其他东西的实存性，即宗教现象的实存性缘于某种异己的精神的绝对运动，被当作绝对理念运动的一个环节。但经过物质利益问题洗礼的马克思，对鲍威尔的解释与批判原则提出了质疑。

马克思考察了“犹太人问题”在不同的政治制度中呈现的问题样态：在基督教国家的德国，它是神学问题；在立宪制国家的法国，它是政治解放不彻底的问题；在政治国家的北美自由州，它完全失去了神学的意义而是一个世俗的问题。只有在完全的政治国家中，宗教与国家的关系才具备纯粹与本然的面相，即国家对待宗教的态度不再是从神学的角度，而是从国家、政治的角度，唯有这样才能进一步洞悉宗教问题的本质。现代国家虽然摆脱了宗教束缚，完成了政治解放，但宗教现象依然存在，甚至还处于生机勃勃的状态，富有强大的生命力。宗教的存在具有缺陷性，其缺陷的根源不在于宗教本身，也不是因其为绝对精神运动的环节之一，而是在宗教之外有必然的缘由。在这个意义上，马克思指出了解释与批判宗教的新原则与新视野：“在我们看来，宗教已经不是世俗局限性的原因，而只是它的现象。因此，我们用自由公民的世俗束缚来说明他们的宗教束缚。我们并不宣称：他们必须消除他们的宗教局限性，才能消除他们的世俗限制。我们宣称：他们一旦消除

---

① 《马克思恩格斯文集》第 1 卷，人民出版社 2009 年版，第 23 页。

② 黑格尔的《精神现象学》序言标题即是“论科学认识”，其小标题的内容包括四个方面：“当代的科学任务；从意识到科学的发展过程；哲学的认识；哲学研究中的要求”。（参见黑格尔：《精神现象学》，贺麟等译，商务印书馆 1979 年版）黑格尔的“科学”意指“哲学体系”，德文“Wissenschaft”一词一般译为“科学”，在德文中，凡是以追求“系统知识”为目的的认知活动，都可以被德国人称为“某某科学”。（相关辨析参阅［德］马克斯·韦伯：《学术与政治》，冯克利译，生活·读书·新知三联书店 2005 年版，第 49—50 页）

了世俗限制，就能消除他们的宗教局限性。我们不把世俗问题化为神学问题。我们要把神学问题化为世俗问题。相当长的时期以来，人们一直用迷信来说明历史，而我们现在是用历史来说明迷信”①。马克思的“宣称”是新的批判原则的呈现与表达，彰显了与青年黑格尔派截然不同的批判方式，突破了宗教问题、“犹太人问题”的神学看法：废除犹太教，使犹太人获得解放。消除世俗限制不再仅仅是通过政教分离的基本原则抑或是绝对精神运动的环节就可以解决的，而是需要克服世俗约束、摆脱社会特殊要素才能消除。

马克思指出，“现在我们来考察一下现实的世俗犹太人，但不是像鲍威尔那样，考察安息日的犹太人，而是考察日常的犹太人。我们不是到犹太人的宗教里去寻找犹太人的秘密，而是到现实的犹太人里去寻找他的宗教的秘密”②。“日常”与“现实”在马克思的语境中具有重要意义，它们指向市民社会的生活常态，是物质生活的基本关系，这就是作为第一根源的“尘世”。“日常”与“现实”所揭示的内涵成为马克思解释与批判“天国”这一宗教现象的新原则。

三、“天国”的“尘世”面相

通过确立对宗教现象的解释与批判原则，马克思指出“天国”的根基在于“尘世”，世俗约束与困境是人类构造神圣“天国”的原因，而不是相反。在费尔巴哈哲学的影响下，随着对宗教现象的深入观察与分析，马克思进一步揭示了“天国”的“尘世”面相。

在《〈黑格尔法哲学批判〉导言》一文中，马克思锐利指出：“反宗教的批判的根据是：人创造了宗教，而不是宗教创造人。就是说，宗教是还没有获得自身或已经再度丧失自身的人的自我意识和自我感觉”③。自从人类诞生以来，关于神的意识就一直伴随着人类，但这并不意味神创造了人，客观事实是人创造了神。“不是‘神—人同形同性’（anthropo-morphic），而是‘人—神同形同性’（themorphic）。——神不是人世的‘第一因’，恰恰相反，

① 《马克思恩格斯文集》第 1 卷，人民出版社 2009 年版，第 27 页。
② 《马克思恩格斯文集》第 1 卷，人民出版社 2009 年版，第 49 页。
③ 《马克思恩格斯文集》第 1 卷，人民出版社 2009 年版，第 3 页。

人才是神世的‘第一因’。不是神创造了人，而是人创造了神。”[①] 在宗教统治下，“人用自己的类的最高品质来塑造上帝的形象，因此，人把自己的类异化为上帝，通过对上帝的崇拜虽然表面地满足了自己的需要，但人类个体本身却贫乏化了，人使自己隶属于自己所造成的上帝。这样，真正的主体——人变成了他的创造物——上帝的属性和宾词，而上帝却成了全知全能全善的创造主”[②]。对费尔巴哈而言，上帝的本质就是人的本质，人感性地缺乏什么，上帝直观地就是什么，“无可安慰的空虚感和孤单感就需要一位含有彼此热情地相爱着的社会、联合体的上帝”[③]。事实上，人类在历史长河中不断为自己创造了一个又一个神，甚至构造了壮丽美好的“天国”，其缘由就在于人将自我意识或自我感觉的神性投射到神的身上，将自己渴望的理想生存境遇寄希望于“天国”之中。人始终是脚踏大地的存在物，而不是抽象的宅居于世界之外的存在物。费尔巴哈认为宗教发展的历程与人类文化发展的历程是一致与平行的，“随着人能够辨别什么事情是对人礼貌的和什么事情是对人不礼貌的，同时也产生了对上帝礼貌和不礼貌的事情的区别”[④]。宗教史在本质上无非就是人类精神的发展史。

正是在费尔巴哈人本哲学的角度上，马克思指出，“人就是人的世界，就是国家，社会。这个国家、这个社会产生了宗教，一种颠倒的世界意识，因为它们就是颠倒的世界。……宗教是人的本质在幻想中的实现，因为人的本质不具有真正的现实性。因此，反宗教的斗争间接地就是反对以宗教为精神抚慰的那个世界的斗争”[⑤]。世界、国家、社会的依据始终是人，人世的存在根本没有什么超验的因素进行支撑；任何形式的宗教所认可的神、上帝或者绝对精神作为人世存在“第一因”的谬论都来源于国家和社会，“尘世”决定“天国”，世俗约束产生宗教的天堂。然而，在宗教信仰者看来，“天

---

① 林国华：《丹尼尔·笛福〈鲁滨逊漂流记〉神学—政治导读》，载李强主编：《政治的概念》，北京大学出版社 2008 年版，第 198 页。

② 李鹏程：《马克思早期思想探源》，人民出版社 2008 年版，第 58—59 页。

③ ［德］费尔巴哈：《费尔巴哈哲学著作选集》下卷，荣震华等译，生活·读书·新知三联书店 1962 年版，第 103 页。

④ ［德］费尔巴哈：《基督教的本质》，荣震华译，商务印书馆 2007 年版，第 52 页。

⑤ 《马克思恩格斯全集》第 1 卷，人民出版社 1995 年版，第 3 页。

国”是“尘世”存在的原因，“天国”属第一性，“尘世”属第二性，“天国”是神圣的、崇高的，“尘世”是世俗的、卑贱的。马克思认为，宗教是一种颠倒的世界意识，是一个幻相的世界。颠倒的意识和幻相的世界都是因为世俗束缚了人的本质的实现，故而不得不希冀在“天国”中变相呈现。人们在“天国”中寻找超人，却只是找到自身的影像，必须转而到社会现实中寻找自己真正现实性的实存。由此，马克思将宗教批判的力度延伸到对“以宗教为精神抚慰”的世界斗争中。

宗教的苦难来源于现实的不幸、不义与不公，“天国”的美好与幸福来源于人类对现实苦难状况的无力抗议和改变的渴望。“宗教里的苦难既是现实的苦难的表现，又是对这种现实的苦难的抗议。宗教是被压迫生灵的叹息，是无情世界的情感，正像它是无精神活力的制度的精神一样。宗教是人民的鸦片。”① 对宗教的批判不仅需要哲学理性的批判，更需要对不公正、非人性的社会状况进行实践批判。马克思意识到，“社会问题只有通过实际地革命地改变社会关系才能得以解决”②。只有让人类抛弃关于“天国”处境的幻觉，真正废除“天国”所带来的关于幸福的幻想，才有可能实现人类“尘世”的幸福，实现人们生存境遇的真正现实性，“对宗教的批判就是对苦难‘尘世’——宗教是它的神圣光环——的批判的胚芽”③。马克思坚信，宗教批判不再只是纯粹精神性的抛弃，也不仅只是使其人本化，成为人的投射，而是必须摆脱世俗约束，追求“尘世”的幸福。哲学的内在之光必须吞噬“尘世”一切不公正、苦难的状况，只有这样，才能彻底消除宗教现象和“天国”影响的根源。宗教批判不仅是要废除宗教，而且必须将宗教所具有的神性回归于人自身，将“天国”实现在“尘世”中，实现在广袤的大地上。马克思没有撇弃对人的神性的信仰，没有质疑人的神性对现实人的可能性问题，而是在否定神、上帝、“天国”作为人的神性对象的同时，力图使人成为自身的创造者，围绕自己转动，从而把人由被造物的地位提升到造物主的高度。

马克思对“天国”的“尘世”面相的揭示，蕴含着从“神”到“人”

① 《马克思恩格斯文集》第1卷，人民出版社2009年版，第4页。

② 《马克思早期思想研究译文集》，熊子云等译，重庆出版社1982年版，第8页。

③ 《马克思恩格斯文集》第1卷，人民出版社2009年版，第4页。

的认识转变以及让人有可能成为完人、成为神的内在逻辑，对此，美国学者沃格林解释道："'神'——如同在费尔巴哈的心理学中那样——乃是人的最美好愿望向超自然世界的投射。尽管这种在超自然世界中的投射是虚幻的，但是这并不意味着这种投射的内容也是一个幻觉。在这里，马克思超越了投射心理学，不认为宗教是一个幻觉，他认为，人的最美好愿望是真实的，它必须回收到人身上。马克思的新人（homo novus）不是一个没有宗教幻觉的人，而是一个把神收回到自身存在中的人。原本带着幻觉的'非人'凭借着吸收'超人'而成为了一个完人。因此，在事实上，新人就如同尼采的超人，是让自己成为神的人"①。在马克思的构想中，"尘世"及"尘世"的人并不仅仅体现为经验性，还包含内在的超验性价值。

四、"天国"回归"尘世"的进路

马克思揭示"天国"的"尘世"面相的同时，也阐述了人的中心地位及其本质，认为必须使每一个人真正成为人，即人围绕自身转动，成为创造自身的主体，创造作为异化的对立面，凸显的正是人的主体性与能动性。人必须成为神性般的创造者，而不是依靠恩典生存生活的受造物，这一点始终内含于马克思所坚持的人类的解放理想。但是，受造与创造、恩典与自觉的关系实在复杂，以致很难从人类的意识中清除神创世界的观念，消除对"天国"的幻想。人类解放理想的真正实现，不但有赖于批判"尘世"的苦难与不公，还须阐明"尘世"如何创造"天国"，从而才有可能既祛除人类的受造意识，并在"尘世"实现人类自己的现实。

"真理的彼岸世界消逝以后，历史的任务就是确立此岸世界的真理。人的自我异化的神圣形象被揭穿以后，揭露具有非神圣形象的自我异化，就成了为历史服务的哲学的迫切任务。于是，对天国的批判变成对'尘世'的批判，对宗教的批判变成对法的批判，对神学的批判变成对政治的批判。"②这段有力的宣告表明：马克思已经从宗教批判转向对人与物质关系的批判。但

① ［美］沃格林：《没有约束的现代性》，张新樟等译，华东师范大学出版社 2007 年版，第 57 页。

② 《马克思恩格斯文集》第 1 卷，人民出版社 2009 年版，第 4 页。

这一转向没有使得马克思忘却宗教问题——在人的本质尚未在共产主义中实现之前，在理性与现实的统一尚未达成以前，宗教现象将变幻成各种各样的形式存在下去——而是使其在更高的层面上展开对宗教的深入批判。德国学者洛维特指出："马克思走向政治世界批判的步骤并没有简单地把已经作出的宗教批判甩在身后，而是在向批判尘世世界的这种进步中同时也为批判'天国'世界亦即宗教获得了一个新的立场。"① 正是在这一点上，马克思真正超越了费尔巴哈。以前马克思如同费尔巴哈一样，致力于将宗教世界归结为人的世界的投影，将"天国"的存在归结为"尘世"的不足与缺陷，将抽象唯灵论的存在归结为具体肉身的妨碍，断定宗教的苦难是现实苦难的表现与抗议，这种断定只是回到了"天国"与"尘世"关系"是什么"的层面，至于"为什么"与"怎样做"等层次的问题却还没有得到回答。"费尔巴哈只想揭示宗教的所谓尘世果核，而对于马克思来说，重要的是沿着相反的方向从对尘世生活关系的历史分析出发阐明在此岸的关系中什么困乏和矛盾使得宗教成为可能和必需。应当解释尘世的基础究竟为什么离开自己，升入一个与这个尘世世界不同的世界。"② 马克思要进一步回答的问题是：人的世界、"尘世"、具体的肉身为什么会以及如何投影出宗教世界、"天国"和唯灵论？并且，如何在现实生活中消除这种现象？

马克思对这两个问题的回答进一步深化了对宗教现象的解释与批判原则。《关于费尔巴哈的提纲》第四条指出："费尔巴哈是从宗教上的自我异化，从世界被二重化为宗教世界和世俗世界这一事实出发的。他做的工作是把宗教世界归结于它的世俗基础。但是，世俗基础使自己从自身中分离出去，并在云霄中固定为一个独立王国，这只能用这个世俗基础的自我分裂和自我矛盾来说明。因此，对于这个世俗基础本身应当在自身中、从它的矛盾中去理解，并且在实践中使之发生革命。"③ 马克思从认为宗教是"还没有获得自身

① ［德］卡尔·洛维特：《从黑格尔到尼采》，李秋零译，生活·读书·新知三联书店 2006 年版，第 471 页。

② ［德］卡尔·洛维特：《从黑格尔到尼采》，李秋零译，生活·读书·新知三联书店 2006 年版，第 472 页。

③ 《马克思恩格斯文集》第 1 卷，人民出版社 2009 年版，第 500 页。

或已经再度丧失自身的人的自我意识和自我感觉”到以“世俗基础的自我分裂和自我矛盾”来说明宗教，对宗教现象的解释与批判变得更加彻底。他不仅将对宗教现象的批判奠基在世俗基础之上，更洞悉到世俗基础的分裂与矛盾如何产生宗教，并且提出了消除宗教的方式。按照马克思的观点，在人的自我异化的神圣形象消失之后，“天国”呈现出“尘世”的非神圣形象，这种非神圣形象也具有人的自我异化，但它采取的不是精神罪孽的形式，而是人与人的物质关系形式。这样，对“天国”的批判就必须转为对“尘世”的批判，对神学的批判变成对经济和政治的批判。然而，马克思在过渡到对人的物质关系的批判时，并没有简单地抛弃对宗教的批判，而是在新的层次上重新提出对宗教的批判。通过这样的理论逻辑，马克思更加逼近“物质的生活关系”的根源性、本体性的人类社会实存根基。“物质的生活关系”这一带有始源性的领域不承认政治、宗教、艺术等作为绝对自主的领域，只承认其作为受“物质的生活关系”制约的相对自主的领域，因而就拆除了宗教、政治和艺术等“自主性”神话，重新奠基了这些领域的本源性基础，戳穿了在宗教、政治和艺术等事物中获得解放与自由信念的虚妄，呈现出了另外一条实现人的解放的途径，这一途径指向的不是“自然人”与“公民”、私人领域与公共领域的区分，而是人自身的统一、自由，实质就是共产主义运动。当然，马克思基于“物质的生活关系”揭示“天国”的面相并非一蹴而就，这个层面的解释与批判原则是伴随着其对政治、法与市民社会的批判而逐渐呈现出来的更高层次的宗教批判。

马克思早期通过逐渐深入地研究宗教问题的本质，提出对宗教现象的解释与批判原则，彻底完成了宗教批判。宗教批判的完成是展开其他批判的前提，也是解决人的解放问题的第一步，当马克思扫清了宗教障碍之后，他深入到对政治、法与市民社会的批判领域。可以说，宗教批判构成了马克思人类解放理论的逻辑起点。

第八节　从欧洲到全球：马克思理论视域的拓展*

在马克思学说的内在逻辑之中，理论继承、社会批判与革命建构等都是基于他以“解放”为轴心而进行的理解和剖析。在这种理解和剖析中，马克思理论视域曾发生过重要变化——从欧洲范围到全球视域的拓展。早年马克思有着解放全人类的理想和追求，有着为全世界人们奉献不已的普罗米修斯精神，但是限于其所接触的文化以欧洲文化为主，其知识所能够触及的界限也只不过是在欧洲范围之内，还未能将思想的根基伸展至全球领地，但其精神境界已具有全人类性。随着后期对东方社会特别是对俄国、印度、中国等的了解和研究，对美国等国家的涉足，马克思开始实际地探讨和思索在全球范围内如何实现人类解放的问题，展现出马克思学说的全球视域。

一、解放规划的欧洲中心论是否成立

作为一种“人类解放”的规划，马克思的思想“究竟只是一种始终从属于西方并因此必然被告别的西方想象，还是一种虽源自西方但代表历史方向的普遍话语？这是由今天的全球发展态势提出并在反西方中心主义话语中扩散的至关重要的意识形态难题”①。一直以来，关于马克思思想对世界各国的适用性问题，有学者确实持反对意见，认为马克思的思想只适用于欧洲，而非适应于全球，这就是所谓的“欧洲中心论”。

“欧洲中心论”的主要理由是：第一，马克思的思想主要来源于欧洲文化。传统教科书认为，马克思主义具有三大理论来源——德国古典哲学、英国古典政治经济学以及英法空想社会主义，这三大理论来源的地域分布，都集中于欧洲社会，特别是集中于西欧国家。马克思对其他思想的考察，如古希腊哲学、历史学等，也还是局限于欧洲范围之内，并没有突破这一地域界限。在马克思早年思想中找到大量诸如英国、德国、法国、欧洲等字样，也

* 本节由博士生史英哲与笔者合作完成，原载于《社会科学研究》2016 年第 1 期。

① 胡大平：《马克思对现代性想象的超越及其思想史效应》，《哲学研究》2013 年第 10 期。

可以在马克思的自白和文本中轻松地找到其欧洲理论的来源以及对欧洲现实的批判，如《黑格尔法哲学批判》就是对黑格尔法哲学的声讨，等等。第二，马克思思想的现实根基在欧洲社会。马克思所论述的资本主义私有制、劳动异化、无产阶级的贫困等问题，都是立足于欧洲社会现实之上的阐发，早年马克思并没有看到东方社会的发展形态和现实状况，其思想的现实根基只扎根于欧洲社会，如《论犹太人问题》是基于德国犹太人问题所进行的运思，《1844 年经济学哲学手稿》是对欧洲资本主义发展状况的深刻剖析。第三，马克思所倚仗的力量也主要是在欧洲出现的无产阶级。马克思所探讨的共产主义运动，是由无产阶级所带动和发展起来的，无产阶级之所以愿意并且能够发动革命运动，是因为欧洲的资本主义已经发展到其私有制开始阻碍生产力发展的地步，无产阶级也在这一历史过程中悄然成长，具备进行革命的主客观条件，而世界的其他区域，基本还没有完成向资本主义社会的转变，无产阶级都还处于弱势地位，不可能发动大规模的无产阶级革命，所以马克思设想的从资本主义跨越到共产主义的发展模式，仅仅对欧洲国家的发展具有普遍适用性。据此，有人强调马克思的思想在理论来源、现实根基以及倚靠力量等方面都局限于欧洲的历史和现实，是针对欧洲社会的实况而进行的逻辑展开和演绎推理，从而得出结论：马克思对世界其他地区的人类生存状况显然不够了解，因而全人类解放无从谈起。

笔者认为，从马克思的思想发展和变化来看，“欧洲中心论”的概括是对马克思思想的误读。马克思的理论视域在其一生中的任何阶段都不仅仅是圈定在欧洲范围之内。早年马克思在地域考察上确实更为偏向和侧重于欧洲社会，认为世界其他地域的情况应该和欧洲几无差别，这与他的知识结构、自身经历以及能够接触到的社会现实有重要关联，他无法对整个世界状况进行细致、全面的考究，但是我们不能由此否定马克思思想所蕴含的全球观念。其早期思想虽直指欧洲现实问题，但着眼点不仅限于欧洲，而是整个人类社会，是跨越阶级、跨越国界的全球性质的解放；追求的目标在于通过全世界无产阶级的联合，建立人人都能够获得自由而全面发展的共产主义社会。应该说，早期马克思在进行理论展开时的具体论证更侧重于欧洲，但其精神境界已具有全人类性。

中年马克思已经将其目光投射到东方社会，其理论视域向全球的转变已在文本中有所凸显。在《1857—1858年经济学手稿》中，马克思就开始关注东方社会的问题，他认为雇佣劳动很有可能在东方社会的公有制体制崩溃后诞生①，马克思的判断表明，他对东方社会的公有制有了初步认识。而后俄国也逐渐进入他的视野之中，在《马克思致路德维希·库格曼》的信件中，马克思曾对俄国的公社所有制给予了自己的评论，认为公社并非导致贫穷的根本性原因，与之相反，公社恰恰起到了积极的作用，将人们的贫困化逐渐减轻，并认为古代社会的公社根源于蒙古这一观点难以成立。②而在《马克思致劳拉·拉法格和保尔·拉法格》的信件中，马克思表示十分赞赏费列罗夫斯基的《俄国工人阶级状况》一书，并指出通过对该著作的深入研究和解读，他确信俄国必然将经历一次规模宏大的社会革命，而这种社会革命爆发的形式和程度则依旧会符合俄国自身发展的程度和水平。马克思将俄国与英国等同，认为它们是支撑整个欧洲社会体系的中坚，而其他地区和国家包括法国、德国等，都只不过是次要的地位和意义而已。③可见，包括俄国在内的东方社会逐渐映入马克思的眼帘。

马克思晚年在《资本论》写作中，关于俄国社会发展道路问题的研究对欧洲视域的超越特别明显。这种超越主要表现在具有内在逻辑关联的两个方面：

一是马克思明确把《资本论》第1卷关于资本主义起源和发展的概述限定在西欧范围之内。民粹主义思想家米海洛夫斯基曾在俄国杂志《祖国纪事》1877年第10期发表论文，把马克思在《资本论》第1卷关于西欧资本主义起源与发展的历史过程歪曲为一般发展道路。马克思对此进行了澄清，认为米海洛夫斯基把关于西欧资本主义起源与发展的历史概述变成各国注定要走的一般发展道路的理论，“他这样做，会给我过多的荣誉，同时也会给我过多的侮辱”④。马克思对这一问题的坚定回答表明，《资本论》第1卷的

① 参见《马克思恩格斯全集》第30卷，人民出版社1995年版，第15页。
② 参见《马克思恩格斯文集》第10卷，人民出版社2009年版，第320页。
③ 参见《马克思恩格斯文集》第10卷，人民出版社2009年版，第325页。
④ 《马克思恩格斯文集》第3卷，人民出版社2009年版，第466页。

论断和结论主要是依据欧洲社会尤其是西欧资本主义发展状况提出来的，不应将其对特定地域的研究状况泛化为俄国社会发展的一般道路。

二是马克思从“条件”出发分析俄国农村公社和俄国社会发展的前景问题。《资本论》第1卷关于资本主义起源和发展的概述虽未提供当时东方非资本主义国家发展道路的具体选择方案，但并不意味着西欧资本主义起源和发展与俄国农村公社和俄国的未来发展无关，并不意味着他关于资本主义发展与未来社会之间关系的基本观点不适用于俄国。马克思把西欧资本主义起源和发展问题与俄国的具体的历史环境相联系，得出“俄国革命将成为西方工人革命的信号而双方互相补充”等结论，他反对把资本主义视为地域性的存在或西欧社会的独特产物，强调当时的俄国如果要缩短向社会主义发展的历程，必须吸取“资本主义制度所创造的一切积极的成果”，必须要以西欧工人阶级的社会主义革命取得胜利为前提。显然，马克思在思维方式和话语系统意义上彻底拒斥了“欧洲中心论”。

马克思晚年对欧洲与整个东方社会的聚焦，进一步印证了马克思理论视野的全球性。马克思晚年的思想成果主要有四大笔记：《哥达纲领批判》《人类学笔记》《关于俄国发展道路笔记》以及《历史学笔记》。而其中《人类学笔记》是学界最为关注和重视的笔记。

马克思的《人类学笔记》自撰写完成以来，在经过将近百年后才得以呈现在世人面前。没能够及早发现马克思对东方社会发展困境的破解，或许也是“欧洲中心论”盛极一时的原因之一。在《人类学笔记》中，马克思为了能够彻底掌握人类社会发展的规律，证明资本主义社会的历史暂时性，有意对东方社会的古代公社制度进行了详尽的考察，并得出结论：资本主义社会必将和历史上其他社会形态一样，具有历史暂时性。马克思在考察到东方社会遭受资本主义殖民压迫的惨状之后，开始思索东方社会的解放路径问题。对俄国的关注以及对其特定历史条件的剖析，使马克思认为俄国极有可能跨越资本主义“卡夫丁峡谷”，寻求一条直接踏进社会主义的道路，这使得那些受压制于殖民统治之下的东方社会看到了解放的曙光和希望。马克思晚年笔记显示马克思的理论视域真正拓展至全球。

马克思从整个人类社会的发展规律出发，自始至终探究的都是人类每一个阶段的发展状况和突破，其精神境界是一以贯之的，所辐射的是整个人类社会的解放，而绝不仅仅是部分地区和部分人的解放；其理论视域实现了从欧洲到全球的拓展。从整体而言，马克思的学说既有最为直接的现实根据，又有全球化的眼光和视野，它“反映了一个时代具有国际普遍性的问题和呼声”①。这正体现出作为伟大哲学家的马克思不拘泥于一时之历史、一隅之地域的广阔胸怀。

二、理论中断还是理论延续

马克思晚年笔记中所阐述的思想，表现出其理论视域从欧洲到东方社会侧重点的转移，凸显出马克思的全球视域和全球观念，从而驳斥了持马克思“欧洲中心论”的观点。而随着马克思晚年笔记的问世以及学者对其进行的深入研究，如何看待马克思整体思想的脉络体系发展与衔接的问题便成为了学界的热点问题。对该问题的阐发，学界主要有如下几种观点：

第一，中断论。中断论认为晚年马克思所关注的是人类学，是与其前期成果截然不同的研究取向，晚年马克思的思想与其早年思想相比而言是一个在新领域拓展的结果，而不是对其早年思想的延续发展。曾经特意去阿姆斯特丹对马克思晚年笔记加以潜心研究的美国著名学者诺曼·莱文就持此观点，他认为马克思在其晚年已经离开了经济学这一领域，离开了英国工业问题，也离开了在《资本论》中所探讨的19世纪的西欧世界。这一观点将马克思早年思想与晚年思想相互割裂。美国学者唐纳德·凯利也同样秉持“中断论”的观点，认定马克思在其一生中最后十年左右的时间里，认识到自己研究的两大盲区——前资本主义社会及东方社会，开始产生了“去西方化”的倾向，强化了对“前西方”和“超西方”的各种社会制度的兴趣，并把注意力从原先的政治经济学转移到了对古代社会和俄国发展道路方面，并作为自己的一种重大计划；认为马克思正是基于这种兴趣或计划，才没有能够或许从未打算完成《资本论》的全部写作，晚年马克思的思想不仅与其早年思想断裂，更与其《资本论》所阐发的思想相断裂。中断论的观点似乎忽视了

① 杨学功：《马克思主义及其哲学的出场语境和理论形态》，《哲学研究》2013年第11期。

马克思晚年笔记与《资本论》的衔接问题，相对缺乏对马克思撰写晚年笔记动机和历史情境的挖掘。

第二，复归论。复归论的着眼点在于马克思晚年笔记中关于人类学方面的阐述，并将之与马克思在《1844 年经济学哲学手稿》中所展现的人本主义相联系，认为其晚年的人类学思想完全是对人本主义思想的重拾，是一种思想上的折返。最早将马克思晚年笔记真正公布于世的劳伦斯·克拉德曾表达了这一倾向。他认为马克思晚年从《资本论》的撰写工作转向研究人类学，其实是在更厚实和坚固的前提与积淀之上重回到早期受费尔巴哈思想影响的哲学人类学或人本学。他把马克思一生的哲学探索及其演变历程直接概括和归纳为从早年的哲学人类学到晚年的经验人类学的演绎。坚持复归论观点的并不仅仅有劳伦斯·克拉德，如他的弟子西里尔·勒维特，就对劳伦斯·克拉德的观点作了肯定性解读，认为马克思晚年“人类学笔记”是对其早年哲学人类学的重大突破和发展。复归论可能较多关注于《人类学笔记》的研究，而没有将研究视域拓宽至《历史学笔记》等其他几大笔记，观点难免偏颇。

第三，困惑论。困惑论主要是基于马克思所处的历史境遇及其革命运动的现实状况等所得出的结论，认为晚年马克思在亲眼目睹资本主义日渐发展和强盛，而无产阶级革命却逐渐走向衰弱之后，不免开始对自己之前的革命预测及形势发展持怀疑态度，甚至逐渐困惑其理论的现实指导意义和科学性等。在现实与理论的巨大差距之间，马克思晚年只能沉浸在这一困惑之中而难以自拔，为了极力摆脱困惑，他“转而去从事陌生的东方社会和人类学研究”①。笔者认为，困惑论在马克思关于无产阶级革命思想的理解问题上可能出现了某种偏差。虽然巴黎公社失败之后，无产阶级革命确实逐渐走下坡路，但是马克思从未放弃过无产阶级，也没有放弃无产阶级革命的道路。马克思在巴黎公社失败后认为，“成立国际是为了用工人阶级的真正的战斗组织来代替那些社会主义的或半社会主义的宗派”②。巴黎公社的失败是无产阶

① 张奎良：《马克思晚年的困惑》，《光明日报》1989 年 5 月 29 日。

② 《马克思恩格斯文集》第 10 卷，人民出版社 2009 年版，第 367 页。

级自身不成熟的结果，并不代表无产阶级革命道路是条死胡同，因此马克思依然充分保留着对无产阶级革命的希望。

第四，整体论。持整体论观点的学者将马克思晚年笔记中的思想理解为对早期思想的延续和发展的结晶，认为马克思晚年笔记所呈现出的思想与早期思想具有一致性，是一种延续性发展的关系，这种观点无疑是对晚年笔记的认可与肯定。有学者将晚年马克思分布在各个笔记中的观点，与《资本论》中所涉及的思想进行对接，认为虽然这些笔记各自研究的侧重点存在差异，但写作动因和思想主题具有共性，"都和《资本论》体系构想的后半部分息息相关，紧紧相连，是《资本论》完整的科学理论体系的有机组成部分"①。也有学者认为马克思晚年笔记是其唯物史观持续发展的观点，"进一步发展唯物史观，才是马克思晚年走向社会人类学研究的理论动机"②。

笔者认为，整体论观点更加契合马克思晚年笔记的内容及其撰写动机，是对马克思晚年笔记较为合理的解释。新思想的涌现是不断成熟和发展的过程，也是不断突破自我而创新的连续性与非连续性相统一的过程，我们不能只注意非连续性而忽略连续性，割裂看待马克思早期、中期、晚期的思想，都是主观地割裂了马克思学说的历史性。马克思曾指出："不论我的著作有什么缺点，它们却有一个长处，即它们是一个艺术的整体。"③将马克思早中晚期思想视为整体加以考察与研究，更符合马克思的本意，更贴近马克思的思想始端。总之，马克思的思想在整体上具有一致性，都是以对人类的生存境遇的终极关怀为主线，其晚年笔记中的理论是其早期思想的延续。

三、何种意义的拓展及其根源

人类解放是马克思的根本旨趣，是贯穿其一生的终极理想。但是由于受到所处社会历史环境的外在影响，以及自身审视人类境遇的内在局限，马克思在早期对人类解放问题只能够诉诸欧洲的无产阶级革命，期望作为资本

---

① 王东等：《〈资本论〉体系构想与马克思晚年笔记关系新探》，《马克思主义研究》1997 年第 2 期。

② 江丹林：《马克思晚年为什么研究社会人类学》，《学术月刊》1988 年第 3 期。

③ 《马克思恩格斯文集》第 10 卷，人民出版社 2009 年版，第 231 页。

主义发展最早、无产阶级成长最为成熟的欧洲能够率先实现解放，从而带动全人类的解放。但欧洲革命运动的现实并没有按照马克思原有的设计思路进行，尤其是资本主义殖民侵略在全世界范围内的扩张，马克思意识到必须要关注全球范围内的革命斗争。马克思在晚年将东方社会，尤其是俄国、印度、中国等具有代表性的国家纳入其视野范围之内，着手研究和洞察非欧洲国家人民解放的可能性。马克思一生思想所蕴含的全球性与人类性，充分表达了马克思的理论在宏观意义上的连贯性和延续性，在具体的问题域上实现了从欧洲到全球地域的拓展。

马克思为什么会在晚年出现如此变化，或者说这一变化的根源究竟是什么？它到底是历史的必然还是历史的偶然？笔者认为，关于这些问题的解答必须从马克思对所处时代无产阶级地位和私有制状况的揭示中寻找答案。

第一，欧洲社会的革命形势迫使马克思在全球其他地域寻找新的革命火种与解放的突破点。《共产党宣言》的发表对欧洲的无产阶级革命运动起到了一定作用，让无产阶级开始意识到要跨越国家、民族界限进行无产者联合的必要，因为资本主义世界市场的殖民扩张和迅猛发展，使全世界劳动人民都遭受着资本主义带来的迫害。随着资本主义压迫的加强，无产阶级及其他被压迫人民所进行的反抗斗争也持续强化，尤其当资本主义打通了世界各国的通道之后，全世界的受压迫人民更加意识到资本主义是他们共同的斗争对象，全世界无产者联合起来也成为必然。正是在这一大形势之下，第一国际成立并带领无产阶级进行了跨国的世界性抗争。第一国际在马克思和恩格斯的领导下，一度将革命运动推向高潮。然而，无产阶级革命运动的热潮并没有持续太长时间，资本主义在拓宽世界市场的过程中获得的迅猛发展以及无产阶级自身存在的问题，使得第一国际所进行的革命运动在后期显得越来越举步维艰，尤其是1871年巴黎公社的失败，更是对无产阶级革命运动的重击。虽然马克思对巴黎公社给予了相当的赞赏，声称“历史上还没有过这种英勇奋斗的范例”①。但是巴黎公社的失败实际上成为无产阶级革命运动的重大转折点。自巴黎公社失败之后，欧洲的无产阶级革命运动便逐渐走向衰

① 《马克思恩格斯文集》第10卷，人民出版社2009年版，第353页。

弱，一时难有重新回归革命高潮的转机，而与此形成鲜明对比的则是资本主义的持续发展和壮大。从历史上看，在巴黎公社失败后的连续30年间，资本主义迎来了黄金发展的时期，其殖民版图不断扩大，国际资源不断聚集到资产阶级手中，世界市场也陷于资本主义的控制之下，以致欧洲的无产阶级要再次发动像第一国际时期的革命运动已经显得有些捉襟见肘、力不从心。马克思作为无产阶级革命运动的实践者和参与者，自然也能够体悟到历史潮流的转向。他认识到欧洲作为资产阶级的主场，已难以爆发有威胁和冲击力的革命运动，必须寻求欧洲之外的革命爆发点，希望能够以此持续革命的热度，坚持人类解放的推进。而东方社会，尤其是俄国便自然而然地进入到马克思的考察范围与视野之中。可见，革命形势的发展，是马克思理论视域拓展的现实原因。

第二，东方社会在资本主义国家殖民入侵的条件下，展现出了强大的生命力。马克思曾揭露了资本主义国家对东方社会的殖民侵略，但马克思在看待这种侵略时，明显地坚持了其辩证分析的方法论：马克思既对殖民侵略予以无情揭露和批判，认为殖民地的贫困和衰落都是这些外来殖民者带来的直接影响，当地的人们也由此遭受了无可挽回的沉重伤害，马克思称之为“罪人”，又认为正是资本主义经济和政治的侵入，使东方社会开始了一场社会革命。他声称资本主义对殖民地的人们带来了痛苦，但同样为当地带来了一场社会革命，资本主义在客观上推动了地区觉醒，成为发展的“历史的不自觉的工具”①。同时，马克思通过对俄国的分析与探究，发现了其在特定历史条件下所展现出来的强大生命力：马克思在俄国找到了其农村公社具有二重性的证据，即它原本所具有的公有制经济体制使整个公社组织处于相对稳定的结构和状态，而部分财产的私有化，例如耕田、产品等，又使蕴藏于公有制内部的个性得到认可和发展。正是俄国农村公社所具有的这种二重性使俄国具有特殊的境遇，即私有制的一面使得俄国能够融入并吸收资本主义的生产方式，并在资本主义生产方式中获得发展，而公有制的一面则为其实现社会主义转变和过渡提供一定基础。同时，随着资本主义的持续发展以及

① 《马克思恩格斯文集》第2卷，人民出版社2009年版，第682—683页。

殖民扩张，资本主义的先进技术、先进生产方式等都被带入到被殖民国家之中。而俄国作为当时时代的参与者，完全可以借用资本主义的已有成就，并使之转化为自己发展的基础和工具。[①] 马克思开始对欧洲之外的其他国家进入共产主义社会进行尝试和努力。

第三，为驳斥美化资本主义私有制的言论，论证资本主义私有制的历史暂时性，马克思开始了对东方社会，特别是东方社会的古代社会的研究。在巴黎公社之后，资产阶级在自身获得快速发展的同时，也向无产阶级鼓吹和美化资本主义私有制，以消磨无产阶级的革命斗志，使他们认可资本主义的价值观与生产关系。他们不断宣扬资本主义经济原则永恒存在，认为私有制从人类诞生之日起就已经存在，等等。马克思对这些观点予以坚决批驳，他在早年已经对资本主义的历史暂时性予以了论证，并依次推演，认为之前的人类社会都是遵循这一规律发展而来的。这便是马克思在研究人类社会发展问题上所采用的“人体解剖对于猴体解剖是一把钥匙”[②] 的“向后回溯”的考察方法。但人体解剖只能够作为钥匙而存在，不能够完全替代对猴体本身的解剖。马克思需要从人类社会的“原生形态”入手，并挖掘在“原生形态”中公有制是如何转为私有制的。早在撰写《德意志意识形态》时，马克思就开始对“原生形态”进行探讨，并将之确定为部落所有制，但其奴隶制的内在本性决定了部落所有制不可能是作为无阶级存在的“原生形态”。而后马克思还探讨以“亚细亚生产方式”取代部落所有制作为“原生形态”，但都遭到了其自身的反驳。马克思对该问题的探索曾一度陷入困境。摩尔根《古代社会》一书的问世，使马克思豁然开朗。他坚信摩尔根找到了古代氏族社会的实质及其对部落的影响，并充分肯定摩尔根的这一发现揭示了古代氏族社会内部结构的一般方式。也正是在《路易斯·亨·摩尔根〈古代社会〉一书摘要》中，马克思剖析了原始社会的生产结构，确信氏族公社才是原始社会的本质特征，而之后的部落、农村公社只不过是由“原生形态”演化而来的。马克思终于发现了原始社会也存在从公有制转向私有制的历史，

① 参见刘明如：《〈人类学笔记〉在马克思思想发展史中的重要地位》，《天津社会科学》1990 年第 2 期。

② 《马克思恩格斯文集》第 8 卷，人民出版社 2009 年版，第 29 页。

从而为其批驳资本主义私有制“自古有之”提供了强有力的证据。在这一寻找证据的过程中，马克思将目光投射到了东方社会，将理论视域拓展到了全球范围。

第四，资本主义世界市场的形成和发展促使马克思拓展自身的理论视域，将全球、全人类作为其哲学的研究视野。马克思曾对于《资本论》的总体结构反复推敲，他高度关注“世界市场”，把“世界市场”作为《资本论》体系构想的逻辑归宿。这其中主要有两方面原因：资本主义的内在本性决定了资本主义的发展必然会促使“资产阶级社会越出国家的界限”①，构建其跨越地区界限的世界市场；世界市场是资本主义生产方式存在和发展的前提、基础和条件。依赖于世界市场，资本主义生产方式才能够得以产生，资本主义经济关系才能够得以存在和发展。对马克思而言，资本主义在世界市场上的危机爆发，为他揭示资本主义社会的弊端、阐发其历史暂时性提供了条件。在《资本论》中马克思就已经明显地将世界市场和全球性作为其研究范围。马克思晚年笔记延续和发展了《资本论》的思维理路，将世界市场纳入思考的对象，将全人类作为自身哲学的考察视域。

马克思晚年思想在马克思人类解放思想系统中占有重要位置，虽然在晚年他并没有对人类解放问题进行直接阐述，但其思想深处却无不渗透着强烈的解放气息，这与马克思毕生专注于无产阶级革命运动的发展、共产主义社会的构建、人类解放事业的实现息息相关。如果用一个词语对马克思毕生思想进行归纳和总结的话，“人类解放”必然是唯一的而且是最好的答案。

---

① 《马克思恩格斯全集》第 33 卷，人民出版社 1995 年版，第 221 页。

第二章　基本范畴与解读模式

第一节　新社会组织、私有制和个体死亡的基本构想*

共产主义社会作为克服和超越资本主义体制的新“社会组织”的提出是青年马克思智慧的充分展现。在《论犹太人问题》和《1844年经济学哲学手稿》等早期文本中，马克思从“犹太人问题”入手，第一次哲学式地呈现了共产主义作为新“社会组织”的面相，在共产主义思想史中具有重要地位。本节试图在追溯马克思早期文本论证理路的基础上，通过厘清马克思对感性个体与社会存在的分离及融合的思考，揭示青年马克思对新“社会组织”、私有制和个体死亡的基本构思，以此丰富学界对于共产主义问题的思索和马克思早期政治哲学思想的解读路径。

一、从“犹太人问题”走向“哲学共产主义”

马克思在《论犹太人问题》中深刻地指出，近代以来的政治哲人所倡导的政治解放与政治自由，是不彻底的解放与自由。此种类型的解放通过区分公共领域与私人领域，保障了人民的自由、平等和安全。但是，自由仅仅是免于被他人侵害的自由，平等只是抽象的、形式的平等，安全也不过是为利己主义者提供国家层面的保障。现代国家的建立是让国家成为自由国家，却没有让人成为自由人，它既无法满足人们对内在自由和真正幸福的追

---

* 本节由笔者与博士生陈晓斌合作完成，原载于《求是学刊》2016年第1期，原文题目为《感性个体与社会存在的分离及融合——马克思论新社会组织、私有制和个体死亡》。

求，也无法劝阻人们在私人领域自甘堕落的生活。现代国家的宗教信仰依然存在，利己主义精神渗透至整个社会的各个角落，私有财产权被当作天经地义的事实，任何个人都能以自然权利的名义正当地为私利而战，每个人的自我利益都被神圣化。因此，在国家层面，犹太人与其他人一样是“同质化”、平等和自由的原子式个体，拥有相同的身份和政治权利，“犹太人问题”在国家领域获得了解决；但在社会层面，人们完全处于“异质化”状态：“人与人之间的分歧和差异性从过去的宗教信仰、道德情感和文化价值，逐渐扩散至种族、阶层、职业、地域、性别、语言、肤色、性取向等社会生活的各个方面”①，“犹太人问题”在社会领域不仅没有获得解决，反而变得愈加隐蔽和严重。

为了克服和超越政治解放的局限性，彻底解决“犹太人问题”，马克思提出了另一种解放类型，即彻底的、完全的人类解放，这种解放既是历史的目标也必须通过历史来实现。诚如沃格林所指出的，“‘完全的个人’（total individual）或者‘社会主义的人’（socialist man）就是历史的目标。人必须走出异化，重新完全地获得自身，从而成就其完全自由独立的本质。‘从财产中解放出来’乃是这个剧本的最后一幕”②。这一全新的解放类型是马克思解放理论的终极目标，其解放理念是通过哲学的革命和实现“共产主义”来展现的。“马克思哲学决不是传统意义上的哲学或作为一种学科创制的哲学。对马克思来说，哲学从来就不是纯粹形而上学的思辨，不是什么重建本体论的努力，而是人类解放的精神武器。”③ 关于哲学的这一特质，马克思在“博士论文”中指出：“在自身中变得自由的理论精神成为实践力量，作为意志走出阿门塞斯冥国，面向那存在于理论精神之外的尘世的现实，——这是一条心理学规律……不过，哲学的实践本身是理论的。正是批判根据本质来衡量个别的存在，根据观念来衡量特殊的现实。但是，哲学的这种直接的实

---

① 吴增定：《斯宾诺莎的“出埃及记”》，载《思想与社会》第7辑，上海三联书店2009年版，第295页。

② ［美］沃格林：《没有约束的现代性》，张新樟等译，华东师范大学出版社2007年版，第154页。

③ 张汝伦：《马克思的哲学观和“哲学的终结”》，《中国社会科学》2003年第4期。

现，按其内在本质来说是充满矛盾的，而且它的这种本质在现象中取得具体形式，并且给现象打上自己的烙印”①。哲学不再只是传统的思想体系，不再只是解释世界的理论精神，它必须成为“解放意志”，必须指向“尘世的现实”，在征服世界的过程中实现心灵的绝对自由。哲学必须生成世界，使世界成为哲学的世界，在其生成过程中，人们使哲学成为现实从而消灭哲学，哲学的消灭就是哲学世界的实现。哲学的世界图景在青年马克思的理论构思中就是宏远精致的“哲学共产主义”的构筑，所以卡尔·洛维特指出：“就连‘共产主义’也是以黑格尔哲学的概念建构的。它是自主活动与对象化的辩证统一的结果，而这种统一是黑格尔历史哲学的结论。它是社会地实存的人将整个对象性作为自己生产的置于自己的控制之下并在异在中与自己本身同在的实践方式”②。

“哲学共产主义”是青年马克思超越政治解放的理论基础，也是他从理论上解决“犹太人问题”的逻辑归宿。美国学者斯坦利·穆尔（Stanley Moore）在《马克思论社会主义与共产主义之选择》一书中指出，德国早期共产主义的发展其中有一个重要源头：德国的知识分子通过对资本主义文化的反思后所指向的共产主义，即“哲学共产主义”。同时指出，“哲学共产主义”也是马克思早期著作中把“人看作类存在”来看待的理论前提；马克思早期继承了黑格尔的“异化”范畴，强调异化的现实存在及其人自身存在与人的本质对立的存在。要消除异化、消解人自身存在与人的本质之间的矛盾，必须使社会秩序建立在“哲学共产主义”的基地上。③ 在马克思的理论

---

① 《马克思恩格斯全集》第 1 卷，人民出版社 1995 年版，第 75 页。

② ［德］卡尔·洛维特：《从黑格尔到尼采》，李秋零译，生活·读书·新知三联书店 2006 年版，第 379 页。

③ 参见 Stanley Moore. *Marx on the Choice between Socialism and Communism*，Harvard University Press，1980. 转引自鲁克俭：《国外学者关于马克思共产主义思想的新观点》，《科学社会主义》2005 年第 4 期。另外，关于“哲学共产主义”，我国学者也从不同角度进行了把握。有学者对“哲学共产主义”与“真正的社会主义”进行了分界，“‘哲学共产主义’对于许多德国社会主义者来说，是走向科学社会主义的过渡时期，而对于小资产阶级社会主义来说，则是走向‘真正的社会主义’的准备阶段。1844 年 6 月，西里西亚纺织工人起义成了‘哲学共产主义’与‘真正的社会主义’的分界标志，它是‘真正的社会主义’诞生的土壤和摇篮”。（参见徐觉哉：《社会主义流派史》，上海人民出版社

逻辑中，人类解放作为“哲学共产主义”最崇高的目的在于：通过哲学与无产阶级结合的共产主义运动否定私有财产、消除异化，使异化的人在对象性世界中重新获得完全的自我；通过个体与类本质的“整全”合一，使人的本质得以复归。

人的本质的复归是人的世界和人的关系回归于人自身。从政治解放与人类解放的关系看，人的本质复归要求现实的个人将抽象的公民复归于人自身，也就是重新让社会吸纳政治，重建人类的“社会组织”；从自我异化与人的本质的关系看，人的本质复归要求作为自我异化特殊存在物的个体融入到作为普遍存在物的社会中去，由此实现个体与社会的融合，既超越私有制也超越个体的死亡，从而为人的自由与全面发展奠定坚实的基础。

二、社会吸纳政治：重建“社会组织”

在《论犹太人问题》第一部分的结尾处，马克思对“现代人”的论述引用了卢梭在《社会契约论》中的一段话，“敢于为一国人民确立制度的人，可以说必须自己感到有能力改变人的本性，把每个本身是完善的、单独的整体的个体变成一个更大的整体的一部分——这个个体以一定的方式从这个整体获得自己的生命和存在——，有能力用局部的道德存在代替肉体的独立存在。他必须去掉人自身固有的力量，才能赋予人一种异己的、非由别人协助便不能使用的力量”①。马克思赞同卢梭对“现代人”抽象概念的论述，但他

2007年版，第133页）也有学者对马克思在思想发展不同阶段所凸显的“哲学共产主义”与“经济共产主义”进行了区分，马克思在《1844年经济学哲学手稿》中对完成了的人道主义理解的“共产主义”与马克思后期的一些经济著作中的“共产主义”大有区别，虽然本质上是一致的，但着重点不同。“哲学共产主义”是一种哲学的理想性，它所解决的是人与自然、人与人、存在与本质、对象化与自我确证、必然与自由、个体和类等哲学的根本问题，“共产主义”成为哲学理想性的范畴。“以后的‘共产主义’大多是强调社会制度、所有制等经济意义上的‘共产主义’。”（参见贺麟：《辩证法和哲学的理想性》，《社会科学战线》1988年第1期）

① 《马克思恩格斯文集》第1卷，人民出版社2009年版，第46页。商务印书馆2003年出版的《社会契约论》对此句的翻译与马克思的引文翻译略有差异，谨录如下：“敢于为一国人民进行创制的人——可以这样说——必须自己觉得有把握能够改变人性，能够把每个自身都是一个完整而孤立的整体的个人转化为一个更大的整体的一部分，这个个人就以一定的方式从整体获得自己的生命与存在；能够改变人的素质，使之得到加强；能够以

仅引用了卢梭整段话中的前一部分，让我们理解起来感到较为晦涩，如将全段引出，其意思则会更加清晰。“这些天然的力量消灭得越多，则所获得的力量也就越大、越持久，制度也就越巩固、越完美。从而每个公民若不靠其余所有的人，就会等于无物，就会一事无成；如果整体所获得的力量等于或者优于全体个人的天然力量的总和，那么我们就可以说，立法已经达到了它可能达到的最高的完美程度了。”① 透过卢梭的完整表达，我们看到，卢梭论述的是国家立法者应当如何使“私人”与“公民”合一、克服市民与公民内在分裂的问题。在卢梭看来，“现代人”是不完整的，经常处于自相矛盾的境地，在自身的倾向和道德的应当之间徘徊犹豫，既希望属于自己本身，又希望属于“社会秩序”，故而既不是一个完全的私人，也不是一个完全的公民。因此，国家立法者企图改变这种状况，使人成为完整的人，就必须拯救人性，抛弃人自身固有的力量，赋予人以社会的力量，使得感性个体和社会完全地融合。

马克思曾把解放定义为“任何解放都是使人的世界即各种关系回归于人自身”②。“解放”不是为了获得政治与法领域的某项权利，也不是为了获得宗教信仰的权利，而是为了消解强加于人自身的外部力量，诸如政治力量和经济力量，由此得以修复人的生活的基础，也就是修复人自身。所谓将人的世界和人的关系归还于人自身，就是个体在解放的过程中现实地融入到社会的普遍性中去，成为社会化的人类，从而凭借社会性关系而超越经验的局限性。马克思认为，个体不必成为专业化的人，而是成为一个全面发展的人，他能够成为渔夫、猎人和批判家。然而，“迄今为止”的政治解放既不能归还人的世界和关系，也不能实现让人成为创造者的救赎，因为“政治解放一方面把人归结为市民社会的成员，归结为利己的、独立的个体，另一方

作为全体一部分的有道德的生命来代替我们人人得之于自然界的生理上的独立的生命。总之，必须抽掉人类本身固有的力量，才能赋予他们以他们本身之外的、而且非靠别人帮助便无法运用的力量”。（[法] 卢梭：《社会契约论》，何兆武译，商务印书馆2003年版，第50—51页）

① [法] 卢梭：《社会契约论》，何兆武译，商务印书馆2003年版，第51页。

② 《马克思恩格斯文集》第1卷，人民出版社2009年版，第46页。

面把人归结为公民，归结为法人”①。在政治解放中，作为社会的人没有将自私的个体和道德的公民融合在一起，“人”的最终问题没有得到解决。正因为如此，作为人的最终问题之表现的“犹太人问题”在政治解放的状态中也无法得到解决。要解决人的最终问题、解决人分裂为私人和公民的问题，必须实现人类解放——“只有当现实的个人把抽象的公民复归于自身，并且作为个人，在自己的经验生活、自己的个体劳动、自己的个体关系中间，成为类存在物的时候，只有当人认识到自身‘固有的力量’是社会力量，并把这种力量组织起来因而不再把社会力量以政治力量的形式同自身分离的时候，只有到了那个时候，人的解放才能完成”②。这是青年马克思对人的解放、人类解放的第一次直接的陈述，彰显了马克思的“救赎观”。对这段话的解读，我们需要把握以下几点。

第一，抽象的公民表征的是国家“尘世神性”的属性，它是抽象的、寓意的，也是道德的、神圣的。马克思要求现实的个人将其属性收归自身，即要求现实的人将投射在宗教信仰或政治国家之上的神圣性收归自身。除了人之外，根本不存在任何超验的神圣事物，真正神圣的事物就是人，所以，人必须祛除虚幻的神圣性鬼魅，直接成为自己的主人，成为创造者。③同时，马克思以个体在其日常“经验生活”之中应该成为“类存在物”为条件，说明人作为个体与作为公民必须是一致的，个体的日常“经验生活”既是个人的也是社会的。马克思曾指出：“只有当实际日常生活的关系，在人们面前表现为人与人之间和人与自然之间极明白而合理的关系的时候，现实世界的

---

① 《马克思恩格斯文集》第 1 卷，人民出版社 2009 年版，第 46 页。

② 《马克思恩格斯文集》第 1 卷，人民出版社 2009 年版，第 46 页。

③ 参见 Garaudy，Roger. *Karl Marx*：*The Evolution of His Thought*，Trans. Nan Aptheker. New York：International Publishers，1967. 该书对马克思人的解放、人类解放的论断评价是有力量的：“马克思的根本论题始终如一——从他最初的著作到他最后的斗争都始终如一。马克思哲学、经济学、政治学的关键是：必须使每一个人成为人，也就是说，必须使每一个人成为创造者。青年马克思是费希特和黑格尔的继承人，他唤醒了要反对所有的异化形式的创造力量。创造是异化的对立面……深奥的人道主义……赋予每一个人都有成为人、成为创造者、成为诗人的可能性，用最确切的话来说，以高尔基那句有充分含义的话说：‘美学是未来的伦理学’。”（转引自［美］维塞尔：《马克思与浪漫派的反讽——论马克思主义神话诗学的本源》，陈开华译，华东师范大学出版社 2008 年版，第 125 页）

宗教反映才会消失。”[①] 这里虽然论及的是宗教消亡问题，但与人在日常“经验生活”中成为“类存在物”，人类解放才能实现的意蕴具有一致性。

第二，要使人成为创造者、“类存在物”，需要集合“社会力量”消解“政治力量”。“社会力量”中的“社会”已经超越了“市民社会”的狭隘涵义，类似于马克思在《关于费尔巴哈的提纲》中所言的“人类社会”。市民社会的个体是利己主义者，其个体以自身为目的，除自身外的其他一切，在市民社会的个体看来，要么是虚无的，要么是工具性的。但是，作为个体也要同他人发生联系，否则便无法达到自己的全部目的，这样，他人也就成为个体达到自身目的的手段。在目的与手段的对立统一中，人自身的力量发生异化而转变为“政治力量”。要消解这种异化产生的“政治力量”及其对人的压迫性，必须重新建构一种没有压迫与剥削的新“社会组织”，将“政治力量”吸纳或者转化为“社会力量”，才有可能使人类解放获得现实性。马克思认为，作为“尘世领域”的政治永远无法自我拯救和自我超越，马克思的着眼点是通过社会化的人类以及人类社会来消解政治——在社会发展内在动力上将政治纳入社会维度之中，使政治依附于社会，而最终消解政治及其“政治力量”。市民社会给予马克思巨大希望，虽然市民社会存在鄙俗低贱、自私自利的一面，但也具有让个体融入到社会中去、与社会成员合作的可能，马克思正是在这一点上察觉到从“市民社会”走向“人类社会”、从“抽象的人”走向“社会的人类”道路的可能性。通过建立新的“社会组织”，个体的人在其活动中、个人境遇中成为“类存在物”，并自觉地把自己的力量作为社会组成部分而组织起来。马克思把解放人类的可能性寄托于建立一种整合的“社会力量”，这种“社会力量”能够消解人的宗教幻觉，也能消除人的实际生活的异化。

第三，费尔巴哈抽象的“类本质”概念在马克思的理论视域内具有了更为具体、更为现实的内涵。马克思认为人类解放包含两个相互联动的层面：在“经验生活”、“劳动”和人与人关系中存在的个体力量层面；个体自身所固有的力量升华为人的类本质的社会力量层面。这两个层面彰显了马克

① 《马克思恩格斯文集》第5卷，人民出版社2009年版，第97页。

思人类解放理论关于个体性和人类性之间的辩证关系。在马克思看来，感性个体既是解放的起点，同时也是以无产阶级为主体的广大劳动人民自我解放的终极价值旨归。但比现今倡导生存论的学者更高明的一点在于马克思关注到了个体，却不局限于个体的层面，而是以更为宽阔的眼界提出了社会力量层面的解放，社会力量层面的解放即是作为统治工具的政治国家的消失。处于市民社会中的人往往是一种唯利是图的存在，把他人看作获取利益的手段，故而人与人之间的关系是彼此孤立甚至敌对的关系。这种深层次的异化决定了政治国家的不合理性。因此，要实现彻底的解放必须克服市民社会，把市民社会从唯利是图的个人世界改变成为人的类生活场所。当然，个体力量层面和社会力量层面只是相对意义上的划分，实际上两者相互包含、相互融合。①

市民社会向人类社会的过渡，其实质就是马克思超越自由民主制的解放限度走向人类解放、超越政治自由走向真正的人类自由道路的过渡。在《论犹太人问题》的第二部分，马克思针对市民社会自私自利的犹太精神特性，指出犹太人的解放就是人类从犹太精神中解放出来，也即是从金钱名利中解救出来。在马克思看来，一旦有某种"社会组织"消除了犹太精神的经验本质，"那么这种社会组织也就会使犹太人不可能存在"②，"因为他的意识将不再有对象，因为犹太精神的主观基础即实际需要将会人化，因为人的个体感性存在和类存在的矛盾将被消除"③。这种"社会组织"就是《1844年经济学哲学手稿》中所提及的共产主义社会，但"社会组织"不会自发出现，它的来临需要人的强大力量发生作用，尤其需要犹太人自身的努力和转变。因为"如果犹太人承认自己这个实际本质毫无价值，并为消除它而工作，那么他就会从自己以前的发展中解脱出来，直接为人的解放工作，并转而反对人的自我异化的最高实际表现"④。而马克思正是这样一位犹太人，他是全体

① 参见刘同舫：《政治解放、社会解放和劳动解放——马克思人类解放思想再探析》，《哲学研究》2007年第3期。

② 《马克思恩格斯文集》第1卷，人民出版社2009年版，第49页。

③ 《马克思恩格斯文集》第1卷，人民出版社2009年版，第55页。

④ 《马克思恩格斯文集》第1卷，人民出版社2009年版，第49页。

犹太人的奋斗表率，他对消除市民社会及犹太精神的未来社会充满了期待，对包括犹太人在内的整个人类的自由与解放寄予了厚望。

三、超越私有制与摆脱死亡：个体与社会的融合

马克思关于人的异化与解放的论述，在《论犹太人问题》中呈现为私人与公民的分裂与复归，在《1844年经济学哲学手稿》中则呈现为感性个体与社会存在的分离及融合。这种论述的转换过程体现了马克思从抽象的人走向社会的人类，从市民社会走向真正的人类社会的思想理路。感性个体与社会存在的融合，意味着对现存社会形式——市民社会现实的否定，意味着超出市民社会的境界，也体现了对市民社会形成的前提——私有制的利己主义精神进行批判，从而使人的类生活的无限性超越个体生活的有限性，达到个体无法实现的绝对完善性。

在《1844年经济学哲学手稿》中，马克思对感性个体与社会存在关系的阐述分为两个层面。

马克思第一个层面的论证是，人直接地是有生命的自然存在物。各种各样的自然力、生命力作为人的天赋、才能和欲望存在于人身上，人能够运用它们获取他物满足自身，人是具有能动性的存在物。同时，人作为感性的、对象性的存在物，其欲望的对象是作为不依赖于其自身而存在于他物之外的对象，人需要它们以确证自身的本质力量，因此，人是受动的、受制约的、受限制的存在物。人作为自然存在物，本身既是对象又具有对象，并且对象是存在于人之外的、不同于人的他物。人不可能作为非对象性的存在物，也不可能具有非对象性的现实存在物，非对象性的存在物只能是一种非现实的、非感性的，只是存在于人的思想之上的抽象存在物。“一个存在物如果在自身之外没有自己的自然界，就不是自然存在物，就不能参加自然界的生活。一个存在物如果在自身之外没有对象，就不是对象性的存在物。一个存在物如果本身不是第三存在物的对象，就没有任何存在物作为自己的对象，就是说，它没有对象性的关系，它的存在就不是对象性的存在。”① 但

① 《马克思恩格斯文集》第1卷，人民出版社2009年版，第210页。

是，人既然是有生命的、感性的自然存在物，也就必然是有激情和热情的存在物，这种激情与热情会促使其强烈地追求自身本质力量的实现。人在实现自身本质力量的过程中，必然会相互形成人与人之间的复杂关系。人不仅仅是静态的自然存在物，“而且是人的自然存在物，就是说，是自为地存在着的存在物，因而是类存在物”①。人从自然存在物到类存在物的转变，就是人的社会和社会关系的形成。

马克思第二个层面的论证是，感性个体是社会存在物。人是对象性的自然存在物与追求自身本质力量实现的存在物，其任何活动与享受的内容、方式都必将以社会的形式呈现出来。作为自然存在物的人的本质，也只有对通过作为社会存在物的人来说才具有真正存在价值，“因为只有在社会中，自然界对人来说才是人与人联系的纽带，才是他为别人的存在和别人为他的存在，只有在社会中，自然界才是人自己的合乎人性的存在的基础，才是人的现实的生活要素。只有在社会中，人的自然的存在对他来说才是人的合乎人性的存在，并且自然界对他来说才成为人”②。通过社会存在物，人、社会和自然实现了统一，人从自然存在物转换为社会存在物，人本身的存在成为社会的存在，人本身的行为成为社会的行为，人自身意识到自己是社会的存在物。马克思同时提示我们，应当避免将社会作为抽象物同感性的个体对立起来，感性个体作为社会存在物，即便其生命活动不以社会共同体的方式表现出来，它也是作为社会生活的确证和表现。因为人作为类存在物，具有类意识，这种意识是“以现实共同体、社会存在物为生动形式的那个东西的理论形式”③，通过类意识，人能够确证自己的现实社会生活，确证自己在现实中是作为直观的、单个的社会存在物而生存，确证自己在社会生活中是作为被思考、被感知的自为的主体而生存。由此，感性个体与社会存在实现了真正的统一。

感性个体与社会存在现实统一，使人能实现下列两方面的超越。

其一是对私有制造成的利己主义精神的超越。在马克思看来，由于私有制的存在及其影响，人与自己的类存在相异化，人们只有在拥有一个对象

① 《马克思恩格斯文集》第1卷，人民出版社2009年版，第211页。

② 《马克思恩格斯文集》第1卷，人民出版社2009年版，第187页。

③ 《马克思恩格斯文集》第1卷，人民出版社2009年版，第302页。

的时候，才觉得这个对象是自己的，只有“当它对我们来说作为资本而存在，或者它被我们直接占有，被我们吃、喝、穿、住等等的时候，简言之，在它被我们使用的时候，才是我们的”①。私有制状态下的人完全被利己主义、自私自利的精神状态所占据，一切肉体的和精神的感觉、崇高与卑微的感觉、神圣与诗意的感觉，都无可避免地被自私自利的精神所代替。因此，扬弃私有财产权，就是人的一切感觉、特性的解放与复归，使物按人的方式同人发生关系，使人在实践上按人的方式同物发生关系，“需要和享受失去了自己的利己主义性质，而自然界失去了自己的纯粹的有用性，因为效用成了人的效用”②。在这种全新的状态下，对象成为社会的对象，人不至于在对象中丧失自身，人本身成为社会的存在物，他人的精神和感觉也成为自己的占有，在与他人的交往中，人展现了对人的生命的占有方式。

其二是对感性个体死亡必然性存在样式的超越。马克思写道：“死似乎是类对特定的个体的冷酷的胜利，并且似乎是同类的统一相矛盾的；但是，特定的个体不过是一个特定的类存在物，而作为这样的存在物是迟早要死的。”③ 个体是感性的、有意识的个体，是一个“肉体的独立存在”。人是具有生命与充满欲望的个体，也是终有一死的个体，这样的个体受制于自然界的天然力量，具有生命的有限性，是“方生方灭”永恒运转世界的瞬间或阶段。但与这一特定的类存在物相反的作为普遍的类存在物则具有永恒性，这表明神圣集体对感性个体的超越。个体想要摆脱死亡必然性的存在样式，战胜制约人的客观性，只有融入到社会集体中去，通过与社会其他成员的合作创造自身。“对黑格尔和马克思而言，神圣力量的本质是对客观性和自然的创造性统治……黑格尔和马克思的神圣力量之所在于个人之间的社会关系和社会劳动，如人的‘物种’特性。通过把客观性转变为普遍意志和社会意志，人便看见自身现实的创造性，看到自己是一个创造者。”④ 通过已经生成

① 《马克思恩格斯文集》第 1 卷，人民出版社 2009 年版，第 189 页。

② 《马克思恩格斯文集》第 1 卷，人民出版社 2009 年版，第 190 页。

③ 《马克思恩格斯文集》第 1 卷，人民出版社 2009 年版，第 189 页。

④ ［美］维塞尔：《马克思与浪漫派的反讽》，陈开华译，华东师范大学出版社 2008 年版，第 255 页。

的社会力量不断地创造具有人的本质丰富性的感性个体，“创造着具有丰富的、全面而深刻的感觉的人作为这个社会的恒久的现实”①，感性个体摆脱死亡必然性的存在样式就会被彻底超越。费尔巴哈在《基督教的本质》一书中指出，“人类之历史，正不外在于继续不断地克服在某一个特定时代里被认为是人类之界限、从而被认为是绝对不可逾越的界限的那些界限”②。人的类生活的无限性超越了个体生活的有限性，达到个体无法实现的绝对完善性。

在马克思设想的感性个体与社会存在的真正融合中，超越了私有制造成的利己主义精神，超越了感性个体死亡必然性存在的样式，人类解放与人类自由必将成为现代世界的本质属性，“犹太人问题”也随之消亡，从而使犹太人真正能够超越自由民主制的限度，实现解放的梦想，并为市民社会走向真正的人类社会提供可能。然而，这毕竟只是理论的设想，仅仅靠理论的玄思不可能解决个体与社会的对立及融合，还需要借助物质的、实践的多维力量才能够解决。

第二节　马克思市民社会范畴的逻辑演进*

现代意义上的市民社会范畴是经黑格尔提出并由马克思加以完善的。黑格尔在现代政治哲学的范式下坚持政治国家和市民社会的二分架构模式而使用市民社会范畴。马克思对黑格尔的市民社会范畴既有相同理解，又进行了必要修正：青年马克思是在“资产阶级社会”意义上使用市民社会范畴，1844年之后市民社会日益被归约为“物质生产关系”或“社会经济基础”，原来黑格尔意义上的市民社会范畴则逐渐淡出了马克思的视野。对这一变化的解释，学术界众说纷纭。笔者试图从外延内涵逻辑关系的视野中分析这一变化，指出马克思对“市民社会”用法上的这一转变，并不是一般意义上的视角转换，而是建立在认识论基础之上的一种从描述性到分析性的逻辑必然与理论深化。

---

① 《马克思恩格斯文集》第1卷，人民出版社2009年版，第192页。

② ［德］费尔巴哈：《费尔巴哈哲学著作选集》下卷，荣震华等译，生活·读书·新知三联书店1962年版，第187页。

* 本节原载于《华南师范大学学报》2012年第4期。

一、市民社会与资产阶级社会：是等同还是相异

对马克思市民社会范畴的理解，必须厘清市民社会与资产阶级社会两者之间的关系。马克思的市民社会用词“bürgerliche Gesellschaft”具有多义性，使学者在理解马克思这一范畴时产生了分歧。比较流行的观点是，马克思的市民社会范畴与资产阶级社会范畴具有同等意义。在中文版《马克思恩格斯全集》的翻译中，“bürgerliche Gesellschaft”除在极个别情况下被译为市民社会以外，绝大多数情况下都被译成资产阶级社会。据此，不少学者得出结论：马克思的市民社会范畴就是指资产阶级社会。

笔者认为，“市民社会”与“资产阶级社会”之间存在着密切联系，但把“市民社会”与“资产阶级社会”等同起来，必然引出的结论是：市民社会只存在于资本主义社会。这一结论并不符合马克思的原意。马克思在自己的学术生涯中，曾多次在“市民社会”一词的前面加修饰语来指称前资本主义的状态，诸如“旧的市民社会”“中世纪的市民社会”“先前的市民社会”“封建社会和行会市民社会”等，力图把它们与资本主义时期商品经济条件下的市民社会相区分。这表明马克思的市民社会固然包含了资产阶级社会，但不单指资产阶级社会，它还包括了非资产阶级社会。把市民社会范畴与资产阶级社会范畴等同的观点所产生的后果是：使市民社会理论在马克思理论体系中成为消失的范畴，而失去了应有的生命力。①

在马克思的思想中，市民社会范畴是在与政治国家相对应的矛盾关系中使用的。它们相伴而生：只要政治国家还存在，就必然有一个与之对应的市民社会存在。这个市民社会当然不一定就是资产阶级社会，它还可以是其他形态的社会，如封建社会等前资本主义社会。马克思的“旧的市民社会”概念指的就是这样的社会。因此将市民社会等同于资产阶级社会，是对马克思市民社会范畴的简单化理解，不具有恰当性。

马克思的市民社会范畴与资产阶级社会并非等同，两者具有差异性。对此日本有学者倾向于这种观点，他们的认识或许对我们有启迪作用。在

---

① 参见［日］望月清司：《马克思历史理论的研究》，韩立新译，北京师范大学出版社2009年版，第2页。

20 世纪 60 年代，日本出现了一股新的马克思主义学派——“市民社会派”马克思主义，同日本传统学派强调生产关系与资本主义视角相比较，“市民社会派”马克思主义更强调从生产力和市民社会视角来考察社会。[①] 这些学者把市民社会与资产阶级社会进行了严格区分，他们并不是把马克思的市民社会范畴理解为“过渡性”的概念，即没有把马克思市民社会范畴理解为马克思历史唯物主义未形成之前而仅仅只是暂时借用黑格尔的表述而已，市民社会是马克思本人固有的视角。他们明确指出，市民社会是以私人所有制为前提，具有交换关系的商品经济社会；资产阶级社会是以剥削及剩余价值榨取为核心的阶级社会。显然，这一区别性理解强调了市民社会比资产阶级社会具有更为宽泛的外延。“市民社会派”马克思主义的创始人之一——平田清明（Hirata Kiyoaki，1922—1995）甚至提出，市民社会是贯穿于人类历史始终的基本范畴与基本事实，必须恢复市民社会范畴的权威性。[②] 日本学者石井知章（Ishii Zhizhang，1960—　）在《平田清明的市民社会论——“生产”与“交往”是否能够突破“亚细亚式”的挣扎?》一文的结束语中简要概括了 20 世纪末日本和中国学界对马克思市民社会理论的研究状况，并批判性地指出了他们产生的共同误读，就是把市民社会与资产阶级社会等特殊用语相等同，否定了市民社会本身的意义；在其尾注的第三条中指出，将市民社会与资产阶级社会等同理解，“从而完全忽视了市民社会独特的‘贯通历史的其下层结构’，甚至否定了社会主义社会成立的主要前提”[③]。日本学界对马克思市民社会范畴的独特理解，是对长期以来学术界认为马克思市民社会与资产阶级社会相等同的意义上进行使用的回应，深化了对马克思市民社会范畴的研究。

马克思没有把市民社会完全等同于资产阶级社会，但又常常在与资产

① 参见韩立新：《望月清司对马克思市民社会历史理论的研究》，《南京大学学报》2009 年第 4 期。

② 参见韩立新：《马克思历史理论的新解释——关于望月清司〈马克思历史理论的研究〉的译者解说》，《现代哲学》2009 年第 4 期。

③ ［日］石井知章：《平田清明的市民社会论——“生产”与“交往”是否能够突破“亚细亚式”的挣扎?》，载张一兵主编：《社会批判理论纪事》第 2 辑，江苏人民出版社 2007 年版。

阶级紧密相联、在资产阶级社会的意义上使用市民社会这一概念。其原因在于资产阶级社会全面而完整地体现了市民社会的本质，市民社会的特征在资产阶级社会条件下得到了充分的暴露，资产阶级社会构成了市民社会最为典型的形式，成为研究社会与国家发展现实维度中的主要范畴。马克思认为，当资产阶级占统治地位的时期，社会“市民要素”的发展达到了顶峰。资产阶级社会作为“最后一个对抗形式”的社会是“资产阶级社会是最发达的和最多样性的历史的生产组织。因此，那些表现它的各种关系的范畴以及对于它的结构的理解，同时也能使我们透视一切已经覆灭的社会形式的结构和生产关系”①。资产阶级社会既是阶级社会的典型形态，更是市民社会的典型形态。为了简洁而充分地说明市民社会的本质，有时马克思便直接在资产阶级社会的意义上使用市民社会的概念。

马克思的市民社会范畴除了包括资产阶级社会的典型形式之外，还包括了前资本主义的“旧的市民社会”等非典型形式。尽管其非典型形式的市民社会没有从政治国家中分离出来，还是作为“内部二重因素”以胚胎的形式包含在政治国家的母腹之中，但必须承认它们也是市民社会的存在形式。这表明市民社会在不同社会形态中的客观存在及市民社会自身有一个从萌芽到成熟再到消亡的过程。事实上，马克思也强调，生产、交换、消费的发展阶段与社会制度、家庭和阶级组织及市民社会三者之间紧密关联，他始终关注市民社会的“过程性”特征。在马克思看来，对市民社会和政治国家之间矛盾的认识，主要是要了解这些矛盾形成的必然性与“过程性”特征，即从这些矛盾的发展过程的本来意义把握矛盾。“这种理解不在于到处去重新辨认逻辑概念的规定，像黑格尔所想像的那样，而在于把握特有对象的特有逻辑。”② 市民社会自身发展的逻辑与“过程性”特征，是克服市民社会与政治国家之间矛盾的根本性力量。

根据市民社会辩证的“过程性”特征及其逻辑学的原理，我们可以对市民社会进行逻辑划分，如把市民社会分为资产阶级社会和非资产阶级社

---

① 《马克思恩格斯文集》第 8 卷，人民出版社 2009 年版，第 29 页。

② 《马克思恩格斯全集》第 3 卷，人民出版社 2002 年版，第 114 页。

会，这是一种“二分法”。而在“二分法”的基础上，我们还可以将非资产阶级社会进一步划分。以此划分为前提，市民社会范畴的外延就会变得明确。当然，市民社会究竟划分成哪些小类，这不仅是逻辑问题，而且是历史哲学的问题，甚至是一个处于争论中的历史哲学问题。但可以肯定的是：资产阶级社会必定属于市民社会，市民社会至少包括了资产阶级社会。资产阶级社会与市民社会两个概念之间的逻辑关系是：资产阶级社会是市民社会的外延描述。市民社会与资产阶级社会之间的关系，不能理解为概念与其内涵之间的关系，而应该理解为概念与其外延描述之间的关系。

二、市民社会与物质生产关系：是弃用还是衔接

一个概念的明晰性就是要明确概念的外延与内涵。市民社会的外延描述是具有市民社会特有属性的那些社会，市民社会的“特有属性”就是市民社会内涵。对市民社会的特有属性问题的回答与分析，是描述市民社会外延的前提。

概念的内涵分析既是逻辑推理问题，也是对具体客观历史事实的抽象概括。马克思在1844年以后，由于关注点与研究重心的转变，常常用“物质生产关系”或“社会经济基础”来替换市民社会，开始从外延式描述转变为从实体性内涵式分析来表达市民社会，从而把握市民社会范畴的另一个逻辑特征，即内涵分析意义上的特征。

马克思走出书斋，对市民社会的探索由法哲学研究转为面向现实资本主义政治经济学研究，转向研究的初步成果为1844年4月至8月写下的《1844年经济学哲学手稿》。他曾经为自己的这一转向作过说明，“法的关系正像国家的形式一样，既不能从它们本身来理解，也不能从所谓人类精神的一般发展来理解，相反，它们根源于物质的生活关系，这种物质的生活关系的总和，黑格尔按照18世纪的英国人和法国人的先例，概括为‘市民社会’，而对市民社会的解剖应该到政治经济学中去寻求”①。马克思以异化劳动理论展开对市民社会的剖析，得出了异化劳动是私有财产的本质的结论。

---

① 《马克思恩格斯文集》第2卷，人民出版社2009年版，第591页。

在其后的《德意志意识形态》中，马克思又发现了劳动内含着的双重关系：人与自然的关系，表现为一定的生产力；人与人之间的关系，表现为一定的社会关系。生产必须以个人之间的交往为前提，而人们之间的交往关系是以分工为基础的。分工发展的不同阶段，同时也反映出所有制的不同形式。分工又是由生产力所决定的，是生产力发展的结果和表现，“一个民族的生产力发展的水平，最明显地表现于该民族分工的发展程度。任何新的生产力，只要它不是迄今已知的生产力单纯的量的扩大（例如，开垦土地），都会引起分工的进一步发展”[①]。生产力是社会发展的最终动力，它决定所有制关系，从而决定整个社会关系。在《德意志意识形态》中，马克思还把市民社会理解为“受到迄今为止一切历史阶段的生产力制约同时又反过来制约生产力的交往形式”[②]；“这种社会组织在一切时代都构成国家的基础以及任何其他的观念的上层建筑的基础”[③]。其表述与1859年的《〈政治经济学批判〉序言》中把市民社会界定为“社会的经济结构”已非常一致。马克思晚年在《资本论》的写作中，从生产、流通等物质领域深入分析资本主义生产方式，揭示资本家与工人阶级在“物质生产关系”中的存在状态。晚年马克思对市民社会的理解发生了重大变化：1844年以前曾经在资产阶级社会意义上使用的市民社会范畴，日益被归约为“物质生产关系”或“社会经济基础”，原来意义上的市民社会一词则逐渐淡出了马克思的视野。

在解读马克思市民社会的这种变化上，不少学者指出，市民社会原是马克思早期从黑格尔那里借用的一个不科学的概念，在其后期成熟的著作中，马克思已弃之不用，而以“物质生产关系”“社会经济基础”等概念来取而代之。加拿大政治哲学家查尔斯·泰勒（Charles Taylor，1931—　）在《市民社会的模式》一文中就认为，马克思秉承了黑格尔的市民社会概念，并把它几乎完全限定在“物质生产关系”领域，“从某种角度讲，正是由于马克思这种化约观点的影响，‘市民社会’才一直被人们从纯粹经济的层面

① 《马克思恩格斯文集》第1卷，人民出版社2009年版，第520页。
② 《马克思恩格斯文集》第1卷，人民出版社2009年版，第540页。
③ 《马克思恩格斯文集》第1卷，人民出版社2009年版，第583页。

加以界定”①。

这种理解的困境是明显的，在马克思的著作中存在着不少相反的例证。例如，前面所引那句话——“对市民社会的解剖应该到政治经济学中去寻求”，是马克思在1859年说的；1871年他又说：“以其无处不在的复杂的军事、官僚、宗教和司法机构像蟒蛇似的把活生生的市民社会从四面八方缠绕起来（网罗起来）的中央集权国家机器，最初是在专制君主制时代创造出来的”②。马克思去世之后，恩格斯在1886年所写的《路德维希·费尔巴哈和德国古典哲学的终结》一书中，多次使用“市民社会”，并提出了以下著名论断：“国家、政治制度是从属的东西，而市民社会、经济关系的领域是决定性的因素。从传统的观点看来（这种观点也是黑格尔所尊崇的），国家是决定的因素，市民社会是被国家决定的因素”③。马克思对市民社会的理解和运用，并非马克思、恩格斯早期不成熟的用语，相反，它们都出现在马克思、恩格斯中期和晚期的成熟著作中。

市民社会不是马克思“早期借用”“晚期弃用”的不成熟用语，它在马克思历史唯物主义体系形成中是一个非常基本的范畴。不过，马克思的后期著作确实在很多场合用“物质生产关系”或“社会经济基础”替换市民社会范畴。这种替换不是弃用而是有效“衔接”，其“衔接”意味深长。

“衔接”意味着“物质生产关系”“社会经济基础”和市民社会之间在某种意义上指称同样的对象，即具有相同的外延。逻辑学知识表明，相同的对象可以用不同的概念或语词来指称。例如，“能从事生产劳动的动物”和“人”是两个不同的概念，其含义各不相同，但它们指称的对象是相同的，因而在适当的语境中可以相互关联与衔接。能够相互替换的概念，往往可以相互定义或相互解释。“能从事生产劳动的动物”正是“人”这个概念的内涵。同样，马克思以“物质生产关系”或“社会经济基础”等概念来替换市民社会，其逻辑的依据也不例外。但不能把“物质生产关系”与市民社会相

---

① ［加］查尔斯·泰勒：《市民社会的模式》，载邓正来主编：《国家与市民社会》，中央编译出版社1999年版，第19页。

② 《马克思恩格斯文集》第3卷，人民出版社2009年版，第191页。

③ 《马克思恩格斯文集》第4卷，人民出版社2009年版，第306页。

等同，因为市民社会还包含着其他丰富多彩的社会交往活动。马克思为了对资本主义展开深入的分析，并揭示资本主义市场经济的本质，必然侧重于对“物质生产关系”进行剖析，这种剖析是出于研究问题的需要。马克思通过对典型形态的市民社会——资产阶级社会的政治经济学解剖，发现了市民社会的秘密：“人们在自己生活的社会生产中发生一定的、必然的、不以他们的意志为转移的关系，即同他们的物质生产力的一定发展阶段相适合的生产关系。这些生产关系的总和构成社会的经济结构，即有法律的和政治的上层建筑竖立其上并有一定的社会意识形式与之相适应的现实基础。物质生活的生产方式制约着整个社会生活、政治生活和精神生活的过程”①。这正是市民社会区别于其他社会的“特有属性”，也就是市民社会的实体性内涵。1844年以后，马克思对市民社会理解上的深刻变化，说明马克思已经初步把握到了市民社会范畴的另一个逻辑特征——市民社会的实体性内涵，实现了市民社会与“物质生产关系”的衔接。

三、外延描述到内涵分析：是转变还是深化

明确概念的外延与内涵的认识过程，可以采用先描述外延然后再分析内涵。对于普遍概念（反映同类事物的概念）来说，在内涵不确定的前提下要描述外延，“典型性个体原则”是一种解决方案。在同类事物中存在着一些个体，其个体集中了该类事物的特有属性，使得最早被注意到，这就是所谓的“典型个体”。通过对典型个体的解剖，人们逐步把握其“类特性”，通过“类特性”分析与反映就成其为范畴的内涵。马克思的市民社会研究正是遵循这一逻辑理路而演进：通过对资本主义这一市民社会“典型性个体”的解剖，认识到市民社会的一般特征并赋予市民社会以特定的内涵，从而深化了对市民社会的理解。

不同的“物质生产关系”赋予市民社会不同的规定性。作为典型形态的资本主义市民社会，相对于非资产阶级社会在本质上具有差异性。其差异性主要体现在“物质生产关系”条件下，市民社会与政治国家之间“合”与

---

① 《马克思恩格斯文集》第2卷，人民出版社2009年版，第591页。

“分”的矛盾。在“旧的市民社会”中，社会的“物质生产关系”使市民社会还没有从政治国家中独立出来，市民社会还被政治国家的“蛛网”层层包裹，市民社会与政治国家相互重叠。国家政治权力的影响无所不及，整个社会生活高度政治化而具有政治性质。“旧的市民社会”等级和政治社会等级是同一的，市民社会甚至就是政治社会。“旧的市民社会”是未完成、不成熟的市民社会，不是市民社会的典型形态。

真正典型的市民社会成熟于比较发达的资本主义社会。资本主义的来临，使得市民社会与政治国家的同一性被打破——由“合”发展为“分”，市民社会取得了资产阶级社会内在的特殊规定性。资本主义市场经济的发展，内在要求个人的物质生活摆脱政府的干预，成为在政治领域之外的纯经济活动。社会利益体系分化为私人利益与公共利益两大部分，整个社会分裂为市民社会和政治社会两个领域。分裂的结果是：社会中的每个成员因其活动所属领域的不同而具有了双重身份——市民社会成员与政治国家成员——必然导致双重生活，即天国的生活和尘世的生活。前者是政治共同体中的生活，在这个共同体中，人把自己看作社会存在物；后者是市民社会中的生活，在这个社会中，人作为私人进行活动，把别人看作工具，把自己也降为工具。市民社会与政治国家之间的二元分裂以及所导致的异化现象，正是资本主义社会区别于以往历史时代的典型标志。市民社会在资本主义“物质生产关系”中异化，同时又借助于这种异化得到充分发展。“经过异化的炼狱，市民社会的各抽象规定性才能获得充分发展。”① 资本主义时代，市民社会从政治国家的淹没中彻底浮现，成熟的市民社会的本质属性或特有属性得以充分显露，市民社会范畴的内涵才更清晰、更丰富，与此同时，其外延也逐步明确。

古希腊罗马时代的市民社会范畴，是在“文明社会”道德范式的宽泛视野下加以使用的，内涵少，其外延是整个庞大的社会。到了黑格尔所处的时代，对市民社会的理解发生了变化，它不再被宽外延地使用。黑格尔将市民社会这个使用了数世纪与“政治社会”混同的古老概念发展为与国家相对

① 王代月：《抽象具体关系视野中的马克思市民社会理论》，《现代哲学》2011年第6期。

的比较性范畴，仅指与政治国家相对应的司法制度、警察组织等政治机构及经济交往领域，范围是整个社会的一部分。这一意义上的市民社会相比古希腊罗马时代的市民社会，内涵扩大、外延缩小了。而马克思将市民社会中司法制度、警察组织等政治机构从市民社会中清除出去，还原给政治国家，同时认为市民社会是人类在生产力发展到一定阶段上的一切“物质交往”，将市民社会的内涵定义为个人“物质的生活关系的总和”①。马克思的市民社会范畴比之黑格尔的市民社会范畴，其外延进一步缩小，内涵则相对扩大。

马克思对市民社会范畴的使用经历了历史性变化。在外延内涵逻辑关系的视野中，马克思使用市民社会的变化，实质上并不是“转变”，而是“深化”。这种“深化”如果不站在逻辑思考的维度来分析，确实容易让人产生误解。正如日本学者城冢登（Shirotsuka Noboru，1927—2003）提出的所谓“双重形象说”，即 1844 年以前马克思所说的市民社会，指的是作为近代政治革命结果的资产阶级社会等“具体形象”，而《德意志意识形态》中所论及的市民社会，指的是作为生产关系总和的经济基础等“抽象形象”，他以为，马克思的市民社会范畴在 1844 年以后发生了转变——从原来“资产阶级社会”的意义转变为“物质生产关系”或“社会经济基础”的意义。笔者认为，“双重形象说”的“转变”观是对马克思文本的误读。马克思市民社会范畴的演进过程并不是表现为后期否定前期的过程，根本不存在青年马克思和晚年马克思思想“断裂说”“转变说”。马克思市民社会思想前后具有一致性，只是在后期使用的时候，由于整个理论体系的成熟而深化了对市民社会的分析。因为从逻辑思维的方式看，“资产阶级社会”意义上的市民社会是基于外延上的描述性理解，属于外延定义；“物质生产关系”“社会经济基础”意义上的市民社会是基于实体性内涵上的分析性理解，属于内涵定义。从外延描述到内涵分析，是马克思研究市民社会的逻辑演进与认识深化理路。马克思对市民社会范畴的研究充分体现了逻辑学与认识论的高度统一。

① 《马克思恩格斯文集》第 2 卷，人民出版社 2009 年版，第 591 页。

第三节　市民社会研究范式的历史转换*

“市民社会”范畴在西方思想史上以不同的理性结构出现在社会哲学中，体现了生产关系和政治形态的演变：在古希腊罗马时期，“市民社会”被定义为与野蛮社会相区别的“城邦共同体”；从14世纪开始，西方早期资本主义的发展使“市民社会”具有新的理论形态，被当作与政治国家相分离的“城市自治共同体”和公民社会；20世纪以来，葛兰西为了阐明夺取文化领导权的革命策略，将“市民社会”置入“上层建筑”，使其剥离经济社会的范畴，从而将“市民社会”意识形态化。因此，与野蛮社会、政治国家和经济社会的三次分离是市民社会理论的演变轨迹，其发展也相应存在三个阶段和三种范式的历史转换：第一阶段是由亚里士多德奠立的道德范式，第二阶段是由黑格尔开创、马克思发扬光大的政治哲学范式，第三阶段是由葛兰西阐明的文化社会学范式。市民社会三种研究范式的历史转换对市民社会理论的发展史产生了深刻的影响。检视三种研究范式的历史转换，有助于对不同时代的国家与社会之间复杂关系作出更为深入的认识。

一、源起与转变：从道德范式到政治哲学范式

“市民社会”范畴的缘起在学界存在分歧，比较常见的观点认为其源头可追溯到古希腊的亚里士多德《政治学》中的“Politike Koinonia”一词，最初的意思是用来表达政治体的“城邦共同体”，后被译为拉丁文“Societas Civilis”和英文“Civil Society”（市民社会）。在亚里士多德的政治学视野中，“市民社会”是在道德意义上对城邦公共生活的全部描述，表征的是一种相对于前政治社会即野蛮社会的“德性生活的文明社会”。市民社会作为思考社会道德秩序的范畴，是亚里士多德从道德维度赋予市民社会古典意义的基本方式，由此开启了亚里士多德在市民社会道德范式领域的理论研究。

* 本节原载于《浙江学刊》2016年第1期。

亚里士多德开启的道德范式的市民社会理论研究在西方思想发展史上影响深远。在中世纪时期，“城邦共同体”的市民社会范畴被基督教思想家所废弃，原因在于西方国家基督教势力逐渐强大，其渴求通过撮合教会与国家之间的关联，获取教会应有的社会地位。直至13世纪初，这一状况在亚里士多德的《政治学》等著作被译为拉丁文后才得到转变。亚里士多德的著名崇拜者托马斯·阿奎那就是从亚里士多德的著作特别是其中的市民社会范畴中得到了理论启迪和思想力量，他多次在市民社会理论探讨中寻找亚里士多德的影子，从亚里士多德的道德范式市民社会理论中吸收积极与合理成分，从道德的角度出发承认了野蛮社会与文明社会的区别，认为在文明社会中的政治社会与市民社会之间存在着天然的相互需要；同时，阿奎那也根据基督教思想改造了亚里士多德的市民社会理论，他一方面认同作为邦国的市民社会是缘于人性的自然需要而产生的，另一方面却基于基督教教义提出“上帝是人和人性的创造者，社会和国家既然是由于人性的需要，那么，上帝才是政治权威的究极创主”①。由此将国家起源问题极端神学化，其内在目的在于维护教权。此后，道德范式的市民社会概念并不仅仅在中世纪被使用，近代启蒙运动时期，洛克、卢梭等契约论思想家也广泛使用了这一市民社会范畴，如卢梭以“自然状态”理论观照市民社会，将“市民社会”基本理解为“政治社会”，并把市民社会产生的根源当作是历史衍生的产物和道德冲突的结果。

从古希腊罗马到中世纪再到启蒙运动时期，人们所使用的市民社会概念，虽然几经变化，但其基本内容并没有超出亚里士多德所赋予的最初内涵，都是在“德性生活的文明社会”范围内使用，这也意味着古代思想家并没有超出与野蛮社会相对立的层面来理解和把握市民社会范畴。市民社会由此被称为政治社会、文明社会，它既表征一种进步的道德生活状态，也表明社会拥有政治文明要素，公民能够平等参与社会管理。

相对于亚里士多德开启的从道德范式来分析市民社会而言，以黑格尔为代表的近代哲学家则侧重于从政治哲学范式来考察市民社会。虽然他们都

---

① ［意］阿奎那：《阿奎那政治著作选》，马清槐译，商务印书馆1963年版，第ⅶ页。

认为市民社会是对现实的生产关系和政治形态的反映，但他们认为反映的内容上有根本差异：前者强调社会的文明与野蛮的对立，后者强调国家“公共领域”与社会“私人领域”的分野。后者质疑前者的基本点在于不应在道德领域理解市民社会的本质，市民社会与道德没有天然的联系。事实上，西方资本主义的发展及18世纪末的法国大革命促进了作为“公共领域”的国家与作为“私人领域”的社会相分离。黑格尔在这种现实背景下，第一次从经济体系的角度对市民社会的性质进行了界定和论述，由此开创了现代意义的政治哲学范式的市民社会理论研究。

在黑格尔的政治哲学范式市民社会理论视野中，市民社会也是由人性的需要产生的活动领域，自由的个体把自身从自然施加的束缚中解放出来的过程导致了自由个体的依赖和联合，所以“这个领域是由我们的直接权利和道德权利的施行造成的”①，但是由于该领域主要是自由个体通过活动和劳动满足自己需要和关切的领域，也是有产者维护、交换财产权利的领域。在黑格尔看来，市民社会就是经济活动的空间，是与作为社会公共权力机构的政治国家相分离的“私人领域”。市民社会作为“私人领域”，是资本主义体制下的劳动分工强加给自由个体的一种相互依赖形式，将不可避免地导致社会贫困和阶级分化，其自由的发展形式不同于完全自主的、拥有权利的自由个体的自愿联合和自觉认同，而这正是政治国家的优势。黑格尔明确强调政治国家优先于市民社会、政治国家先在于市民社会、政治国家高于市民社会，充分肯定政治国家对市民社会内部矛盾的解决与克服的支配性作用。他把市民社会看成是家庭到国家之间发展链条中的必经环节与重要阶段，由此构成了社会发展的“家庭—市民社会—国家”的“肯定—否定—否定之否定”的过程。政治国家高于市民社会、政治国家决定市民社会是“家庭—市民社会—国家”逻辑演进的必然结果，是黑格尔政治哲学范式下市民社会理论所得出的最重要结论。

---

① ［英］斯蒂芬·霍尔盖特：《黑格尔导论：自由、真理与历史》，丁三东译，商务印书馆2013年版，第316页。

二、内在矛盾解决：政治哲学范式与唯物史观的创立

黑格尔在政治哲学的意义上相对完整地建构了市民社会理论，将公共领域的政治国家与私人领域的市民社会进行了区分，否定某些近代思想家混淆市民社会与政治国家的观念，实现了区分政治国家与市民社会的理论自觉，市民社会范畴也获得了与以往不同的崭新含义，确立了政治哲学范式下的市民社会理论。

但黑格尔在政治哲学范式下所构建的市民社会理论的致命弱点是以唯心主义为基础和前提，颠倒了市民社会与政治国家的现实关系，使政治国家成为市民社会的决定者。面对市民社会的内在矛盾——自私自利追求利润的市民社会与人们渴望平等享有自由、福利的矛盾，黑格尔提出了解决方案。在黑格尔看来，假如政治国家对生产和贸易有所控制，工商业界秉持伦理的态度，认识到自由个体需要的满足是所有人的权利，那么有产者的自由所产生的生产力将会使所有人都受益，所以解决市民社会的内在矛盾“最重要的措施就是市民社会里的各种机构（例如同业公会）——这些机构改变和革新了人们对他们的自由以及他们的心灵习惯的理解——而不是对生产关系的强制性的、革命性的重构”①。然而，在马克思看来，黑格尔颠倒了的市民社会和政治国家的现实关系，其主观预设的“理性国家”富有唯心主义色彩，根本不能整合现实中市民社会与政治国家的分裂，无法保障所有人的自由和福利，同时“理性国家”本身都是市民社会自我分裂的结果，黑格尔解决市民社会内在矛盾的方案是虚假的，根本不可能得到实现；与此相反，为了全人类平等地享有自由和幸福，革命性地重构资本主义的生产关系才是真正的解决之道。

虽然马克思批判了黑格尔的市民社会理论，但他没有“将脏水连同婴儿一起泼掉”——彻底否定黑格尔的理论路径。在马克思与黑格尔的承续关系中，“继承”的推进也许比“批判”的否定占据着更重要的位置，毕竟他们面对的是同一个问题。

---

① ［英］斯蒂芬·霍尔盖特：《黑格尔导论：自由、真理与历史》，丁三东译，商务印书馆2013年版，第316页。

首先，在理论结构上，马克思市民社会理论沿袭了黑格尔市民社会理论的政治哲学范式，停留在黑格尔法权哲学体系的场域之中。正是黑格尔在政治哲学范式下把市民社会从政治国家中分离出来，从而为马克思的后续研究提供了具有启发性的理论构架。马克思充分肯定了黑格尔在市民社会理解上的贡献，认为黑格尔将市民社会与政治国家相分离是黑格尔市民社会理论最深刻的部分。① 青年马克思是在黑格尔这一基本的政治哲学结构范式内，把唯心主义还原为唯物主义，根本上摆脱唯心主义的窠臼，并倒转了黑格尔关于政治国家决定市民社会的论证逻辑。青年马克思相对于黑格尔，其理论创造还是在黑格尔政治哲学的历史视野、结构范式内部的转换，这是马克思与黑格尔在市民社会理论关系上的思想史事实。

其次，在理论突破口上，马克思以批判黑格尔法权哲学为开端，重新分析了政治国家、市民社会之间的逻辑与历史关系。基于对黑格尔法权哲学的深刻研究，马克思认为政治国家与市民社会存在的前提和条件完全不同：政治国家是人类生活的形式领域，市民社会是人类生活的物质领域；不是政治国家决定市民社会，不是社会意识决定社会存在，而是市民社会决定政治国家，社会存在决定社会意识，因为物质领域决定形式领域。马克思在理解市民社会对政治国家的决定性关系中，还强调应该“从经济关系的维度把市民社会理解为复杂的物质关系的总和，理解为社会的经济基础”②。由此彻底摆脱了黑格尔唯心主义哲学体系的历史局限性，提出了市民社会中贫困问题的另一种更加合理彻底的解决之道。

最后，在理论批判的视角上，马克思从政治国家推进到市民社会领域，对政治国家与市民社会的分离的探讨深入到追究如何解决市民社会的内在矛盾，提出了对政治国家与市民社会双重超越的人类解放路径。根据这一理论路径，马克思以市民社会为起点与中心线索，提出了社会发展的若干范畴，阐明了人类社会的发展走向，推断出市民社会和国家之间矛盾的演化结果，在市民社会的“问题域”中对市民社会理论深度阐发而通达历史唯物主义，

① 参见《马克思恩格斯全集》第3卷，人民出版社2002年版，第94页。

② 周凡：《重读葛兰西的霸权理论》，李惠斌等主编：《西方马克思主义研究前沿报告》，华东师范大学出版社2007年版，第62页。

揭示了社会发展的历史规律，并完成对唯物史观的全面论证。

马克思在《莱茵报》工作时期，全面接触到所处社会现实中的各种问题，尤其是政治经济问题，遇到了要解决“物质利益”的难题。为了解决难题，作为黑格尔主义者的马克思一方面重返书斋去探究世界历史，阅读了大量的历史学、政治学和社会学著作，写下了五本历史学笔记；另一方面则围绕着政治国家、市民社会和法之间的相互关系展开对黑格尔法权哲学体系的批判。马克思通过对德国、英国、法国等国家的历史进行考察和对黑格尔法权哲学的批判，认识到市民社会并不是黑格尔所言的理性发展的产物，而是资产阶级政治革命与政治解放等历史发展的结果。市民社会被马克思看作政治国家的现实基础，市民社会的“私人利益”决定政治国家的“公共利益”的判断揭示了市民社会财产关系对政治国家的决定作用。而要扬弃这一发展道路，实现“真正合理性的国家”①，则必须区分政治解放与人类解放，对“国家本身”和“市民社会本身”展开双重批判，克服政治国家与市民社会之间的二元分离。由此，马克思从根本上揭开了一切社会现象背后的谜底，为唯物史观的诞生奠定了基础。

从1844年前后开始，特别是在《1844年经济学哲学手稿》中，马克思展开了对市民社会的政治经济学批判。马克思的学术兴趣从黑格尔法权哲学批判转向政治经济学的研究，这种转向的深刻根源在于：马克思认识到对黑格尔法权哲学的批判不能从根本上解决和消除市民社会的内在矛盾，因为这种批判没有针对现实问题，针对的只是现实问题产生的副产品。市民社会的本质是经济体的总和与占主导地位的私有财产之间的物质生活关系，私有财产关系、物质生活关系的矛盾运动，是全部人类生产实践的现实展现，政治上层建筑和观念上层建筑，都“受生产的普遍规律的支配”②。因此，应从物质生活关系的政治经济学根源来“解剖”市民社会，解决市民社会的内在矛盾也需要积极扬弃私有财产，使人从家庭、宗教、国家向社会的存在复归。这就表明，要从政治经济学根源批判资本主义国家和资本主义社会，而不是

① 《马克思恩格斯全集》第3卷，人民出版社2002年版，第150页。

② 《马克思恩格斯文集》第1卷，人民出版社2009年版，第186页。

像黑格尔那样渴望一种资本主义式的“理性国家”。正因为这样，我们甚至可以说马克思的市民社会理论就是政治经济学；马克思对市民社会的研究是他深刻思考人类社会命运和现代性批判的起点。

马克思在随后的研究中，以“社会物质生活条件”作为社会发展的出发点和前提条件，提出了生产力与生产关系的基本矛盾运动是社会发展的根本动力的历史唯物主义论断，深刻解剖了市民社会的现实，使唯物史观得以全面展开。尽管在《德意志意识形态》中，经济关系仍用市民社会来描述，但此时的市民社会已经被马克思赋予了新的内涵：市民社会被理解为包含社会发展不同阶段在内的经济制度。在对市民社会探讨的基础上，马克思已从政治经济学的视角展示出新的经典唯物史观。这种经典唯物史观的超越性在于，直接从现实的物质生产出发，而不是从“理性国家”出发，把不同阶段的市民社会所产生的劳动关系、交往形式作为理解整个历史的前提，同时把市民社会作为国家的活动加以阐释。① 依据这种历史观，马克思形成了对资本主义的穿透性的解析。马克思将其市民社会理论深化为对资本逻辑、现代性的批判以及对人类命运的思考，把资本逻辑的问题归结为资本主义制度及其内在矛盾的问题，其批判的指向和目的是实现人类的解放。正是在对资本逻辑的批判中，马克思对唯物史观的应用达到了历史的至高点，政治哲学范式的市民社会理论也得到了完美的诠释，市民社会的内在矛盾也只有定位在历史唯物主义的理论结构和理论视域中才能够找到合理彻底的解决之道。

马克思通过对黑格尔市民社会理论的分析与批判，以及通过对市民社会进行政治经济学解剖，最终完成了唯物史观的全面论证，并使唯物史观得以运用和展开。我们只有从市民社会出发，才能理解马克思，才能理解历史。政治哲学研究范式下的市民社会理论是马克思主义整个理论学说的重要组成部分，对马克思唯物史观的形成起着奠基性作用。马克思市民社会理论形成和发展的过程，就是唯物史观的创立与生成过程，两者之间具有共生相伴的关系。

---

①　参见《马克思恩格斯文集》第1卷，人民出版社2009年版，第544页。

三、意识形态化：社会学范式的奠立

进入20世纪以来，国际共产主义运动在俄国、东欧和远东的胜利与在西方资本主义国家的挫败形成了强烈的反差，共产主义运动并没有像马克思、恩格斯所预言的那样，首先在发达的资本主义国家取得胜利，反而是先在经济落后地区取得了不可思议的胜利。这种理论与实践的矛盾已有列宁关于落后国家先于发达国家取得革命胜利的理论作出了精辟的解释，而西方马克思主义者也以其独特的视角作出了自己的解读，力求探索出在发达资本主义国家取得革命胜利的路径，葛兰西的探索具有代表性。而葛兰西的探讨正是以西方发达国家市民社会为独特的视角和切入点。

在葛兰西看来，俄国的暴力革命通过砸碎资本主义的国家机器，建立了无产阶级专政的国家机关直接统治市民社会，无法形成民主的政治统治格局；而西欧发达资本主义国家除了运用国家机器进行统治之外，资产阶级统治者还通过市民社会“私人领域”中的各种团体向大众灌输符合其利益需要的观念，试图表达资产阶级统治的合法性，说服民众认可和接受，从而取得对市民社会的文化领导权。因此，要在西欧发达国家取得革命胜利，固然也需要取得和运用“政治统治权”，使用强制性的国家机器，但由于资本主义意识形态的影响，20世纪以来工人阶级思想意识受到资产阶级的控制，致使其革命积极性不如深受压迫的落后地区的无产阶级的革命积极性。就此而言，发动革命首先要求唤醒工人阶级的革命意识，以取得市民社会的文化领导权和民众的认可，发动革命本质上就是一场争夺文化领导权的斗争。

在这种革命背景下，葛兰西的市民社会理论走向了上层建筑领域，虽然他也承认市民社会的经济关系，认为市民社会包括根据经济关系划分的阶级、阶层，包括社区、社群和种族、民族等社会群体，但更强调，市民社会是新闻机构、行会组织、俱乐部、教会、联盟等组织机构的指称，这些机构具有新闻和宣传的功能，常常是造就群众意识的文化组织，由此葛兰西越出黑格尔与马克思设定的理论边界，将市民社会予以意识形态化。他在强调知识分子、意识形态等文化因素的积极作用的同时，又诉诸文化社会学，深入文化背景的深处，在市民社会理论传统中形成一道风格独特而迥异亮丽的“景观”——游离于主流的政治哲学范式，开创了文化社会学意义上的新范式。这种研究范式与黑格尔、马克思在出场语境、理论范式上形成了巨大的差异，他把马克思经济基础范围内的市民社会移入上层建筑，使市民社会上层建筑化，把本来在马克思那里处于决定性地位、属于基础结构中的范畴解构成为被支配、被制约的上层建筑和意识形态领域概念，而又极力维护和宣传市民社会在文化领导权中的作用。

葛兰西赋予了市民社会范畴独特的内容：市民社会并不属于经济基础领域，而是属于上层建筑领域，对市民社会的研究应在上层建筑领域加以追问和探讨，即应该旗帜鲜明地把市民社会从经济基础领域中移出，划归到上层建筑的"地盘"，并使市民社会作为与政治国家相并列的意识形态，从而在意识形态中的文化领导权维度揭示市民社会的政治功能。葛兰西确定了市民社会的归属问题，将市民社会意识形态化，既从根本上改变了对市民社会范畴的理解，也让人们重新思考意识形态的边界。葛兰西的"文化领导权"理论实现了从观念体系的意识形态向总体性的、社会实践的、具有物质性特征的意识形态的转变，扩大了意识形态等文化因素活动的狭隘疆域。当市民社会被赋予了文化领导权的理解后，它将"成为资本主义私有制的第一道防御体系"①。西方国家无产阶级欲彻底实现革命的成功，就必须先获得对文化领导权的掌控地位。

在关于市民社会是否具有私人生活领域的独立性上，葛兰西做出了超越传统意义与传统范式边界的理解。葛兰西摒弃将政治社会与市民社会对立化理解的传统观念，开创性和突破性地将政治社会与市民社会相互融合，并将两者叠加后归纳到国家范畴之下。当代资本主义国家等于政治社会与市民社会之和的观念，正缘于葛兰西基于文化社会学范式下对市民社会和国家的解构。

葛兰西在文化社会学范式的理论场境中，对传统的革命策略提出了挑战性意见。他指出，无产阶级要彻底推翻资产阶级的统治，斗争的焦点与矛头指向不是政治社会，而是对准市民社会，要注重开展意识形态领域的斗争，建立坚韧的意识形态防御系统，在意识形态领导权上展开与资产阶

① 徐强：《论葛兰西的市民社会思想》，《南京社会科学》2008 年第 2 期。

级的争夺战；并且只有瓦解资产阶级“弹性”的防御机制，才能使对政治国家“刚性”专政的正面进攻行之有效。在西方发达资本主义国家能否发动革命，完成向人类解放的转向，决定权并不完全掌握在经济层面的问题上，而是掌握在对意识形态层面的领导权问题上，特别是掌握伦理—文化这类市民社会中上层建筑领域的意识形态的领导权。正视当代资本主义国家已经呈现出“整体国家”（integral state）的态势，传统意义的政治社会与市民社会将合二为一，融入“整体”之中。资产阶级对“整体国家”的控制和领导，也不局限在政治活动和经济行为之中，而是以更具普遍性的渗透力体现在市民社会的各个层面。可见，市民社会已经成为统治阶级传输阶级意识、实现阶级统治的工具和场域，无产阶级对市民社会的领导权争夺将直接决定无产阶级革命胜利与否。所以，在发达的资本主义国家，无产阶级革命的战略选择必须完成从暴力革命向争夺文化领导权的转变。

葛兰西所把握的市民社会，学界存在不同的看法。有学者认为，由于葛兰西在文化范式层面强调市民社会的意义，而剥离了马克思市民社会范畴所蕴含的经济意义，因此他的市民社会范畴从本质上背离了马克思主义基本原理，是非科学的。笔者认为，这种观点值得商榷。我们不能预设一种市民社会讨论范式为真理性标准，并以此作为前提来评断其他范式下的市民社会。市民社会是一个复杂和多面的范畴，在不同时期，由于历史现实的差异必然赋予市民社会范畴的不同内涵，对市民社会不同研究范式下的理论探索，也是对不同时代主题的展示。葛兰西以文化领导权为基础奠立的文化社会学范式市民社会理论就非常明显地影响了后现代的市民社会研究路径。如福柯的话语权力理论就受到葛兰西的影响。在福柯的话语权力理论体系中，话语本身包含着产生与扩散的过程，反映的是相关的社会关系，这些社会关系其实质是各种社会力量、各种知识以及意识形态在特定的社会文化环境中相互影响、相互制约。福柯的这一理论后来成为“后殖民主义”的重要理论基础。而葛兰西在市民社会理论中提出的作为“文化领导权”的“霸权”范畴也被拉克劳与墨菲等人改造为话语游戏意义上的多元决定与链接关系，形成了后马克思主义的霸权理论。

从亚里士多德在道德范式下理解的市民社会，到黑格尔、马克思在政治哲学范式下论证的市民社会，再到葛兰西开创的文化社会学范式下的市民社会，市民社会获得了历史性的和开放性的深刻内涵，市民社会思想始终是现实社会中各种矛盾的聚焦点。厘清市民社会传统研究范式的变化，历史地、辩证地对之加以研究，既有利于促进当代市民社会理论研究，也有助于深入认识国家与社会间的复杂关系，并在改革转型时期重塑国家与社会的良性运作关系，从而优化现代国家治理。

第四节　精神生产力：历史唯物主义不可或缺的范畴*

学界一般认为，马克思历史唯物主义的生产力范畴指的就是物质生产力，生产力是一种客观的物质力量。笔者认为，这种理解并不完全符合马克思文本的原意。从马克思的文本逻辑、马克思的思想源泉和历史发展的现实来看，马克思历史唯物主义中的生产力包括物质生产力和精神生产力两对重要范畴。认为马克思的生产力范畴单纯就是物质生产力的观点是值得商榷的。

一、逻辑形成：从萌芽到深化再到成熟

马克思历史唯物主义中的生产力不仅包括物质生产力，还包括精神生产力。马克思对精神生产力的强调有其逻辑上的依据。马克思曾以哲学的独特眼光对精神生产力进行了相关的精辟论述。马克思的精神生产力有其自身的逻辑形成规律，存在一个从萌芽阶段到深化阶段再到成熟阶段的发展过程。

（一）马克思精神生产力思想的萌芽以《1844年经济学哲学手稿》《神圣家族》的完成为标志

马克思在《1844年经济学哲学手稿》写作之前没有用过精神生产力这一概念，甚至连精神生产这个概念也没有使用过。而在《1844年经济学哲学手稿》写作中，虽然也没有明确提出精神生产这一范畴，但已经可以明显觉察到其中所隐含的精神生产思想以及第一次用来理解精神问题的精神生产

* 本节由笔者的研究生王丽娟与笔者合作完成，原载于《天府新论》2011年第5期。

的思维方式。具体而言：

第一，马克思从人与动物相区别的角度即类本质出发，提出精神活动是属于人特有的活动。马克思认为："有意识的生命活动把人同动物的生命活动直接区别开来。正是由于这一点，人才是类存在物。或者说，正因为人是类存在物，他才是有意识的存在物。"①人与动物真正区别的根本原因在于人可以进行自由的有意识的活动。换言之，人与动物的区别在于精神方面，在于人能够进行精神活动。

第二，马克思通过对异化劳动和私有财产的阐述，首次把宗教等意识形式的生产作为一种特殊生产方式，认为这些意识形式的生产是社会生产系统中的重要组成部分。"这种物质的、直接感性的私有财产，是异化了的人的生命的物质的、感性的表现。私有财产的运动——生产和消费——是迄今为止全部生产的运动的感性展现，就是说，是人的实现或人的现实。宗教、家庭、国家、法、道德、科学、艺术等等，都不过是生产的一些特殊的方式，并且受生产的普遍规律的支配。"②在马克思看来，"宗教、家庭、国家、法、道德、科学、艺术等"是精神生产者创造的精神产品，它们都属于社会生产且受生产规律的制约。这里，马克思把"宗教、家庭、国家、法、道德、科学、艺术等"作为精神生产的代名词进行分析与反思，暗含了精神生产的内在思想。

在《神圣家族》中，马克思在探讨物质产品和精神产品的价值问题时，开始使用"精神生产"这一概念。马克思主张："在直接的物质生产领域，确定某物品是否应当生产，即确定这种物品的价值，这主要取决于生产该物品所需要的劳动时间。因为社会是否有时间来实现合乎人性的发展，就取决于时间。"③他接着指出，"甚至精神生产也是如此"④。物质产品和精神产品的价值都是由生产它们所需要的劳动时间决定的。此时，马克思把《1844年经济学哲学手稿》中的"宗教、家庭、国家、法、道德、科学、艺术等"社

① 《马克思恩格斯文集》第1卷，人民出版社2009年版，第162页。
② 《马克思恩格斯文集》第1卷，人民出版社2009年版，第186页。
③ 《马克思恩格斯文集》第1卷，人民出版社2009年版，第270页。
④ 《马克思恩格斯文集》第1卷，人民出版社2009年版，第270页。

会意识形式的生产直接规定为“精神生产”。马克思使用“精神生产”这一概念，是在与精神生产力同等意义上来使用的。马克思把社会生产进行了分类，主要划分为物质生产和精神生产，并认为物质生产和精神生产都受生产的普遍规律制约。

但是这一时期，马克思对精神生产的理解还不成熟，仅仅只是从类本质的角度研究精神生产，还没有真正触及物质生产和精神生产的内在关联。因此，这一阶段仍是马克思精神生产力思想的萌芽阶段。

（二）马克思精神生产力思想的深化是以《德意志意识形态》的完成为标志

在《德意志意识形态》著作中，马克思立足于实践唯物主义的根基，丰富了精神产品的内容；从社会分工的角度而非类本质的角度，相对科学、系统地揭示了物质生产和精神生产的关系，从而深化了其精神生产力的思想。

首先，马克思丰富了精神产品的内容，并对精神生产与物质生产的关系进行了研究。他指出：“思想、观念、意识的生产最初是直接与人们的物质活动，与人们的物质交往，与现实生活的语言交织在一起的。人们的想象、思维、精神交往在这里还是人们物质行动的直接产物。表现在某一民族的政治、法律、道德、宗教、形而上学等的语言中的精神生产也是这样。”①精神生产一开始与物质生产活动相联系，是在物质生产关系基础上产生的，物质生产决定精神生产。马克思把精神产品划分为“思想、观念、意识的生产”和“政治、法律、道德、宗教、形而上学等”社会意识形式的精神产品，丰富了精神生产力思想的萌芽阶段有关精神产品内容的思想。

其次，马克思超越了类本质的角度，站在全新的社会分工的角度来探讨精神生产，把精神生产理解为与物质生产对应的相对独立的生产形式。马克思认为只是从物质劳动和精神劳动分离的时候起才开始存在真实的分工，“分工使精神活动和物质活动、享受和劳动、生产和消费由不同的个人来分担这种情况不仅成为可能，而且成为现实”②。在人类社会的早期，随着生产

---

① 《马克思恩格斯文集》第1卷，人民出版社2009年版，第524页。

② 《马克思恩格斯文集》第1卷，人民出版社2009年版，第535页。

力水平的相对提高，社会出现了剩余产品，产生了劳动分工，专门从事脑力劳动的精神生产者从社会分工中分化出来，精神生产不再与物质生产交织在一起，精神生产在物质生产基础上产生并从物质生产中独立出来，作为一种相对固定的劳动形式存在。从此，社会上出现了两大生产领域：物质生产领域和精神生产领域，作为生产者也就相应地划分为从事物质生产的物质生产者和从事精神生产的精神生产者。

这一时期，马克思在实践唯物主义的基础上对精神产品的内容、精神生产与物质生产之间的关系等问题进行了较为系统地考察，从而深化了其精神生产力思想。

（三）马克思精神生产力思想的成熟以《资本论》《1857—1858 年经济学手稿》的完成为标志

针对深化阶段有关物质生产与精神生产的联系，在《资本论》中，马克思进一步补充论述了两者之间的不平衡性；在《1857—1858 年经济学手稿》中，马克思明确提出了与物质生产力相对应的“精神生产力”概念。它们共同标志着马克思精神生产力思想达到成熟。

马克思在深化阶段论述了精神生产和物质生产的统一性，而没有具体涉及两者之间的不平衡性。在《资本论》巨著中，马克思曾以 18 世纪的力学和文学发展的关系为例阐述了物质生产与精神生产之间的不平衡性。“既然我们在力学等等方面已经远远超过了古代人，为什么我们不能也创作出自己的史诗来呢?”① 从学科归宿与学科边界的意义上看，“力学”是物理学科的一个分支，是理论科学。马克思显然不是从学科归宿与学科边界的意义上来使用“力学”概念的，而是借用物理学科中的“力学”范畴，将“力学”的发展状况作为衡量物质生产力发展水平的标志。他认为，资本主义社会的“力学”水平——物质生产水平远远超过了古代，但是在某些精神生产领域如史诗方面却无法追赶和超越，可见物质生产和精神生产的发展是不同步的，两者之间具有不平衡性。其深刻原因在于，精神生产具有自身的相对独立性，存在自身发展的规律。

① 《马克思恩格斯全集》第 33 卷，人民出版社 2004 年版，第 346 页。

在《1857—1858年经济学手稿》中，马克思第一次明确提出“精神生产力”的概念，肯定了精神生产力的作用。马克思分析货币作为发达的生产要素时指出，“货币不但决不会使社会形式瓦解，反而是社会形式发展的条件和发展一切生产力即物质生产力和精神生产力的主动轮”①。马克思用“和”这个连词连接“物质生产力”与“精神生产力”，实际上是将物质生产力和精神生产力视为两个平行、并列且相对应的范畴，两者共同构成了社会生产力系统。物质生产力和精神生产力相互促进，物质生产力离不开精神生产力提供的理论和智力支持；精神生产力需要借助物质条件才有可能实现和发展。此外，马克思在讲到自然经济解体的条件时，充分肯定了精神生产力的作用。“所有这些关系的解体，只有在物质的（因而还有精神的）生产力发展到一定水平时才有可能。”② 精神生产力对自然经济解体前提性作用的提出折射出马克思对人类社会实践中改造世界的精神生产力及其作用的高度重视和充分肯定。历史事实也反复证明了精神生产力参与了对社会关系或者社会制度的决定作用，如果没有以理性为基础的启蒙思想战胜和取代了以神学为基础的蒙昧主义（这是精神生产力发展中的质的飞跃），资本主义制度就无法取代封建神学制度。

马克思在这一阶段从深度、广度和高度上对精神生产力进行了全面而定性的探讨，马克思的精神生产力思想达到了理论上的成熟。通过对马克思精神生产力思想从萌芽阶段到深化阶段再到成熟阶段的发展过程的分析，基于过程论以及与物质生产力相比较的角度，我们可以概括出精神生产力的基本内涵：精神生产力就是精神生产者运用精神生产手段作用于精神生产对象创造出精神产品并用以改造世界的能力。精神生产力包括精神生产者、精神生产手段和精神生产对象三个构成要素。其中，精神生产者是精神生产力构成要素的主体，主要是指具有一定的知识水平及其结构、专门从事精神产品创造的脑力劳动者即知识分子；精神生产手段是指精神生产者在创造精神产品的过程中所使用的一切工具的总和；精神生产对象是指精神生产者运用精

① 《马克思恩格斯全集》第30卷，人民出版社1995年版，第175页。

② 《马克思恩格斯文集》第8卷，人民出版社2009年版，第155页。

神生产手段进行加工改造的精神对象。

二、思想源泉：古典经济学家的理论贡献

马克思的精神生产力思想并不是凭空产生的，马克思生前的理论家特别是古典经济学家李斯特（Friedrich List，1789—1846）的相关思想为马克思精神生产力思想的形成提供了思想源泉。

资本主义生产方式自确立与发展以来，资产阶级的经济学家出于对生产和再生产的需要，开始积极地探讨财富的增长和生产劳动的关系问题。对国民财富增长来源的探讨，正是出于对这些问题的思考，资产阶级经济学家开始触及、探讨精神生产力相关问题。其中，德国古典政治经济学家弗里德里希·李斯特对精神生产力的思想作出了较全面的阐述，其对精神生产力的理论贡献如下：

首先，肯定了精神生产力的作用。亚当·斯密曾认为，相对于体力劳动，精神劳动由于其产品不能固定或者不能物化在一个特定的对象上，因而精神劳动不具有生产性。李斯特强烈地批判道："按照这个学派的观点，一个养猪的是社会中具有生产能力的成员，一个教育家却反而不是生产者。供出售的风笛或者口琴的制造者是生产者，而大作曲家或音乐名家，却由于他表演的东西不能具体摆在市场，就属于非生产性质。医师救治了病人，倒不是生产阶级，相反的，一个制药工人，虽然他所生产的交换价值（丸药）在化为无价值状态以前的寿命也许只有几分钟，却是一个生产者。像牛顿、瓦特或刻普勒这样一种人的生产性，却不及一匹马、一头驴或一头拖重的牛。"[①] 李斯特用形象而生动的语言针对亚当·斯密的观点进行严肃与尖锐的批评：一切财富总是由体力劳动和脑力劳动共同创造的，而亚当·斯密仅仅把体力劳动看作是财富增长的源泉，是唯一的生产力，严重忽略了精神劳动的生产性，否认了精神生产力对财富增长的作用和贡献。李斯特还举例论证道："现代国家在财力、权力、人口以及其他方面的进展比之古代国家不知

① ［德］弗里德里希·李斯特：《政治经济学的国民体系》，陈万煦译，商务印书馆 1961 年版，第 126 页。

要胜过多少倍，如果仅仅把体力劳动作为财富的起因，那么对于这一现象将怎样解释呢？古代国家所使用的人手，与全人口对比，不知比现在要增加多少倍，工作比现在艰苦，各个人所拥有的土地面积比现在的大，然而一般群众吃的、穿的却比不上现在。要对这一现象作出解释，我们势必要提到一千年以来在科学与艺术、国家与社会制度、智力培养、生产效能这些方面的进步。各国现在的状况是我们以前许多世代一切发现、发明、改进和努力等等累积的结果。这些就是现代人类的精神资本。"① 这里提到的"精神资本"就是我们所指的精神产品，人们创造精神产品用以改造世界的能力就是精神生产力。李斯特的生产力概念中不仅包括物质资本形成的生产力即物质生产力，也包括精神资本所创造的生产力即精神生产力。通过对比古代和现代，李斯特揭示了社会巨大进步的秘密就在于精神生产力的快速发展，突出了精神生产力在国家发展中具有的物质生产力所不能取代的地位。

其次，揭示了物质生产力和精神生产力相互依赖性。李斯特在阐述精神生产力内在构成要素之一的精神生产者任务时指出："精神的生产者的任务在于促进道德、宗教、文化和知识，在于扩大自由权，提高政治制度的完善程度，在于对内巩固人身和财产安全，对外巩固国家的独立主权；他们这方面的成就愈大，则物质财富的产量愈大。反过来也是一样的，物质生产者生产的物资愈多，精神生产就愈加能够获得推进。"② 李斯特认为，精神生产与物质生产是相互促进的。精神生产的产品和财富越多，就越能够满足人们的精神需要，人们才能更加有保障地进行物质生产。同时，人们获得的物质资料越多，就越能极大地促进精神生产，因为精神生产依赖于一定的物质手段和条件。"国家物质资本的增长有赖于国家精神资本的增长，反过来也这样。"③ 当然，有物质资本的生产就有物质生产力，有精神资本的生产也必然

① ［德］弗里德里希·李斯特：《政治经济学的国民体系》，陈万煦译，商务印书馆 1961 年版，第 123—124 页。

② ［德］弗里德里希·李斯特：《政治经济学的国民体系》，陈万煦译，商务印书馆 1961 年版，第 140 页。

③ ［德］弗里德里希·李斯特：《政治经济学的国民体系》，陈万煦译，商务印书馆 1961 年版，第 196 页。

有精神生产力。在社会历史进程的每一个阶段，社会生产力无一例外地包括相互依存的物质生产力和精神生产力。

再次，主张要保持物质生产力和精神生产力之间的张力，寻找物质生产力和精神生产力的平衡点。“整个国家的生产力所依靠的是彼此处于适当关系中的一切个人的努力。我们把这种关系叫作生产力的平衡或协调。”①李斯特强调，如果精神生产者如“哲学家、语言学家、文学家”的数量过多，物质生产者不足的话，国家生产力发展将会受到阻碍。如果盲目发展精神生产力，忽视物质生产力的发展水平，精神产品就会过剩，“它所剩的是一大堆无用的书本、难以究诘的理论体系和学说的空泛争论，结果使整个国家在理智上越来越糊涂而不是越来越开朗”②。如果不顾及精神生产力的发展，物质生产力就会缺少智力和理论支持，社会就会陷入各种困境之中。李斯特主张物质生产力和精神生产力两者之间必须要保持动态的平衡和协调。

李斯特有关精神生产力的观点为马克思精神生产力思想提供了思想源泉。但马克思对李斯特精神生产力的思想不是全盘继承，而是批判性的承接。针对李斯特仅仅从财富的增长源泉方面抽象地理解精神生产，忽视精神生产的社会性和历史性的局限，马克思从实践唯物主义出发指出，要探讨精神生产和物质生产之间的关联，必须把物质生产本身不是当成一般范畴来考察，而是在一定的历史形式下来考察，同资本主义生产方式相适应的精神生产，与同中世纪生产方式相适应的精神生产显然不同。“如果物质生产本身不从它的特殊的历史的形式来看，那就不可能理解与它相适应的精神生产的特征以及这两种生产的相互作用。”③从历时态上看，精神生产在社会发展过程中的不同历史阶段所处的状况有所不同，只有在具体、特殊的历史阶段和不同的社会形态中研究精神生产，才能真正理解精神生产和物质生产以及两者之间的关系。

---

① ［德］弗里德里希·李斯特：《政治经济学的国民体系》，陈万煦译，商务印书馆 1961 年版，第 141 页。

② ［德］弗里德里希·李斯特：《政治经济学的国民体系》，陈万煦译，商务印书馆 1961 年版，第 141 页。

③ 《马克思恩格斯全集》第 33 卷，人民出版社 2004 年版，第 346 页。

三、历史根据：与时代相伴生的永恒主题

马克思的历史唯物主义中具有的精神生产力思想不仅有其文本的逻辑依据、思想源泉依据，还有其历史的依据。不论是在马克思所处的时代，还是在当代社会，精神生产力始终贯穿于社会历史发展的过程之中，在每一个历史时代，发挥着与当时历史时代相一致或者不尽一致的作用，是与时代相伴生的永恒主题。

马克思作为精神生产者创造了丰富的精神产品，从广义而言，这些精神产品都是先进精神生产力的具体形式，对当时的社会产生了重大影响，仅仅从马克思早期为《莱茵报》撰稿时所发表的有代表性的论文就能体现出。这一时期，他通过对社会敏锐地观察，写就了《关于出版自由和公布等级会议记录的辩论》《关于林木盗窃法的辩论》和《摩塞尔记者的辩护》等具有强烈时代感的论文，深刻地批判了普鲁士政府封建政治制度，揭示了社会的弊端，从而激起了人们的自觉反抗意识。

在《关于出版自由和公布等级会议记录的辩论》中，马克思针对当时的书报检查制度，抨击了在封建专制制度下人们根本没有新闻出版自由，没有发表言论的自由领域。同时他还揭示了议会的阶级性和等级性，指出议会仅仅代表的是贵族和骑士阶级的利益，并不是每个人都能享有的普遍的自由，一针见血地揭露了普鲁士政府和议会的虚伪嘴脸。这一作品在当时进步的市民阶层中产生了很大的反响。马克思的精神思想使读者普遍意识到："德国在政治上所达到的发展阶段，距离一个现代资产阶级社会还是极其遥远的。"① 这种认识上的觉醒激发了广大读者奋起反抗腐朽的封建制度的情绪，纵深推进了民众对社会制度性问题的思考与批判。

在《关于林木盗窃法的辩论》的连载文章中，马克思始终站在贫苦人们的立场为他们辩护。人们因为贫困到地主的树丛里拾枯枝烂叶以维持最基本的生存需要。然而这一行为很快被议会机构定性为违法。马克思为此辩护：贫困农民捡拾枯枝是一种本能和习惯，而将其说成是盗窃，是对农民最

---

① ［德］海因里希·格姆科夫等：《马克思传》，易廷镇等译，人民出版社2000年版，第31页。

低限度利益的侮辱和侵犯，所谓的法律代表的只是统治阶级的利益。马克思揭露了议会制定法律赤裸裸的利益性，使人们对普鲁士封建统治者进一步感到失望，人们渐渐对统治阶级不再抱有幻想。

在《摩塞尔记者的辩护》中，马克思不仅为摩塞尔地区贫困农民受到的不公平待遇据理力争，而且还就其贫困原因进行了调查以及深刻分析。普鲁士政府将摩塞尔地区农民贫困潦倒的原因归结为自然现象等客观偶然因素，又或者是归结于某些地方官吏贪污腐败。马克思则指认，如果一个国家的某一地区经常性处于贫困状况，且愈演愈烈以致到了登峰造极的地步，这就表明这个国家的管理政策与客观现实相矛盾。马克思揭示了摩塞尔地区的贫困是由普鲁士当局所推行的一系列腐朽政策造成的。

这三篇论文从不同角度阐述了统治阶级和被统治阶级之间的矛盾和冲突。马克思所创造的先进的精神产品把矛头直指普鲁士政府，批判了封建专制制度，使人们的思想渐渐觉悟，不再被普鲁士政府的虚伪政策所蒙蔽，开始了积极反对德国封建反动统治势力的斗争，德国的封建制度愈加陷入不可自拔的危机当中。

不仅马克思早期所创造的精神产品具有时代性的意义，中晚期所创造的精神产品同样具有超越时代的意义。比如具有深远影响的《共产党宣言》就是一例。《共产党宣言》是马克思在投身革命实践中通过科学的认识产生的国际共产主义第一个纲领性文件，具有划时代的意义和永不枯竭的生命力。马克思在《共产党宣言》中号召："全世界无产者，联合起来！"全世界的无产阶级只有联合起来推翻资本主义制度才能完成共产主义的历史使命。《共产党宣言》阐明了资产阶级必然灭亡和无产阶级必然胜利的观点，为全世界的无产阶级指明了革命斗争的道路和目标，为社会主义革命奠定了理论基础，成为全世界无产阶级认识世界和改造世界的思想武器。马克思作为精神生产者所创造的这些精神产品无不显示出其巨大的精神力量。

在马克思所处的时代，精神生产力有着历史的存在依据。相比较而言，今天的知识经济时代，精神生产力在更为广泛的意义上存在着，这一点可以从精神生产力的三要素的现实变化中得到说明。首先，作为精神生产力主导因素的精神生产者即知识分子的数量大幅度增加，质量显著提高。从我国来看，精神生产者的受教育程度比以往任何时期都要高，文化素质也得到很大提升。在现代社会中，知识是一切财富中最重要的财富，掌握先进知识的人（知识分子）是一切生产力中最强大的生产力，是推动社会前进的一切力量中最重要的力量。从某种程度上说，知识分子的数量和质量决定了一个国家或民族精神生产力的水平。其次，精神生产手段呈加速度发展趋势。精神生产手段是指精神生产者在创造精神产品的过程中所使用的一切工具的总和，不仅包括科学实验室、实验仪器、文献出版机构、图书馆等硬件设施，而且包括逻辑思维能力、语言符号等软件装备。随着社会和经济发展步伐的加快，硬件生产手段近年来不断更新换代；软件设施也得到完善和丰富，更好地推动了精神生产。再次，精神生产对象的积累更加全面和丰富。从精神生产的对象来看，它既是前人精神生产的结果，也是后人精神生产的前提。精神生产对象跨越了过去、现在和将来，是历时态人与人、人与社会相连的纽带，是共时态人与人、人与社会相连的桥梁，也由此构成了精神生产对象和物质生产对象相区别的焦点。我们可以用先进的物质生产工具生产出马车、汽车、火车、飞机以及更高级别的生产对象，我们可以用飞机、汽车、火车取代马车，从马车到飞机等物质生产对象的发展过程不像精神生产对象的积累和继承过程。精神生产对象是传承、积累和叠加的过程。目前，精神生产对象已经达到前所未有的全面积累和丰富的状态。

我国正处于社会主义初级阶段，社会主义初级阶段的主要矛盾是人民群众日益增长的物质文化需要同落后的社会生产之间的矛盾。物质需要的满足要求必须发展物质生产力，而精神文化需要的满足必须依靠精神生产力的大力发展才能实现。精神生产力同物质生产力一样，是我们人类在任何时代都要面临的主题。

第五节　马克思学说中的哲学与马克思学说的解释框架*

不管马克思及后代学人如何看待马克思的学说，马克思的学说具有思辨哲

* 本节原载于《社会科学辑刊》2011 年第 1 期。

学的品质是毋庸置疑的。在马克思的学说中，存在着三个基本的解释框架：社会构成框架；阶级分层框架；历史解释框架。理解马克思的思想需要在他的叙述中去考察其概念使用以及所要解决的问题是在哪个框架下进行的。只有在解释框架的语境下，才有可能对马克思不同的论述与思想作出具体分析，深化对马克思学说的研究，真正体现其强大的生命力。

一、马克思学说中有没有哲学

马克思学说中到底有没有哲学，这一问题在学界一直争论不休，却依然悬而未决。无论是承认还是反对马克思学说中有哲学的学者，都可以从马克思复杂精深的著述中为自己的观点找到支持性的论述。说马克思学说有哲学，主要是认为马克思学说是思辨的产物，有价值理想和人文关怀，对辩证法的运用把握了历史总体的运动；而说马克思学说没有哲学，主要是认为马克思学说摆脱了思辨哲学的特性，是经验实证的，甚至把马克思学说理解为经济决定论。如果我们注意到，马克思在其著述中多次批判德国思辨哲学，强调要消灭哲学，却又使用哲学的语言、论证方式阐述自己的观点，那么，马克思学说中到底有没有哲学，确实是一个复杂难解的问题。

按马克思自己的理解，他从没有将自己创立的学说当成哲学，甚至提出要消灭哲学、清算哲学信仰。在《〈黑格尔法哲学批判〉导言》中就提出“不使哲学成为现实，就不能够消灭哲学”[①]；在《〈政治经济学批判〉序言》中，马克思还说：“我们决定共同阐明我们的见解与德国哲学的意识形态的见解的对立，实际上是把我们从前的哲学信仰清算一下。这个心愿是以批判黑格尔以后的哲学的形式来实现的”[②]。这表明，马克思通过这一系列的批判，不仅清算了当时各种各样的哲学思想体系，而且清算了自己对“哲学”的信仰。

我们认为，在独立的意义上马克思没有自己纯粹的哲学，原因在于：

第一，从马克思学术研究的整个内容来看，经济学研究占据了其全部

---

① 《马克思恩格斯文集》第1卷，人民出版社2009年版，第10页。

② 《马克思恩格斯文集》第2卷，人民出版社2009年版，第593页。

学术研究70%以上的分量，到晚年这一比例甚至更高。从1842年开始涉及经济学研究后，马克思几乎没有作纯粹的、单纯的、专门的哲学研究。马克思对哲学、经济学和空想社会主义的研究，都是为了解释当时的社会现实，并指明未来社会的发展路向。而在任何时代，经济都是社会的第一现实。因此，从研究客观历史现实出发，只有加深对经济学的理解，厘清经济现实的发展历程，才能从根本上理解马克思哲学的真实基础与学术思路。

马克思批判性阅读了大量资产阶级经济学家的著作，留下了《巴黎笔记》《曼彻斯特笔记》和《布鲁塞尔笔记》等札记，并且立足无产阶级革命事业的需要，加以全新的审视，写出了《1844年经济学哲学手稿》《政治经济学批判》和《资本论》等名著。马克思对经济现实的研究，使其哲学视域超越了黑格尔和费尔巴哈，这也是其创立唯物史观的研究基础。唯物史观的创立实现了哲学发展史上的伟人变革。从这个意义上来说，马克思哲学研究是经济学式的。但是，同样的事实是，马克思对经济学的研究又是哲学的。马克思创立了剩余价值学说，其学说远远高出以亚当·斯密和李嘉图为代表的一代经济学家。认真学习马克思的著作，可以发现他对一系列范畴的研究，如社会、实践、劳动、异化、需要、资本主义、共产主义等等，都不仅仅是从某一个学科视角出发的，而常常是结合哲学、经济学、社会学、历史学等多学科的视角看问题，由此才能形成观照社会现实的全局眼光。

第二，马克思学说并不存在传统解释视野下的学科边界。在传统的对马克思主义理论的研究和传统教科书模式中，认为马克思主义的基本理论由三大部分：哲学、政治经济学与科学社会主义构成，对马克思主义基本理论包含的子系统之间的边界过分强化。从马克思理论探索的客观进程与从事理论工作的意图来看，他并没有力图建立传统分类学意义上的具体的哲学、政治经济学和科学社会主义理论，他的理论学说所包含的子系统是一个紧密联系的不可分割的有机整体。马克思明确地把自己的相关理论称之为批判的理论，如哲学批判理论、政治经济学批判理论、社会历史批判理论等。马克思理论批判的动机并不是要建立新的具有学科性的理论体系来代替传统的哲学体系、政治经济学体系以及社会历史理论体系，而是要形成一种理论精神即批判性、实践性的精神，最终实现人的自由和全面发展，实现人类的伟大理想。所以，我们对马克思学说的某一子系统的研究都是不能纯粹独立进行的，都离不开对其他子系统的研究。马克思主义是“一块整钢”，有着自己鲜明的整体性特征。①

尽管马克思不把自己所创立的学说看成哲学，但人们仍然要把他放到哲学家的行列当中，并把他的一些理论当做哲学来对待。造成这种状况的原因就马克思这方面来看主要有：第一，马克思早年的哲学研究经历，尤其是马克思在“哲学”的名义下写出了很多影响深远的哲学文章；第二，马克思晚年以经济学研究为基础所创立的诸多思想具有经验实证性，但依然带有思辨哲学的特性；第三，马克思学说中包含了大量的哲学问题，如同其学说中包含着大量的历史学、社会学问题一样。马克思哲学是关于自然、社会和思维的普遍规律性的学说，具有最大的普遍性。它作为世界观和方法论，为整体的马克思主义提供了世界观和方法论基础；如果从马克思主义政治经济学和社会主义学说中，拒斥马克思主义的世界观和方法论，就会失去它的马克思主义性质而沦为非马克思主义的经济学和其他形式的社会主义学说。

不管马克思如何看待自己的学说，他的学说中无论如何都包含哲学内容，即思辨品质的内容，这是毫无疑问的。马克思学说又不同于以往他所批判的那些纯粹的思辨哲学，这是因为他的政治经济学研究具有经验实证的性质。

二、马克思学说的三个解释框架

要把握马克思学说的精神实质，有必要对马克思学说做一个框架结构上的总体性把握和定位。

在马克思的思想中，存在着三个基本的解释框架：第一个是社会构成框架；第二个是历史解释框架；第三个是阶级分层框架。理解马克思的思想需要在他的叙述中去看他的概念使用以及所要解决的问题都是在哪个框架下进行的。当然，有的时候，三个解释框架是同时发挥作用的，而有的时候，马

① 参见陈先达：《论马克思主义基本原理及其当代价值》，《马克思主义研究》2009 年第 3 期。

克思只在某一框架下使用概念和进行论述。①

如果把马克思的思想分为早、中、后期的话，社会构成框架在早期和后期使用得较为多一些，但是，早期使用的时候，是较为模糊的，到了后期再使用的时候，由于阶级分层的框架已经非常成熟，所以思想也就比较清晰和具体。可以说后期使用社会构成框架时，已经包含了阶级分层框架下所取得的全部思想成果了。不过，只要使用社会构成框架，一些东西就不可能完全被归入到阶级分层框架中去，这也是阶级分层框架并不能解释所有问题所致。比如，关于“市民社会”问题，我认为，它既不是“经济基础”这个概念能够完全替代的，也不是单指“资产阶级社会”，而是有着相互交叉和重叠的三个不同概念。马克思在早期使用市民社会这个概念的时候，是在社会构成框架下进行的，内涵不甚确定，主要是指与政治国家相对应的社会存在物。到了后来，随着阶级分层框架的引入，是需要对市民社会进行阶级分析的，而马克思主要兴趣不在学术方面，所以，没有做这方面的工作，但是，当他的叙述需要描绘社会构成图式的时候，就会使用这个概念，因为它比经济基础的概念更形象一些。

第一，关于社会构成框架。主要是以经典唯物主义为表述形态的社会构成理论。包括人类社会历史演进规律、人类社会发展的社会变革的内在动力、社会经济形态演进模式等研究。具体表现在：关于人类解放何以可能与解放的路径分析——马克思对市民社会的分析，对资本主义制度与社会条件下人的异化状态与生存危机的分析，从而所引发的对资本主义社会不合理制度的深入批判，以及关于人的自由而全面发展的社会与“自由人的联合体”的未来设想；以揭示社会存在与社会意识、生产力与生产关系、经济基础与上层建筑等矛盾运动与发展的内在规律为基本内涵的理论。

第二，关于历史解释框架。“人的生产方式”和“人的存在方式”都与对历史的理解有关，马克思的历史框架，就是对人的这两种“方式”作出历

① 本节关于马克思学说中的三个“解释框架”的基本思想，来源于南京大学政府管理学院张康之教授的观点。张康之教授对拙文《人类解放的进程与社会形态的嬗变》（《中国社会科学》2008 年第 3 期）的修改意见中，提及三个“解释框架”问题，本节吸收与借鉴了这一观点。

史的解释，即从对历史的解释中得出人的这两方面规定。人们之所以有历史，是因为他们必须用一定的方式生产自己的生活，并具有一定的存在样态，因此，历史与这两种“方式”的发展变化具有一致性，我们必须关注人在两种“方式”意义上的历史性。在本体论意义上，历史成为人的全部支撑者，人就是历史的存在方式，而且不可能不是历史的存在。德国哲学家伽达默尔（Hans—Georg Gadamer，1900—2002）指出：“历史性这个概念要说明的并不是关于某种的的确确就是如此存在的一种事件的联系，而是于人的存在方式，这样的人生活于历史之中，在他的存在中，从根本上说只有通过历史性这个概念才能被理解。”① 历史向我们敞开是通过“解释”实现的，历史能向我们敞开，这要归功于历史解释，通过它，我们可以与历史达成“视域融合”。

第三，关于阶级分层框架。阶级理论是马克思学说的核心组成部分。在马克思之前的思想家虽然意识到阶级的存在、不同阶级之间的斗争。但并没有真正思考与创立科学的阶级分层理论，没有科学地揭示出阶级产生的根源和阶级的本质。马克思将阶级分层作为一种社会分析的重要方法论原则，即建立了一种根据人们在社会生产体系中的地位和作用来对其在社会阶级结构中的位置进行排列的方法原则。进一步而言，马克思认为，由于对垂直分化中最本质的、具有决定性的因素——生产资料的占有关系不同，决定了各阶级在社会劳动组织中所起的作用不同，又决定着各阶级取得它们所支配的那份社会财富的方式和多寡也不同。由此可见，阶级是在一定的生产关系中处于剥削或被剥削地位的不同社会集团。阶级的实质就在于社会上一部分人拥有这种或那种生产资料，因而能够占有另一部分人的劳动。阶级分层的划分标准只能是经济标准，只有根据经济因素划分的阶级地位群体。马克思的阶级分层、阶级分析的主要目的是坚持对阶级不平等状况与对私有制进行否定和批判，寻找阶级运行、发展、消亡的客观规律，分析和了解社会的阶级、阶层结构，认识各阶级、阶层的经济状况和经济力量、阶级关系和政

① ［德］伽达默尔：《伽达默尔集》，严平编选，邓安庆等译，远东出版社 1997 年版，第 84 页。

治关系，以设计和建立合理的社会制度，以制度的形式和规则确定社会的经济关系、政治关系和意识形态，阶级分层理论具有革命性与批判性的本质特征。

三、马克思学说的解读原则

不同的解释框架体现了不同的思想时空结构，社会构成框架体现了空间性结构，历史解释框架体现了时间性结构，由此构成了解释整个时空的框架。“现实的个人”正是处于具体时空结构中的个体，其走向“自由个性”的历史过程，正是发源于阶级分层框架中的阶级矛盾和阶级斗争。但是，如何整合马克思学说的这三个解释框架，加以总体上的把握呢？要解决此问题，首要的恐怕还是我们如何评价马克思思想的层次结构问题。对于“评价”问题的回答将直接关系到我们对待马克思学说的态度。

我们认为，在马克思早期，关于人的问题的研究主要放在“类”主体上，即落脚点是对全人类的解放与发展的认识上。在对马克思理论的研究过程中，有些西方学者没有全面把握马克思学说的社会结构即关于人类的解放与发展的哲学构想。这种否定倾向有两种表现形式：一是“干脆忽略马克思的哲学见解，把他的学说归结为经济决定论或‘经济唯物主义’”；二是把马克思关于人的学说视作早期不成熟的主张，断言后来成熟的马克思抛弃和批判了早期自身的人学立场。①

这两种观点都具有片面性，甚至可以说偏离了马克思思想的精神实质。笔者认为，如果能够把握马克思的这三个解释框架以及它们之间的关系和马克思使用的情况，许多问题就会变得较为清楚了。其实，如果从这三个框架的角度看，马克思学说的演进历程并不是表现为后期否定前期的过程，马克思的思想前后一致性是不容怀疑的，前后的所谓不一致，只是解释框架使用上的区别。在马克思的研究过程中，后期对人的探讨，重心放在“个体”上，关注点越来越集中于具体与实践性层面，使深层社会理论由显性变成隐性，这种变化与马克思的哲学世界观从人本主义向历史唯物主义转换相关

① 参见衣俊卿：《马克思思想：人之存在的文化精神》，《中国社会科学》2001 年第 3 期。

联。但是，马克思后期并没有放弃或否定早期关于“一般人”“一切人”的解放与发展的哲学思想与价值追求，而是把早期形成的基本见解当作理论前提和价值目标贯穿于后来的各种理论研究之中。笔者不赞同国外的“马克思学”对马克思所做的分解，因为一些西方学者没有看到马克思思想发展的内在逻辑，总是把主题的转移看作是思想的断裂。

进入20世纪后，马克思的阶级分层理论面临现时代客观现实的挑战：尽管资本主义国家出现了经济危机与经济萧条的问题，但马克思所预料的资产阶级的瓦解并没有呈现；资本主义社会完全分裂为两大历史主体与对立阶级、阶层——无产阶级与资产阶级的情况并没有呈现，阶级作为理论的客体已被解构，大量的中产阶级管理者、专家出现在各个行业，成为社会发展的主导力量，小业主、技术工人等并非处于绝对不利地位，他们也不认为自己是被剥削者。[①] 但这并不能否认马克思的阶级分层理论对现代社会及社会分层的深远的影响。马克思主义的阶级分层理论可以成为解读中国当下社会分层的另外一种视角。阶级分析、阶级分层分析方法论原则是历史唯物主义的重要方法论原则，只要阶级存在，只要社会还处于有阶级的历史阶段，就必须坚持这一方法论原则来分析社会结构。当然，由于新的社会分层形式正逐渐形成，传统的阶级分层理论方法论原则需要转型与发展。改革开放以来，随着城镇化、工业化和市场化的不断推进，我国社会发生了急剧的分化，原有的阶级分层模式已不能真实地反映已经变化的社会状况，必须适时地由原有的阶级分层向现代阶层分层转型。

我们应当在整体把握马克思学说的前提下，在对马克思三个基本解释框架认识的基础上，对马克思的相关论述作出具体的分析，在新的历史境遇下坚持与发展马克思学说，依据以下原则重新解读马克思学说，真正发挥马克思学说的强大威力。[②]

第一，坚持历史分析的原则。在马克思学说的历史解释框架与阶级分层框架中，我们不能教条化地看待其对历史事件的具体分析、对历史进程的

---

① 参见［美］乔纳森·特纳：《社会学理论的结构》上卷，邱泽奇译，华夏出版社2001年版，第224页。

② 参见衣俊卿：《马克思思想：人之存在的文化精神》，《中国社会科学》2001年第3期。

预见与设想、无产阶级革命的具体措施等所得出的结论。因为，这些具体结论是马克思在当时的时代背景与时代环境下提出的，具有时间限定与时代特性。这些具有时代局限性的具体事件、具体结论只能作为我们今天进行现实实践的生动案例，从案例中得到启示与借鉴，不能作为我们思想、行动的指南与依据。

第二，坚持辩证分析的原则。马克思学说中的社会构成理论，主要以经典历史唯物主义为表现形态，我们不能片面地、孤立地、静止地看待。不仅要反思理论问题和现实问题的联系，而且要深入思考社会构成理论定位的问题，揭示隐藏在马克思本人的手稿、通信、笔记、著作等各种文本中的叙述体系与深层理论精神，重新限定社会构成理论的适用范围。通过对马克思社会构成理论的叙述体系和视角的全面比较与重新定位，把握住马克思社会构成理论的“基础理论”问题和“前沿”问题。这种反思不应该停留在孤立的理论层面上，而应该自觉地上升到对马克思社会构成理论的不同的叙述体系的整体反思与定位上。

第三，坚持把握事物本质的原则。在新的历史境遇下，发挥马克思学说的当代价值与强大威力的关键就是要充分展示马克思学说的社会构成框架中的关于人类解放理论的本质性。马克思人类解放理论将从隐性的思想变为显性的精神，并成为当代社会运动的本质力量。人类解放是马克思的主导价值取向，是马克思建构其理论大厦的出发点和归宿。在马克思多维度、多层次的学说体系中，人类解放的思想无疑是具有统摄意义的核心思想。正确认识人类解放思想在马克思主义中的本质地位，是把握马克思主义精髓、真正坚持马克思主义的基本前提。

第六节　在何种意义上区分马克思与恩格斯的文本*

随着马克思主义研究的不断深入，“文本”与“解读”日益成为马克思主

* 本节由笔者与笔者的研究生黄漫合作完成，原载于《人文杂志》2012年第1期，原文题目为《在何种意义上区分马克思文本与恩格斯文本——基于〈关于费尔巴哈的提纲〉之思》。

义研究的重点之一，而在对文本的解读中，出现了马克思与恩格斯文本归属的障碍，并构成了深入研究的前提性瓶颈。笔者认为，谨慎区别与严肃对待马克思与恩格斯的文本归属问题是属于学术界当前讨论学术规范问题中最具有深远意义的问题。在彻底清理马克思和恩格斯文本归属的前提下，对整个学术界的学术规范提出全面反思，有助于提高学术界学术规范意识及其加强与全球化的学术规范体系的有机交融。

一、《关于费尔巴哈的提纲》修改稿与原始稿

笔者先从《关于费尔巴哈的提纲》的修改稿和原始稿的对比（论证马克思的原始稿和恩格斯的修改稿两者不能互相代替）入手。

《关于费尔巴哈的提纲》（以下简称《提纲》）是马克思主义哲学创立的重要标志之一，对马克思主义哲学史发展的性质和进路具有根本性的向导意义，正如恩格斯所评价的，它“作为包含着新世界观的天才萌芽的第一个文献，是非常宝贵的”①。从文本上看，《提纲》有两个现行于世的版本：一个版本是马克思写作于1845年春，于1932年首次发表的《关于费尔巴哈的提纲》的原始稿，另一个版本是作为1888年恩格斯出版的《路德维希·费尔巴哈和德国古典哲学的终结》一书附录而出现的《马克思论费尔巴哈》，即《提纲》的修改稿。国内学者对于《提纲》原始稿和修改稿的评价褒贬不一，但在用其作为教学和研究的文本依据时更多地倾向于使用恩格斯的修改稿，甚至出现标识不明的直接引用。学者们基于原始稿和修改稿的文本差异对马克思和恩格斯学术思想关系的评价大相径庭，主要形成了马克思、恩格斯思想“统一说”与“对立说”两种态度。

从整体上看，笔者倾向于“统一说”，但是又不完全认同“统一说”的观点。原始稿和修改稿之间在形式、内容上基本统一，但也存在差异。

原始稿和修改稿所反映出来的两位作者的观点没有本质性的区别，修改稿对原始稿的技术性改动并没有违背马克思原始稿的本意。从文本的形式上看，两个稿本框架结构条款的数量是完全相同的，均由十一条文本组成，

---

① 《马克思恩格斯文集》第4卷，人民出版社2009年版，第266页。

恩格斯并未对稿本进行形式上的修改；从文本的整体内容上看，两个稿本虽言简意赅，但意蕴十足，都是在批判旧唯物主义的基础上，以新唯物主义实践观为核心主旨并将新唯物主义哲学观的基本理路演进、贯穿于全文之中；与费尔巴哈旧唯物主义和唯心主义彻底划清界限，包含“实践观——存在论——历史观——哲学观”① 的哲学体系雏形；历史唯物主义思想初露端倪，深度的哲学内涵在《提纲》中得以体现。

然而，《提纲》的原始稿和修改稿在语法上、语言的措辞上存在差异，这种差异反映出不容忽视的两个问题：修改稿相对原始稿而言更能清晰、准确地表达马克思所要表达的思想观点，甚至是对马克思思想本意的补充；修改稿也不能够完全取代原始稿，原始稿有被继续推敲和挖掘的价值存在。

关于第一个不容忽视的问题。在原始稿中的第二条，“关于思维——离开实践的思维——的现实性或非现实性的争论”②，恩格斯将其修改成为“关于离开实践的思维的现实性或非现实性的争论”③，较之前者，后者对“争论”的指向性更为明确，而且在文字上更加简洁、清晰，避免了原始稿中不必要的措辞累赘。第五条中，恩格斯把“费尔巴哈不满意抽象的思维而喜欢直观”④ 改称为“费尔巴哈不满意抽象的思维而诉诸感性的直观”⑤，用“诉诸”取代“喜欢”在措辞上更显规范、中肯，同时，在“直观”前面添加“感性的”，不但与前面的“抽象的”相对应，而且更加有力地体现了马克思对费尔巴哈的批评，即费尔巴哈摆脱黑格尔的抽象思辨却误入感性的直观中去，实质上也没有脱离旧唯物主义的范畴。第七条中，恩格斯在修改稿中将“社会的产物”⑥ 进行着重强调，把马克思贯穿于实践观中的历史观凸显出来，是对马克思本意的进一步补充。诸如此类的技术性修改和补充几乎在《提纲》的每一条文本中都有涉及，这里不一一列举。显然，这些局部的修

① 王东：《马克思学新奠基——马克思哲学新解读的方法论导言》，北京大学出版社 2006 年版，第 299 页。

② 《马克思恩格斯文集》第 1 卷，人民出版社 2009 年版，第 500 页。

③ 《马克思恩格斯文集》第 1 卷，人民出版社 2009 年版，第 504 页。

④ 《马克思恩格斯文集》第 1 卷，人民出版社 2009 年版，第 501 页。

⑤ 《马克思恩格斯文集》第 1 卷，人民出版社 2009 年版，第 505 页。

⑥ 《马克思恩格斯文集》第 1 卷，人民出版社 2009 年版，第 505 页。

改对原始稿而言是裨益不菲的，通过恩格斯的加工锤炼，《提纲》的修改稿着实有助于我们精确地把握马克思的新唯物主义观点的意蕴。

关于第二个不容忽视的问题。从原始稿和修改稿的第一条看，在原始稿中马克思认为，旧唯物主义的缺点是“对对象、现实、感性，只是从客体的或者直观的形式去理解，而不是把它们当做感性的人的活动，当做实践去理解，不是从主体方面去理解”①，在修改稿中恩格斯将“感性的人的活动”替换成“人的感性活动”②，问题是这两种表达是否在根本意义上保持内涵的一致性？从文本上看，马克思用“感性的人的活动”来批评旧唯物主义本体论的抽象性，而后则用“现实的、感性的活动”抨击唯心主义的哲学观前提，用“把人的活动本身理解为对象性的活动”和“真正人的活动”③直接批判费尔巴哈有别于思想客体的感性客体，是一一对应的统一表述，具有完整性。而恩格斯的这种替换只是强调了“感性活动”，没有追问是什么人的“感性活动”，造成对下文“主观方面”理解上的困难。与此类似，在第三条中，马克思认为“环境的改变和人的活动或自我改变的一致，只能被看做是并合理地理解为革命的实践”④，恩格斯对此进行两处修改，一是直接删去了前半句中的“或自我改变”，另一是将后半句中的“革命”改为“变革”。其中第一处修改尤其存在较大争议：究竟“人的活动”是否包含了“自我改变”的内涵呢？在马克思、恩格斯合著的《德意志意识形态》中对人和环境有这样的论述，“人创造环境，同样，环境也创造人”⑤。马克思、恩格斯这句话的真正贡献，在于揭示消解人与环境之间悖论的契机与基础上，强调指出了人与环境之间的互动关系。马克思和恩格斯都充分肯定环境与人的相互作用，认为环境的改变与人的活动的变化是根本一致的，环境在规定人的同时又为人所改变，而被改变了的环境又继续规约着人及其活动。在以人为主体、以环境为客体的相互关系中，人的活动构成了主客体相关联的中介，而

① 《马克思恩格斯文集》第 1 卷，人民出版社 2009 年版，第 499 页。
② 《马克思恩格斯文集》第 1 卷，人民出版社 2009 年版，第 503 页。
③ 《马克思恩格斯文集》第 1 卷，人民出版社 2009 年版，第 499 页。
④ 《马克思恩格斯文集》第 1 卷，人民出版社 2009 年版，第 500 页。
⑤ 《马克思恩格斯文集》第 1 卷，人民出版社 2009 年版，第 545 页。

人的变化正是从人不断变化的活动中得以实现的。这与马克思在原始稿中所指出的环境、人的活动或自我的改变相一致是基本相吻合的。但值得注意的是，经过认真比对原始稿和修改稿的形式差异所反映出的内容分歧可知，在恩格斯的修改稿中人在活动中发生变化，特别是自我变化的思想被明显弱化。这表明，在对待马克思、恩格斯原始文本的态度上，不能用恩格斯的修改稿不加区别地取代马克思的原始稿。

二、马克思文本与恩格斯文本的归属与清理

通过对《关于费尔巴哈的提纲》修改稿与原始稿的比较分析，两者不可代替是明显的，是两种具有一定意义和程度上区别的不同文本，不能将两者混为一谈。在马克思和恩格斯的文本之间，类似的问题不是个别问题，而是一个具有普遍性的问题。以此推而广之，必须注重对马克思和恩格斯的文本归属问题的关注。笔者认为，从文本的客观归属上看，马克思和恩格斯的文本可以归纳为以下几种类型，即马克思独著文本、恩格斯独著文本和马克思与恩格斯合著文本。

第一种类型是马克思独著的文本，即文本原稿、文本修改过程以及最终付印的终稿都是由马克思一个人独立完成的，对于任何有恩格斯或其他人参与包括修改的稿本都不能包含在其中。这种由马克思独著的文本主要包括：《德谟克利特的自然哲学与伊壁鸠鲁的自然哲学的差别》《克罗茨纳赫笔记》《1844年经济学哲学手稿》《黑格尔法哲学批判》《论犹太人问题》《〈黑格尔法哲学批判〉导言》《哲学的贫困》《法兰西内战》《路易·波拿巴的雾月十八日》《1857—1958年经济学手稿》《政治经济学批判》《资本论》（第一卷）和《人类学笔记》等。

第二种类型是恩格斯独著的文本，也就是文本内容完全由恩格斯独立完成的文本。主要包括：《英国工人阶级状况》《自然辩证法》《反杜林论》《在马克思墓前的讲话》《社会主义从空想到科学的发展》《家庭、私有制和国家的起源》和《路德维希·费尔巴哈和德国古典哲学的终结》等。

第三种类型是由马克思和恩格斯合作完成的文本，虽然可能存在在篇幅所占的比例上以及思想的贡献大小上有所不同，但是也属于合作之列。其

中包含两种情况：文本由马克思和恩格斯在同一时间段内以分工的形式完成的，或者两人在共同商讨的基础上由一人主要执笔写就的；文本原始稿由马克思撰写，后经恩格斯整理、修改公开面世的修改稿。马克思和恩格斯合著的文本主要包括：《神圣家族》《关于费尔巴哈的提纲》（修改稿）《德意志意识形态》《共产党宣言》和《资本论》（第二、三卷）等。值得特别交代的是，关于《资本论》（第二、三卷）是马克思去世之后由恩格斯经过整理、加工出版的，虽然恩格斯的创作作用是次要的，但仍是合作的产物，应属于合作文本。

马克思的独著文本和恩格斯的独著文本，富含着马克思和恩格斯各自的观点变化、哲学思考以及思想内涵，是两人人生经历和学术思想最直接、真实的写照。对马克思和恩格斯的独著文本进行研读和探究，是步入马克思和恩格斯话语世界的最佳路径，有助于我们确切、清晰地把握马克思和恩格斯各自的学术主题和思想特点。同时，这些独著文本在显现马克思和恩格斯的深度思想时也为我们正确认识他们之间的学术思想关系提供最有力的文本根据。例如，在马克思的《黑格尔法哲学批判》中，尽管马克思在对资产阶级社会现实的批判中仍然立足于费尔巴哈式的人本主义异化观，但在社会历史的结构性分析中，他已经基本确立了社会历史研究的一般唯物主义前提，即市民社会决定国家与法。即使这种破旧立新缺乏一定的深刻性，但这种进路显然是正确的，充分显现了马克思哲学思想的第一个重大转变。而随着对经济学的着手研究，马克思在《1844年经济学哲学手稿》中也萌生出一条从经济现实出发的客观线索：以国民经济学的内在矛盾为出发点并予以批判，由此引出了其最具原创性的异化劳动理论，在既定的国民经济学观点的基础上否定资本主义私有制。在借用经济话语对异化理论的批判过程中，马克思同时采用了人本主义的批判逻辑向路。可见，异化劳动理论的提出反映了马克思理论思路上的显著转换，也标志着马克思思想的某种飞跃。毋庸置疑，马克思不同独著文本的思想内涵及其之间的相互联系，深刻体现了马克思思想的变化、发展过程，对马克思思想线索的领会和把握，有助于我们透彻地理解马克思的逻辑语境，领悟其思想实质。如果我们不对马克思和恩格斯的独著文本及其合著的文本加以区分，而在马克思的思想体系中掺杂恩格斯的独著文本中的思想或者合著文本的思想，那么所得出的马克思思想的整体性结论是截然不同的。

特别容易引起争议的是，马克思与恩格斯合作所呈现出来的合著文本主要是马克思的观点还是恩格斯的观点，文本主要体现的是谁的思想，文本主要是谁执笔等问题。这种可能引起的争议所揭示出来的问题背后启示我们，对于马克思与恩格斯的合著文本，不能含糊、随意地对待，不能将恩格斯的观点当成马克思的观点，也不能将马克思的观点当成恩格斯的观点，或者将马克思和恩格斯的共同合著称之为马克思或恩格斯某个人的观点。这不仅涉及对原始稿的严谨考察，而且还涉及对马克思、恩格斯整体思想的认识。对于一些暂时存在争议还无法区分的文本所属状况，只有在文本考察和对马克思、恩格斯整体思想的认识中才能真正有可能判断合著中思想的归属和文本的归属的问题。这种考察是严肃的，也是必要的，尤其对存在争议的重要论著，更要加强文献学、文本学研究，学术化对待马克思主义，改善马克思主义研究非学术化的形象，在尽可能短的时间内向马克思主义研究者以及马克思主义爱好者做出明确而正确的解释。

三、如何对待马克思与恩格斯的文本归属

近年来，在世界范围内对学术规范的强调和重视是前所未有的，中国对学术规范意识的加强既是与全球化学术规范体系接轨的一种体现，也是学者们进行学术研究所要求具备的基本学术理念与学术品格的一种应然。

改革开放的发展浪潮客观要求我国的理论界在学术研究和学术交流上实现更大的突破，以使我国的科研迈向国际化的探索轨道。然而，学术界却面临着现实性的挑战：第一，由于我国社会主义市场经济的发展，学术建树受到社会道德和主流价值观的影响而处于不成熟的发展阶段。学术研究制度在旧体制的束缚下和新体制的缺失下使得学术规范处于模棱两可的尴尬境地。第二，进入21世纪之后，学术话语权呈现自由化、开放化的走向，学术逐渐由主流话语转向学术大众化、民间化，由学术从业者和学术爱好者形成的庞杂的学术群体在百家争鸣中推动了学术跃进式地向前发展，但也由于对学术研究的急功近利而产生了令人忧心的现实问题，诸如学术失范、学术

失序、学术失真、学术造假等消极现象及其严重弊端频出不穷、弥漫泛滥。第三，中外学术交流的扩大化在拓展国内学术研究的视域、提升研究的水平上起到一定的积极作用，但也使得国内学术界面临全球化学术观念和学术规范的严峻考验。目前，我国的学术规范问题已受到社会各界特别是媒体的广泛关注。

在时代背景和客观的学术现实下，无论从整个学术界营造良好学术氛围的角度上看，还是从思想相互撞击中促进学术走向高端发展水平的角度上看，抑或是从学者或学术爱好者自身学术涵养和学术受益的角度上看，学术规范愈来愈凸显其极为重要的地位和作用，学术规范意识逐渐被视为学术规范的导引之源。针对学术规范、学术道德、学风建设等一系列相关问题引起了学术界极大范围的讨论，肃清学术界的学风问题，重申学术规范的重要性成为了整个学术界的当务之急。从某种意义上说，这种学术规范意识兴起的强大势力也彰显了我国学术规范与国际化学术规范体系接轨的决心和魄力，标志着诸学科学术规范体系逐渐走向成熟。

学术规范归根到底就是在探讨学者应该以怎样的态度来对待学术研究的内容上的规范（即实质规范）和形式规范的问题。从学术规范的深层实质与内容上看，学术研究规范是思想的本真性在现实世界的显露，作为思想的创造者从根本上说不会受到具体规范的制约，因为思想在本源上所具有的原创性就是学术规范最根本的体现。从学术规范的形式上看，学术规范意味着学术研究必须受技术规范性的制约。与此同时，学者对学术研究的态度，是本着个人学术道德和人格修养所内含着的学术良知来从事学术创作，还是以投机取巧、技术“包装”、蒙骗造假的浮躁心态对待学术研究，对学术界的规范取向产生至关重要的影响作用。以严谨自律的学术态度，通过技术规范的话语表达展现作者内在积极理性的创作意境，是学术规范的本质所在。

我们在强调学术规范的同时，并不否认张扬学术自由的必要性。在学术研究范畴内，学术规范和学术自由本身是一对既对立又统一的矛盾，一味地关注学术规范势必会在某种程度上遏制思想自由，影响学术创作。只有在学术规范与学术自由之间寻找到合理的平衡点，使得二者在适度的张力范围中滑动，才能保障学术在规范中不乏创新性地创造更大的成就。有人认为：学术规范会限制学术自由。事实上，形式上的学术规范由于不同学科自身的性质和特点而要求其具备一定的规范弹性，不能以齐一化的客观标准来衡量一切学术研究，为学术自由留下了极大的创造空间。较之形式上的规范，内容上的规范即学术内容归属的合法性问题显得更为重要，它是学术自由最基本的检验与考量标尺。学术内容归属的合法性，是学术内容在客观归属的问题上具有不可置疑的正当性，它既包含了研究内容完全由作者独立的原始性创造的智慧结晶，也包含了作者以引用、注释、举例等方式对其他学者的观点、思想的借鉴和再创作。只有研究内容归属具备合法性，才能派生出学术研究潜在的影响力和震慑力。因此，与其天马行空式地以张扬学术自由来指责学术规范或者以学术规范来束缚学术自由，不如从学术内容客观归属的合法性上来把握和权衡二者之间的关系。

回归到马克思和恩格斯的文本来评价马克思和恩格斯的学术规范和学术态度，从现有翔实的研究史料和文本原著上看，他们的研究是符合学术规范的，学术态度是严谨的。但后人特别是后来的研究者却往往没有真正用学术规范的标准来衡量和看待马克思和恩格斯的文本，取而代之的是一种具有一定程度随意性的态度或姿态。很多博士论文、硕士论文以及学者公开发表的论文、出版的专著在对马克思、恩格斯合作的著作或者恩格斯的独立著作加以引用时，在文中及其注释中直接笼统地标明“马克思说”“马克思又说”“马克思强调说”等内容，这显然是学术失真的表现，甚至是一种“非法引用”。一言蔽之，混同马克思和恩格斯文本的较为普遍的倾向表明，不少学者在对待马克思、恩格斯文本的问题上严重缺乏学术规范的意识。

正是由于在研究内容的归属问题上存在着合法与不合法的区别，因此，我们看待马克思和恩格斯的文本也需要用是否合法的标准来进行判断，要理清马克思和恩格斯文本的客观归属，不能把已经明确的归属问题随意化，也不能把暂时无法明确的归属问题主观化与搁置化，这两种态度和做法对马克思和恩格斯在学术规范的问题上都是不公平的。

在现实的语境中讨论马克思和恩格斯的文本归属问题，恰恰反映出马克思主义强大的生命力所在，也是马克思主义实事求是的精髓所内在要求和极力倡导的。而在学术规范的意义上和学术严谨的态度上区分马克思文本与恩格斯文本，更是学术界严谨治学的基本要求，为马克思主义深化研究和延伸发展带来正确的导向。将这种学术规范意识和对待学术的严谨态度深深地扎根于整个学术界的思想领域，对推动学术界交融于国际化学术队伍中并不断蓬勃发展具有深远的意义。

第七节 主奴辩证法：《精神现象学》与《手稿》之关系*

如果说《精神现象学》是“黑格尔哲学的真正诞生地和秘密开始”①，那么《1844年经济学哲学手稿》则可以说是马克思哲学的诞生地和秘密开始。马克思早期哲学观形成时，曾受黑格尔《精神现象学》的重大影响——马克思在《1844年经济学哲学手稿》中专辟“对黑格尔辩证法和整个哲学的批判”一节，重点研究了黑格尔的《精神现象学》，并占据很大的篇幅——而一直以来，关于黑格尔在《精神现象学》中所提出的“主奴辩证法”思想对于马克思在撰写《1844年经济学哲学手稿》上是否具有特殊的影响，学界存有较大争议。英国学者肖恩·塞耶斯（Sean Sayers）认为，在马克思的著作中并没有详细论证黑格尔的“主人与奴隶”问题，没有什么理由相信“主奴辩证法”对马克思具有特殊的影响和意义②；加拿大哲学家查尔斯·泰勒（Charles Taylor）则认为，“主奴辩证法”的论题是《精神现象学》中最重要的段落，“因为这些论题不仅对黑格尔来说至关重要，而且在马克思主义那里以不同形式变成了一项漫长的事业”③。可见泰勒认为“主奴辩证法”的论题对马克思是具有影响和意义的。近年来依据《1844年经济学哲学手稿》的文献学研究成果，从哲学史视角出发的理论梳理，也支持了泰勒的说

---

* 本节原载于《哲学研究》2014年第1期，原文题目为《从显性到隐性的主奴辩证法——〈精神现象学〉与〈1844年经济学哲学手稿〉关系注解》，人大“复印报刊资料”《哲学原理》2014年第7期全文转载。

① 《马克思恩格斯文集》第1卷，人民出版社2009年版，第201页。

② 参见［英］肖恩·塞耶斯：《黑格尔和马克思论创造活动与异化》，《马克思主义与现实》2008年第2期。

③ ［加］查尔斯·泰勒：《黑格尔》，张国清等译，译林出版社2002年版，第237页。

法。[①] 然而，他们都未能从文本上详细论证黑格尔与马克思在“主奴辩证法”问题上的深刻关联。本节则从《1844 年经济学哲学手稿》的文本解读来勘察马克思的论述逻辑与黑格尔“主奴辩证法”的契合性，同时论证马克思在《1844 年经济学哲学手稿》中实现了对黑格尔“主奴辩证法”的超越。

一、主奴辩证法：从显性到隐性

黑格尔在《精神现象学》中提出了著名的“主人—奴隶”辩证法。他认为，自我意识为了在社会角色上获得承认，返回自身，其对象已不再是作为客体的某物，而是有生命、有激情、有欲望的另一个自我意识，即作为“他者”的另一个人，“自我意识只有在一个别的自我意识里才获得它的满足”[②]。在此关系中，“其一为独立的意识，它的本质是自为存在，另一为依赖的意识，它的本质是为对方而生活或为对方而存在。前者是主人，后者是奴隶”[③]。因此，主人是盈满自我意识的人，既有力量支配自身的存在，亦有力量支配其对方即奴隶，而奴隶则被主人置于其权力的支配之下；主人力图将奴隶降至物件的层次，使其仅仅是一种工具。反之，奴隶一方面由于对物的加工改造，另一方面由于依赖于一个特定的存在即主人，遂不能成为自身命运的主人，达到绝对的否定性。然而，随着此关系的发展，主人却比奴隶更彻底地被异化了。奴隶被异化了，是因为他不存在自觉自由的活动，一切都要受到主人的意志与目的的限制；但是主人，就其将自己看作主人而言，并不能从奴隶那里得到任何的回应，奴隶并不是一个独立的意识，只是一个非主要的行动，从而“发生了一种片面的和不平衡的承认”[④]，使得主人无法确认自己是一个充分发展的人。如美国哲学家阿拉斯代尔·麦金泰尔（Alasdair Macintyre）所说的：“他（指主人——笔者注）已脱离了这样一种关系：在这种关系中，自我意识通过成为他人尊敬的对象，通过在他人之镜

---

① 参见张盾：《交往的异化：马克思〈穆勒评注〉中的“承认”问题》，《现代哲学》2007 年第 5 期；韩立新：《〈巴黎手稿〉的文献学研究及其意义》，《马克思主义与现实》2007 年第 1 期。

② 黑格尔：《精神现象学》上卷，贺麟等译，商务印书馆 1979 年版，第 121 页。

③ 黑格尔：《精神现象学》上卷，贺麟等译，商务印书馆 1979 年版，第 127 页。

④ 黑格尔：《精神现象学》上卷，贺麟等译，商务印书馆 1979 年版，第 129 页。

中发现自己而增长起来。而奴隶在主人身上至少能看到他希望成为的那种人。"[①] 奴隶还能够通过劳动，使得独立自为的意识成为他本身所固有的。对主人而言，物的满足只会随即消逝，缺少客观、持久实质的一面；对奴隶而言，物则需要劳动陶冶，且其意识在劳动中外化自身，进入到持久的状态，能够直观自身的独立存在。黑格尔如是说："在主人面前，奴隶感觉到自为存在只是外在的东西或者与自己不相干的东西；在恐惧中他感觉到自为存在只是潜在的；在陶冶事物的劳动中则自为存在成为他自己固有的了，他并且开始意识到他本身是自在自为地存在着的。"[②] 奴隶在陶冶事物的过程中赋予物的形式是"客观地被建立起来的"，并不是依靠外在的事物而是依靠奴隶自身，奴隶从而获得了自己的自为存在，达到比主人更为完全的自我意识，扬弃了原有的主奴关系，成了自然的主人，而具有消极、抽象主观性的主人则沉溺于消费与享乐之中，这就是黑格尔的"主奴辩证法"。

黑格尔的这种"主奴辩证法"是显性的，凸现的是主人和奴隶完全处于显在的、直接的人身依附关系，主人和奴隶的斗争是以一种显在的"人与人之间的关系"的拜物教方式存在，是属于前资本主义社会的"主奴辩证法"。但是，前资本主义社会的消逝并没有消解"主奴辩证法"，只是以隐蔽的、伪装的"物与物之间的关系"的拜物教方式——资本和商品的等价交换——掩盖并继续了这种"主奴辩证法"。马克思在《1844 年经济学哲学手稿》中所揭示出的人与人之间相互承认的关系在资本主义条件下发生的严重扭曲和异化，正是对资本主义社会所表现出来的隐性"主奴辩证法"的深刻揭露。

斯洛文尼亚哲学家斯拉沃热·齐泽克（Slavoj Zizek）精辟地阐述道："在商品拜物教占统治地位的社会中，'人与人之间的关系'完全是非拜物教化的；而在拜物教寄身于'人与人之间的关系'的社会中，即在前资本主义社会中……随着'人与人之间的关系'中的非拜物教化的退却，'物与物之间的关系'中的拜物教——商品拜物教开始登场，后者是对前者的补偿。拜

① ［美］阿拉斯代尔·麦金泰尔：《伦理学简史》，龚群译，商务印书馆2003年版，第266页。
② 黑格尔：《精神现象学》上卷，贺麟等译，商务印书馆 1979 年版，第 131 页。

物教的位置已经从主体间的关系转移到了‘物与物之间’的关系上：至关重要的社会关系，即生产关系，不再直接以统治和奴役（如主人与其奴隶等）的人际关系的形式表现出来；他们进行了自我伪装，用马克思的精确概括说，就是‘伪装于物与物之间、劳动产品与劳动产品之间的社会关系的外形之下’。”①

齐泽克的论述表明，在资本主义社会，商品拜物教表征一种隐性的“主奴关系”——主人和奴隶的区分依然存在，只是更为隐蔽与变相。资本家和工人之间既没有显在的人身依附关系，也没有显在的统治与被统治的关系，表面上看，资本家和工人似乎是主体间的平等关系，但是，工人最基本的需要却被忽视，他们需要维持本身肉体生存的生活资料，需要劳动产品。“如果人对自己的劳动产品的关系、对对象化劳动的关系，就是对一个异己的、敌对的、强有力的、不依赖于他的对象的关系，那么他对这一对象所以发生这种关系就在于有另一个异己的、敌对的、强有力的、不依赖于他的人是这一对象的主宰。如果人把他自己的活动看做一种不自由的活动，那么他是把这种活动看做替他人服务的、受他人支配的、处于他人的强迫和压制之下的活动。”② 资本家以占有工人劳动产品的方式占有了工人，资本家成了隐性的主人，工人成了“无主人”的奴隶，并且这种隐性的“主奴关系”在异化劳动和私有财产的相互作用中得到再生产。

在马克思看来，资本家和工人之间生存性关系的关键在于，工人的生存依赖于资本家所占有的生产资料。工人忧惧资本家的资本无视他的存在，而导致失去劳动机会与被埋葬的命运。所以工人只能通过拼命劳动获取资本的垂青，从而在实践中实现对世界和自身的批判与改造，获得独立的意识，直至颠覆隐性的“主奴关系”，这就是隐性的“主奴辩证法”。可见，马克思揭示了异化劳动的本质，在汲取黑格尔关于劳动使奴隶意识获得自为存在思想的基础上，提出了克服隐性的“主奴关系”的无产阶级政治经济学，而对这一政治经济学的哲学式论述首见于《1844 年经济学哲学手稿》之中。

---

① ［斯洛文尼亚］斯拉沃热·齐泽克：《意识形态的崇高客体》，季广茂译，中央编译出版社 2002 年版，第 35—36 页。

② 《马克思恩格斯文集》第 1 卷，人民出版社 2009 年版，第 165 页。

二、消解资本主义隐性的“主奴关系”

主人与奴隶、统治与被统治依然存在于资本主义时代，不过是以变相的、隐蔽的方式存在而已。在资本主义条件下，统治以私有财产与资本的形式呈现出来，而被统治则由异化劳动的不同形式呈现出来。马克思认为，资本和劳动之间的关系起初是直接或间接的统一，即使有分离和异化，也只是作为积极的条件而互相促进和互相推动。随着资本主义的发展，两者则走向对立，互相排斥，“工人知道资本家是自己的非存在，反过来也是这样；每一方都力图剥夺另一方的存在”①，“劳动和资本的这种对立一达到极端，就必然是整个关系的顶点、最高阶段和灭亡”②。资本与劳动的对立最突出地表现了主人与奴隶、统治与被统治之间的关系，彰显了资本主义社会下隐性的“主奴辩证法”。

马克思在《1844年经济学哲学手稿》中表明资本主义条件下“人与人之间的关系”已不是显在的人身依附性质的“主奴关系”，而是以资本家、劳动产品和工人三者间相互作用所呈现出来的隐性的、间接的统治与被统治关系。资本家因其占有劳动产品而间接地统治了工人，工人因其对象化过程表现为对象的丧失和被对象统治，“对自己的劳动的产品的关系就是对一个异己的对象的关系”③，间接地成为了被资本家所统治的现代奴隶。结果，显性的“主奴辩证法”中的两个自我意识之间的直接斗争关系，在资本主义时代却表现为以劳动产品为中介，资本家和工人之间的间接斗争关系，即隐性的“主奴辩证法”的具体体现。“你的需要、你的愿望、你的意志是使你依赖于我的纽带，因为它们使你依赖于我的产品。它们根本不是一种赋予你支配我的产品的权力的手段，倒是一种赋予我支配你的权力的手段!”④这种被统治根源于异化所带来的隐性的、间接的“主奴关系”，显然不同于黑格尔在原初意义上讨论的显性的、直接的“主奴关系”。这是一种商品拜物教形式下的“主人—奴隶”关系，“你的产品是攫取我的产品从而满足你的需要

① 《马克思恩格斯文集》第1卷，人民出版社2009年版，第177页。
② 《马克思恩格斯文集》第1卷，人民出版社2009年版，第172页。
③ 《马克思恩格斯文集》第1卷，人民出版社2009年版，第157页。
④ 马克思：《1844年经济学哲学手稿》，人民出版社2000年版，第181页。

的工具、手段”，“这样，你为了你自己而在事实上成了你的物品的手段、工具，你的愿望则是你的物品的奴隶，你像奴隶一样的从事劳动，目的是为了你所愿望的对象永远不再给你恩赐”①。

在资本主义条件下，以资本家、劳动产品和工人三者间相互作用所形成的隐性的主人与奴隶、统治与被统治的关系，最终要演变成一场由劳动产品造成的互相统治的状况，这当然是一种更加不幸的被统治状态，因为一切尊严、荣誉、自由等崇高的精神荡然无存，只剩下物对人的彻底统治。马克思对此作了震撼人心的描述：“异化既表现为我的生活资料属于别人，我所希望的东西是我不能得到的、别人的占有物；也表现为每个事物本身都是不同于它本身的另一个东西，我的活动是另一个东西，而最后，——这也适用于资本家，——则表现为一种非人的力量统治一切。”②不仅如此，就连最深刻地凸显人类本质的语言也发生了异化，“我们彼此进行交谈时所用的惟一可以了解的语言，是我们的彼此发生关系的物品。我们不懂得人的语言了，而且它已经无效了；……我们彼此同人的本质相异化已经达到了这种程度，以致这种本质的直接语言在我们看来成了对人类尊严的侮辱，相反，物的价值的异化语言倒成了完全符合于理所当然的、自信的和自我认可的人类尊严的东西”③。

更进一步而言，此种劳动异化和交往异化在资本主义条件下的发展表现为货币对人的统治。货币成为“异己的中介”，具有特别的权力，因为“人把自己的愿望、活动以及同他人的关系看作是不依赖于他和他人的力量。这样，他的奴隶地位就达到极端。因为中介是支配它借以把我间接表现出来的那个东西的真正的权力，所以，很清楚，这个中介就成为真正的上帝。对它的崇拜成为目的本身。同这个中介脱离的物，失去了自己的价值”④。由此，货币不仅统治人，而且成了创造压迫和异化社会的原动力，它造成了人的分离、俘虏了异化的类本质，使人成为自己的对立面，同时让人将物品的

① 马克思：《1844 年经济学哲学手稿》，人民出版社 2000 年版，第 183 页。

② 《马克思恩格斯文集》第 1 卷，人民出版社 2009 年版，第 233 页。

③ 马克思：《1844 年经济学哲学手稿》，人民出版社 2000 年版，第 183 页。

④ 马克思：《1844 年经济学哲学手稿》，人民出版社 2000 年版，第 165 页。

属性、人的属性皆加诸其上，货币拜物教就此而成。

马克思从当时社会现实的视域来检审“主奴关系”，将其精妙地还原为资本主义时代人的历史生存模式和人的生存本质的抽象——人的异化。马克思在《1844年经济学哲学手稿》中对隐性的、间接的主人与奴隶、统治与被统治的关系的揭露，对资本家、劳动产品和工人三者间关系的描述，都依凭于对人的异化的精妙揭示。

劳动产品对人的统治，抑或货币对人的统治，并没有消除隐性的“主奴关系”，也没有使得资本主义条件下资本家和工人处于同一个等级，统治与被统治的关系依然存在。《共产党宣言》明确地指出了这一点：“我们的时代，资产阶级时代，却有一个特点：它使阶级对立简单化了。整个社会日益分裂为两大敌对的阵营，分裂为两大相互直接对立的阶级：资产阶级和无产阶级。”① 隐性的“主奴关系”不再是具体的、个体式的人身直接依附关系，而是发展为两个群体的、阶级的对立关系，本质上是一个阶级对另一个阶级的统治关系，是整个资产阶级以劳动产品为中介对整个无产阶级的统治关系，“其所以如此，是因为整个的人类奴役制就包含在工人对生产的关系中，而一切奴役关系只不过是这种关系的变形和后果罢了”②。

显然，在“主奴关系”上，马克思把注意力集中到了受统治者身上，力促“主奴关系”的转化与消灭。在对立的主奴关系中，资产阶级是保守的一方，无产阶级则是扬弃的一方；前者产生保持对立的欲望与行动，后者则产生消灭对立的欲望与行动。这在《1844年经济学哲学手稿》中最鲜明地表现为“共产主义”思想的提出。共产主义是对私有财产的扬弃，是对人的本质的重新占有，究其根本是对隐性的“主奴辩证法”的克服与超越。

三、超越政治性：共产主义思想力量的彰显

“主奴辩证法”表征着人与人之间、群体与群体之间的统治与被统治的关系，是人类政治性的最深刻体现。在古典时代，人被认为是政治的动物，

---

① 《马克思恩格斯文集》第2卷，人民出版社2009年版，第32页。

② 《马克思恩格斯文集》第1卷，人民出版社2009年版，第167页。

政治是人无法超越且只能永远陷溺其中的现世；政治性被认为是人的本性，是人无法摆脱的自然，一个统治与被统治的政治世界将永远存在，这种观念在现代世界开启之后依然备受追捧。而马克思从“现代社会”的特质中发现了超越政治性、消解政治的路径，这也是对隐性的“主奴辩证法”的克服与超越。在《1844年经济学哲学手稿》中，马克思认为，“个体是社会存在物。因此，他的生命表现，即使不采取共同的、同他人一起完成的生命表现这种直接形式，也是社会生活的表现和确证。人的个体生活和类生活不是各不相同的，尽管个体生活的存在方式是——必然是——类生活的较为特殊的或者较为普遍的方式，而类生活是较为特殊的或者较为普遍的个体生活”①。现代社会的特质成就了“社会主义的人”，使他们能够走向“人类社会或社会的人类”的发展道路。就此，我们或许可以领悟到马克思在《1844年经济学哲学手稿》中论述“私有财产和共产主义”一节中以较大篇幅讨论“人的感性与社会的关系”的真正意图——以“社会”范畴来涵盖“政治”范畴，论证“市民社会决定政治国家”和“人是社会的动物”。无疑，“文化政治”是附着于“经济社会”之上的，“经济社会”的发展最终决定了“文化政治”的命运，注定了人类社会必将以“社会”消解“政治”，以人的“社会性”超越人的“政治性”。

共产主义思想彰显了克服“主奴辩证法”、超越人的政治性、形成消解政治的理论自觉的力量。在“主奴辩证法”中，异化劳动具有否定性的力量，正是其否定性的力量推动了历史的发展；相反，通过工人的解放来摆脱异化却是一种肯定性的逻辑，一旦这种肯定性的逻辑道路得以实现，否定性的逻辑过程也就随之瓦解，失去它的效用，异化自然被扬弃。“共产主义是对私有财产即人的自我异化的积极的扬弃，因而是通过人并且为了人而对人的本质的真正占有；因此，它是人向自身、也就是向社会的即合乎人性的人的复归，这种复归是完全的复归，是自觉实现并在以往发展的全部财富的范围内实现的复归。”② 共产主义的实现是“人和自然界之间、人和人之间的矛

① 《马克思恩格斯文集》第1卷，人民出版社2009年版，第188页。

② 《马克思恩格斯文集》第1卷，人民出版社2009年版，第185页。

盾的真正解决，是存在和本质、对象化和自我确证、自由和必然、个体和类之间的斗争的真正的解决。它是历史之谜的解答，而且知道自己就是这种解答”①。这一结论契合了黑格尔在《精神现象学》中的相关论述，对黑格尔而言，历史最终以“和解”作为自己的理论结局，是人与人、人与世界之间的和解，是绝对理念的实现。正如德国哲学家卡尔·洛维特（Karl Lowith）所说，“就连‘共产主义’也是以黑格尔哲学的概念建构的。它是自主活动与对象化的辩证统一的结果，而这种统一是黑格尔历史哲学的结论”②。

重新占有人的本质，回归人自身的要求——人的解放——的根本性，使得“异化”展现出了资本主义条件下人的生存状态。“异化”是在历史中产生的，人的“解放”也只能在历史中得到实现。透过人的生存历史，马克思在历史的视野中发现，“人作为现实的类存在物即作为人的存在物的实现，只有通过下述途径才有可能：人确实显示出自己的全部类力量——这又只有通过人的全部活动、只有作为历史的结果才有可能——并且把这些力量当做对象来对待，而这首先又只有通过异化的形式才有可能”③。“历史将会带来这种共产主义行动，而我们在思想中已经认识到的那正在进行自我扬弃的运动，在现实中将经历一个极其艰难而漫长的过程。”④

立足历史视域，马克思在挖掘人之异化原因的基础上，也探寻到克服“主奴辩证法”的道路。马克思认为，唯有历史带来的共产主义才能彰显超越人的政治性的力量，使人的异化落下历史的帷幕。在历史的向度上，资本主义社会作为“颠倒的世界”被颠倒过来，无产者得以从失掉人性的被统治与被奴役的处境中返回自身，重新占有人的本质：私有制度的废除，私有财产的“普遍化”，是奴隶从被统治走向统治的运动，是工人对资本家的胜利；私有制度被彻底否定，使得“现实生活是人的不再以私有财产的扬弃即共产主义为中介的积极的现实”⑤，它是对“主奴辩证法”的超越，是无产者将自

① 《马克思恩格斯文集》第1卷，人民出版社2009年版，第185—186页。

② ［德］卡尔·洛维特：《从黑格尔到尼采》，李秋零译，生活·读书·新知三联书店2006年版，第379页。

③ 《马克思恩格斯文集》第1卷，人民出版社2009年版，第205页。

④ 《马克思恩格斯文集》第1卷，人民出版社2009年版，第232页。

⑤ 《马克思恩格斯文集》第1卷，人民出版社2009年版，第197页。

身和社会完全融合的最高境界。政权仅仅是阶级对抗的产物，随着阶级的废除，社会必然要进化到一个没有政治权力的状态，这是对人的政治性最彻底的超越。美国政治哲学家埃里克·沃格林（Eric Voegelin）的一段话深刻地阐明了这一异化与历史的演进关系，洞察了马克思深邃的思想，宜借此作为结语：

“过去的历史是人的‘异化’过程，未来历史的任务乃是人的‘解放’……解放的历史（通过政治，从宗教解放到终极的社会解放）是异化过程的逆转。为了实现决定性的解决，革命思想家必须拥有对于罪恶之起源的决定性的理解……我们必须从人的原始开端——人刚从动物状态中呈现出来之时——追溯人的历史；我们必须追溯人越来越卷入到生产过程中去直至完全异化的各个阶段；我们必须进一步研究与异化的发展相应的解放的可能性；我们必须设想以革命推翻异化秩序，代之以自由秩序的观念。”①

① ［美］埃里克·沃格林：《没有约束的现代性》，张新樟等译，华东师范大学出版社2007年版，第147页。

第三章　人学理论与时代境遇

第一节　马克思人学范式的核心及其创建*

马克思实践化人学范式的创建，实现了西方人学系统中最伟大的一场革命，以“现实的人”颠覆了西方传统人学重思辨轻现实的理论状况。此种“颠覆”并非仅出于书斋式的纯理论旨趣，其以“从事实际活动的人”以及现实生活过程为出发点，表达了救赎与解放现实的人类的政治旨趣与向度，彰显出追求人类解放的崇高精神。理解这一场革命的深远意义，不仅需要注意其对“人之存在结构”的核心的重新规定，更需注重其人学构建的政治旨趣。

一、如何存在：人学范式之核心厘定

古希腊哲学的起源旨在回答这样一个物理学问题：“超越时间变化的万物始基是什么？万物始基如何变成特殊事物，特殊事物又如何变成万物始基?”① 后来，随着古希腊哲学的发展，又提出了相似的伦理学问题：“是否存在任何时间任何地点都有效的东西，是否存在不分民族、国家、时代，因而对一切都有权威的法律”②。在如此提问方式中，“是否存在任何普遍有效的东西”，即结论的“普遍有效性”始终是关键。这与古希腊哲学希图从人类知

---

* 本节由笔者的研究生陈晓斌与笔者合作完成，原载于《江汉论坛》2009 年第 4 期，原文题目为《马克思实践人学及其政治旨趣》。

① ［德］威廉·文德尔班：《哲学史教程》，罗达仁译，商务印书馆 1987 年版，第 42 页。

② ［德］威廉·文德尔班：《哲学史教程》，罗达仁译，商务印书馆 1987 年版，第 104 页。

识中获得最普遍有效的结论以指导生活的信念是分不开的。然而，这种求索事物的“始基”、理论的“普遍有效性”的古希腊哲学提问方式，最终形成了一种静态的“普遍”和“存在内容”为事物根据的本性精神，其根源性的追问往往是“事物的本性是什么、事物究竟是什么”等静态性、对象性的提问，而不是“事物如何、事物怎样”等动态性、本源性的问题。西方传统哲学肇源于古希腊，浸润于古希腊哲学精神尤深，自然也承继了古希腊哲学的这种提问、追问的求索方式。此方式渗透于人的问题上，则是形成了西方传统人学以“存在内容”作为人之存在结构的核心的人学范式。

从生存论的视域看，“人之存在结构”包含三个方面：存在内容、存在方式和如何存在。其中，“存在内容”涵涉的是，人在其现实的生活中所体验到的“具体内容”，即人的本质，马克思名之曰“一切社会关系的总和”；而“存在方式”指的是，人在其现实性上所体验到的“实存样式”，即人的历史的、具体的生活样态，表征的是人的社会角色、身份、地位与心态、精神气质等；最后，“如何存在”则展现出人在其现实生活中，“存在方式”得到的实践或者完成的经验过程。这三个层面的因素构成了“人之存在结构”的整体，其中，以何者作为“人之存在结构”的核心是区分不同的人学范式的决定性因素，将构成政治哲学的不同人性基础，往往对人类的现实生活产生深刻的影响。

西方传统人学认为，在“人之存在结构”的三个因素中，“存在内容”是本体，对“存在方式”和“如何存在”起决定作用。“存在内容”主要是人的理性、灵魂、理念、原子等精神的或物质的实体，具有超越时间的形态。这明显地体现了古希腊形而上学的思维特点，即孜孜以求通过经验的时间世界的现象寻得超越时间世界的永恒的、持存不变的无时间世界，追求的始终是“普遍有效性”的东西。因此，这是一种“普遍化”“总体化”的定义方式，其先按照事物种类的普遍化对“存在内容”作出规定，后再以此对象化的、抽象的“存在内容”作为“人之存在结构”的核心，规约其他两个因素，形成的是理论化的人学范式。

以“存在内容”作为“人之存在结构”的核心，以种种精神的或者物质的实体作为首要的因素来规定人，是把人对象化、抽象化的理论推导，由此形成了主客体相对立、相分离的认识结构，这既容易陷入感觉主义者的怀疑论，也难免遭受理性之僭越的诟病；更重要的是，在理论化、概念化的理性推导之前，人们需要前理论、前概念的生活体验。如果没有这种前理论的体验，就根本不可能形成一种关于人之“存在内容”的规定。只有在生活实践中人与世界融合为一的前提下，人才可能作为主体来认识客体，否则主体就不可能越出自己的范围而认识客体，也不可能达到主客的统一，主客体的统一植根于人与世界的有机融合。显然，抽象的理论化、概念化推导，需要奠定在前理论的、前概念的生活实践本身的体验之上，亦即“存在内容”需要奠基于“如何存在”之上，在“人之存在结构”中，“如何存在”是比“存在内容”“存在方式”更具决定性的因素，是比一切理论化、普遍化的行为更为本源的实践活动，由此才能形成主客体相统一的认识结构，给理性奠定坚实的基础。那么，只有“如何存在”才是“人之存在结构”的核心所在，“存在方式”只有在“如何存在”的范围内才能得到全面的实现、完成，并决定“存在内容”。西方传统人学以“存在内容”作为“人之存在结构”的核心，是将“人之存在结构”局限在一个思辨的实体中，以此为时间世界和生活实践的最高本体，现实的人和具体的世界被概念化了，抽象掉了，人变成了一个与生活世界相隔绝的超验结构，这既是对现实的人与具体的世界的遗忘，也掩盖了“如何存在”在人之生存中的决定性、支配性意义。

二、重新奠基：人学范式之理论创建

马克思所确立的人是唯一感性的、活动的存在物，其存在就在于生存和生活中感性地和实践地确证和阐释自身的过程。生存是人的所有活动的真正的基础和前提，根本不需要、也没有任何外在于人，却凌驾于人之上的某种抽象实体来规定人的生存过程。就此而言，马克思真正地揭示了体现人之“如何存在”的感性的、实践的活动的奠基作用，否定了西方传统人学忽视人的感性活动，以抽象化的理性作为“存在内容”规约人的形而上学理性主义传统，在西方人学体系中首次以“如何存在”作为“人之存在结构”的核心，规约其他两个因素，构建了实践化的人学范式，即实践人学。

马克思实践人学的构建，往往体现于对西方传统人学的批判中，在

“新世界观的第一次系统而具体的阐发”——《德意志意识形态》中，马克思通过批判进一步阐述了自己的实践人学思想：“在不再屈从于分工的个人身上看到了他们名之为‘人’的那种理想，他们把我们所阐述的整个发展过程看做是‘人’的发展过程，从而把‘人’强加于迄今每一历史阶段中所存在的个人，并把‘人’描述成历史的动力。这样，整个历史过程就被看成是‘人’的自我异化过程，实质上这是因为，他们总是把后来阶段的一般化的个人强加于先前阶段的个人，并且把后来的意识强加于先前的个人。借助于这种从一开始就撇开现实条件的本末倒置的做法，他们就可以把整个历史变成意识的发展过程了”①。这一段话描述的虽是西方传统人学以“存在内容”作为“人之存在结构”的核心，即以“某种抽象实体”理论化、概念化的对象化人的做法，但却也从反面阐述了实践人学的精义：以“如何存在”作为“人之存在结构”的核心，注重人在每一历史阶段的生活实践，注重人的历史生存性，展现人之“存在方式”的多样性、丰富性与无限可能性，为人的自由全面发展奠立坚实的理论基础。

在对西方传统人学的批判中，马克思所确立的实践人学，首要的是感性的人及其活动，是现实的人在历史的、具体的境况下的体验活动，“它从现实的前提出发，它一刻也不离开这种前提。它的前提是人，但不是处在某种虚幻的离群索居和固定不变状态中的人，而是处在现实的、可以通过经验观察到的、在一定条件下进行的发展过程中的人”②。我们不能够从人们所说的、所设想的、所想象的状况出发，也不是人们思考出来的、设想出来的、想象出来的人出发，去理解有血有肉的人。我们的出发点是从事实际活动的人。只有以感性的、从事实际活动的现实的人作为根本的出发点，才能切实地体现出以“如何存在”作为“人之存在结构”核心的实践人学范式，超越主客体相分离、相对立的认识结构，实现人与世界交融合一的“状态”，一种前理论的、非设定的“状态”。也只有感性的人的实践活动，才能生成历史的、具体的人之“存在内容”，表现、完成人之“存在方式”。由此，实践

① 《马克思恩格斯文集》第 1 卷，人民出版社 2009 年版，第 582 页。
② 《马克思恩格斯文集》第 1 卷，人民出版社 2009 年版，第 525 页。

人学超越了传统人学对人的认识，从以“内容”为核心规定人转变到以“实践”为核心规定人，这也是对“普遍化”和“总体化”的思维方式的突破，建立了一种“本真的”人学思考范式和全新的体验结构，使得理论能够“进入”人类日常的时间世界。也只有通过以“实践”为指向来规定人，才是对人在一定的历史条件下、一定的关系中的可能性状态，即多样性、丰富性的承认。如此才能使得人之“存在方式”被保持在“悬而不定”中，保有不确定性与巨大的开放性，并且使得“存在内容”成为一个在“如何存在”中可以拥有、通达的对象，这是人的全面发展的基础。

马克思实践人学通过重新规置“人之存在结构”的核心，区分出了理论化、抽象化的人之规定与前理论、具体的人之规定，后者是前者的基础，前者是在后者的基础上实行的“总体化”和“普遍化”的抽象活动。前理论、具体的人之规定指示着生命的体验、感性的人的活动，揭示出人在历史的实践生存中的处境，具有生成与指引的作用，是一个动态性的概念，在人、自然与社会之间形成开放的、互动的和历史性的生命活动结构，能够推动激发个体、群体改变“存在方式”的欲望。实践人学这种开启、唤醒与通达的作用以海德格尔的一段话来描述非常恰切：“生存论分析归根到底在生存活动上有其根苗，也就是说，在存在者层次上有其根苗。只有把哲学研究的追问本身就从生存上理解为生存着的此在的一种存在可能性，才有可能开展出生存的生存论结构。”①

马克思实践人学把握住的“人”，既不是柏拉图的“理念人”，也不是伊壁鸠鲁的“原子”；既不是启蒙哲学家所言的机械之人，也不是德国古典哲学所规定的思辨之人，与这些以“存在内容”理论化、总体化、抽象化的规约人之生存的“主观人”不同的是，他所把握住的“人”，是活生生的、有血有肉的、处于一定的具体历史实践中的、以一定的生活方式表现自己的“现实的个人”，这些个人怎样表现自己的生活与他们自身“如何存在”相关联。他们是一些以人之“如何存在”现实的、具体的规约人之生存的人。这

① ［德］马丁·海德格尔：《存在与时间》，陈嘉映等译，生活·读书·新知三联书店 2006 年版，第 16 页。

样的“个人”在具体地创造“历史”的同时，与另一些“个人”构成一定的生活关系，在历史实践中展开“现实的个人”的现实运动，汇聚成“改造世界”的伟大力量，而其最伟大者为无产阶级的社会主义运动，由此开启了通达人性之无限丰富发展的理想状态的路径。因此，可以毫无疑义地认为，马克思对实践人学的构建所实现的这一场伟大革命，绝不是纯粹书斋式的理论创新，而是秉赋着为新的政治哲学奠定坚实的人性基础的政治情怀，具有深微的政治旨趣，根本目的在于人的解放、自由与全面发展。

三、着意解放：人学范式之政治旨趣

哲学是理论的智慧，也是实践的洞见，蕴含着人类伦理生活的知识，追求着开启通达美好生活的路向。哲学之理论智慧的变革，常伴随实践洞见的出场，改变着人类的伦理生活状态，显示出别样的通达美好生活的路向。马克思实践人学的构建合乎此理。

西方传统人学以“存在内容”作为“人之存在结构”的核心，是一种理论化、对象化的路向原则，其性质无疑是概念的、逻辑的和反思性的；而马克思实践人学以“如何存在”作为“人之存在结构”的核心，则是一种实践的、本源性的路向原则，其性质是前概念的、前逻辑的、具有奠基性的，是使得前者得以出场、完成的基础。此两类不同的理论智慧，透视出迥异的实践洞见，彰显了不同的政治哲学旨趣。

肇源于笛卡尔的现代主体性思辨哲学，将先验的、普遍的“自我意识”设定为人的本质，并以此约束现实的人，希图在此世建构合乎理性的“自我意识”的政治社会，从而抑制住人类之恶，实现全人类的幸福。虽然这些设想大都是通过近现代哲学艰深晦涩的著作表达出来的，但它们却充满了浪漫的政治旨趣；虽然它们在摆脱中世纪神权政体，重塑人的主体性地位上也确实起到了不可磨灭的作用，但却也存在着无法克服的局限性——依然是以“存在内容”作为“人之存在结构”的核心，依然是“总体化”“理论化”的思维模式，依然是主客体相分离、相对立的认识结构。这种人学范式虽然促成了资本主义生产力高度发展的现代市民社会，却依然是无法改变穷人命运的“政治解放”，只能是满足特定阶层的利益而已，也只能是形式上的自由、

平等与正义。纯粹的思辨哲学无法提出、唤起并完成真正的人类解放。因此，为了开启真正的、彻底的人类解放，克服“政治解放”的局限性，为了实现“自由人的联合体”，必须构建新的人学范式，才能走出传统形而上学理性主义者的“人是什么”的先验人性假设，开辟出人的历史实践生成的理论视域，关注人在现实的、具体的历史空间中的实际境遇，从“现实的人”的生活实践出发改变社会、改造自身。

如果我们不是在狭隘的意义上理解、规定政治，而是把政治定义为关乎人类生活方式的事情，是对人类的生活模式的塑造，对人类生活质量的提升，是追求人类解放的“大政治”的话，那么可以认为，马克思的实践人学作为新的理论智慧所具有的实践洞见，正是秉承了这样的价值诉求。它之从“现实的人”出发，正是以“如何生存”重新规约“人之存在结构”的核心，撇弃了传统人学的理论化、抽象化的确定内容的规定，给出的是依据具体的现实处境的不确定的、开放性的规定。基于这一规定，马克思将实践人学的范式扩展到人类活动的一切领域，通过人类的历史实践活动改变这个世界，实现自我解放，“哲学家们只是用不同的方式解释世界，而问题在于改变世界”①。实践人学指引的人类自我解放不是以确定的“存在内容”为目标的，而是建立在“如何存在”的基础上“显示”出人的“存在内容”与“存在方式”的多样性、无限可能性，进而“显示”出人类自我解放的无限可能性与方向目标的多样性。因而，人的全面自由发展的共产主义意识是一种存在论的承诺，根源于人自身在生活实践中自我超越的本性，具有一种革命的力量。可见其实践人学理论构建明确地蕴含深刻高远的政治精神，表达了解放与救赎的政治旨趣与向度，追求着人类的理想生活状态，而这无疑直接体现在其共产主义理论与实践中，“共产主义对我们来说不是应当确立的状况，不是现实应当与之相适应的理想。我们所称为共产主义的是那种消灭现存状况的现实的运动”②。

马克思实践人学既是理论的智慧，更是实践的洞见，其对西方先验人

① 《马克思恩格斯文集》第 1 卷，人民出版社 2009 年版，第 506 页。
② 《马克思恩格斯文集》第 1 卷，人民出版社 2009 年版，第 539 页。

性思辨的哲学传统的终结，实现了对人之思考从“总体化”“理论化”“普遍化”的人性价值规定到“现实的人”的历史实践生成的转变，开创了从人之“如何存在”，即从生活实践看待人这一全新的哲学理论视域。也只有以人之“如何存在”作为“人之存在结构”的核心，从人的历史实践生成的视角看待人，才能透视出资本主义社会具有“普适性”这一理论的欺骗性，揭示出资本主义社会中人之境遇的历史实践生成，唤醒工人阶级的革命热情，激发出推翻资本主义社会制度和改造人自身的处境的革命豪情，从而创造出人类解放的阶级基础。故而马克思曾表明，只有当人认识到自身固有的力量是社会力量，并把这种力量联合起来而不再把社会力量以政治力量的形式同自身分离的时候，人的解放才能完成。但是，将个人自身固有力量联合成为社会力量，使其不至于同自身分离，需要在现实中通过不断消灭分工来实现，“个人力量（关系）由于分工而转化为物的力量这一现象，不能靠人们从头脑里抛开关于这一现象的一般观念的办法来消灭，而只能靠个人重新驾驭这些物的力量，靠消灭分工的办法来消灭”①。因为“由于分工而转化为物的力量这一现象”反映出的正是以“存在内容”作为“人之存在结构”的核心的传统人学范式，“分工”彰显的正是人在其现实性上的复杂性，是人之“存在方式”上的多样性，也是使得理论化、抽象化、普遍化的“人是什么”的哲学追问经久不衰的现实动力。消灭“这一现象”不能凭靠人们脑中的观念，只能是凭靠个人在实践生活中“重新驾驭这些物的力量”，才能在现实中组织成为与自身相统一的“社会力量”，这正是马克思实践人学的“大政治”追求，也正是实践人学以“如何存在”为核心规定“人之存在结构”的“实践洞见”。因为这样才能显示出“现实的人”之生存的多样性、丰富性，从而唤起人们对“物的力量”之压迫的反抗，突破各种束缚人的全面发展的桎梏，追求个人力量在生活实践中的真正实现或完成，促成在真正共同体的条件下，每个人在自己的联合中并通过这种联合获得自身自由。此乃马克思实践人学的真正的、最高的要义。

马克思实践人学不仅是一种新的人学范式，也是一种新的哲学范式和

① 《马克思恩格斯文集》第1卷，人民出版社2009年版，第570—571页。

新的思维观。它对人之规定是实存的、开放的，突破了以往那种本质的、狭隘的定义方式。通过“实践人学”，马克思意在发动一场革命，一场通过激发个人自身的力量改造社会与自身的革命，一场立意高远的旨在通过哲学的革命与现实的革命使得人们抛掉自身一切陈旧的、肮脏的东西，成为新的社会基础与社会力量。

实践人学正是马克思一生都在谋求的对人的解放问题的根本解决方案，它追求的是变革不合理的社会关系，使人真正获得自由而全面发展的契机。马克思确立“现实的个人”作为人类解放的历史与逻辑起点，正是以“如何存在”作为核心规约“人之存在结构”，致力于让世界和人的关系“回归于人自身”。马克思撇弃“政治解放”那种只满足特定阶层的利益追求，揭露“政治解放”状态下由于分工和私有制之存在所导致的人类的平等、自由和正义的虚伪性与局限性，他追求的不是基于“理念人”的完善下的“乌托邦”幻梦，而是基于“现实的个人”的历史实践境况下在解放全人类的同时“解放自己”的共产主义。

第二节　马克思实践人学及其当代境遇*

关于马克思实践人学，国内学界从不同角度进行了研究，取得了许多有价值的成果，但是，对此论域从问题之意义及以问题为线索考究其起源者却相对较少，对马克思实践人学的当代境遇和中国意义也还有待深化研究。故笔者抛砖引玉，试图以问题为线索，探求马克思实践人学的起源，概括出其实质特征，并从理论之理想性与现实性的角度阐释马克思实践人学的高远理想与当代境遇。

一、马克思实践人学的源起：问题与学说

理论研究、学说创立的动力皆源自问题。没有问题，便不会有研究的动力、也不可能有新发现与新成果。马克思实践人学的产生和发展也不例

* 本节由笔者的研究生韩淑梅与笔者合作完成，原载于《江汉论坛》2010 年第 4 期。

外，也是来自于其演进过程中的问题链。马克思实践人学发展的大致轨迹是：从康德的知性人学（主客体绝对分裂问题）到黑格尔的理性人学（片面的主体性原则问题）再到费尔巴哈的感性人学（片面的客体性原则问题）。

康德在认识论领域探索了主观性的深刻力量和内在性的广阔领域，支持了主体性这一现代主义的最高原则，给人学研究植入了全新的维度。康德对“主体”的反思是一个重大的进步。① 黑格尔也对康德的人学思想及主张给予了肯定。黑格尔曾评价：康德哲学及人学的主要作用在于“唤醒了理性的认识，或思想的绝对内在性”②。但黑格尔同时也反对康德把理性、思维等一切主观的东西看成此岸，把自在之物或客观的东西看成彼岸，坚决地批判了康德认为此岸不能到达彼岸的不可知论。他认为康德并没有真正实现主体与客体、思维和存在的辩证统一，相反，他因划分现象和物自体而使主观性和客观性的对立绝对化，导致主体和客体的绝对分裂。黑格尔深刻地揭示了这种理论的内在矛盾性。

黑格尔为了重建失落的主客体统一性，力图取消物自体的假设，消解先验知识与经验知识的二分。他认为，思维是脱离了现实、脱离了感性的绝对思维，不仅是主观的东西，而且是客观的，是客观世界的本原。存在也不是真实的客观存在，而是思维的产物。思维是存在的本质，存在是思维的异化，思维通过扬弃自己的异化物而回复到自身，从而实现思维和存在的统一。由此，黑格尔实现了主体与客体、思维与存在在思维范围内的以唯心主义为基础的统一。黑格尔把客体、存在当作人的思维、意识的产物。他认为人的本质在于人的精神性、人的思维性；人之为人的根本在于“自我意识”。正如他所言：“如果说‘人之所以异于禽兽在于能思维’这话是对的（这话当然是对的），则人所以为人，全凭他的思维在起作用。”③ 黑格尔人学渗透了人的理性与主体性原则，陷入了唯心主义人学的泥潭。

费尔巴哈在主客体是否统一的人学问题上，既肯定了黑格尔批判康德割裂思维与存在的观点，又肯定了黑格尔对思维与存在、主体与客体统一性

① 参见张盾：《马克思与黑格尔〈精神现象学〉》，《吉林大学社会科学学报》2007 年第 4 期。
② ［德］黑格尔：《小逻辑》，贺麟译，商务印书馆 1986 年版，第 127 页。
③ ［德］黑格尔：《小逻辑》，贺麟译，商务印书馆 1986 年版，第 38 页。

论证的积极意义。同时费尔巴哈也一针见血地戳穿了黑格尔人学思想的唯心主义基础；批判了其思维与存在、主体与客体的统一观，认为这种统一只是抽象的、形式的、虚假的统一，只是在思维自身之内的统一。例如在黑格尔的《逻辑学》中，思维的对象与思维的实体是并没有区别的，思维与自身处在不可分割的统一之中。思维的对象只是思维的范畴，纯粹呈现在思维之中，并不具有任何思维之外的东西。对于黑格尔来说，客观物质世界也会像康德一样，仍就“永远是一个彼岸的东西”。① 费尔巴哈还进一步指出，黑格尔之所以不能解决思维与存在的统一性问题，根源在于他的唯心主义立场，他把从属于人的理性、思维、意识看成是脱离人的独立的精神实体，把绝对理念看成是世界、自然与客体的本原。

费尔巴哈在洞察了黑格尔片面的主体性原则及唯心主义人学观问题的基础上，建立了自身的人本学理论体系。费尔巴哈认为要真正解决思维与存在、主体与客体的分裂，实现它们的统一，就必须抛弃黑格尔的唯心主义，把人的理性、思维与意识还原给人。而思维与存在统一的基础和主体是人及人的存在，不能把绝对理念当做思维和存在统一的基础。那么，费尔巴哈是怎样实现二者的统一的呢？首先，费尔巴哈把思维看成是不脱离人脑的存在，是人脑这个现实实体的属性。他认为只有把人看成是以肉体为基础的肉体和精神的统一体，把精神看成是不能脱离肉体而独立存在的才能认识客观事物，才能实现思维和存在的真正统一。因为“只有实在的实体才能认识实在事物。”② 其次，费尔巴哈以感性和理性相统一（这种统一的基础是感性）的人为主体，找到了一条通向客体、通向存在的道路，实现了思维和存在的统一。他认为感性是认识的起点，是理性的基础，只有先有感性认识，才能走向理性，走入客体，走进存在。同时，费尔巴哈把人的自然性当做人的本质，以人为中心，冲破了黑格尔的唯心主义体系，创立了以唯物主义为基础的人本学思想。这对马克思实践人学的形成产生了十分重大的影响。

---

① ［德］费尔巴哈：《费尔巴哈哲学著作选集》上卷，荣震华等译，商务印书馆 1984 年版，第 154 页。

② ［德］费尔巴哈：《费尔巴哈哲学著作选集》上卷，荣震华等译，商务印书馆 1984 年版，第 181 页。

马克思扬弃了黑格尔的理性人学和费尔巴哈的感性人学，确立了人学思想的制高点——实践人学。

对于黑格尔的理性人学，马克思继承了其人学辩证法“合理内核”，即关于“异化”“扬弃”的因素和把人的自我创造看成劳动创造过程，把劳动看做人的本质与人的自我确证的本质。同时马克思不仅与费尔巴哈一样，批判了黑格尔人学的唯心主义基础、片面主体性原则以及把人的本质理解为人的思维、意识，在此基础上，马克思还批判不能把劳动理解为人的精神劳动。马克思正是在黑格尔的“否定性的人学辩证法思想”的推动下，扬弃了自我意识的云雾，逐渐走向粗糙的物质世界，实现了从理性人学向实践人学的转化。

对于费尔巴哈的感性人学，马克思继承了其人学唯物论，肯定了费尔巴哈以人为中心，用“感性的人”对抗、否定抽象的理性主义传统的大胆思想；肯定了他把人们从憎恶的“抽象王国”带回到“感性、具体王国”，回复唯物主义权威的理论贡献。可以说，“感性的人”是马克思实践人学的直接理论思想来源。马克思也揭示了费尔巴哈形而上学的错误、片面的客体性原则及其把人的本质仅仅归结为人的自然性、自然属性。认为费尔巴哈没有看到思维可以向存在转化，他的人本学只是庸俗的、机械的、形而上学的唯物主义人本学。

正是马克思在问题的意义上审视了黑格尔和费尔巴哈的人学思想，通过抛弃黑格尔和费尔巴哈人学思想的不合理因素，又继承黑格尔人学的“合理内核”与费尔巴哈人学的“基本内核”，以黑格尔的人学辩证法为推动原则，以费尔巴哈的人学唯物论为立足点，才实现了人学理论体系的辩证法和唯物主义的统一，创立了科学的马克思实践人学。

二、马克思实践人学的展开：实质与特征

马克思实践人学理论是建立在前人坚实的思想基石之上的，同时又超越了前人的理论，是具有革命性变革意义的理论。它是唯物论与辩证法、主体与客体、理论与实践、人类与阶级和个人相统一的人学范式。

第一，唯物论与辩证法相统一的人学。马克思实践人学实现了唯物论

和辩证法的统一。一方面，马克思认为，黑格尔作为推动原则和创造原则的否定性辩证法的伟大之处就在于：黑格尔抓住了劳动的本质，把对象性的人、现实的真正的人理解为自己的劳动结果。马克思吸取了这一“否定性的辩证法”，坚持了人学理论的辩证法。另一方面，马克思评价费尔巴哈的很大的优点就是他承认人也是‘感性对象’，认为自然界和人是哲学的唯一的对象。马克思实践人学的“现实的人”正是以“感性的人”为基础，秉承了费尔巴哈人学的唯物论。马克思实践人学以人学理论的辩证法为推动原则，以人学理论的唯物论为立足点，实现了辩证法与唯物论的统一。

第二，主体与客体相统一的人学。马克思实践人学对传统人学思想的扬弃，其实质是扬弃了片面的客体性原则和片面的主体性原则，从而实现主体与客体的统一。实践人学在对人的存在的理解和把握上，既不像旧唯心主义那样把它仅仅诉诸纯主体的或主观的存在，片面地强调人的主体性原则；也不像旧唯物主义那样把它仅仅诉诸纯客观的或直观的存在，片面地突出人的客体性原则。而是把它当做以实践为基础的主客体相统一的双重存在。因为马克思认为实践是人作为人的存在方式，是人作为人诞生的基础，是有目的、有意识的主体见之于客体、主体与客体相统一的活动。因而在马克思实践人学的视野里，人是既作为主体又作为客体而存在。既包含着人的自觉能动性、又体现着客观规律性。当人作为社会历史的主体创造社会历史的进程时，他们是受客观规律制约的，并不是随心所欲的；但人又是一种主体性的存在，他们按照自己的需要追求自己的目的，在客观规律和条件的范围或前提下发挥主观能动性。

第三，理论与实践相统一的人学。马克思不仅是个理论家，更是个革命实践家。一方面，马克思实践人学来源于实践。它的形成和发展除了前人的人学思想渊源外，更重要的是其革命实践基础。实践人学是马克思在革命的生活实践中不断批判资本主义制度，揭露人在其制度下贫穷、受压迫等异化生活的过程中逐渐形成的。另一方面，马克思创立实践人学不仅仅是为了突破传统人学思想的囿限，使人学获得科学的形态，形成一种对人的学说的达到了科学论证的理论，更重要的是为了指导我们改造现存世界的实践，使现存的世界革命化。正如他所言：“哲学家们只是用不同的方式解释世界，而问题在于改变世界。”① 马克思实践人学是为无产阶级革命实践服务的，它是指导人们消除实现人的自由全面发展的社会障碍，进入共产主义社会的理论武器。

第四，人类、阶级与个人相统一的人学。马克思实践人学达到了普遍性、阶级性和彻底性的统一，实现了人类、阶级和个人的统一。马克思认为，无产阶级的解放是全人类解放和个人解放的根本前提，无产阶级解放包含着人类和个人的解放，没有无产阶级的解放就不会有全人类的、个人的解放。马克思还认为，全人类的解放是以个人的解放为条件的。全人类的解放只有落实到个人的解放上才能实现。这里，就马克思人学理论关注全人类的解放来说，它具有普遍性；就其关注无产阶级的解放来说，它具有阶级性；同时，它还关注每个人的解放，所以也具有真正的彻底性。

马克思实践人学实现了西方人学系统中最伟大的一场革命，以“现实的人”为基础彻底颠覆了西方传统人学重思辨轻实践的理论状况，开创了新的人学研究范式，指明了人类社会通达自由而全面发展的路径。并且，在这一范式与路径的规引下，实现了理论之理想性与现实性的统一。

三、马克思实践人学的发展：相遇与关照

马克思实践人学实现了理想性与现实性双重维度的统一。然而，一直以来，有人总是把马克思实践人学所追求的人的自由全面发展当成是一种终极性的目标，甚至是一种乌托邦，忽视了其现实性维度，或者将其理想性与现实性两个向度混同起来，而未能作出很好的区分。也有学者没有看到马克思人学思想发展的内在逻辑以及人类解放的演进逻辑，总是把主题的转移视为思想的断裂，认为马克思人学中的人类解放理论经历了早期的不成熟到晚期的成熟之转变，或认为马克思早期的人道主义思想才是正确的，晚期的无产阶级革命思想是步入歧途。前者是以晚期否定早期，后者则反之。然而，笔者认为，马克思人学理论虽然确实存在一个转变的过程，但却不存在互相否定的两种理论。毋宁说，马克思实践人学的人类解放理论之转变是界分理

① 《马克思恩格斯文集》第1卷，人民出版社2009年版，第506页。

想性与现实性双重向度并思考如何将人类解放理论之理想性现实化的理论探索过程。这个转变过程就是经历了从哲学的、思辨式的抽象论述到经济的、政治的具体论述的过程。前者因其抽象的思辨色彩，带有理想性的特质，以《论犹太人问题》和《1844 年经济学哲学手稿》等早期著作为代表，后者则因其深入地考量社会现实，呈现出更多的现实性特质，以《1857—1858 年经济学手稿》和《哥达纲领批判》等后期著作为代表。① 马克思实践人学是理想性与现实性相统一的人学理论，其理想性表现在：马克思实践人学理论的立足点是关于理想社会的，是对未来理想社会的论述。它以人类的幸福和自身的完美为指针，设想未来的人是自由全面发展的人，未来的社会是共产主义社会——每个人的自由全面发展是一切人自由全面发展的条件的社会，全人类实现了解放。马克思实践人学规划、预设了未来的社会和未来的人，是一种具有理想性的理论。马克思实践人学的现实性体现在：马克思实践人学具有深厚的现实基础，它不是马克思凭空假想和臆造的，而是亲身参加了实践运动与活动，在准确、科学地分析、把握了当时的社会现实的基础上形成的。同时，马克思实践人学虽然是马克思在 19 世纪的西方提出来的，但当时的西方现实历史条件与我国现在所处的现实条件具有共性，二者都处于“以物的依赖性为基础的人的独立性阶段”，都还没有实现人的解放，都是在为“人的自由个性阶段”创造条件。马克思实践人学不仅能指导马克思所处时代的社会历史条件下的无产阶级革命，而且也能指导与 19 世纪西方同处于“以物的依赖性为基础的人的独立性阶段”的我国社会主义初级阶段为实现人的自由全面发展所进行的社会实践，它并不是脱离我们时代的纯粹理想性的理论，而是理想性与现实性相统一的理论。

马克思把人的自由全面发展的实现看作一个过程，并分为若干阶段，每一个阶段有自身的层次、程度，过程中的各个阶段既有理想的始终指引，也有依据于现实情况的具体实现。其中比较重要的问题是如何在当下现实社会中寻求人类解放之道。我国目前的“以人为本”理念就是马克思实践人学

---

① 参见刘同舫：《“中国模式”与马克思人类解放理论的现实性运用》，《中国特色社会主义研究》2009 年第 5 期。

在现阶段的有效运用与阶段性方案。

“以人为本”是在马克思人学理论的理想性与现实性相统一基础上的运用，是马克思实践人学与中国特色社会主义实践相遇与相融的结果。这种理论与实践的相遇、相融所产生的新的理念——“以人为本”与马克思实践人学具有高度的一致性。第一，“以人为本”与马克思实践人学的理论出发点是一致的。“以人为本”以现实活动的人为起点。“以人为本”中的“人”并不是抽象的人、不是脱离现实的人，而是受具体的社会关系及历史条件制约的人；马克思实践人学中的人是现实的人，是活生生的有血有肉且进行自由自觉的劳动的人。马克思实践人学也是以“现实的人”为出发点，撇开现实的人探讨实践人学就不能真正理解它的理论本质。第二，“以人为本”与马克思实践人学在主体与依靠力量的意义上是一致的。“以人为本”承认并尊重人民是社会发展的基本动力，是历史的创造者，强调发展要依靠人民，突出人民的主体地位和本体意义；马克思实践人学坚信历史进程的创造者是人民自己，人们自己创造自己的历史，人民群众是历史的创造者。第三，“以人为本”与马克思实践人学的终极关怀在目标上是一致的。“以人为本”以实现人民群众的根本利益为目的和归宿，把满足人民群众不断增长的多方面的需求与促进人的全面发展作为终极性目标；马克思实践人学的终极目的是通过扬弃异化劳动、异化社会从而实现人的自由全面发展和全人类的彻底解放。第四，“以人为本”与马克思实践人学在终极目标的实现途径上是一致的。“以人为本”与马克思实践人学的终极关怀——人的自由全面发展与人类解放的实现途径都是实践。如果没有实践，没有具体的贯彻执行，“以人为本”只是一句空洞的宣传口号，则毫无现实意义，更不可能实现人的自由全面发展；如果抽去改造社会、世界的实践活动，实践人学便没有理论支撑点，它所追求的目标也就失去了实现途径。

“以人为本”不仅是马克思实践人学与中国特色社会主义实践相遇与相融的结果，是其在社会主义初级阶段实践中的现实性的体现，也是其现实性维度的发展。“以人为本”是一种思想活动、理念，是基于实践人学的基础上所构建起来的能够对现实生活进行现实性层面规范的理论，是在现实社会中将实践人学的人类解放理论付诸实践的可操作化方案，更是一种历史实践活动与运动，是在马克思实践人学宏观性的哲学指导下为解决我国现实问题的实践活动，它的贯彻和践行，能检验、丰富和发展马克思实践人学，使其在新的历史条件下更完善，使自由全面发展的人的实现更具现实途径。若没有“以人为本”，实践人学就会缺乏实践基础。同时，“以人为本”亦是在马克思实践人学“观照”下的现实性理论，是在马克思实践人学的大前提、大视野下提出的。实践人学设想的最终目标——人的自由全面发展的实现，必须依次经过“人的依赖性阶段”，“以物的依赖性为基础的人的独立性阶段”，最后达到“人的自由个性阶段”。“以人为本”是我们处于“以物的依赖性为基础的人的独立性阶段”中提出的，是为“人的自由个性阶段”提供条件的。它是人的自由全面发展实现阶段中的一个分阶段。“以人为本”理念没有脱离实践人学设定的人的发展的三形态说，并置于其光环之下；“以人为本”是人的自由全面发展与人类解放实现阶段上的一个阶段，而不是终极阶段。随着生产力的发展、各种社会关系和制度的完善，人的发展就会走向更高的阶段，就要求出现新的人学理论替代“以人为本”对人的发展起向导作用。这种替代的过程也是在实践人学的理论指导之下对“以人为本”理论的发展过程。从这一发展意义上看，“以人为本”与马克思实践人学深刻关联。

“以人为本”与马克思实践人学是现实性与理想性的统一，两者的相遇、相融与关照，凸显了马克思实践人学的“现代意蕴”，也促使我们更进一步地思考如何在新时期新条件下发展马克思实践人学的问题。我们必须从空间的、现实的维度重读马克思实践人学，捕捉其在当代的理论生长点，这对于指导我们解决社会中存在的问题具有重大的意义。①

第三节　马克思人的全面发展问题与交往全球化*

关于人的全面发展和交往问题，马克思在许多著作中都有论述。马克思总

① 参见杨耕：《马克思主义哲学与后现代主义在当代的相遇》，《学术界》2000 年第 2 期。

* 本节第一部分摘自拙文《马克思人类解放阶段论》，原载于《福建论坛》2008 年第 5 期。第二、三、四部分来源于笔者指导的研究生肖菊仙与笔者合作完成的论文《论交往与人的全面发展》，原载于《江汉论坛》2008 年第 2 期。

体认为，交往的普遍发展是人的全面发展实现的重要条件之一。交往作为人的活动方式、人的存在方式，作为人与人之间发生社会关系的中介，作为人类生产和生活的基础，是一切历史的基本条件，人类社会的历史既是生产的历史又是交往的历史，生产本身是以个人之间的交往为前提的；人的社会性本质、人之为人的根本特性是在生产实践与交往活动中历史生成的。人类随着交往历史形态的不断发展也将获得个人的完整性并占有自己全面的本质，最终实现人的自由全面发展。从这个意义上说，人的全面发展与交往具有某种同一性，应该把人的全面发展研究与交往研究紧密联系起来。

一、人的全面发展：人类解放的历史归结

人类解放的最根本任务，就是要在政治、经济、劳动与文化等多维度解放创造的社会物质文化成熟的条件下，在全面深刻的社会变革基础上，实现“人自身的解放”，即实现人的全面发展。多维度解放使人类从“奴隶般的分工”中摆脱出来，组织成为“自由人联合体”。人的全面发展，标志着人与物的最终融合、人与自然的最优整合、人与人的最美关系以及人自身的最佳和谐。它寄托了人类的美好理想与追求，是人类解放的最终目标和历史归结。多维度解放必然导致人自身的解放。

通过多维度解放，使社会所有等级、阶级都得到解放，也就是社会不再划分为不同的等级，个人获得自由和解放，在社会各领域建立人与人之间平等的社会关系，将属人的关系还给人自身。而要实现整个人类社会的多维度解放，必须消除资本主义的私有制，建立社会的个人所有制，消灭国家，并以新的机构取代现行的市民社会体系和国家，“工人阶级在发展进程中将创造一个消除了阶级和阶级对立的联合体来代替旧的资产阶级社会”[①]。这个联合体就是没有资本统治的“自由人联合体”。

在《德意志意识形态》中，马克思从历史哲学的角度提出了通过实现多维度解放而消灭国家，最后走向“自由人联合体”的思想。马克思指出，在现代市民社会中，由于分工与资本的发展，“个人力量（关系）由于分工

① 《列宁专题文集——论马克思主义》，人民出版社2009年版，第195页。

而转化为物的力量这一现象，不能靠人们从头脑里抛开关于这一现象的一般观念的办法来消灭，而只能靠个人重新驾驭这些物的力量，靠消灭分工的办法来消灭。没有共同体，这是不可能实现的。只有在共同体中，个人才能获得全面发展其才能的手段，也就是说，只有在共同体中才可能有个人自由”①。要真正地消灭现代的市民社会与国家，就必须建立“自由人联合体”机构。这一联合体并不是前封建社会的每个人都隶属于特定的阶级的虚假共同体，而是真正的共同体，各个人通过这种联合获得自己的自由。“这种联合把个人的自由发展和运动的条件置于他们的控制之下。而这些条件从前是受偶然性支配的，并且是作为某种独立的东西同单个人对立的。”②要做到这一点，就必须实现多维度解放，将劳动与物质生产的方式结合起来，发挥自己的才能总和，占有全部的生产力总和。而要真正地占有全部生产力，就必须在世界历史范围内消灭市民社会结构，并由此消灭国家。

马克思多次指出，在生产力发展水平低下、物质生活资料的生产只能满足少数人的需要的时候，为争夺生活资源的斗争就会充斥整个社会，少数人的发展必然以损害和牺牲多数人的发展为代价。但是，随着物质生产力的高度发展、物质生活资料的极大丰富，人类历史必定会走到这一天，人们生存和发展的需要会得到充分满足，争夺生活资源的斗争会变得多余，个人的发展以牺牲别人的发展为代价的历史将会终结，而代之以“每个人的全面发展是一切人的全面发展的条件”的社会。按照马克思的说法，这才是人的真正历史的开始。这个新的历史起点就是“自由人联合体”，即共产主义社会。马克思和恩格斯从现实个人发展的视角，而不是从物的占有、分配和享受来界定共产主义，从而得出结论：历史不是归结为“物”，也不是归结为抽象的“人”，而是归结为“每个人的全面发展”。由于生产力的高度发展和物质财富的极大丰富，人自身得到了解放，那种强制性的、固定化的分工和由分工带来的人的异化消灭了，现实个人是全面发展的、有个性的人。社会调节着整个生产，而人们的觉悟和高度自觉性，可以把自己的兴趣同社会的需要

---

① 《马克思恩格斯文集》第 1 卷，人民出版社 2009 年版，第 570—571 页。

② 《马克思恩格斯文集》第 1 卷，人民出版社 2009 年版，第 573 页。

相协调，这样，人类社会就实现由“必然王国”进入“自由王国”的飞跃。

在马克思的思想中，“自由人联合体”在所有制形式上实现了彻底性的变革，这是联合起来的社会个人的所有制。它以社会化的生产形式解决了资本主义社会生产方式的内在矛盾，使人、社会、自然三者之间的矛盾关系得到真正解决，使人真正地成为人。社会化的人，也就是共同结合的生产者，他们将按照合理的方法来调节他们与自然之间的物质交换，把自然安置在他们共同的视野下，不让自身受盲目力量的统治，并用最小消耗、最合乎人性的条件完成交换。只有在“自由人联合体”中，才能实现人自身的解放，才能真正实现人的全面发展，这正是马克思哲学思想的政治结论，这个政治结论本身，也体现着马克思的哲学理想和奋斗目标。

人的全面发展作为人类解放进程的最终阶段具有普遍性。这一阶段虽然尚未出现，但其发展趋向、实现的可能性已经得到理论的论证，也得到了历史的和现实的经验证明，并非只是一种逻辑结论。人的全面发展既是一种理想境界，又是一种发展现实。

二、人的全面发展与人的交往的紧密关联

人的交往作为人类特殊的活动形态，是指在一定的社会历史境遇下，人与人之间或群体与群体之间通过一定的方式所进行的物质的与精神的交互过程，包括人们之间的物质、能量和信息等的相互交换。它反映的是会引发社会变化的人与人或群体与群体之间相互影响、相互作用、相互关联的社会活动及其过程，在这其中，用于交往的语言表达、信息投递、行为调节以及情感交流等则充分体现了交往的主要功能。

马克思认为，人的发展离不开与他人、与社会共同体的交往，作为人类实践的重要组成部分的交往决定了人的发展。人的发展取决于和他直接或间接进行交往的其他一切人的发展；取决于人的活动的全面性；取决于人的交往范围的扩大，只有当人们的交往不再局限于狭隘地域或民族国家内部，而是转变为世界历史性的交往即“普遍交往”的时候，“狭隘地域性的个人”才能为具有世界历史性的、真正普遍意义的个人所取代。事实上，“单个人才能摆脱种种民族局限和地域局限而同整个世界的生产（也同精神的生产）

发生实际联系，才能获得利用全球的这种全面的生产（人们的创造）的能力”①。人的发展的全面性与交往状况之间密切关联。

首先，人的交往是人的全面发展的基础。一方面，作为生产活动现实前提的交往为人的发展奠定了根基，离开交往，社会生产将无法进行，人的发展也就无从谈起。另一方面，交往的多元化、交往内容的全面性、交往方式的现代化、交往范围的扩大化，促进了人的全面发展，使人的自由、全面发展成为可能。

其次，人的全面发展有利于人的交往的充分实现。人的全方位发展是其与他人之间进行交往的自身条件和准备，倘若没有人的全面发展，就根本不可能在真正实质意义上与他人进行交往。而且就交往范围而言，只有全面发展的人才有可能同更多的他人存在共识，才可能具有更多的交往机会，从而扩大交往的视野与范围。

最后，人的交往和人的发展相互作用而动态发展。马克思基于人的交往关系、社会关系的发展过程考察了人的发展历程，凸显了交往的社会历史变化在宏观上对人的发展的一般历史形态的决定性作用。他将人类的交往历程分为三种不同的发展形态：第一是以人的依赖关系或个人的统治和服从关系为基础的最初的交往形态，与这一交往形态相对应，人的依赖性是人的发展的第一阶段。这时的个人没有独立性，直接依附于共同体；没有特殊性，只是以血缘、性别、地域、等级为特征的群体性模型。个人的能力发展也很缓慢，人的各种能力只能在狭窄的范围内和孤立的位置上发展。这一阶段，无论是个人还是社会，都不能设想会有自由而充分的发展。第二是建立在交换价值基础上的一切劳动产品、能力和活动的私人交换的交往形态。马克思主义把这一时期的人的发展概括为以物的依赖性为基础的人的独立性。这一阶段人的发展一方面表现为人的能力有很大的发展，在不同的交往领域发展着不同的能力，个人开始摆脱对群体的依赖而表现出自身的独立性。但另一方面，这种发展受着商品经济的阻碍和束缚，个人价值的实现需以物的交换价值来体现和衡量，是以物的依赖性为基础的发展即异化的发展。在物化的

① 《马克思恩格斯文集》第1卷，人民出版社2009年版，第541—542页。

交往中，“各个人的自主活动受到有局限性的生产工具和有局限性的交往的束缚，他们所占有的是这种有局限性的生产工具，因此他们只是达到了新的局限性”①。以物为媒介的交往其实是一种被迫交往，它使个人明显受到物的力量和外在异己力量的统治而不自由。第三是自由联合起来的个人之间自由交换的交往形态。这是马克思设想的人类理想的交往形式。其交往是人们的自觉行为，表现为个人的目的和维持自身生命活动的形式。在真正联合的交往形态中，人的自由个性得到充分发挥并且与他们共同的社会生产能力相适应，人的自由全面发展真正获得。基于以上分析可见，马克思逻辑地、历史地阐述了交往的变化形态和人的全面发展之间是一个相互作用的动态的、同一的历史发展过程。

三、作为人类生存状态的全球化交往

在马克思看来，人的交往与“世界历史”的进程密切相关。随着社会生产力的提高及人类社会的发展，“民族历史”将不断向“世界历史”转变，由此人们的交往范围也将不断扩大，不再局限于民族国家内部，而是转变为普遍交往即全球化交往。现今，经济全球化的发展浪潮方兴未艾，人们的交往范围确实呈现出全球化趋势，全球化交往已经成为人类的生存状态。

由全球化经济交往、全球化政治交往及全球化文化交往三大层面构成的全球化交往对人的全面发展起着非常重要的作用，主要表现在以下几个方面：

第一，全球化交往为人类的生存和发展提供了基础性的物质条件和技术手段。全球化交往过程中创造的巨大的物质财富是人类生存的基础，为人类的全面发展提供了物质条件，使人类的全面发展成为现实的可能；现代科技的发展，尤其是电子计算机技术、远程通讯技术等技术的飞速发展与更新，为人类的全面发展提供了便捷的中介工具和技术手段，把人类的全面发展带入到新的时空平台，使得人能从地域性的存在走向全球性的存在，成为普遍的类存在，人的自由度得到提高，发展程度得到提升。

① 《马克思恩格斯文集》第1卷，人民出版社2009年版，第581页。

第二，全球化交往将打破劳动职位的固定化，创造更多的自由劳动的机会，从而有利于人的全面发展。全球化交往时代，经济、政治、文化与社会的宽领域、深层次发展创造了更多的劳动就业岗位，扩展了劳动就业的范围，为劳动者自由选择感兴趣的劳动职位创造了更多的机会。就世界范围而言，全球化交往下资源的全球性配置也为劳动力的国际性流动提供了可能性，这将带来劳动者知识的丰富性与技能的多样性，更有助于形成人的全面的能力体系，促进人的全面发展。

第三，全球化交往促使了具有多样性文化特征的人的形成，在文化素养方面丰富了人的全面发展。在全球经济一体化的同时，各国之间的文化交往也冲破了时空的屏障，建立起各民族文化之间的普遍联系。“过去那种地方的和民族的自给自足和闭关自守状态，被各民族的各方面的互相往来和各方面的互相依赖所代替了。物质的生产是如此，精神的生产也是如此。各民族的精神产品成了公共的财产。”① 人们不仅可以通过本民族的文化来充实和发展自己，还可以借助其他民族的文化来塑造和完善自身，全面提升精神文化素养和情操，进而不断趋于全面发展。

第四，全球化交往也促进了人的自由个性和社会关系的发展。一个人的发展取决于和他直接或间接进行交往的其他一切人的发展。人的发展与其交往的范围、程度密切相关。交往的普遍性是个人全面发展的前提，因为个人的全面性不是一种想象或设想，而是个人在现实的各种关系中得以发展的全面性。全球化交往范围的扩大和程度的加深，将促使人的个性得以充分彰显；交往的全面性与多样性也将不断丰富和发展人们的现实社会关系。

全球化交往在积极推动人的全面发展的同时，也存在着一些负面效应：一方面，全球化时代科技的发展所带来的先进交往手段可能会成为控制人的异己之物，本应作为交往主体的人可能会蜕变为受现代科技掌控下的孤立原子或符号。另一方面，全球化交往所带来的社会关系物化形式的普遍发展，将不断强化人们对物的依赖性，从而导致物质主义、拜金主义和享乐主义的泛滥，造成人畸形及片面的发展。同时，全球化使外来文化广泛渗透，加速

---

① 《马克思恩格斯文集》第2卷，人民出版社2009年版，第35页。

了西方文化与价值观念在世界范围内的传播，深刻影响了其他民族既有的传统生活方式与行为准则，导致人们世界观、人生观及价值观的混乱和困惑。

四、合理的全球化交往的实现方式

正视全球化交往的双重影响，探寻合理的全球化交往的实现方式和正确途径，对于构建社会主义和谐社会和促进人的自由全面发展具有重要的战略意义。在顺应交往全球化这一浪潮的趋势下，我们应积极应对，主动参与到全球化的浪潮中，充分利用全球化创造的一切有利条件和各种有效途径，不断推进人的全面发展；要发展和完善交往的社会规则，为建立合理的社会关系提供制度保障；要努力全面提高主体进行社会交往的素质和能力。

第一，加强对全球化交往重要性的认识。全球化交往对我国社会主义现代化建设及人的自由全面发展意义重大，能够为社会发展和人的全面发展奠定坚实的物质基础和良好的国际环境。世界范围内的资源、信息、资本等的扩展，将为我国社会发展提供更多的基础设施和必备条件，对当今世界先进的科学技术、管理制度的吸收和借鉴将有利于我国综合国力的提高。如果脱离世界交往与国际竞争，中国特色社会主义现代化建设将失去繁荣发展的世界背景和外部条件，人的自由全面发展也将无从谈起。

第二，主动参与国际新规则的改革与制定，推动世界交往的合理化发展。由西方发达资本主义国家主导制定的旧的国际政治经济秩序明显不利于发展中国家争取自主交往和独立发展，而且旧的国际政治经济秩序事实上成为了南北矛盾和冲突的焦点。因此，构建公平、公正、合理的能使所有交往主体都能获得平等的发展机遇与利益的全球性交往规则和发展机制就显得尤为重要。我国应积极主动地参与国际政治经济新秩序的制定，推动世界交往的合理化发展，维护我国及其他独立主权国家共同的平等、合理的发展权益。

第三，全面提高主体进行社会交往的素质和能力，注重交往资质的培养。人是社会的人，社会交往是人存在的基本方式。交往合理与否同主体的交往资质密切相关。人们在改造自然和社会的生产生活实践中，始终是通过人与人之间的社会交往来实现的，交往是社会实践活动的前提和基础。从这一点而言，提高人们社会交往的能力对于社会生产的作用与价值以及对于人自身主体性的提高、自由个性的形成、全面性的发展都具有十分重要的作用。同时，为了保证交往的顺利进行和合理的实现，我们又必须遵守一定的社会交往的法律规范和基本伦理准则，规范自己的社会交往行为。其法律规范和基本伦理准则不应以物质的利益和权益为前提，而应以交往双方之间的世界意识为基础，这样才有可能建立起超越地域、民族的界限、真正走向世界普遍性交往，在此基础上全面实现人的自由个性最终达致“自由人的联合体”状态。

第四节　马克思个性理论的学者解读及其展望*

国内外学者对马克思思想体系中是否存在个性理论基本达成共识，意见是肯定的。在马克思文本中虽然没有独立的著作对个性理论进行论述，但从其博士论文中强调独立个性，到《1844年经济学哲学手稿》指出个性受异化束缚，又到《德意志意识形态》强调人的自由个性是现实中的人的个性，具有能动性和创造性，再到《1857—1858年经济学手稿》提出人的发展的最高形态即自由个性等都可以寻找到关于个性问题的直接或间接描述与探讨。学界对马克思个性理论的系列研究正是在对马克思文本深入解读的基础上进行的，目前已经取得了较为丰硕的成果。但对个性与个性解放的关联问题、研究马克思个性理论的方法、马克思个性理论的当代价值等方面的探讨还有待拓展和深化。

一、对个性特征概括的多角度性

“个性”一词来源于西方“Personal”（拉丁文），最初是喜剧演员为表现角色而戴的假面具，后人将之引申为人物及其心理的基本面貌与特征。由于个性是社会人的重要特征，所以许多学科都从自身学科角度对个性进行了界定，导致当前对个性概念的界定比较庞杂而难以统一。学者们大致上从心理

* 本节由笔者与笔者的研究生徐国胜合作完成，原载于《湖北行政学院学报》2012年第6期，原文题目为《马克思个性理论的深度解读及其展望》。

特征说、特殊性说或个别差异说、诸因素综合说、积极意义说、人的本质的特殊表现说、主体性说等方面对个性进行了定义。

与对个性定义探讨相比较，学者们对个性特征的展开比较完整和全面，体现出其多角度性。

（一）社会性

学者根据马克思人的本质的定义，认为人的本质集中体现出人的社会性特征。而个性的形成与发展，也是社会关系和社会生产力发展的结果，必然具有明显的社会性特征。纷繁复杂的社会关系的实质，就在于个人作为特定群体的成员具有某种特殊的社会属性，人的个性展开在相应的社会关系中逐渐获得，具体方式有：第一，个人与他人之间的关系成为一种共同关系，并服从于这种共同关系的共同控制，在共同关系的控制中，获得其思想关系与实践关系的丰富性；第二，个人之间的相互关系既是个人本身的个性在关系中的体现，也是作为群体中的个人与他人发生关系，具有了某种群体性的特征和属性；第三，个人在与社会不同层次、不同部门的个体交往的同时，也是同不同地区、不同职业、不同民族的整体交往，可以克服个体的局限性和片面性。①

（二）主体性

有观点认为，从本质上说主体性是指主体（人）从客观实际出发，遵从合目的性与合规律性的要求，在同客体的交互关系中所蕴含并显露出来的自主性、能动性和创造性，它在个性的坐标系中处于轴心地位。② 在能动性、创造性和自主性三者的关系中，自主性是能动性和创造性的根本前提。而主体性的发展状况有质和量的双重规定：量的规定是指主体性发展的程度；质的规定是指主体性是否有利于社会进步，同时也指个人作为社会主体在气质、性格、意志等心理特征方面的某种类型。主体性在量和质上的双重规定所形成的“独特组合”，造就了个人之间相区别的个性。

① 参见韩庆祥：《论人的个性及其全面发展的规律》，《北京大学学报》1992 年第 1 期。

② 参见迟克举：《试论唯物史观视野中的人的个性范畴》，《哲学研究》1991 年第 3 期。

（三）差异性

个体既是一种普遍性的存在，更为重要的是一种具有异质性的存在，在特定的时空范围内，不同的个体表现出明显的个性差异。每一个人从出生到死亡都在自己特定的自然和社会的时空中生活，因而具有独特而又与众不同的行为规则和精神世界，显示出个人作为自己独特存在的特征以及个人与世界区别开来的特征，这种特征即是个性的差异性的体现。对个性的差异性规定可以从两方面加以理解：一是个性是特殊的存在物；二是个性在复杂的社会关系中体现出不同的需求动因和不同的实现方式。①差异性是区分个人与他人的最形象和最深刻的特征之一，没有差异性也就没有个性和个人可言。

对于个性的特征研究，学者从多个角度进行了阐述，总体而言较为全面和完整。虽然学界还归纳出个性具有其他方面的特征，如交互性、个体性、独特性、独创性等，但笔者认为这些特征内含于社会性、主体性和差异性这三大主要特征之中。个性具备的三大特征既显现出个性在形成过程中所体现出的精神实质，也显现出个性区别于他性的最本质特征。

二、对个性理论实现方式探讨的系统性

关于个性理论的实现方式：实现的内容、力量主体构成因素、实现所需条件、实现目的等，学界对这一系列的问题都做了较为系统的阐述。

（一）实现的主要内容

有学者认为个性理论的实现包括三方面内容：

人的“类特性”。人的自由自觉的创造性活动就是人的“类特性”，涉及两个方面：活动内容和活动的形式。活动内容指活动的独立自主性、自由自觉性和能动积极的创造性等各种能力，即指如何活动，活动形式指从事何种活动。活动内容是个人主体性及其内在本质力量的充分发挥，活动形式是个人活动充分达到丰富性、完整性和可变动性。②

---

① 参见李秀华：《转型期人的个性与社会秩序关系研究》，天津人民出版社2008年版，第52页。

② 参见韩庆祥：《论人的个性及其全面发展的规律》，《北京大学学报》1992年第1期。

人的“社会特性”。个性并非孤立的，它必须获得外界力量的推动，受社会制约和影响：个性的实现与特定时代的社会生产力基本一致，与社会生产力发展密切关联；社会关系、社会制度及生产生活环境的差异，造就了社会公民不同的智力水准、生理特征，以及交往与沟通能力。①

人的“个人特性”。个人特性的实现主要是指：第一，个人所隐含的潜能的发掘与利用；第二，个人的肉体和心理的完善；第三，精神道德观念、自我意识与感觉的提升及全面性。而其潜能、肉体、心理、精神道德观念、自我意识和感觉等要获得某种程度的实现，有赖于对外部对象与客观存在的反映程度。②

（二）实现的力量主体

关于个性实现的力量主体，无疑是指人，是具有现实根基与实践能力的“现实的人”，而非“抽象的人”。现实的人贯穿于社会的始终，体现了个体与社会的共时性；也贯穿于自然的始终，体现了人与自然、与社会的共生性。现实的人实现了历史与现实、理论与实践的时代统一。从“现实的人”出发和从“抽象的人”出发，是划分马克思唯物史观和费尔巴哈唯心史观的标志。马克思实现了哲学史上的伟大变革，这种变革的基点和逻辑起点是把人从抽象的理解带回到现实的维度中。而个性的发展建立在人的发展基础之上，承认历史的主体是“现实的人”，也就是承认个性发展的主体是“现实的人”。

当然，在对“现实的个人”的理解上是有分歧的。有学者认为“现实的个人”不仅是历史的主体，而且是马克思唯物史观建立的前提。“现实的个人”是感性的个人、整体意义上的个人和具体的个人，马克思的唯物史观就是从“现实的个人”出发，把自然纳入到历史中予以考察，按社会关系的差异划分不同的社会形态，发现人类历史的基本规律——生产力与生产关系相互矛盾。③ 另有学者指出，“现实的人”是人与社会的统一，人与社会通

① 参见谭培文：《“唯一者”与马克思的个性观》，《马克思主义研究》1997 年第 4 期。

② 参见韩庆祥：《论人的个性及其全面发展的规律》，《北京大学学报》1992 年第 1 期。

③ 参见汪信砚等：《“现实的个人”：唯物史观的入口处——〈德意志意识形态〉的个人概念及其意义》，《哲学研究》2007 年第 9 期。

过“现实的人”的实践活动紧密关联。“现实的人”受现实的生产力发展水平和生产关系的制约，是政治生活和精神生活的承担者，与经济基础和上层建筑、社会存在和社会意识的矛盾运动相交融，体现着“现实的人”实践活动的中介作用。①

（三）实现的基本条件

关于实现的基本条件问题，笔者根据现有成果，做了逻辑归类。

第一，生产力发展是基础性条件。个性发展状况受生产力发展程度的制约。只有生产力高度发达，社会才能提供丰富的产品和对象，个人才能把自主活动与物质生活统一起来，把劳动当作自我完善的根本手段，而不是仅仅作为谋生的需要，并拥有充裕的可以自由支配的自由时间。②生产力的发展还决定各个社会历史时期人们的交往形式，而个人自由发展的实现是与社会生产力的发展趋势相适应的，所以，生产力发展是自由个性实现的基础条件。

第二，所有制的重建是决定性条件。人的个性发展程度与制度保障相关联，正因为如此，马克思用毕生精力去追求、去探讨、去设计合理的制度方案，通过对资本主义制度的批判，重建社会所有制，寻求更为完美的理想与现实相结合的制度。他在《共产党宣言》中，对这种完美的制度做出了精辟的概括，那就是个人自由而全面发展的“联合体”。这种联合体的内在机制与制度是以公有制为前提，这种公有制不是原始社会意义上的公有制，不是简单的循环和回复，而是否定之否定规律的体现。因此，只有像马克思所提出的那样重建社会所有制，马克思个性理论才能在实践中得以实现。

第三，强制性分工的消除是直接条件。马克思在《1844年经济学哲学手稿》中对异化劳动进行了深刻剖析和批判，异化劳动也带来了人的异化，即人的发展的片面性，人在异化劳动中畸形化。而异化劳动的根源在于强制性的社会分工，只有消除强制性的社会分工，使社会分工自觉化，才能够真正消除异化劳动，使人们从单一的、被动的劳动奴役中解脱出来，从而拯救

① 参见赵家祥：《从“现实的人”看人与社会的统一》，《北京大学学报》1990年第1期。
② 参见张凤莲：《马克思的个人发展理论及其当代价值》，《哲学研究》2006年第5期。

个性。在强制性分工消除的条件下，任何个人都能自由进入或退出每一个生产领域，个人得以直接而又自由地与生产资料相结合，人的自由而全面的发展便成为可能。

第四，真实集体的建立是环境条件。马克思认为每个人要获得自由而全面的发展必须在“各个个人在自己的联合中”即集体中进行。而集体有“真实集体”与“虚假集体”之分，马克思曾经尖锐地批判了“虚假集体”的虚伪性、虚幻性，马克思认为“虚假集体”总是以牺牲大部分人利益为代价来满足少部分人利益的集体，但当时的资产阶级也往往用集体的称号来掩盖真实的事实。“虚假集体”不是由真实的个人组成，总是作为某种独立的东西与各个个人对立起来，反而会成为个人发展的新桎梏。只有“真实集体”而非“虚假集体”才能为个性的发展提供良好的生存土壤。因此，必须建立“真实集体”，为个人个性的发展创建环境。

在实现的基本条件的问题上，有学者将影响个性理论实现的条件分为外部客观条件和内部主观条件，并认为外部客观条件通过内部主观条件起作用。外部客观条件为个性的全面发展提供了可能性，只有借助于一定的使用这些条件的社会方式，这些条件才能现实地用于个性的全面发展；而内部主观条件则是起着决定性作用，这一决定性作用体现在通过调节、控制、选择和利用外部客观条件来与他的个性发展发生某种联系，使外部潜在的可能性客观条件作用变为现实。①

（四）实现的最终目的

马克思个性理论实现的目的，就是马克思自身倡导的“自由个性”。在马克思看来，实现“自由个性”是人类彻底摆脱物的依赖，实现从必然王国向自由王国的转换，也是共产主义社会的显著特征。“自由个性”是个性发展的终极状态和最高理想，它不同于人的自由发展，也不同于“个性自由”(虽然它们之间有某种程度的联系：个性自由是前提，人的自由发展是途径，自由个性是目的)。“自由个性”是在一定的前提下，通过有效的发展途径而达到的应然状态。

① 参见韩庆祥：《论人的个性及其全面发展的规律》，《北京大学学报》1992 年第 1 期。

实现马克思个性理论的最终目的——自由个性，也意味着人的自由全面发展的达成，标志着人与自然，人与社会的优化、和谐，是人类社会发展到真、善、美统一的最高境界与逻辑归宿。自由个性理论是人类社会内部矛盾运动与人类历史发展之必然趋势，符合人类社会发展之“真”；自由个性的实现，既是个人主体性、创造性和能力的质的突破，也是人类社会经济、精神等各方面发展的体现，符合人类需要之“善”；自由个性的实现，也是我们所憧憬的人类解放的实现，是美好的共产主义制度的实现，符合人类发展之“美”。自由个性的实现是马克思人类解放理论形成的现实可能性的逻辑结论，它寄托了人类的不懈追求与美好理想，是人类解放的最终目标和归宿之一。①

学界从实现内容、力量主体、基本条件、最终目的等方面进行的深入而全面系统的研究，为继续深究马克思主义、正确指导现实生活确立了更为明确的方向。

三、对个性和自由个性关系论证的深刻性

个性发展的最高境界就是“自由个性”。在这种境界与“现实”中，人类个性的丰富性得到了展现，与个性相关的诸因素得到全面提升（如人的体能、智能、品格、情感等理性与非理性因素）。关于个性与自由个性两者关系的论证，学界也做了深刻的论证。

有学者从个性发展的历史过程角度，即从马克思关于社会发展三形态理论角度，深入地剖析了个性逐渐摆脱物的依赖，实现自由个性这一最高境界。在第一大形态，即自然经济形态中，由于处于生产力不发达，社会关系尚处于“人的依赖关系”，个性的发展极其缓慢。在第二大形态，即商品经济形态中，生产力从以实用手工工具的体力劳动者为标志转变为以巨大的机器生产为基础的劳动分工，人与人的相互关系也表现为“物”的关系，给予人的个性以深刻影响，使个性发展呈现出两个相反的趋势：一个趋势是商品经济使人获得了独立性，另一趋势是反个体主体性即给真实个性带来新的束

① 参见刘同舫：《马克思人类解放理论的演进逻辑》，人民出版社2011年版，第205—206页。

缚。在第三大形态，即未来共产主义时，个性就将发展成为自由个性。此时，旧式分工和私有制已然消灭，社会调节着整个生产，每个人都可以在任何部门自由发展。所以，对于人类来说，一旦达到“自由个性”，个性的解放就实现了。个性解放的完成也就是人类解放的实现，是人类从必然王国向自由王国转变的实现。①

也有学者认为，马克思主义甚至就是追求人的自由个性的学说。马克思通过对政治经济学的批判所创建的批判理论，对实现人类解放探索的解放理论，其批判理论与解放理论的双层建构的实质和落脚点是人的问题——人的自由个性的完善。自由个性是对劳动强制性分工、劳动异化的超越，是对自然规律的认识和利用，是对现存世界改造基础上的人的相关能力的高度提升，是在生活实践与生产实践中个人生存价值的充分展现。自由个性的人，本身一定是具有个性的人，这种具有个性的人是在经济、政治、文化等多维度上的解放。马克思的自由个性观包括几大点：第一，个体是历史活动的主体；第二，每个人的自由发展和一切人的自由发展的关系；第三，自由个性与社会制度的关系；第四，抽象上升到具体的方法论原则；第五，生产力和生产关系在个性发展至自由个性中发挥着重要的作用。②

从社会发展的三大形态角度，解析个性从发展缓慢到实现自由个性的转变，是随着生产力的发展、社会关系的变化发展而转变的。个性发展的目标即是自由个性，但这一目标是建立在高度发达的生产力和生产关系的基础上，个性才能达到其最高境界和最终目的——自由个性。

四、对马克思个性理论的研究展望

学界对马克思个性理论研究取得的丰硕成果，从不同视角对马克思个性理论进行的深度解读，不仅代表了当前学术界对马克思个性理论研究的水平，也为今后的相关研究提供了现实语境与思想资源。不过，对马克思个性理论还有继续拓展和深化的余地。

---

① 参见王锐生：《人的个性》，《北京大学学报》1990 年第 1 期。

② 参见王贵明：《马克思主义的自由个性和自由主义的个人优先性》，《哲学研究》2001 年第 4 期。

（一）深化马克思个性解放问题的研究

个性解放指的是个人的主体性、创造性和能力摆脱现实物质、社会关系或思想的束缚，使个人既有其独立人格，又能自由发展、充分发挥个人才能，同时也尽力发展个人兴趣爱好。在马克思所追求的人的解放中，个性解放无疑是最为重要的组成部分。但目前学界对个性解放问题的研究尚不够系统与完整。

首先，国内对国外个性理论，特别是个性解放理论研究的关注度不够。事实上，西方学界对个性理论是有研究的，从个性的概念、特征、养成、发展目标等都进行了独特的探讨。就笔者所涉及的文献看，对个性概念的解释就有罗列式定义、整合式定义、层次性定义、适应性定义和区别性定义等，这些都值得我们借鉴。

其次，对个性解放本身探讨不足。学界对解放问题有多维度的研究与探讨，比如人类解放、政治解放、经济解放、劳动解放、文化解放等，都从哲学高度给予了较为充分的研究，在概念界定、内容划分、结构的系统化和意义的探究等方面，都取得了阶段性成果。[①] 而对于个性解放作为解放的一个维度的研究，还未成系统。同时，个性解放问题在现实生活中的发展及其在多维度解放中所处的地位和定位问题，个性解放的动力和意义等问题，都还有待于更深刻的研究。在探讨马克思个性解放思想时，尤其值得我们警惕的是，要防止教条主义和本本主义倾向，充分考虑马克思文本与写作的时代背景及其所处历史语境，这样才能既回到马克思，又走出马克思。

（二）探索马克思个性理论研究的方法论原则

对马克思个性理论研究采用的方法论，主要集中于马克思的唯物辩证法。少有拓展和突破，导致研究的单一性和限制性，无法从更多学科视角对马克思个性理论进行深入解读，获得更深更广泛的认识。所以，探索马克思个性理论研究的方法论原则便成为必然。

个性理论不仅仅是哲学问题，也是教育学、社会学、心理学、伦理学

---

① 参见刘同舫：《马克思人类解放理论的演进逻辑》，人民出版社 2011 年版；刘同舫：《人类解放的进程与社会形态的嬗变》，《中国社会科学》2008 年第 3 期；刘同舫：《政治解放、社会解放和劳动解放——马克思人类解放思想的再探析》，《哲学研究》2007 年第 3 期。

等诸多学科共有的问题。例如，在教育学领域研究个性理论，就需要深入探讨个性理论扮演的角色和所处地位，并制定因个性而施教的教育方法，发展个性教育。可以说，用多学科交叉研究的方法研究马克思个性理论具有意义。我们需要不断探索，用跨学科的方法对个性理论进行研究，挖掘个性理论研究的意义，更好地为社会服务。

（三）凸显马克思个性思想的理论价值与现实意义

马克思个性理论不仅具有理论意义，在现实生活中也同样具有十分重要的现实意义。

首先，马克思个性理论构成了历史唯物主义的重要组成部分。作为一种学术思想，马克思个性理论体现了个性与社会性、个体发展与类发展的统一，内蕴着历史唯物主义的辩证法思想；马克思个性理论超越了西方传统人学理论将二者对立起来、孤立看待个性的观点，体现着历史唯物主义的批判精神；马克思以实践为基础的现实人的个性，发展了西方传统个性理论中抽象人的个性的思想，是历史唯物主义对西方传统个性理论的深化。马克思个性理论作为历史唯物主义的组成部分，正不断充实和丰富历史唯物主义理论体系。

其次，马克思个性理论具有现实价值，马克思个性理论与以人为本的科学发展观有密切关联。第一，马克思个性理论与以人为本的科学发展观在实现手段上具有统一性。无论是马克思个性理论的推进还是以人为本的科学发展观的形成发展，都需要以生产力为奠基、以社会历史环境为背景、以人的全面自由发展的目标为动力、以人文关怀和道德体系为辅助，形成推动两者发展的强劲力量。第二，马克思个性理论与科学发展观在最终目标上具有一致性。实现自由个性是个性理论的最高境界和最终目的。在自由个性阶段，人与社会将会形成完美的统一，人与社会、自然、他人和睦相处，和谐共生，这正与以人为本为核心的科学发展观的最终目标不谋而合。两者在实现方法和最终目标上的紧密关系，成为双方相互促进、和谐共生的纽带，使两者在推动人的自由而全面发展的道路上挽手前行，共同发展。

第五节　“现实的人”：马克思与福柯的论证维度*

20 世纪法国后现代哲学家、历史学家米歇尔·福柯（Michel Foucault，1926—1984）对知识、权力和伦理及其关系的独特研究，是出于对具体、感性生存的现实人的深度关切。他与马克思关于现实人的思想之间既存在着明显的差异，又具有一定的相关性。在论证维度的比较视阈下，重新检视马克思所关注的人的问题，探讨马克思现实人思想的理论特质，是我们理解现代人生存境遇，把握马克思现实人思想当代效应的重要路径。本节集中对马克思与福柯关于“现实的人”在内涵理解、塑造因素、解放方案等三个维度上加以研讨，力图在后现代语境下重新理解与发掘马克思现实的人的丰富思想，深化对马克思主义创始人——马克思的哲学前提的研究。

一、内涵理解：五种属性与三重特性

哲学的本性在于对人自觉的关怀。马克思的关怀不是从抽象的“个体”，也不是从宏观的“人类”出发，而是从现实的具体的人，从繁华的工业社会的边缘群体——工人出发，展开自身的哲学实践。福柯则集中于“家庭浪子、无业游民和精神病人”，“没有生活来源、没有社会归宿的人”，“被经济发展所排斥而漂泊不定的阶层”，分析他们如何被社会命名和规范。福柯与马克思都认为，人是历史中的人，是生活在纷繁复杂和不断流变的现实世界中的人，没有亘古不变的、矗立于历史之外的主体或人之本性。在某种意义上说，现实的人是马克思哲学与福柯理论建构的共同基础。两者对现实的人，尤其是对社会受压迫的边缘人群、阶层具有一致的关怀。

马克思通过对黑格尔“抽象的精神的人”、费尔巴哈“抽象的自然人”的超越，提出了其哲学的出发点即真正“现实的个人”。现实的人“不是处在某种虚幻的离群索居和固定不变状态中的人，而是处在现实的、可以通过

---

* 本节由笔者的研究生史英哲和笔者合作完成，原载于《岭南学刊》2013 年第 5 期。

经验观察到的、在一定条件下进行的发展过程中的人”①。这一精辟表述反映了现实的人至少包含下列五种属性②：

第一，现实的个人是有生命的个人，是一种自然存在物。主要表现为：人来源于自然，自然对人来说具有先在性，人只不过是自然界生命物质长期发展演化的产物；人依赖于自然，人为了生存和发展必须依赖自然物质基础和条件，必须依赖自然所提供的物质生活资料；人还有着各种自然需要，现实的人是生活在现实社会中的每一个活生生的人，包含各种自然属性和生物性需求。

第二，现实的人是社会存在物，具有社会性。人不仅同自然界发生联系，而且人与人也要发生联系。只有个人结合成为群体，个人的力量集合成为群体的力量，才能超越动物靠被动适应自然环境的局限，满足自己多方面的需求。在满足自然需要之后，人们还要从事政治、艺术、哲学、娱乐等活动，相应地会产生政治关系、法律关系、文化关系等，它们以人为中心构成了一个多层次的复杂结构系统。人在复杂结构系统中产生、存在和发展，具有群体、合作的特性。正如马克思所说，人的本质属性在现实性上“是一切社会关系的总和”③。

第三，现实的人是有意识的类存在物，具有精神属性。有意识的生命活动把人同动物的生命活动直接区分开来，人的意识或精神是能动性与创造性的统一，它不仅能反映客观世界，还能创造新的世界。人的意识不仅能正确反映客观世界的表象，还能认识和把握客观事物发展变化的规律，并通过劳动实践创造客观世界，人化自然。“自由的有意识的活动恰恰就是人的类特性”④。

第四，现实的人是实践存在物，是在一定社会关系中从事实践活动的人。人的本质是生产劳动，是在生产和交往实践中建构的社会关系的总和。

① 《马克思恩格斯文集》第1卷，人民出版社2009年版，第525页。

② 关于对“现实的人”内涵理解的五种属性的概括，笔者借鉴了夏甄陶先生的观点，他在《人是什么》一书中用五个章节分别对五种属性进行了全面论证。（参见夏甄陶：《人是什么》，商务印书馆2000年版）

③ 《马克思恩格斯文集》第1卷，人民出版社2009年版，第505页。

④ 《马克思恩格斯文集》第1卷，人民出版社2009年版，第162页。

实践是人存在和发展的根本方式，是人之为人的根本特性，实践不是现成的而是生成性的，所以现实的人不是即成的、封闭的人，而是未完成的和正在生成中的开放的存在物，一种超越性的存在。人在实践活动中不断克服与超越自身的有限性、不完满性。

第五，现实的人是具体的历史存在物。人是在特定的历史条件下从事这样或那样的具体社会实践活动的人，马克思从历史的角度考察了人的主体发展过程，提出了人的发展“三阶段”理论：人的依赖关系阶段；以物的依赖为基础的人的独立性阶段；建立在个人全面发展和他们共同的社会生产能力成为他们的社会财富的这一基础上的自由个性阶段。① 关于人的发展的阶段性理论充分表明了人是历史存在物。

与马克思哲学一样，福柯哲学首先是对现实生活中的具体的人的回应，它不同于传统哲学对人的分析，而是对疯子、穷人、失业者、罪犯等边缘、弱势群体和劳动者、说话者、生活者等正常群体的现实关怀。福柯哲学从微观权力的视角，考察了社会历史发展的经济结构、技术习惯、政治行为等社会要素，进而找到了现实的人生活于其中的历史深层机制及现实境况。福柯历史追溯的基本原点都是反观和理解现实人的当下存在。他从特性上对现实的人进行了剖析，认为现实的人包含三重特性：人的所是、人的所思、人的所行。

“人的所是”指“人当下的存在样态”，用福柯的话说是“权力控制”。权力与现实人的生存有内在的关联，其触角已延伸至社会的所有部门、生活的各个领域，是普遍的、全盘性的，它针对现代社会中的所有人。现实的人每天都栖居在由权力关系网络交织的具体时空中，是权力网络中的一分子，受到社会制度、政治体制、礼俗乡约、道德纲常的影响，被内在于所有社会活动和日常生活层面的弥散化的权力所左右。

“人的所思”指“一种思考与感觉的方式”，这种方式不是作为历史存在的致思方式，而是由“此是”达“彼是”的思，由现实的“此是”向可能的、未定的“彼是”的通达。现实的人不是给定的或先天的而是反思建构起

① 参见《马克思恩格斯文集》第 8 卷，人民出版社 2009 年版，第 52 页。

来的，他可以批判当下人的非自愿的所是状态（“当下的所是”指现代人被知识—权力所奴役），并向自愿的所是状态方向努力，即把自己当作一件有自我风格与审美价值的艺术品来加以雕琢。

“人的所行”指“一种行动、行为的方式”，所愿的努力、所思的通达使人摆脱所行的历史而展开新的行为方式。现实人可以通过微观层次上的直接批判与他们最接近的、对个体直接实施作用的境遇，降低知识—权力对自身的统治与奴役，进而使自己在最低限度的支配下从事权力“游戏”。这种所行既显现了人之为人的属性，也显现了人之为人的使命，更显现了人之为人的气质。① 福柯对现实人的理解，是在具体的不同领域对现实人的经验考察基础之上得出的，他不是企图得出关于现实人的总体性结论，这一点是福柯对现实人的历史性生存研究的基本点。

在马克思对现实人内涵理解的问题上，五种属性的概括是深刻而精辟的。他对现实人的论证超越了在其之前西方传统哲学对人所做的抽象阐述，实现了哲学史在哲学起点上的伟大变革，这一变革为马克思创立的现代哲学成为科学奠定了坚实的基础。而福柯将现实的人的丰富内涵归纳为三重特性，侧重于对人的规范性要求的细节描述。笔者认为，其三重特性的理解是对现实人的存在论的规定，它与马克思的五种属性阐释并不矛盾。福柯从多角度的微观权力关系作用下对现实的人的描述贴近实际、贴近生活。福柯三重特性的理解在某种程度上是对五种属性阐释的有益补充，是五种属性思想的微观延伸，使得马克思关于现实人的思想在宏观和微观的层面上同时彰显出自身的魅力。

二、塑造因素：劳动实践与微观权力

马克思主要是从总体视野出发审视现实的人，认为劳动实践创造了现实的人；福柯则从微观权力角度来考察现实的人，侧重点在于对他者权力、对主体权力、空间权力、规训权力、牧师权力等的分析，并认为它们是塑造

---

① 参见赵福生：《福柯微观政治哲学研究》，黑龙江大学出版社、中央编译出版社 2011 年版，第 65 页。

现实人的重要根据。

实践观是马克思主义哲学理论体系的核心，也是贯穿其中的一条主线。在马克思实践哲学思维方式中，现实的人不是头脑中的想象之物，而是实际存在的从事物质生产及生活活动的生命体，劳动实践是塑造现实人的最关键性因素。从人与动物相区别的角度看，实践是人有目的、有意识地改造物质世界的社会性活动，是主体与客体、主观与客观所构成的矛盾运动，它既是物质运动的客观过程，又是主体活动的创造过程，现实人的能动性、创造性正是在实践活动中被体现出来。“动物仅仅利用外部自然界，简单地通过自身的存在在自然界中引起变化；而人则通过他所作出的改变来使自然界为自己的目的服务，来支配自然界。这便是人同其他动物的最终的本质的差别，而造成这一差别的又是劳动。”① 从人与人相区别的角度看，实践是人的存在方式，它以浓缩的形式内在地包含着三重关系即人与自然、人与人、人与其自身意识的关系，它是社会关系的发源地。现实的人总是处在特定的社会关系中，是各种社会关系的承担者，正是这种社会关系决定了人的社会地位。所以，实践形成了人类特有的本质，而且只有在实践中人的本质力量才能得到充分的体现和确证。

马克思认为，“实践”和“现实的人”的关系是具体而复杂的。不同的劳动塑造出不同的现实人，创造性劳动塑造出现实的人的全面性，异化劳动使现实的人陷入片面性。现实人的本质——由劳动实践所创造的其真正的社会关系，常常通过物来表现或表现为物的关系。但是物、物的关系毕竟不直接就是人与人的关系，它作为对象性的存在物只是凝结着人的本质力量，反映或折射着人的社会关系，于是出现了社会关系物化的现象。在资本主义制度下，无产阶级实践本来是劳动人民本质力量的展现，却演化为养活剥削阶级的异化劳动，使人的本质与他的存在相冲突，使人的本性被压抑、变形、伤残。他们自己被当成“会说话的工具”“土地上的附庸”“机器的部件”丧失了人作为人的本质和尊严，他们只有在远离生产劳动的时候，才会感到自己生活得像个“人”。物的关系反客为主，淹没人的关系，乃是人的本质在

① 《马克思恩格斯文集》第 9 卷，人民出版社 2009 年版，第 559 页。

对象化中的异化。因此，必须克服劳动异化，始终把物作为对象性的存在，把人作为主体性的存在，人才能拥有和实现自己作为人的社会本质。

福柯认为现实的人与权力紧密关联。“权力关系深深地植根于社会关系之中，而不是作为一种补充性的、人们或许能梦想从根本上加以消除的结构而重构于社会‘之上’。在社会中生活就是以行为可能（事实上正在）施加于别的行为之上的方式生活。”① 现代权力针对肉体且与知识“合谋”共同作用于灵魂。权力运作具体为设定标准、规训、内化标准等“三位一体”方式。权力以真理、科学的名义建立了一个丰富、丰满的现代人的具体形象和改造标准，每个人都可以与之对照并自我剖析；将不合乎标准的人从现代社会中挑选出来对其进行训练、约束、改造、惩罚，不断强化“所谓的标准”，却使其行为举止“文化”远离了人的本真状态；进而对现代个体进行“自我教育”，即把所谓标准人的各种规范、观念、行动准则等内化到个体的自我意识之中，变成个体的自觉自愿的行动，消弭改造的痕迹，使其感受不到现代人性观对自我的干涉和控制。在“三位一体”的客体化方式中，个体的人被现代文化不自觉地建构成标准的现代人，甚至主动地将自身建构成社会的标准部件。

现实的人无法逃避权力，总是被权力在社会生活的每一个细节、层面所裹挟。人文科学、哲学、管理学、精神病学等现代知识都具有相对应的社会机构，这些机构与宏观国家政权相互勾结、相互利用，形成对人越来越精细的“匿名”控制。现代权力分散在社会领域的各个方面，存在于社会的每个节点之间，其来源是多元的、分散的和历史的，比如它来自刑罚改革、监狱、学校、工厂、军营、家庭等机构的建立，来自经济活动、知识活动等领域的实践性策略和技术。没有权力关系存在的社会只能是一种幻想。权力“越来越有权利干预生活的方式，干预‘怎样’生活，权力特别是在这个层面上进行干预，为了提高生命的价值，为了控制事故、偶然、缺陷”②。正是

① Michel Foucault. *The Subject and Power*，*in Michel Foucault*：*Beyond Structuralism and Hermeneutics*，*by Hubert L. Dreyfus and Pau l Rabinow*，Chicago：The University of Chicago，1982，pp.222—223.

② ［法］米歇尔·福柯：《必须保卫社会》，钱翰译，上海人民出版社 1999 年版，第 233 页。

这种松散的、非中心的多级对抗网络，塑造现实的人的所是、所思与所行。

在塑造现实人的问题上，马克思以劳动实践为线索，强调实践因素的作用。劳动实践对于现实人的重要性不容质疑，我们要坚持历史唯物主义就必须坚持实践的观点。但是马克思在塑造现实的人及其学术体系建构的问题上，“实践”成为专有名词，在某种程度上具有了“大写”性质；影响现实人的其他微观因素则以隐蔽的形式来表现，成为一种隐性的理论。福柯在其文本与演讲中相对淡化马克思的实践观，更强调微观权力对现实人的作用和现实人在社会生存中权力所发挥的作用，权力构成了改造人的充分根据。福柯对微观权力在现实人的塑造上的重视程度，对当今国家在权力的运用以及在权力塑造人的关系上具有警醒作用。

三、解放方案：社会革命与生存美学

无论是对异化劳动的扬弃，还是对微观权力的批判，马克思与福柯的思想都是为了达到对现实的人历史性生存境遇的解决，都蕴含着超越现实社会的人类情怀和改造世界的价值诉求。马克思认为，现实的人要超越异化劳动实现自由劳动，必须通过无产阶级社会革命夺取国家政权，从总体上扬弃资本主义制度。而福柯则设计了一种针对无所不在的权力奴役体系的“自我风格化”的生存美学，以此来作为取代社会革命运动的“新的斗争形式”。

在马克思看来，劳动实践是塑造现实人的重要因素，也是人类社会存在和发展的基础。在劳动实践的基础上所产生的生产力与生产关系的矛盾，构成了人类社会的基本矛盾。在资本主义条件下，人们本来为创造使用价值而从事的劳动实践被迫屈从于资本逻辑的支配，服从于资本追逐剩余价值的需要，从而使劳动变为异化劳动，人变为单向度的人。要使“现实的人”的每一个成员真正拥有人的本质和尊严，要使异化劳动被彻底扬弃，从而再转化为每个人的自由而有意识的实践活动，现实的途径不是借助精神的幻想，也不是在思想中消除“雇佣劳动关系”或“资本”的观念，而是要通过武器的批判，实际地改变存在于现实生活中的人和人之间的生产关系，即通过社会革命消灭私有制，消除现实人在市民社会中彼此孤立追求个人私利的利己主义状态，“必须推翻使人成为被侮辱、被奴役、被遗弃和被蔑视的东西

的一切关系”①。通过社会革命才能真正触及社会主要矛盾、扫除社会发展障碍，并充分利用全人类的文明成果，为现实的人的全面发展创造条件。“只有在伟大的社会革命支配了资产阶级时代的成果，支配了世界市场和现代生产力，并且使这一切都服从于最先进的民族的共同监督的时候，人类的进步才会不再像可怕的异教神圣那样，只有用被杀害者的头颅做酒杯才能喝下甜美的酒浆。”②

针对现实人被微观权力宰制的困境，福柯力图寻找解放的出路，提出了生存美学方案。生存美学的内核是自我控制。现实人通过自我控制把自我或生活造就成为某种理想的存在模式、某种具有美学价值的艺术作品。福柯充分考虑了现实人面临的直接环境、个体心理、情感等因素，认为现实的人被无处不在的微观权力所包围，这种权力形式是日常化和隐蔽化的，对现实人权力关系的破解和抵抗也必须常态化。在生存美学中，现实的人可以超越当下的存在样态，这种超越与自我控制密切关联，它不是及时享乐，不是安逸的游荡，而是与自身内在的严格要求相一致。现实的人在突破界限和创造困难中显现，是“非功利”的，是为了一种自我实现的不知疲倦的投入。自我控制的目标是“让灵魂变得伟大”，让灵魂摆脱环绕、限制其自身的束缚因素，从而“发现自己真正本性、目的，也即自己对世界的普遍理性的适应度的整个结构和网络。通过自我控制的训练，灵魂发现了自己真正的伟大，这是组织世界的理性原则的伟大”③。现实的人具备现代性态度，通过对自我的道德界限的批判和僭越，可以挣脱奴役的界限，摆脱生命对形式的依赖，在当下创造的裂隙中自由绽放，成为一件有自己风格的艺术品。现实的人对微观权力的局部抵抗即表达了福柯对“大写”意义的消解，对文化桎梏的挣脱、思想围墙的冲决、权力枷锁的解构，以寻求现实人的人生意义。

现实人的解放是马克思关注的学术主题，他在批判性检视资本主义异化劳动的基础上，提出了诊疗性救治的社会革命方案，以彻底扬弃现实人所处的社会关系，达到人的解放与人类解放的目的。笔者认为，社会革命理论

① 《马克思恩格斯文集》第1卷，人民出版社2009年版，第11页。

② 《马克思恩格斯文集》第1卷，人民出版社2009年版，第25页。

③ ［法］米歇尔·福柯：《主体解释学》，佘碧平译，上海人民出版社2010年版，第230页。

在一定的时代背景下具有科学性与合理性，当然，随着时代的变迁，社会革命理论也需要进一步拓展与深化。马克思身后的学者们对社会革命理论进行了不同程度的探索——福柯的现代生存美学方案作为对社会异化压抑的一种别样反抗，展现了现实的人存在状态的多元性和文化审美的宽泛性，不仅深入到人内心深处的意识领域，而且充分考虑到人与社会条件之间相互作用的中间环节和因素，使现实的人在社会历史运动中具有更加立体、更加丰满的形象。福柯的理解启迪我们：现实的人所蕴含的微观资源无疑是马克思人学思想的理论增长点；自觉汲取福柯关于历史多元差异、个体自由思想也是对国外学者批判马克思主义“人学空场”的有力回应。

马克思与福柯都对现实人做了历史的、具体的考察与分析，都为解决人类生存困境积极寻求出路，两者具有明显的相关性，在部分观点上也具有一致性。但是，对于现实人的深刻探讨，马克思主要从总体视野出发来予以审视，总体性方法中同时兼具宏观分析与微观分析。福柯则从微观视野来审视现实人的问题。基于这种分野，两者对人的异化原因和超越路径的理解也表现出一定的差异。我们对马克思与福柯关于现实人的论述进行系统比较，开启马克思与福柯关于现实人问题的对话，可以加深对现实人本身的认识，也有利于深化对现实的人在马克思学说中地位和作用的理解。

第四章　本真精神与理论创新

第一节　马克思主义哲学的创新之路*

从1978年党的十一届三中全会到现在，与改革开放一同起步的新时期马克思主义哲学研究，已经走过三十多年的历程。如果要给这段研究历史分段，大致可以分为以下四个阶段：第一阶段：从1978年到1980年，是真理标准问题的大讨论时期；第二阶段：从1980年到1984年，是异化和人道主义问题讨论时期；第三阶段：从1985年到1995年，是对哲学原理教科书体系的反思时期；第四阶段，从1996年开始到现在，是强调哲学要面向或回归人的生活世界时期。当然，这种划分只是相对的，实际的情形不可能这样整齐划一，每一阶段的问题之间往往是相互交叉和重叠的。这种复杂的历史景象，决定了我们在把握历史的时候，不仅要从时间的角度去纵向地“观察”历史，还要从空间的角度去横向地“概括”历史。对于改革开放以来三十多年间马克思主义哲学研究的发展史，自然也需要从时间和空间的双重维度做综合性的整理。由于从时间的角度所做的整理已有不少，本节着重从空间的角度对这些年来有关马克思主义哲学研究的已有成果做一些横向的归纳。

一、敞显马克思主义哲学的性质和主题

改革开放以来，围绕着马克思主义哲学是什么这个元哲学问题，学界展开了激烈的争论，提出了许多不同的看法。过去那种单一而僵化的理解模

---

* 本节原载于《求索》2008年第1期。

式被打破，出现了多元化的解释系统。“一源多流”的观点取代了“一源单传”的观点。学者们认为，马克思主义哲学作为对以往优秀思想文化继承的结果，它的宗旨可能只有一个，但它的理论内容所包含的丰富意蕴，必然为不同的诠释提供了广阔的解释学空间。关于马克思主义哲学的性质和主题，学术界的观点大致有以下五种：

第一，马克思主义哲学是“实践唯物主义”。马克思把哲学的目光与聚焦点从自然本体论转向人类社会，从而使哲学的研究主题发生了根本性的变革。马克思在人类社会的视野下，努力寻找解释和把握人类社会的依据，这个依据就是人类实践活动。实践是人的存在方式，它构成了人类社会得以生存和发展的基础。实践范畴具有哲学世界观的普遍意义，马克思以实践为轴心来理解人类社会，并以此为基础建构新唯物主义——实践唯物主义。实践的观点是马克思主义哲学首要的、基本的观点以及建构原则。① 而对于什么是实践唯物主义，学者们的理解差异较大。

第二，马克思主义哲学是“实践本体论”。主张这一观点的学者依据的是马克思的经典名言：实践“是整个现存感性世界的非常深刻的基础”。他们认为，马克思主义哲学的对象不是脱离人的实践或在人的实践之外的无限的整个世界，而是“感性世界”“现实世界”和“对象世界”，对于这样的“世界”来说，实践正是其生成、存在、变化的根基。在马克思主义哲学中，存在只是实践中的存在，本体只是实践的本体。实践本体论的主张受到大多数人的反对，包括多数主张实践唯物主义的学者也不赞成，有的学者认为实践的观点具有本体论意义，但不赞成实践本体论的提法。②

第三，马克思主义哲学是“辩证唯物主义”。我们不能从马克思主义哲学史、认识论的和实践论的种种角度来否定辩证唯物主义的基本观点。一种理论如果同时具备客观性、规律性、体系性、创新性、可验证性和发展性的基本特征，那么，这种理论就是科学理论。因为客观性奠定科学理论产生的坚实基础；规律性揭示科学理论的本质属性；体系性为科学理论的逻辑结构

① 参见杨耕：《重读马克思》，《哲学动态》1998 年第 5 期。

② 参见杨学功：《马克思主义哲学与“本体论”研究：分歧与出路》，《哲学研究》2001 年第 9 期。

提供严密的逻辑论证；创新性展现科学理论的独特魅力与生命力；可验证性和发展性为科学理论提供有效性证明。辩证唯物主义作为一种理论，内含着客观性、规律性、体系性、创新性、可验证性和发展性的基本特征，具有科学性。辩证唯物主义需要发展，但必须以坚持为前提，否则它就不是马克思主义哲学，也不是一门科学。①

第四，马克思主义哲学是“历史唯物主义”。历史唯物主义与历史唯心主义相比较而存在，前者正是在批判后者的过程中形成和发展起来的。马克思历史唯物主义的创立，是以黑格尔法哲学为突破口，通过批判黑格尔的国家理论，研究政治国家与市民社会的纠结关系，从而认识到“市民社会”对国家、政治的基础作用。同时马克思还从历史发展的角度看待“市民社会”及其与国家的关系，得出与黑格尔相反的结论，即市民社会决定政治国家，而不是政治国家决定市民社会，进而深化了对市民社会的认识，以一个新的视角——市民社会，找到了理解社会历史的钥匙，打碎了观念支配人类历史的传统哲学神话，从历史唯心主义者直接转化为历史唯物主义者。马克思的划时代的哲学贡献也正在于他创立了新的历史观，从而使人类历史上的全部哲学研究沐浴在新的阳光之下。②

第五，马克思主义哲学的当代形态是人学。马克思主义哲学是时代精神的精华，随着时代发展马克思主义哲学呈现出不同形态，人的问题是当代整个马克思主义哲学理论的中心，当今时代的马克思主义哲学应该是人学。因为当今时代精神体现为对人的强烈呼唤和关切：对个人的关切是当代西方社会生活的一个主题；近年来我国马克思主义哲学界集中讨论的及现实实践需要解决的也是人的问题。马克思主义哲学的当代形态是人学观点的提出，深刻意义在于呼唤当代马克思主义哲学要加强对完整的人的专门集中且深入系统的研究，以建立一门人学，并通过这种研究来发展自己，来为当代中国社会发展提供新的哲学观念和理解框架。③

对于马克思主义哲学究竟是什么这个问题，学术界虽然没有取得一致

---

① 参见黄楠森：《必须坚持辩证唯物主义》，《北京大学学报》1998年第2期。

② 参见俞吾金：《论马克思哲学的本质》，《学术界》1998年第1期。

③ 参见韩庆祥：《我的人学观》，《江海学刊》1996年第1期。

的意见，但这五种观点并非各执一端，它们其实是一个问题的各个不同的侧面而已，是可以并行不悖的。马克思主义哲学作为一个充满生命力的开放体系，必然会表现出多面性的特征。当然，究竟什么是马克思主义哲学的最为本质的特征，这仍然是需要研究并有待研究的问题。

二、反思传统教科书的哲学体系

传统教科书哲学体系一般是指作为我国大学公共政治理论课普及教材的《马克思主义哲学原理》体系。它是依据20世纪初期苏联哲学家对马克思主义哲学的传统理解，以斯大林发表的哲学著作《论辩证唯物主义和历史唯物主义》为模式和样板而制定的，因而又叫辩证唯物主义和历史唯物主义模式。它曾一度在形式上成为马克思主义理论的标准形态。这种哲学教科书体系在我国以及其他一些社会主义国家被作为正统理论的代表甚至唯一标准和形态长期沿用。20世纪80年代中期开始，我国哲学界就对传统哲学教科书体系进行了反思。反思的结果，就是以下对待传统教科书哲学体系问题的四种态度，即总体上肯定、部分肯定、历史性肯定、总体上否定。

持总体上肯定态度的学者认为，苏联的辩证唯物主义与历史唯物主义的体系虽然是苏联哲学家制定的，但它不是毫无根据的，它是依据马克思主义创始人马克思、恩格斯的经典论述而创立的，这一体系总体上是科学的。因为：它符合马克思主义创始人和多数马克思主义者的观点；它力求客观反映外部世界并强调理论应接受实践的检验，这也是一切科学的共性；它有明确的研究对象，形成了自然观、认识论和历史观三个组成部分及其有机统一；有统一的世界观和方法论贯穿其中的逻辑体系，是相对严密系统化、体系化的理论。墨守成规与另起炉灶都不可取，应在坚持其基本性质的基础上创建与当代实践水平相适应的科学的马克思主义哲学体系。①

持部分肯定态度的学者认为，传统的马克思主义哲学即辩证唯物主义（历史唯物主义是辩证唯物主义在社会领域的应用）是一种“解释世界”的

---

① 参见黄楠森：《建立一个完整严密的科学体系是马克思主义哲学建设和发展的重要任务》，《社会科学战线》1999年第1期。

哲学框架。在解释世界的哲学框架中，首次把辩证法和唯物主义历史性结合形成了辩证唯物主义哲学体系，能够给客观世界提供相对合理的解释，在“解释世界”的框架与氛围中，辩证唯物主义哲学体系具有无可置疑的合理性，功不可没。但是，这种“解释世界”的辩证唯物主义哲学并不代表马克思主义哲学的本质，只是反映了马克思主义哲学的局部特征。构成辩证唯物主义基本要素的辩证法与唯物主义，在历史发展的长河中作为已有成果源远流长，都不是马克思主义哲学的创新点。同时传统教科书哲学体系对辩证唯物主义的哲学表达确实与马克思自己的哲学概括相差很大，没有贯彻马克思本人“改变世界”的观点，没有进入“改变世界”的历史境界。①

持历史性肯定态度的学者认为，斯大林将马克思主义哲学体系化，有其特定的历史条件。20 世纪 30 年代中期，苏联社会主义改造基本完成后，迫切的现实问题是需要权威的、得到普遍认同的理论来统一干部、群众的思想，武装干部、群众的头脑。正是在这种现实需要的背景下，斯大林开始强调马克思主义哲学的体系性，对马克思主义哲学作出了具有权威性的表述，为苏联干部、群众统一思想发挥了强大作用。在中华人民共和国成立以后，我国对苏联教科书体系采取全盘接受的态度与方式，也是历史与时代的产物。当时，在应对各种封建思想和非无产阶级意识形态的挑战上，苏联教科书观念发挥了威力。苏联教科书体系在历史特定的环境与条件下显示的正效应是确定无疑的。当然，苏联教科书模式公式化、体系化处理马克思主义哲学，使开放性的马克思主义哲学本身失去了应有的发展活力，这是其重要的弊端与缺陷。②

持这一态度的学者们还认为，我国以往各个时期编写的马克思主义哲学教科书，代表着不同时期人们对马克思主义哲学的理解水平，并曾培育过一代又一代的中国马克思主义者。即使是那些热衷于批判马克思主义哲学教科书的人，一般也都是通过这些教科书而学习、了解或掌握马克思主义哲学的。今天，我们对马克思主义哲学的理解已达到了更高的水平，因而回过头

① 参见张奎良：《有中国特色的马克思主义哲学论纲》，《天津社会科学》1998 第 1 期。

② 参见孙伯鍨等：《体系哲学还是科学的革命的方法论——关于马克思主义哲学特质的思考》，《天津社会科学》1997 年第 6 期。

看，发现以往的教科书存在着这样那样的问题，这本来是正常现象。然而，一些有“教科书批判情结”的人，不对以往的教科书作历史的分析，无视它们的历史地位而大加讨伐，这至少是粗暴地割裂了中国马克思主义哲学发展的历史。①

持总体上否定态度的学者认为，传统的教科书哲学的体系化，并非马克思制定的，而是苏联哲学家按照斯大林哲学著作《论辩证唯物主义和历史唯物主义》的框架，按照哲学家们自己的理解而加工的。它是典型的苏联模式的马克思主义哲学，实践已经证明其在总体上不符合马克思的基本精神，并不能代表更不能等同于真正的马克思主义哲学。传统的教科书哲学体系的最大局限表现在思维方式上，它是与马克思的实践思维方式相对立的绝对主义的本体论思维方式，将其作为正统的、标准的思维方式与模式影响了马克思主义哲学的声誉。②

笔者认为，对于传统教科书哲学体系之功过是非的争论，到现在并没有结束。虽然持总体上否定态度的学者并不少，但支持这一体系的力量似乎也很强大。从高等教育出版社 2007 年出版的全国高校思想政治理论课统编教材《马克思主义基本原理概论》中哲学部分的体系结构来看，传统教科书哲学体系的痕迹似乎还很明显。

三、呼唤马克思主义哲学的当代形态

针对传统教科书哲学体系的种种弊端，很多学者提出，必须重建一种能够反映马克思主义哲学本真面目和精神实质的新的叙述体系。于是，“回到马克思”等口号便应运而生。“回到马克思”是为了克服苏联哲学教科书体系的偏见和误解，重新真正建构全新的具有开放性的当代理论体系。③但是，究竟应该如何在对哲学原理体系进行改革的基础上建构马克思主义哲学的当代形态，学术界同样没有形成统一的认识。根据笔者的理解，以下的几种观点大概是较有代表性的。

---

① 参见汪信砚：《当前我国马克思主义哲学研究的三个误区》，《哲学研究》2005 年第 4 期。

② 参见高清海：《哲学的命运与中国的命运》，《哲学研究》1998 年第 6 期。

③ 参见张一兵：《马克思之思的当代性言说》，《南京大学学报》2001 年第 2 期。

第一，社会主义的发展与命运同作为根本指导思想的马克思主义哲学的发展密切相关，改革开放以来的马克思主义哲学发展总体上就是围绕着社会主义本质、发展与命运等问题在理论和实践上进行的双重探索。总结与反思中国社会主义发展的历史经验和教训，加强对当前问题的梳理和深度透视，透过现实社会主义的经历，来探索和开拓马克思主义哲学形态发展的新局面。基于此，有学者提出了关于我国马克思主义哲学当前发展形势的两个基本体会：第一，马克思主义哲学在我国的发展已经基本上走出了20世纪初期前传统的苏联教科书的模式，一个具有中国特色与时代精神的新形态的马克思主义哲学体系，已处于酝酿、形成的阶段。第二，新形态的马克思主义哲学体系尚未形成，这项重大理论任务的完成是必要的、紧迫的，但具有艰巨性、风险性。①

第二，探索和建构马克思主义哲学的当代形态，应从以下方面具体展开：首先，突出马克思主义哲学的规范功能，强化马克思主义的批判精神。马克思主义哲学既要以科学的方法正确地描述和反映人与自然、人与社会关系的客观现实，又要在合目的性与合规律性的统一、物的尺度与人的尺度的统一、外在尺度与内在尺度的统一中给历史与现实作出深度评价，要敢于质疑经验常识的根据，敢于反思历史进步的尺度，敢于审讯真善美的标准。为此，马克思主义哲学必须在历史与时代的深处展开多维度批判和多向度建构。其次，立足科学与实践的宏观视野，以哲学的思维方式深刻把握人与客观世界关系及其当代特点。科学与实践既是人处理自身与客观世界关系的最基本层次，也是研究和发展马克思主义哲学的最重要的现实基础与对象性前提。当代科学与当代实践的高度综合又深度分化的趋势，改变了当代马克思主义哲学基础和哲学背景，客观上要求当代哲学的高度综合又深度分化。再次，透视我国马克思主义哲学研究中的主要问题，强化马克思主义哲学研究的“学科群”意识。马克思主义哲学形态的当代建构，既应是我国马克思主义哲学研究进程合乎逻辑的上下关系承接和前后关系的发展，又应是对其

① 参见李德顺：《探索马克思主义哲学新形态——关于“新中国哲学五十年”的一点思考》，《教学与研究》1999年第10期。

现存学科中存在的问题和弊端的革命性克服、扬弃与超越。应该按照马克思主义哲学发展的内在规律，打破哲学一级学科中的八个二级学科的边界与壁垒，把“学科群”关系的探索作为我国跨世纪马克思主义哲学发展的战略。①

第三，马克思主义哲学的出路和社会主义理论的出路一样，在于实现中国特色化，创立有中国特色的马克思主义哲学。创立有中国特色的马克思主义哲学，是马克思主义哲学发展的逻辑必然。党的十六大以来，特别是党的十七大，以胡锦涛同志为总书记的中央领导集体，坚持和发展马克思主义，提出了科学发展观和构建社会主义和谐社会的理论。此理论是新时期的创见，表明党中央领导集体找到了新时期我们面临的主要问题和任务，即什么是和谐社会和如何构建社会主义和谐社会。接下来的是我们怎样运用马克思主义的立场、观点和方法来解决和实现这一任务。学者提出，应该正视马克思主义的本质精神，把以人为本作为出发点和归宿；在中国哲学、西方哲学和马克思主义哲学的交流对话中寻找马克思主义中国化创新的契机。②

尽管不同的学者在具体看法上各执一端，但对于马克思主义哲学当代形态的建构宗旨则是基本一致的。那就是要强调马克思主义哲学基本精神的当代意义，结合当代中国的具体实际推进马克思主义哲学的创新。马克思主义哲学是不断发展和变化的，马克思主义哲学的形态也会随着时代的发展而变化。事实上，对马克思主义哲学有各具特色的研究思路，在对马克思主义哲学形态的认识上存在分歧，应该说是一个重大进步，它表明我们对马克思主义的理解更加深化、更加全面。

近年来，我国马克思主义哲学研究的全局性、根本性的进展，就是涌现出了一系列哲学创新的生长点即部门哲学，如政治哲学、历史哲学、社会哲学、发展哲学、经济哲学、生存哲学、生活哲学、价值哲学、文化哲学、科技哲学等。这些学科虽然还不够成熟，但透过它们可以发现，马克思主义

① 参见欧阳康：《从真理标准讨论到建构马克思主义哲学的当代形态——面向 21 世纪的我国哲学发展战略构想》，《天津社会科学》1998 年第 6 期。

② 参见王增智：《马克思主义中国化的当下向度》，《求索》2007 年第 7 期。

哲学确实在逐渐走向立体化、明朗化，基本走出了苏联20世纪30年代“教科书体系模式”。一种基于科学的实践观、具有深厚的人文关怀性质、作为中国特色社会主义理论的组成部分和哲学基础的马克思主义哲学新形态的雏形已经形成。

第二节　在挑战社会思潮中发挥马克思主义的威力*

我们正处于新世纪的开端，在面对着中国经济社会突飞猛进发展的同时，也面临意识形态领域逐渐凸显的严重问题。当代各种社会思潮在经济、政治、文化和社会各个领域与马克思主义争夺主流话语权，企图影响中国社会的整体走向。这些强劲的社会思潮秉赋学术文化的背景和推动力，有着广泛的社会影响力，不断地冲击、影响和挑战着主流意识形态的话语体系，尤其是企图在哲学层面修正抑或解构马克思主义的基础——马克思主义哲学，构成了对马克思主义作为指导思想的号召力、影响力和权威性的重大理论威胁。面对当代各种社会思潮的出现，我们必须承担起一个具有深远意义的课题，即不仅要“被动”地回应当前各种社会思潮的影响与冲击，更是要有“亮剑”精神，“主动”地运用马克思主义的立场、观点和方法，以历史唯物主义科学的批判精神来对待当前的各种社会思潮，既要对其做出准确的分析与说明，又要在挑战当代各种社会思潮中真正发挥作为普遍真理的马克思主义的威力。

一、话语与权力：当代社会思潮相互激荡

人类的语言蕴含着力量。语言是人类思想的反映，是人类精神最原初的冲动，也是人类文明及其传播得以可能的中介。德国哲学家海德格尔曾诗意地说：“语言是存在的家园。”“语言，凭借存在物的首次命名，才指明

* 本节是我主持的广东省教育厅重点资助项目“当代社会思潮变化与影响研究——在挑战当代社会思潮中发展马克思主义”的最终研究成果，原载于《马克思主义研究》2010年第3期，原文题目为《在应对当代各种社会思潮的挑战中发挥马克思主义的威力》。此文在2010年获国家教育部颁发的“高校德育创新发展研究成果奖”二等奖。

了存在物源于其存在并到达其存在。”① 语言和存在是同一，它不仅表达了思想，甚至就是思想本身，语言构成了我们的生存方式。语言一旦被说出或被写出，就变成“话语”，具有生存的力量和自身运作的逻辑。继海德格尔之后，法国哲学家福柯表达了类似的观点。通过深入细致地分析作为一种语言的“话语”，福柯认为，话语不仅是思考和产生意义的方式，更是能够决定主体身份的本质、意识和无意识思想以及人的情感。他明确地指出，“话语”是一种“事件”，而且“必须将话语看作是一系列的事件，看作是一种政治事件：通过这些政治事件才得以运载着政权、并由政权又反过来控制着话语本身”②。话语本身包含产生和扩散的过程，反映着相关的社会关系，特别地呈示出表征着一系列社会力量的各种知识抑或意识形态在特定的社会文化环境中的相互影响与相互斗争的关系。批判性地考察海德格尔和福柯的理论，可以洞见，他们关于“语言”或者“话语”的论述鲜明地显示了话语与权力间的密切关系：任何话语的表达看似纯粹是思想的表达形式而已，其实是经过选择和包装的历史内容；不同的话语，展示了不同的世界面貌和社会关系，每一个话语体系其实蕴含着相应的政治目的。

话语体系的大规模扩展与流行，往往会形成一定的社会思潮。正如马克思、恩格斯在《德意志意识形态》中指出的：“意识一开始就是社会的产物，而且只要人们存在着，它就仍然是这种产物。”③ 一定的社会思潮实质上是某种社会文化意识的表征，是在一定的社会经济政治条件之总和的基础上，由学术文化观点及其实践在社会层面的相互作用、相互影响形成的。社会思潮的相互激荡、斗争也往往在复杂的社会环境背景下激烈地呈现出来。

在当前中国社会转型时期的复杂背景下，环视当前各种非马克思主义甚至反马克思主义的社会思潮，它们正在积极兴奋地展示出自己的“话语体系”，利用各种机会和渠道，千方百计地同主流的马克思主义争夺话语权，

① ［德］马丁·海德格尔：《艺术作品的本源》，载《诗·语言·思》，彭富春译，文化艺术出版社 1991 年版，第 6 页。

② ［法］米歇尔·福柯：《言论与写作》第 3 卷，转引自冯俊等：《后现代主义哲学讲演录》，商务印书馆 2003 年版，第 417 页。

③ 《马克思恩格斯文集》第 1 卷，人民出版社 2009 年版，第 533 页。

企图影响并重新诠释当代中国的社会性质，影响当代中国的历史走向。当前，各种社会思潮中最具代表性且最具理论实力同马克思主义争夺话语权的，当属新自由主义、民主社会主义、文化保守主义、保守自由主义和后现代主义。

新自由主义作为一种思潮肇始于20世纪初，第二次世界大战结束之后，面临着社会主义从一国实践发展为多国实践，两极格局的形成，新自由主义逐渐嬗变为资本主义的经济范式和政治纲领，对世界主要的资本主义国家的内政外交都产生了巨大的影响，具有赤裸裸的侵略性，是西方发达国家对发展中国家，特别是社会主义国家实行“和平演变”和推行新殖民统治的得力工具和思想权杖。“西方各发达国家在国内甚至在国际生活中厉行国家干涉主义政策，但要求广大发展中国家、特别是社会主义国家推行新自由主义改革模式和经济政策，取消国家对经济生活的管理、特别是计划管理，洞开国内市场，与西方国家牢牢控制的世界经济接轨，其目的无非是要在发展中国家恢复殖民主义统治，在社会主义国家搞和平演变，演变为资本主义或外围资本主义。”[①] 新自由主义思潮意识形态色彩浓厚，总是大肆宣扬资产阶级的经济政治模式、价值观念和生活方式。其在经济上鼓吹“自由市场经济”，主张全面的私有化、市场化和自由化，要求其他国家照搬西方的经济模式；在政治上鼓吹西方的“自由”“民主”“人权”，主张实行议会制、多党轮流执政和所谓的“直接选举”；在思想上则承袭西方政治思想上的个人主义传统，主张“个人权利优先于善”的基本理念，坚持价值中立原则，认为个人的权利是个人政治上的护身符，其实是坚持资产阶级的抽象的人性观。

民主社会主义思潮兴起于19世纪中后期，作为社会民主党领导人之一、第二国际修正主义的主要代表、民主社会主义思潮创始人的爱德华·伯恩施坦（Eduard Bernstein，1850—1932），通过对民主与社会主义关系的理解与论述，形成了民主社会主义思潮的理论基础。伯恩施坦的名言：“民主是手段，同时又是目的。它是争取社会主义的手段，它又是实现社会主义的形

① 陈岱孙：《西方经济学与我国社会主义经济改革》，《求是》1996年第2期。

式”①，奠定了民主社会主义的理论基调和实践方向。民主社会主义是同由马克思、恩格斯所创立的科学社会主义相对立的资产阶级左翼思潮，以唯心主义的多元论和实用主义的方法论为指导思想，寻求以改良的方式维护资本主义社会制度。因此，民主社会主义思潮在经济上主张私有制、多种所有制并存，提出和积极推行社会保障制度。在政治上首先反对社会主义革命，尤其谴责暴力革命，并进一步要求排除任何专政，将民主与专政对立起来，竭力攻击无产阶级专政；其次主张议会民主和多党制，崇尚三权分立、多党轮流执政。在思想上则反对马克思的阶级观点和阶级分析方法，认为社会主义的本质是抽象的“民主”“自由”“公平”等“全人类共同的价值”。

文化保守主义思潮兴起于反思20世纪80年代的“全盘西化”、“新启蒙”、激进的反传统和民族虚无主义思潮，进而反省自“五四”以来的整个近现代史。其反思中具有回归传统的倾向，企图凭借自认的在传统文化上的正当性与延续性，借助于“弘扬传统文化”的方略和海外的“文化寻根”热潮，力主儒学复兴。文化保守主义倡导“中国文化优越论”，重视本土文化资源的价值，主张以儒家文化为基础的民族主义作为转型时期的政治文化资源。其在经济上要求发展经济事务时首先考虑其伦理价值和人的尊严，实施藏富于民的经济政策以及奉行适度干预的自由经济思想；在政治上要求回到中国历史中、回到儒家传统中寻求重建当代中国政治秩序和心灵秩序的思想资源，断言中国只有走“儒化”之路才有民族复兴的光明前景；在思想上则要求在吸纳西方文化、巩固“道统”的基础上重塑中国传统的文化观念以为补救当前的信仰危机。

保守自由主义强调自由高于民主与平等，蔑视主流意识形态和现存秩序，以“告别革命”为标志，主张批判启蒙理性、放弃启蒙立场，批判一切“左”的和右的激进主义，否定一切革命，“他们的批判锋芒所向，他们的‘新意’所在，是要告别自鸦片战争以来中国所进行的反帝反封建的人民革命，包括太平天国革命、辛亥革命、五四运动、新民主主义革命以至社会

① ［德］爱德华·伯恩施坦：《社会主义的前提和社会民主党的任务》，殷叙彝译，生活·读书·新知三联书店出版社1965年版，第191页。

主义革命。和西方资产阶级保守主义代表人物一样，他们也否定法国大革命和俄国的十月革命”[①]。正因如此，最终保守自由主义不可避免地蜕化成为一种历史虚无主义。这种带着宣泄与唾骂的保守自由主义式的历史虚无主义，“在现今主要表现为丑诋革命、否定革命，主张在近代史研究中以‘现代化范式’代替‘革命范式’，由此出发虚无中国革命的历史，虚无中国共产党的领导、马克思列宁主义的指导，虚无社会主义制度和人民民主专政，虚无以马克思主义和唯物史观为指导的史学研究”[②]。

后现代主义作为一种涉及人类文化方方面面的广阔的文化批判思潮，有其自身独特的主张。后现代主义思潮的理论特征有以下几个方面：解构“逻各斯中心主义”、差异对抗理性的总体化、反对主体性和人道主义、用不确定性和小型叙事取代元话语和宏大叙事、以微观政治学取代宏观政治学等。其在经济上拒斥现代社会政策的实利主义，反对由实利主义信条所驱动的追求无限增长的政策；在政治上支持从地方社区到国际、国家的全球联合，限制民族国家的权力与集权，强调民主参与的广泛性，反对整齐划一的专制主义，主张恢复个体的差异性、独特性，提倡包容、尊重多元主体的价值诉求；在思想上认为马克思主义的社会主义只有平等而没有自由，强调继承资本主义社会的“自由”“平等”与“博爱”思想，表达出“不确定性”“模糊”“偶然”“不可捉摸”“不可表达”及“不可设定”的精神状态和思想品位。

面对各种各样的社会思潮，我们必须坚决地坚持马克思主义作为指导思想的地位不变，坚持马克思主义在意识形态领域拥有强势的话语权，发挥马克思主义理论的无穷威力。同时，在建设中国特色社会主义的实践中，在汲取古今中外人类文明优秀成果的理论前提下，创造性地发展马克思主义，保持马克思主义的旺盛生命力，使其继续成为我们思想的向导，并精确地透视出当代人类生存的问题，为我们的发展指点迷津。

---

① 谢武军：《20世纪90年代中国的保守主义思潮》，《中共中央党校学报》2001年第3期。

② 龚书铎：《历史虚无主义二题》，《高校理论战线》2005年第5期。

二、修正与解构：当代社会思潮的共性

当代主要的社会思潮作为交织重叠的话语体系，充斥着多元与统一、差异与相同、冲突与融合等多种矛盾，是多样的矛盾运动过程。但透过这些纷繁复杂的、变化不定的现象，以世界经济格局的变迁和中国社会转型为背景，以对现代性问题及其危机的反思和对策为切入点，可以洞察出各社会思潮的共性与实质，即企图修正、重释、解构甚至于颠覆主流的马克思主义，抢夺话语权，获得指导中国社会改革的话语权力。但因当代社会思潮在建构自身的话语体系和实施争夺话语权的过程中，由于自身在理论层面和实践层面的特殊性，其所采取的措施自是各异，明确其目的和手段实是我们更好地认清其在当代中国社会语境下之共性的有效途径。

（一）着眼于中国现代性的诠释

当代各种社会思潮作为中国现代性的产物，集中反映了自清末民初以来中国在民族国家建构过程中各个时期外在的制度结构和内在文化心理的急剧变迁。无论是各社会思潮的冲突融合，抑或是兴衰变迁，都根源于中国现代性过程中种种社会的政治、经济和文化矛盾，都是企求以各社会思潮的话语体系把握中国现代性的状况并予以权威性的指导。尤其是自改革开放以来，中国的现代性在全球化趋势加强的背景下，随着商品经济市场化的急速发展，物质文明获得快速的提升，但同时社会上也出现价值理想的缺失和生存意义的危机，并使资本和商品几乎成为衡量与宰制一切的标准，加之无法摆脱的西方性、全球性成为中国现代性的外在性特征，围绕中国现代性问题而产生的各种主义话语体系异军泛起，出现了新自由主义、民主社会主义、文化保守主义、保守自由主义和后现代主义等。这些主义话语有的认同马克思主义，但认为需要对其作出重释或解构，有的则认为马克思主义对中国现代性过程已经失去了解释力与指导性，要求彻底撇弃马克思主义，它们也往往通过重新剖解中国的现代性过程来夺取话语权。例如，在新自由主义眼中，中国现代性问题最主要的是公有制和意识形态问题，因此他们认为只有在市场经济中实现全面的私有化，全面模仿西方的发展模式，并纳入西方的价值系统中才能解决中国的问题；而在文化保守主义看来，中国的现代性问题是传统文化的现代展开形式，关键是儒家的“内圣外王”理路在现代中国

的承继与发展问题，尤其要求以传统的伦理价值观来规范商品经济社会所出现的各种心性解构问题；但是在后现代主义的思路中，对中国的现代性问题的剖解则被认为是对理性主体以及主客二分思维的批判，是对唯物史观、工人主体地位的否定，后马克思主义者甚至提出新的社会主义策略，希望建构激进民主社会以容纳不同话语之间的对立、冲突与对抗。这些社会思潮以其对中国现代性具有独特视角的剖解拓展了人们的理论视野，也从不同层面深刻揭示了中国现代性过程中的某些问题，然而伴随其理论视角的局限性却也使得其对中国现代性的分析阐述存在一定的缺陷，尤其是无法如同马克思主义那样以全面、深刻的理论力量融入中国社会，正确指导中国社会促成人的全面发展，克服现代性所固有的弊病。

（二）借学术策略吸纳民间力量

社会思潮作为扩大和流行的话语体系，既是思想表达的形式，亦蕴含着一定的政治目的诉求。作为前者，社会思潮是一种学术，孜孜不倦以“求真”为旨趣，无须讲策略；但作为后者，社会思潮则是一种意识形态，千方百计要吸纳一定的民间力量来扩大自身的影响，争夺话语权，最终成为全社会的主导思想，指导社会的发展，这又需要讲究策略的运用。所谓策略，就是完成某一项既定目标的最佳方式。对各种社会思潮而言，它的策略就是以平稳而妥当的方式顺利地获得话语权，即在意识形态领域占据主导地位。由此，独具特色的“学术策略”得以形成：以学术之“求真”研究作为依托，以各种宣传手段作为策略。当代各种社会思潮就此借学术策略大力吸纳民间力量，更加注重争夺话语权并试图影响历史现实。然而，一旦纯粹的学术研究嬗变成为一种讲求策略的社会思潮，研究的真理性自然要受到损害，因为它要服从策略的运用。

当前各社会思潮的传播与争夺话语权的手段，不仅仅依靠传统的策略如演讲、发表论文、著书等方式，而且积极利用互联网的巨大效力来扩大自身的影响。互联网与电视媒体成为信息时代社会思潮争夺话语权的最重要的阵地。中国网民的数量近几年节节攀升，网民在中国社会生活中的作用也逐渐突出，几乎成为民间力量的代表。因此，争夺指导社会变革的话语权最有效的途径之一就是以自身理论的优越性和公正性影响当代中国的网民，通过网民影响国家的政策。近年来新自由主义、民主社会主义、文化保守主义、保守自由主义和后现代主义等主要的社会思潮为何积极介入公共领域和社会热点问题的争论，尤其是对腐败、社会不公、贫富差距、上学难、看病难等紧密联系群众日常生活利益问题的论辩，错误地认为这些问题的成因和难解决跟主流意识形态有莫大的关系，然后又给出看似合理的解答，以此满足一些普通群众的心理需求。比如“国学”热、祭祖祭神热、读经热等现象无不与文化保守主义借助互联网、电视媒体、报纸杂志的大力鼓吹和宣扬有极大的关系。这些社会思潮在宣传自身之时，一方面借助学术研究的真理性、神圣性所具有的权威性，另一方面则以通俗易懂的、甚至“煽情化”的表达方式这种学术策略，使得社会思潮对群众具有更大的吸引力。可以说，凭借学术策略吸纳民间力量的做法已成为当前各种社会思潮同主流的马克思主义争夺话语权的最重要的途径之一，也成为它们的共性。

（三）宣扬知识精英的理性统治

在各种社会思潮以自身的知识形态和与政治相关的言语所表现出来的话语体系中，往往打着“真理”“中立”“客观”“正当”“合理性”和“社会正义”等旗号骗取大众的信任，以实现自身对意识形态的主导权，实现自身的制度、法制和各种规则程序。然而，这套话语体系体现的是掌握着各社会思潮的知识形态的精英们对社会整体的理性设计与统治欲望，反映的是精英们的价值意志霸权。当前各社会思潮所主张与宣扬的话语体系正是那些掌握了特定知识与话语权力者的理性、意志与愿望，实现的是特定群体的社会利益，其结果自然有助于形成新的隐含的社会等级秩序，其实质皆是精英的理性统治。

新自由主义和保守自由主义主张全面的私有化、自由化，强调个人的自由和权利优先于“善”，优先于“义务”，无异于宣扬一种“强权政治”“弱肉强食”秩序的合理性，抹杀了对由于种种原因造成的社会弱势群体的保护，忽视了对大众利益的维护；后现代主义所倡言的解构工人阶级的主体地位，热捧“不确定性”“多元主体”和“差异性”等优美概念，却掩盖了多元主体占有的社会资源、所拥有的社会话语权的不同，弱势群体在复杂的话语政治空间中对自身权利、价值的诉求如果没有得到强有力的支持，只能被各种拥有强势的话语权力的主体所淹没；至于民主社会主义谴责无产阶级专政，要求国家实行议会民主和多党轮流执政的方式，无疑是在主张一种资本主义的精英统治。民主社会主义甚至认为“民主”“自由”“平等”是“普世价值”，忽略了“民主”“自由”“平等”的实质内容，以抽象人性为基础谈论抽象的价值，不过是混淆了特殊与普遍的辩证关系，将统治精英所认同的特殊价值理念宣扬为普世的价值理念而已。而对主张藏富于民、声称要以民为本的文化保守主义来说，“道统”从来就是精英统治的传统，大众亦不过是需要儒家的“士”加以教导与保护的“民”而已，哪里是历史的创造者，哪里有能力和资格参与国家社会的建设。由此可见，当前各主要的社会思潮所宣扬的理论体系中都部分地暗含有知识精英理性统治的内质，这与马克思主义所强调的人民群众作为历史的创造者的历史唯物主义观点无疑是相悖的。

（四）以唯心史观置换唯物史观

社会思潮的话语权力之争，最终归结为每一社会思潮奠基于其上的哲学基础之争，没有一定哲学基础的社会思潮在理论的追问审视下往往破绽百出，不堪一击。因此，每种欲求获取最大的话语权力的社会思潮必将其自身立于某一哲学基础之上，才能与主流意识形态理论或其他各种社会思潮最有效地争夺话语权。当代国内各社会思潮对主流意识形态的马克思主义的冲击、影响和挑战最终都企图在哲学层面修正或解构马克思主义哲学，以此诋毁马克思主义的科学性和权威性。唯物史观作为马克思的“新世界观”，是马克思一生最伟大的发现之一，也是马克思主义最坚实的哲学基础；它深刻地揭示了生产力和生产关系，经济基础和上层建筑之间的关系，科学地展示了人类社会发展的客观规律，彻底地击中了唯心史观的软肋。

然而，当代各种社会思潮却无视马克思对唯心史观的批判和唯物史观的科学性，始终企图以面目多样的唯心史观置换唯物史观。其中，国内的新自由主义者一方面坚持“权利优先于善”，推崇“权利至上”，以其人性自私、个人至上的主观唯心主义作为其哲学基础；另一方面却宣扬“经济决定论”，一味强调经济的发展，歪曲马克思对经济基础和上层建筑之间关系的论述；民主社会主义者则以抽象的、普遍的人性鼓吹“民主”“自由”和“博爱”等所谓的“普世价值”，反对阶级观点和阶级分析方法，否认马克思、恩格斯在《德意志意识形态》中以“现实的人”为根基对“德意志意识形态家们”抽象客观的人性论的卓绝批判；文化保守主义者所谨守的文化史观，则坚守以民族历史沉淀的内在心理体验为基础，把持地域性的“大同世界”，摒弃人类实践活动的先在性，否定世界历史性的作为经验存在的可能性，这无疑是一种唯心史观，却将自身扮演为超越“意识形态”的高尚理论；后现代主义者则“发扬”其批判一切、解构一切的本领，推崇主观性和相对性为特征的唯心主义，尤其是坚持以解构的思维拆解传统理性主义的基础，反对形而上学、基础主义和本质主义，否定真理和价值的客观性，否定历史的规律性和进步性，最终走向否定历史唯物主义的道路；然而最激进者当属历史虚无主义，它一方面以唯心主义历史观为基础，抬高人之决断性的地位，宣扬历史选择论；另一方面则将唯物史观归结为机械的历史决定论，彻底否决阶级斗争学说、社会形态说和历史发展的客观性理论，由此来否定中国近代史的发展路线，否定中国共产党执政的正当性，这纯粹是以自己的主观价值尺度衡量和裁决客观的历史事实，可以说是典型的历史实用主义者，反映了西方国家对我国实施“和平演变”战略的政治需要和国内反社会主义势力的理论策略。

三、态度转变：从被动回应到主动挑战

话语是一种政治事件，它的生产和扩散映射着一定的社会关系；话语体系展示的是，某一理论对现实的阐释，蕴含着相应的政治目的。争夺话语权，实质是争夺意识形态的理论指导权，是争夺社会整体发展的理论解释权，是争夺人民群众的信任权，最终是争夺国家政权。故而，加强对当代各种社会思潮的研究与扬弃，是捍卫社会主义意识形态和国家政权的一个重要内容。面对当代各种社会思潮对马克思主义的冲击与诋毁，我们不能回避、封锁地抵制之，或消极、漠然地“被动回应”之。在此务必区分“回应”与“挑战”两种态度之本质差异。“回应”意味着自身理论被指责、冲击，然而不得不重新审视自身，以图证明自身之正当性，其所表征的是“被动”，是理论上的无力；“挑战”则意味着理论自身的扩散、张扬，既是充分信任自

身理论的科学性、正当性，也是确认自身理论具有指点、引导其他理论话语的责任性，其所表征的是“主动”，是理论上的自洽与威力，是主动挑战的战斗性和彻底性。尤其是理论的“内核”受到攻击，更需要以挑战性精神来捍卫理论的正当性。因此，面对思想领域多元多变多样的新情况，面对当代社会思潮竞相展示自己的话语权和影响力，马克思主义不应只是无奈的“被动回应”，必须“主动挑战”，即运用马克思主义的立场、观点和方法，深入研究和分析当代各种社会思潮的理论内容，分析其理论的正误，辨明政治的方向，既主动有效地揭示各种社会思潮存在的局限与问题，又勇于表述自身，展现马克思主义科学性、批判性和革命性的强大威力。同时，我们必须坚决捍卫马克思主义在中国社会整体走向和意识形态领域的理论指导地位。马克思主义作为中国社会主义的指导思想，面对纷繁复杂的当代中国社会思潮，既需坚决地维护其基本内容，又需勇敢地“主动挑战”。在当前，维护马克思主义的基本内容，首要的是维护中国特色社会主义道路和中国特色社会主义理论体系作为全党全国各族人民的普遍共识，维护以爱国主义为核心的民族精神和以改革创新为核心的时代精神作为当代中国最高贵的风尚。至于“主动挑战”的策略，即是以历史唯物主义的科学精神来客观、正确地批判当代的各种社会思潮，在挑战当代各种社会思潮中发挥马克思主义的强大威力。

（一）以唯物史观重释中国现代性进程，超越当代社会思潮的空想性

唯物史观是马克思主义关于人类社会发展的普遍规律的科学。它以物质资料的生产为起点，揭示了人类社会发展的一般规律和特殊规律，从而在理论上再现了社会生活本身。在马克思主义看来，人类社会的发展是历史和逻辑的统一，是在生产力和生产关系、经济基础和上层建筑的矛盾运动中进行的。基于这一科学的历史观，马克思主义最明显地具有了两点优势与威力：首先是超越了空想社会主义者的局限性，不再从某种道德观念出发构想人类的未来，而是从研究人类社会的物质生产方式出发，在批评旧世界中发现新世界，即在批判资本主义私有制与社会化生产方式的矛盾中，科学地论证了资本主义转变为社会主义的历史必然性；其次是拥有了世界历史的眼光，认识到现代性是普遍的、世界历史性的个人代替地域性个人的“世界

化”过程，是各民族的历史和发展与大工业首创的“世界历史”相衔接的过程。中国的现代性进程必然涵盖在唯物史观的客观规律之内，自然也是一个“世界化”的进程。因此，重释中国现代性进程，既要重视社会各种现象的变化，更要着眼于社会生产方式的变革；既要着眼于民族、国家的发展，更要有世界眼光，着眼于人类社会的发展，这才是客观深刻的历史解释原则，而这也恰恰是其他社会思潮的话语体系所缺乏的。比如，民主社会主义将“民主”“自由”“平等”等说成是“全人类共同的价值”，也是社会主义的本质，正是犯了空想社会主义者的毛病，即从某种道德观念出发构想人类的未来，其实质是倡议一种“伦理社会主义”。因而民主社会主义对中国现代性理解的出发点，是一些没有具体社会内容的抽象名词，缺乏历史现实的根基。此外，在文化保守主义那里，中国的现代性问题被认为是传统文化的现代展开，是儒家文化在现代中国的继承，持守的是民族历史观，追求的是地域性的“大同世界”，这无疑是缺乏世界历史眼光所致。无论是在大工业时代，抑或在全球化时代，民族国家的现代化不可避免地涵盖在“世界化”的进程之中，不可能有“地域性的共产主义”，马克思、恩格斯在《德意志意识形态》中早已指出了这一点。只有坚持以历史唯物主义的视野阐释中国的现代性，我们才能不为当代各种社会思潮所迷惑，超越其空想性，发挥马克思主义对历史解释的优越性，认清当前民族和世界的历史形势，在与时俱进的应用之中，发挥马克思主义的无穷力量。

（二）平衡马克思主义学术性与实践性的关系，廓清当代社会思潮的误导性

马克思主义是学术性与实践性相统一的理论。所谓学术性，是指马克思主义以其科学的理性精神从理论层面对学术问题进行学理探讨的科学属性；所谓实践性，是指马克思主义以其鲜明的价值取向从实践层面指引无产阶级按社会发展的内在规律改造现实世界的政治属性。我们只有充分重视马克思主义的这种双重属性，辩证看待其双重属性的关系，才能发挥马克思主义“求真”的理性精神的威力，凸显其在学术上的权威性、神圣性和科学属性，为马克思主义的实践诉求奠定坚实的理论基础；也才能发挥马克思主义“求善”的价值意志的功能与威力，凸显其在实践上的动力性、影响性和政

治属性。在当前，马克思主义作为一种具有强烈的党派性的话语体系，无疑必须是一种占统治地位的意识形态，故而既必须充实自身的学术性，强化自身的真理性与权威性，又必须以令人信服的理论力量为基础，运用各种宣传手段，积极介入公共领域和社会热点问题的争论，指引广大人民群众采取正确的立场和态度对待当前中国转型社会的各种问题，成为中国社会的主流思潮。由此可见，发挥马克思主义的理论威力，拓展马克思主义的理论力度，一方面必须避免蜕变为政治话语的危险，加强自身的学术性；另一方面还必须在现实生活中挑战当代社会思潮对历史和现实问题的解释力，在实践层面关注人的状况及其“全面发展”方式。当前新自由主义、民主社会主义、文化保守主义、保守自由主义和后现代主义等各种社会思潮都积极利用自身的话语体系阐释中国转型社会所遇到的各种各样的问题，甚至提出重新解释中国近代历史的发展问题，尤其是源于保守自由主义的历史虚无主义对我们党的历史和现实的诋毁，质疑国家现代化的制度设计、质疑改革开放以来党的路线、方针和政策，的确影响了一部分人的思想观念，也导致一些人怀疑马克思主义的真理性、科学性。因此，务必在发挥马克思主义的理论威力中平衡其学术性和实践性的关系，以此挑战当代各种社会思潮的学术策略，廓清其在历史和现实领域的误导性，以正确的理论武装人。

（三）以人民民主专政理论捍卫社会主义国家的政治属性，揭示当代社会思潮的虚伪性

马克思在《哥达纲领批判》中明确指出：“在资本主义社会和共产主义社会之间，有一个从前者变为后者的革命转变时期。同这个时期相适应的也有一个政治上的过渡时期，这个时期的国家只能是无产阶级的革命专政。”①无产阶级专政是从资本主义到共产主义过渡时期之政治形式的实质，是社会主义国家的政治属性。但正如列宁所指出的：“一切民族都将走向社会主义，这是不可避免的，但是一切民族的走法却不会完全一样，在民主的这种或那种形式上，在无产阶级专政的这种或那种形态上……每个民族都会有自

① 《马克思恩格斯文集》第3卷，人民出版社2009年版，第445页。

己的特点。”① 人民民主专政理论即是马克思主义的无产阶级专政学说在中国独特的现实化、制度化的产物，是中国化的无产阶级专政学说，集中体现了中国作为社会主义国家的政治属性，是我国最根本的政治制度。可以说，坚持社会主义道路是人民民主专政的政治价值取向，而坚持人民民主专政则是社会主义道路的政治统治保障。坚持社会主义就必须坚持无产阶级专政，而且无产阶级专政对于人民来说就是社会主义民主，是所有劳动者共同享受的民主，是历史上最为广泛的民主。人民民主专政理论是对马克思主义国家学说的最独特、最成功的发展，是马克思主义理论威力的体现。然而，国内外复杂的政治环境使得坚持人民民主专政、捍卫社会主义国家的政治属性任重道远。当代各种社会思潮虚伪地打着“民主”“人权”“自由”的旗号迷惑人心，企图捞取更大的政治资本，改变我国的政治制度；打着“正当”“合理性”和“社会正义”等名号，宣扬一套套错误的政治价值观念，其实质无非是谋求建立以某一社会思潮的知识精英所设计的社会结构秩序，实现知识精英们的利益、理性与价值意志，从而形成新的社会等级秩序，这无疑与马克思主义的无产阶级专政理论相悖而行，是少数人的民主，也是少数人对多数人的专政。宣扬知识精英的理性统治是当代社会思潮的共性之一，它们却虚伪地打着各种悦耳的说辞骗取人民群众的信任，企图实现自身的政治诉求和自私利益。只有以人民民主专政为基础，发挥马克思主义国家学说的理论威力，才能有效地揭示当代各种社会思潮的虚伪性，捍卫社会主义国家的政治属性，捍卫人民当家做主的根本政治利益。

（四）以社会整体发展思想奠定和谐社会主义的哲学基础，抨击当代社会思潮的单向性

构建什么样的社会，以什么作为指导思想，是马克思主义和当代社会思潮的根本区别。对于马克思主义者来说，以历史唯物主义为指导思想，构建一个既有利于个体的自由与完善，又有利于社会整体的良性互动和有序整合的有机体是总体目标。社会整体发展既是马克思主义历史唯物论的基本要求，也是社会主义社会的本质属性。社会整体发展思想强调的是，在人类实

① 《列宁专题文集——论社会主义》，人民出版社 2009 年版，第 398 页。

践活动的基础上，实现人与自然、人与社会、人与自身的全面发展，即保持社会系统内部各部分之间、部分与整体之间的协调性关系，使得社会有机体处于动态的平衡，既安定有序，又充满活力的和谐状态。由此可见，社会整体发展观奠定了构建社会主义和谐社会的哲学基础；构建和谐社会的理念之提出是为了更好地整合社会要素、实现良性互动。构建社会主义和谐社会，实现“民主法治、公平正义、诚信友爱、充满活力、安定有序、人与自然和谐相处”的和谐状态是走向马克思主义的“真正的共同体”的正确途径。构建和谐社会的实践所体现的社会整体发展理念，所揭示的生产力、生产关系、政治、法律、文化等各社会要素间的关系，有力抨击、挑战了当代社会思潮在社会发展观念上的单向性。社会整体的各个子系统间具有相对的独立性，却又处于相互关联之中，社会系统的运行需要各个子系统的协调一致，这是和谐社会理念的题中之意。然而，当代社会思潮却往往强调其一端而不计其余。新自由主义片面强调经济发展的重要性，极端地主张以市场为中心的经济整合方式；文化保守主义则片面强调民族心理、儒家文化的影响作用；后现代主义则认为历史唯物主义早已被解构，社会的发展根本不存在规律，只是差异性、多元性和对抗性在起着作用，过分地强调差异性在社会发展中的作用；至于民主社会主义和保守自由主义，则以为只要将中国的政治体制变换为西方的议会制度，实行多党轮流执政，中国转型的问题即自行消除。这些思潮往往是根据自身理论的特点，强调社会发展的某一向度，而轻视其他向度，最终陷入极端化的形而上学的思维模式，不可避免地走向历史唯心主义。因此，以社会整体发展思想为指导的社会主义和谐社会建构，自然能够从理论和实践两个方面抨击这些思想的单向度性和唯心史观性质，证明自身理论的正当性，并实现社会的和谐发展。

在挑战当代社会思潮中发挥马克思主义的威力，既是创造性地发展马克思主义的需要，也是建设中国特色社会主义的需要，更是培育社会主义核心价值体系的需要。在当前各种社会思潮竞相表现自己、张扬自身的情境下，马克思主义者不能放弃“话语权”，不能在意识形态领域怯弱地退却，必须针锋相对地主动挑战当代社会思潮。在挑战当代社会思潮中，既要汲取其合理性的因素发展自身，更要批判其不合理甚至包含危险的因素，引导其向积极方向发展。

第三节　马克思主义哲学史上的列宁阶段*

列宁生活和战斗在不同于马克思和恩格斯的历史时代，面对新时代提出的新任务，他坚持将马克思主义作为无产阶级解放斗争的强大理论武器，批判资产阶级和修正主义哲学，并在概括自然科学的新成就和总结无产阶级革命实践的新经验基础上，阐述了辩证唯物主义和历史唯物主义的基本原理，创造性地丰富和发展了马克思主义哲学体系，由此创立了马克思主义哲学史上的崭新阶段——列宁阶段。

一、列宁对马克思主义哲学体系的卓著贡献

列宁对丰富和发展马克思主义哲学体系具有卓著的贡献。第一，在唯物论方面，列宁提出了"物质"的经典性定义，论述了物质与意识的辩证关系。第二，在认识论方面，列宁阐明了客观真理、相对真理和绝对真理的辩证关系，提出了生活、实践的观点是认识论首要的和基本的观点的论断以及实践标准的确定性与不确定性原理。第三，在辩证法方面，列宁阐发了唯物辩证法科学体系的内在逻辑结构，揭示了唯物辩证法的核心、规律、范畴；论述了辩证法、认识论和逻辑学的相互关系，从总体上建构了辩证唯物主义体系的雏形。第四，在历史观方面，列宁坚持和发展了历史唯物主义关于社会存在和社会意识的辩证关系以及社会形态的发展是自然历史过程等基本观点，并且开创性地提出了哲学的党性原则。

（一）辩证唯物主义：理论体系的建构与阐发

马克思与恩格斯作为辩证唯物主义的创始人，是运用辩证唯物主义基本原理的大师，但他们却都没有全面地提出辩证唯物主义的理论体系。"马克思主义哲学的体系，特别是辩证唯物主义体系，在马克思主义创始人那里

* 本节原载《马克思主义研究》2010 年第 12 期，原文题目为《列宁的辩证唯物主义和历史唯物主义思想及其当代意义》。

还没有完全形成。无疑，马克思主义是一个科学体系，马克思主义哲学也是一个科学体系，但是像《资本论》所表现的政治经济学体系那样完整严密的哲学体系，在马克思和恩格斯那里都没有。”① 列宁在《唯物主义和经验批判主义》中，即得出了三个认识论的重要结论，进一步系统化了辩证唯物主义认识论；在《哲学笔记》中，列宁则阐述了唯物辩证法科学体系的内在逻辑结构，为辩证唯物主义理论体系的建构提供了雏形。可以说，辩证唯物主义理论体系的建构始于列宁。不仅如此，列宁还在建构中进一步阐发了辩证唯物主义的主要内容，丰富和发展了马克思主义哲学的物质观、认识论和辩证法。

列宁的物质观是其哲学思想的精华，是建构辩证唯物主义体系的基石，它拓展了马克思主义哲学体系。其主要包含两个基本思想。

第一，物质的定义及其与意识的关系。列宁在《唯物主义和经验批判主义》中，首次提出了“物质”的经典性定义。他指出，“物质是标志客观实在的哲学范畴，这种客观实在是人通过感觉感知的，它不依赖于我们的感觉而存在，为我们的感觉所复写、摄影、反映”②。在这一定义中，列宁阐明了物质的唯一特性，即客观实在性，划清了唯物主义和唯心主义的界限。物质虽为客观实在，与人的意识相对立，但这一对立既是绝对的又是相对的。“就是物质和意识的对立，也只是在非常有限的范围内才有绝对的意义，在这里，仅仅在承认什么是第一性的和什么是第二性的这个认识论的基本问题的范围内才有绝对的意义。超出这个范围，这种对立无疑是相对的。”③ 在物质与意识的关系问题上，列宁一方面坚持物质对意识具有决定性作用的唯物主义立场，批判马赫主义者调和物质与意识之间的对立的妄想；另一方面又辩证地认为意识具有相对独立性，物质与意识之间的对立只在一定的范围内才具有有效性。

---

① 黄楠森：《列宁的〈哲学笔记〉及其历史意义和当代价值》，《高校理论战线》2006 年第 10 期。

② 《列宁专题文集——论辩证唯物主义和历史唯物主义》，人民出版社 2009 年版，第 35 页。

③ 《列宁专题文集——论辩证唯物主义和历史唯物主义》，人民出版社 2009 年版，第 54—55 页。

第二，实践的物质观。列宁指出，人的意识不仅反映客观世界，并且创造客观世界。实践就是人类改造物质世界的中介，人类也只有依靠具有目的性和现实性的实践，才能将“自在之物”改造成“为我之物”，满足人类的物质需要。“对象、物、物体是在我们之外、不依赖于我们而存在着的，我们的感觉是外部世界的映象。这个结论是由一切人在生动的人类实践中作出来的，唯物主义自觉地把这个结论作为自己认识论的基础。”① 列宁通过引进实践的思维方式，正确地阐明了意识具有能动反映物质这一本质关系的可知论前提与实践基础。

列宁的认识论思想是其辩证唯物主义体系的核心，是对马克思、恩格斯的认识论基本原理的继承和创造性发展。列宁对辩证唯物主义认识论的贡献集中体现在对真理观和实践观等问题的阐发上。

首先，列宁指出，“我们的知识向客观的、绝对的真理接近的界限是受历史条件制约的，但是这个真理的存在是无条件的，我们向这个真理的接近也是无条件的”②，并且“承认客观的即不依赖于人和人类的真理，也就是这样或那样地承认绝对真理”③。客观真理和绝对真理是密切相关的，否定其中一者，必将导致对另一者的否定。对唯物主义者来说，承认客观真理，就是承认真理认识反映的是不以人的意志为转移的客观实在。是否承认客观真理是唯物主义和唯心主义两条哲学基本路线在真理论领域斗争中最激烈的表现。

其次，列宁以辩证和实践的思维方式着重论述了绝对真理和相对真理的关系。“你们会说：相对真理和绝对真理的这种区分是不确定的。我告诉你们：这种区分正是这样‘不确定’，以便阻止科学变为恶劣的教条，变为某种僵死的凝固不变的东西；但同时它又是这样‘确定’，以便最坚决果断地同信仰主义和不可知论划清界限，同哲学唯心主义以及休谟和康德的信徒们的诡辩划清界限。”④ 何以会有这种“不定”的区分呢？列宁以实践标准的

① 《列宁专题文集——论辩证唯物主义和历史唯物主义》，人民出版社 2009 年版，第 24 页。
② 《列宁专题文集——论辩证唯物主义和历史唯物主义》，人民出版社 2009 年版，第 42 页。
③ 《列宁专题文集——论辩证唯物主义和历史唯物主义》，人民出版社 2009 年版，第 39 页。
④ 《列宁专题文集——论辩证唯物主义和历史唯物主义》，人民出版社 2009 年版，第 43 页。

“确定”和“不确定”原理予以论证，这是对辩证唯物主义认识论中实践标准的坚持与发展，凸显了列宁独特的实践观与认识的辩证法。

再次，列宁提出了“生活、实践的观点，应该是认识论的首要的和基本的观点”①。认识的基础是实践，真理作为一种认识，其基础自然也是实践，绝对真理和相对真理的不定区分也是实践引起作用的结果。“实践标准实质上决不能完全地证实或驳倒人类的任何表象。这个标准也是这样的‘不确定’，以便不让人的知识变成‘绝对’，同时它又是这样的确定，以便同唯心主义和不可知论的一切变种进行无情的斗争。”② 这就意味着，绝对真理和相对真理的不定区分取决于作为真理标准的实践的“确定”与“不确定”。真理的绝对性和相对性的统一在于作为真理标准的实践的绝对性和相对性的统一。人类在实践中认识、改造客观世界的活动是无限的、无止境的，因此，随着人类实践的发展而发展着的认识客观真理的过程也是无限的、无止境的，但是在实践的特定阶段上，人类却有着对真理有条件的、有限的和相对的认识。所以列宁特别强调必须将认识和实践紧密结合。

在认识与实践的关系问题上，列宁坚持和发展了认识的辩证法。实践是认识的基础，认识是人对客观世界的反映。当然，这种反映并不是简单的、机械的、直接的反应，而是一系列的抽象过程，是由概念、规律等构成或形成的过程。在这个过程中，人与客观世界的主客体关系通过实践被建构起来，列宁形象地阐明：“认识向客体的运动从来只能辩证地进行：为了更准确地前进而后退”，“相合线和相离线：彼此相交的圆圈。交错点 = 人的和人类历史的实践”③。认识论中，主客体关系是相互构成、相互设定的对象性关系，主客体的交错点就是实践。通过实践，人的活动一方面改变了外部现实，消灭、变更了它的规定性，使之成为主体的对象性的存在物，也即是主体的客体；另一方面则在“去掉了它的外观、外在性和虚无性的特点，使它成为自在自为地存在着的（= 客观真实的）”④，也就是通过改变客观实在，暴

① 《列宁专题文集——论辩证唯物主义和历史唯物主义》，人民出版社 2009 年版，第 49 页。
② 《列宁专题文集——论辩证唯物主义和历史唯物主义》，人民出版社 2009 年版，第 49 页。
③ 《列宁专题文集——论辩证唯物主义和历史唯物主义》，人民出版社 2009 年版，第 144 页。
④ 《列宁专题文集——论辩证唯物主义和历史唯物主义》，人民出版社 2009 年版，第 139 页。

露了客观实在的内部规律，从而使其能被主体观念性地把握，使人的认识成为可能。这个认识真理、认识客观实在的过程具有阶段性，它从实践开始，由生动的直观到抽象的思维并从抽象的思维回到具体实践。

透过认识的辩证法，我们可窥见列宁唯物辩证法思想的一隅。然而，列宁对唯物主义辩证法的丰富与发展远不止于此。就列宁作为辩证唯物主义理论体系之雏形的构建者而言，揭示唯物主义辩证法的核心、规律和范畴，阐明这一科学体系的内在结构，应该说是列宁的特别贡献所在。

列宁继马克思和恩格斯之后，对黑格尔的辩证法体系进行了全面地、系统地深入研究和改造。他在《论战斗唯物主义的意义》一文中即指出："应该组织从唯物主义观点出发对黑格尔辩证法作系统研究，即研究马克思在他的《资本论》及各种历史和政治著作中实际运用的辩证法，马克思把这个辩证法运用得非常成功"，因此，"根据马克思怎样运用从唯物主义来理解的黑格尔辩证法的例子，我们能够而且应该从各方面来深入探讨这个辩证法"[①]。在列宁看来，运用马克思主义的立场、观点和方法来研究黑格尔的辩证法是非常必要的，列宁自身也践行着这项要求。

首先，列宁论述了辩证法作为一种学说的本质内容，规定了唯物辩证法的核心。列宁指出："辩证法是一种学说，它研究对立面怎样才能够同一，是怎样（怎样成为）同一的——在什么条件下它们是相互转化而同一的"[②]，这种转化而同一的思想，要求我们认识客观现实存在的条件性、可变性。与此相应的辩证法自然也要进行活生生的、多方面的认识与对待，由此才能避免形而上学唯物主义的根本缺陷。列宁对辩证法的这个规定，与在分析了辩证法 16 要素之后写下的对唯物辩证法核心的规定一脉相承："可以把辩证法简要地规定为关于对立面的统一的学说。这样就会抓住辩证法的核心，可是这需要说明和发挥"[③]。列宁强调的始终是对立面的同一与转化，且以此作为辩证法这一学说的本质内容。在研究黑格尔的《哲学史讲演录》时，列宁写下的一条批语将这一点阐释得尤其透彻："就本来的意义说，辩证法是研究

① 《列宁专题文集——论辩证唯物主义和历史唯物主义》，人民出版社 2009 年版，第 328 页。
② 《列宁专题文集——论辩证唯物主义和历史唯物主义》，人民出版社 2009 年版，第 132 页。
③ 《列宁专题文集——论辩证唯物主义和历史唯物主义》，人民出版社 2009 年版，第 141 页。

对象的本质自身中的矛盾：不但现象是短暂的、运动的、流逝的、只是被约定的界限所划分的，而且事物的本质也是如此”①。既然辩证法研究的是“对象的本质自身中的矛盾”，那么它就需要面对存在与思维之关系的“哲学基本问题”，这与认识论便具有同一之处。虽然辩证唯物主义和形而上学唯物主义都坚持唯物主义的认识论，从而认为思维能够反映客观实在，但是只有以事物自身中的矛盾作为研究对象的唯物辩证法能切实地解决思维反映客观实在的规律，从而将思维与存在统一起来，这或许正是列宁规定对立面之统一是唯物辩证法之核心的深邃考虑。

其次，列宁提出了辩证唯物主义理论体系的结构雏形。他在研究黑格尔《逻辑学》一书时，写下了辩证法要素 16 条。从这 16 条要素的具体内容可知，列宁的辩证法研究涉及唯物主义、发展观与认识论，从而构成了辩证唯物主义理论体系的结构雏形。其中前 7 条是一个框架，后 9 条则是对前 7 条的补充和说明，可以纳入到前 7 条的结构体系之中。尽管学界对“辩证法 16 条要素”的分析存在不同意见，但有一点是一致的，都认为列宁的“辩证法 16 条要素”蕴含了一个体系的构建思想，虽然这个体系不够严密、精细。

此外，列宁还在《黑格尔辩证法（逻辑学）的纲要》中特别强调一个重要的观点：“在《资本论》中，唯物主义的逻辑、辩证法和认识论［不必要三个词：它们是同一个东西］都应用于同一门科学，这种唯物主义从黑格尔那里吸取了全部有价值的东西并发展了这些有价值的东西”②。这段话学界颇有争议，主要在于“同一个东西”是指三门科学具有统一关系呢，还是指一门科学的三个方面是同一的？笔者倾向于后者。列宁指出的“不必要三个词”，可以认为是一门科学的三个方面，体现了三个不同方面的功能。那么，这是一门什么样的科学呢？它恰恰就是辩证唯物主义的理论体系。在这个理论体系中，列宁指出：“逻辑学是关于认识的学说，它是认识论”③，同时认为，辩证法就是马克思主义的认识论，并且辩证法正是主体在认识事物

---

① 《列宁专题文集——论辩证唯物主义和历史唯物主义》，人民出版社 2009 年版，第 142 页。

② 《列宁专题文集——论辩证唯物主义和历史唯物主义》，人民出版社 2009 年版，第 145 页。

③ 《列宁专题文集——论辩证唯物主义和历史唯物主义》，人民出版社 2009 年版，第 136 页。

时对概念、范畴进行逻辑运演的过程，这三者具有统一性，是辩证唯物主义体系的三个方面，即方法论、世界观和认识论三者的统一。这种一致性贯穿于马克思主义哲学体系的始终，是列宁对辩证唯物主义理论体系构建的重大贡献。

（二）历史唯物主义：科学方法的发展与运用

历史唯物主义并不是一种可以自然而然达到的马克思主义立场，它是通过批判错误的思想路线、社会思潮而达到的。若不将思想观念中种种阻碍人们看到现实生活之“本相”的“遮蔽物”去掉，真正的现实生活、真正的社会历史进程就永远停留在人们的视野之外，所谓坚持历史唯物主义就成了一句空话。① 列宁把马克思的历史唯物主义学说推向更高的境地，这是一个批判、扫清当时俄国流行的历史唯心主义，并且将其作为一种革命方法运用到俄国的社会革命实践中去的过程。列宁的历史唯物主义思想主要有以下四个方面：辩证唯物主义认识论与历史唯物主义基本原理是统一的；历史唯物主义是唯一的科学，具有方法论功能；社会形态学说与历史唯物主义之间的深刻关联；提出哲学的党性原则。

首先，辩证唯物主义认识论与历史唯物主义基本原理是统一的。列宁在《唯物主义和经验批判主义》的论著中，不仅从一般唯物主义的立场出发，驳斥了内在论者、经验批判主义者和经验一元论者的种种谬论，而且从历史唯物主义的立场出发，尖锐地批判了波格丹诺夫的“社会存在与社会意识相等同”的唯心史观。列宁认为，社会意识与社会存在不可能是同一的，犹如一般意识和一般存在不可能是同一的一样，即便人类是作为有意识的生物体而进行生产、生活，但也决不能由此便得出社会意识与社会存在是同一的结论。“社会意识反映社会存在，这就是马克思的学说。反映可能是对被反映者的近似正确的复写，可是如果说它们是同一的，那就荒谬了。意识总是反映存在的，这是整个唯物主义的一般原理。看不到这个原理与社会意识反映社会存在这一历史唯物主义的原理有着直接的和不可分割的联系，这是

① 参见俞吾金：《唯物史观的四个里程碑——从马克思到邓小平》，《复旦学报》1993 年第 1 期。

不可能的。”列宁强调了辩证唯物主义认识论的原理与历史唯物主义的原理的直接关联性。马克思主义者坚决反对将一般存在割裂成自然与社会，反对任何将自然与社会对立起来的理论。自然与社会是物质世界的不同表现，但绝不是对立分裂的，而是有机的、相互作用的组成部分，社会是物质世界最高的运动形式。因此，“一般唯物主义认为客观真实的存在（物质）不依赖于人类的意识、感觉、经验等等。历史唯物主义认为社会存在不依赖于人类的社会意识。在这两种场合下，意识都不过是存在的反映，至多也只是存在的近似正确的（恰当的、十分确切的）反映”①。辩证唯物主义认识论所揭示的是物质世界的普遍规律，这些规律也同样适用于物质世界的最高运动形式——社会，由此可见，辩证唯物主义认识论与历史唯物主义基本原理是统一的。

其次，历史唯物主义是唯一的科学，具有方法论功能。列宁在《什么是“人民之友”以及他们如何攻击社会民主党人?》中认为：“社会学中这种唯物主义思想”②也就是历史唯物主义，一开始只是一个假设，是一个第一次使得人类有可能以科学性的态度、从科学性的视角对待社会历史问题的假设。但是，马克思《资本论》问世之后，唯物史观就不再仅仅是假设，它成为被科学证明了的客观性原理，并且适用于各种社会形态。对此，列宁进一步展开了两点说明：第一，在没有发现另一种科学地解释某种社会形态的尝试以前，在没有看见另一种能像唯物史观这样对社会形态给以生动的解释以前，历史唯物主义始终是科学的同义词，是唯一科学的历史观；第二，虽然唯物主义历史观只是希图说明资本主义社会形态，但是，“既然运用唯物主义去分析和说明一种社会形态就取得了这样辉煌的成果，那么，十分自然，历史唯物主义已不再是什么假设，而是经过科学检验的理论了；十分自然，这种方法也必然适用于其余各种社会形态，虽然这些社会形态还没有经过专门的实际研究和详细分析，正像已为充分事实所证实了的种变说思想适用于整个生物学领域一样，虽然对某些动植物物种来说，它们变化的事实还未能

① 《列宁专题文集——论辩证唯物主义和历史唯物主义》，人民出版社 2009 年版，第 111—112 页。

② 《列宁专题文集——论辩证唯物主义和历史唯物主义》，人民出版社 2009 年版，第 160 页。

确切探明”[①]。列宁特别指出，历史唯物主义这种希图以唯一科学的方式说明历史的方法，从来也没有企图用来说明一切。历史唯物主义是一种科学的方法，马克思的《资本论》正是运用这种科学的方法的成功典范。在其中，马克思从社会现实生活的领域中划分出经济领域，从所有的社会关系中划分出作为核心的生产关系，并以生产关系来说明资本主义社会形态的构成和发展，奠定了《资本论》的相关骨骼，并又“随时随地探究与这种生产关系相适应的上层建筑，使骨骼有血有肉”[②]。由此挖掘出构成人类历史活动思想动机的原因，并且以自然科学的精确性去研究人民生活的社会条件状况以及条件状况的变更，最终探明了资本主义社会形态的发展是自然历史发展的过程。这种历史唯物主义是科学思想中最伟大的成果，它把科学的认识工具赋予了人类，特别是赋予了工人阶级，这无疑是历史唯物主义的方法论功能的最高体现。

第三，社会形态学说与历史唯物主义之间的深刻关联。社会形态学说是马克思和恩格斯的一个重大发现，它使得人类对社会历史与现实的认识变成了科学。列宁进而阐明了唯物主义历史观和社会形态学说之间的深刻关联。首先，以唯物主义的基本原则认识社会现实，是这一学说的必要前提。列宁认为，以前的社会学家总是难为错综复杂的社会现象找到客观标准，因为他们往往局限于思想的社会关系（通过人们的意识而形成的社会关系）。只有“唯物主义提供了一个完全客观的标准，它把生产关系划为社会结构，并使人有可能把主观主义者认为不能应用到社会学上来的重复性这个一般科学标准，应用到这些关系上来”[③]，并以唯物主义历史观的基本观点“分析物质的社会关系……立刻就有可能看出重复性和常规性，把各国制度概括为社会形态这个基本概念”[④]。其次，社会形态学说的创立则是历史唯物主义具体化的必要表现。“人类社会的发展是一种自然的历史过程”，这是马克思的著名论断，也是唯物史观的根基所在，更是区分于形形色色的唯心史观的核心

① 《列宁专题文集——论辩证唯物主义和历史唯物主义》，人民出版社 2009 年版，第 166 页。
② 《列宁专题文集——论辩证唯物主义和历史唯物主义》，人民出版社 2009 年版，第 162 页。
③ 《列宁专题文集——论辩证唯物主义和历史唯物主义》，人民出版社 2009 年版，第 161 页。
④ 《列宁专题文集——论辩证唯物主义和历史唯物主义》，人民出版社 2009 年版，第 161 页。

之处。这种自然历史过程根本体现于社会形态的发展。列宁在《什么是"人民之友"以及他们如何攻击社会民主党人?》中，不仅多次引用马克思和恩格斯的话指出这一点，更是淋漓尽致地阐释了这一科学主张。他指出，马克思抛弃了以往哲学家先验地臆造所得出的某些结论，并总结出分析社会现实问题的方法，从历史发展的一定阶段上的社会关系进行研究。"马克思在这方面大大前进了一步：他抛弃了所有这些关于一般社会和一般进步的议论，而对一种社会（资本主义社会）和一种进步（资本主义进步）作了科学的分析。"[①] 这是社会形态学说的具体要求，也是将历史唯物主义具体化到社会现实的本质要求。社会形态是具体的、历史的，为了洞悉历史的本质，就必须采用具体的历史的研究方法来研究现实的社会形态，马克思的理论研究行动切实地证实了这一点。当然，这种具体的研究还需要抽象的概括。社会形态的概念抽象出生产发展水平大致相同的国家所具有的本质特征，是人类社会某一特定阶段理论上的概括性认识，它一方面概括了同一类型的社会有机体的共同之处，另一方面将不同类型的社会有机体或者社会发展阶段区别开来以凸现其质的差异。社会形态具备这种抽象概括的功能，根本原因在于其"把社会关系归结于生产关系，把生产关系归结于生产力发展水平与状况，第一次使科学的社会学的呈现成为可能，使得把社会形态的发展看作自然历史过程具有了稳当可靠的根据。

第四，提出哲学的党性原则。这一原则是从恩格斯所概括的哲学基本问题中引申出来的，它批判了哲学上所谓的"无党派""超党派"。列宁指出："是否把自然界、物质、物理的东西、外部世界看做第一性的东西，而把意识、精神、感觉（用现今流行的术语来说，即经验）、心理的东西等等看做第二性的东西，这是一个实际上仍然把哲学家划分为两大阵营的根本问题。"[②] 哲学的党性原则，是指任何一种哲学或任何一位哲学家，要么属于唯物主义，要么属于唯心主义，绝没有什么中间派可以"超越"或"凌驾"于唯物主义和唯心主义之上。不仅如此，一切标榜中立、超越的哲学派别，最

---

① 《列宁专题文集——论辩证唯物主义和历史唯物主义》，人民出版社2009年版，第165页。

② 《列宁专题文集——论辩证唯物主义和历史唯物主义》，人民出版社2009年版，第117页。

终无不陷入唯心主义的泥潭，他们的“死对头”只会是唯物主义者。此外，哲学的党性原则反映在社会历史进程中，则是哲学的阶级性原则。列宁曾说：“因为在现代社会中，政治经济学正像认识论一样，是一门有党性的科学。总的说来，经济学教授们不过是资产阶级手下的有学问的帮办；而哲学教授们不过是神学家手下的有学问的帮办。”① 这就是说，哲学上的唯物主义与唯心主义之争，同社会现实中的阶级斗争始终是紧密相连的，所谓“超阶级”的“无党性”的哲学派别是不存在的，“超阶级”的“无党性”只不过是某些哲学的虚伪性和欺骗性的表现而已。直到列宁逝世前不久，他还在《论战斗唯物主义的意义》一文中谆谆告诫说：“只要回顾一下欧洲各国经常出现的时髦哲学流派中的多数流派，哪怕只回顾一下由于镭的发现而兴起的哲学流派，直到目前正在竭力抓住爱因斯坦学说的哲学流派，就可以知道资产阶级的阶级利益、阶级立场及其对各种宗教的扶持同各种时髦哲学流派的思想内容之间的联系了”②。战斗的唯物主义务必在哲学上坚持唯物主义，特别是坚持历史唯物主义，并在社会革命实践中将历史唯物主义作为科学的方法加以运用和发展，这才是走进历史现实深处的科学路径。

二、列宁哲学思想的若干关键性问题

列宁的哲学思想恢弘大气，睿智深刻，其在马克思主义哲学史上的伟大贡献举世公认，形成了马克思主义哲学发展中的列宁阶段。但是，就列宁对马克思主义哲学的具体继承与阐发而言，理论界的认识一直分歧较大，评价不一。因此，有必要实事求是地分析列宁哲学思想中的若干关键性问题。

（一）“辩证唯物主义”辨义及其与“历史唯物主义”的关系

据考证，马克思主义的创始人从没有使用过“辩证唯物主义”这一术语，首先使用这一术语的是工人哲学家狄慈根，他在《一个社会主义者在认识论领域中的漫游》中使用了“辩证唯物主义”这一术语来描述马克思主义哲学。后来，普列汉诺夫也多次使用这一术语来概括马克思主义哲学。列宁

① 《列宁专题文集——论辩证唯物主义和历史唯物主义》，人民出版社2009年版，第125页。

② 《列宁专题文集——论辩证唯物主义和历史唯物主义》，人民出版社2009年版，第323—324页。

在《唯物主义和经验批判主义》著作中也反复指出，马克思主义哲学就是辩证唯物主义；“所有这些人都不会不知道，马克思和恩格斯几十次地把自己的哲学观点叫做辩证唯物主义”①，“马克思一再把自己的世界观叫做辩证唯物主义，恩格斯的《反杜林论》（马克思读过全部手稿）阐述的也正是这个世界观”②。马克思和恩格斯的文本中并没有出现过“辩证唯物主义”一词，尽管恩格斯曾在《路德维希·费尔巴哈和德国古典哲学的终结》一书中使用过词语“唯物主义辩证法”，但这恐怕也不是列宁观点的依据。那么，列宁作出上述判断的根据何在？他是在何种意义上使用“辩证唯物主义”这一术语的呢？辨析清楚这个问题，是明晰“辩证唯物主义”这一概念之含义的关键。

有学者提出，必须区分列宁在使用“辩证唯物主义”这一概念时的两种不同意义：语词形式和精神实质。③ 这一观点认为，从“精神实质”的意义上说，“辩证唯物主义”这一概念就是马克思主义创始人制定的，虽然从“语词形式”的意义上说他们没有明确使用过这一概念。对这一观点，笔者深表赞同，并举出列宁的另一论述来加以进一步论证。列宁在其著作中经常使用“哲学唯物主义”“现代唯物主义”等术语来描述马克思主义哲学，但这些术语马克思和恩格斯都未曾明确使用过。列宁在“精神实质”的意义上使用“辩证唯物主义”这一词语来描述马克思主义哲学，揭示了“辩证唯物主义”这一概念的实质。而要厘清其实质，还必须将“辩证唯物主义”置于与“历史唯物主义”的关系中予以讨论。

我国的哲学教科书体系继承了苏联斯大林时期的模式，常常将“辩证唯物主义”和“历史唯物主义”之间的关系描述为：历史唯物主义是辩证唯

---

① 《列宁专题文集——论辩证唯物主义和历史唯物主义》，人民出版社 2009 年版，第 2 页。

② 《列宁专题文集——论辩证唯物主义和历史唯物主义》，人民出版社 2009 年版，第 334 页。

③ 参见王贵秀：《“辩证唯物主义”概念的由来及其与唯物史观的关系——兼与周燎刚同志商榷》，《学术月刊》1982 年第 4 期；赵光武：《马克思主义哲学为什么称作辩证唯物主义历史唯物主义》，《高校理论战线》2004 年第 7 期。虽然赵光武没有像王贵秀那样，明确区分出“语词形式”与“精神实质”的不同意义，但两人的观点基本一致，从赵光武论文中即可看出：“尽管两位创始人没有把他们的哲学明确地表述为辩证唯物主义，但是，他们对这种世界观的既唯物又辩证的本质特征却作过明确的肯定”。

物主义基本原理在社会历史领域的推广与运用，甚至认为，辩证唯物主义是马克思主义哲学的自然观，历史唯物主义是马克思主义哲学的历史观，两者共同构成了马克思主义哲学。当然，这种教科书体系模式已经遭到学界严厉的指责。许多学者撰文指出，必须澄清“辩证唯物主义”与“历史唯物主义”的关系。但是，对于两者的具体关系，依然是众说纷纭。

有一种观点认为，历史唯物主义体现了马克思主义哲学的本质，历史唯物主义是马克思主义哲学的新世界观。① 持这种观点的学者常批判传统教科书模式不符合逻辑。因为教科书模式认为“历史唯物主义”对传统历史观产生了深刻变革，这要求有一种超越于唯物主义历史观的世界观存在，但由于不存在超越历史观的世界观存在，故而，只有历史唯物主义才是马克思主义哲学的新世界观。② 这种论述突出了历史唯物主义在马克思主义哲学中的地位与作用，但是，其局限是显而易见的：一方面是立论的文本根据过于狭隘——主要的根据是马克思的《关于费尔巴哈的提纲》一文，并由此拔高了马克思的历史观，将其上升为马克思主义的世界观，相对忽视了马克思与恩格斯文本中的辩证唯物主义观点；另一方面则是忽略了列宁的论述。列宁在论及马克思的新世界观时，多次强调唯物主义历史观是唯物主义世界观的推广与运用，可见将历史观与世界观相等同是值得商榷的观点。

另一种观点认为，辩证唯物主义才是马克思主义哲学的实质，辩证唯物主义作为马克思主义哲学的世界观内在地包含着历史唯物主义。列宁的某

---

① 参见孙正聿：《历史的唯物主义与马克思主义的新世界观》，《哲学研究》2007 年第 3 期；孙正聿：《历史唯物主义的真实意义》，《哲学研究》2007 年第 9 期；何畏：《马克思创立的是历史唯物主义一体化哲学》，《哲学研究》1983 年第 6 期；崔之元：《历史唯物主义是马克思哲学的实质》，《学习与探索》1982 年第 6 期等论文。这些论文的标题与内容都非常明确地将历史唯物主义界定为马克思主义哲学的本质、实质或新世界观。张一兵还在《回到马克思：经济学语境中的哲学话语》（江苏人民出版社 2005 年版）一书中，区分了“广义的历史唯物主义”与“狭义的历史唯物主义”，认为前者“主要揭示了物质生产是人类生存的一般基础”，“是一部抽象出来的社会历史本质的逻辑”，而后者“是对经济力量颠倒地决定人与社会这样一种特定的历史情境的指认”。王金福对这一区分进行了评论，参见王金福：《“广义历史唯物主义”、“狭义历史唯物主义”概念的规定及其与马克思主义哲学的关系——论马克思主义哲学的实质，兼与张一兵同志商榷》，《南京社会科学》2000 年第 6 期。

② 参见孙正聿：《历史的唯物主义与马克思主义的新世界观》，《哲学研究》2007 年第 3 期。

些论述常常成为此种观点的佐证，如“马克思和恩格斯的辩证唯物主义比百科全书派和费尔巴哈更进一步，它把唯物主义哲学应用到历史领域，应用到社会科学领域”[①]、“马克思一再把自己的世界观叫做辩证唯物主义”[②]、“马克思加深和发展了哲学唯物主义，而且把它贯彻到底，把它对自然界的认识推广到对人类社会的认识”[③]，等等，这都说明列宁坚持马克思主义哲学的实质就是辩证唯物主义，辩证唯物主义本身内在包含着对历史领域的唯物主义解释。[④] 但持这一观点的学者，无疑需要解释一种历史现象，即在某些早期的马克思主义者如拉法格、梅林那里，他们将马克思主义哲学称为“历史唯物主义”而不是“辩证唯物主义”，至于“辩证唯物主义”这一术语则是经狄慈根、普列汉诺夫、列宁直到斯大林才成为马克思主义哲学的代表性称谓的。此外，恩格斯也曾说过，唯物史观是马克思一生中最主要的两大贡献之一，表明历史唯物主义在马克思学说中具有非常特殊的地位，将历史唯物主义简单地归结为辩证唯物主义的一部分，恐怕也不符合马克思的原意。

还有观点认为，辩证唯物主义和历史唯物主义的本质是同一的，在列宁的相关著述中，阐明了两者具有同一性。[⑤] 笔者也持此种观点，并认为只有这种观点才能协调上述两种观点存在的局限。持此观点的学者认为，辩证唯物主义和历史唯物主义同时诞生在马克思的理论中，在马克思的历史唯物主义基本原理中就包含了对自然的辩证和唯物主义的理解，马克思主义哲学对旧唯物主义的克服是辩证的和历史的，历史唯物主义这个术语所指向的不可能是某种不同于辩证唯物主义的理论体系。列宁曾认为，马克思和恩格斯在他们的著作中特别强调唯物主义是“辩证的”和“历史的”唯物主义。[⑥] 列宁以“辩证的”和“历史的”同时修饰“唯物主义”，倾向于把辩证唯物

① 《列宁专题文集——论辩证唯物主义和历史唯物主义》，人民出版社2009年版，第333页。
② 《列宁专题文集——论辩证唯物主义和历史唯物主义》，人民出版社2009年版，第334页。
③ 《列宁专题文集——论辩证唯物主义和历史唯物主义》，人民出版社2009年版，第335页。
④ 参见黄楠森：《政治其形，学术其神——对〈唯物主义和经验批判主义〉的一种新解读》，《高校理论战线》2009年第12期。
⑤ 参见吴国光：《论历史唯物主义与辩证唯物主义之关系——兼论马克思主义哲学体系问题并与毛崇杰同志商榷》，《学术月刊》1983年第10期。
⑥ 参见《列宁专题文集——论辩证唯物主义和历史唯物主义》，人民出版社2009年版，第115—116页。

主义等同于历史唯物主义。不过这里还需厘清这两者与另一概念即“实践唯物主义”之间的关系。这三者在马克思主义哲学中到底是什么关系？笔者在此提出一个大胆的见解，求教于学界同人。在笔者看来三者的关系正如列宁的《哲学笔记》所指出的，《资本论》中唯物主义的逻辑、辩证法和认识论都应用于一门科学，它们不必要是三个词，因为它们代表同一内容。① 历史唯物主义、辩证唯物主义和实践唯物主义也都应用于一门科学，即关于人类的自然、社会和思维的科学，它们也不必用三个词来概括。甚至可以说，历史唯物主义、辩证唯物主义和实践唯物主义，对应的正是唯物主义的逻辑、辩证法和认识论。辩证唯物主义和实践唯物主义分别对应于唯物主义的辩证法和认识论，这并不费解，笔者前文概述列宁之基本思想时已有阐述。只是何以历史唯物主义对应于唯物主义的逻辑呢？列宁的一段话恰好论述甚明，现引述于此：“逻辑不是关于思维的外在形式的学说，而是关于‘一切物质的、自然的和精神的事物’的发展规律的学说，即关于世界的全部具体内容的以及对它的认识的发展规律的学说，即对世界的认识的历史的总计、总和、结论”②。这清晰地阐明了逻辑与历史唯物主义的内在关联性，历史唯物主义正是关于一部展开在人类面前的社会物质现实的发展规律的学说。由此可见，辩证唯物主义、历史唯物主义和实践唯物主义构成马克思主义哲学的“三位一体”，凸显了马克思主义哲学辩证的、历史的和实践的本质属性。

（二）“哲学的党性原则”析疑

列宁承继和发展了马克思、恩格斯的学说，颇具建设性地提出和论证了哲学的党性原则，并将其运用于批判种类繁杂的唯心主义社会思潮，为马克思主义哲学的发展作出了不可磨灭的贡献。但是，一直以来，列宁所开创的这一学说却也遭受到不少误解，甚至还一度造成了现实的灾难。如列宁在《唯物主义和经验批判主义》一书中重点批判的马赫主义的代表人物之一马赫即认为列宁此书是党派性、政治性的著作，与其感兴趣的问题相去甚远，

---

① 参见《列宁专题文集——论辩证唯物主义和历史唯物主义》，人民出版社 2009 年版，第 145 页。

② 《列宁专题文集——论辩证唯物主义和历史唯物主义》，人民出版社 2009 年版，第 131 页。

言下之意则是说该著作不是学术探讨，而是党派讨伐。[①] 马赫的这一态度颇能代表西方哲学界的一般看法，他们对哲学党性原则的否认、歪曲和攻击从某种意义上恰恰是证明了哲学的党性原则的存在。国内学界则存在另一种对待哲学党性原则的态度。由于以往我国曾有过误解、误用哲学的党性原则而造成现实灾难的历史，因此有人怀疑哲学党性原则的正确性，甚至有人公开提出必须否定、解除哲学的党性原则。这就迫使我们需要进一步研究与分析列宁的哲学党性原则，弄清其在马克思主义哲学中的地位与作用。笔者以为，对于哲学的党性原则，我们需要着重厘清以下两个问题。

首先，哲学的党性原则是历史唯物主义的一部分。列宁所提出的哲学的党性原则毫无疑问是马克思主义哲学认识论的一部分，也是历史唯物主义的一部分。当前有学者借此认为哲学的发展已经到了“后主客体关系的合一”阶段，故而超越了哲学上的唯物主义和唯心主义之争。这显然是忽视了列宁把哲学党性原则当成历史唯物主义重要组成部分这一因素。虽然列宁在《唯物主义和经验批判主义》一书中主要论述辩证唯物主义认识论，但是列宁还专门辟出一章论述了“经验批判主义和历史唯物主义”的关系，在其中的第四节“哲学上的党派和哲学上的无头脑者”提出了哲学的党性原则，将哲学的党性原则视为历史唯物主义的一部分。列宁指出：“经验批判主义的客观的、阶级的作用完全是在于替信仰主义者效劳，帮助他们反对一般唯物主义，特别是反对历史唯物主义。”[②] 列宁强调经验批判主义的党派性实质是反对一般唯物主义，特别是历史唯物主义，从另一侧面点明了哲学的党性原则与历史唯物主义之间的密切关系。不仅如此，列宁还强调历史唯物主义对于工人阶级的重要性，认为历史唯物主义是无产阶级革命实践的科学方法论，这就是说工人阶级与资产阶级的斗争过程，也是坚持哲学的党性原则，是利用历史唯物主义与一切唯心主义作斗争的过程。列宁在《论工人政党对宗教的态度》中也指出：“应当用唯物主义观点来说明群众中的信仰和宗教

---

① 参见黄楠森：《政治其形，学术其神——对〈唯物主义和经验批判主义〉的一种新解读》，《高校理论战线》2009 年第 12 期。在此文中黄楠森阐释了列宁《唯物主义和经验批判主义》一书的学术价值与实践意义，有效地反驳了西方某些学者对该书学术价值的诋毁。

② 《列宁专题文集——论辩证唯物主义和历史唯物主义》，人民出版社 2009 年版，第 130 页。

的根源。同宗教作斗争不应该局限于抽象的思想宣传，不能把它归结为这样的宣传；而应该把这一斗争同目的在于消灭产生宗教的社会根源的阶级运动的具体实践联系起来。”① 此处的“唯物主义观点”虽是指“辩证唯物主义”，但却表达了历史唯物主义的方法。② 哲学的党性原则作为历史唯物主义的一部分，是既不能否定，也不能解除的。③

其次，哲学的党性、哲学的阶级性和政治上的党性之间的关系。列宁曾指出：“在经验批判主义认识论的烦琐语句后面，不能不看到哲学上的党派斗争，这种斗争归根到底表现着现代社会中敌对阶级的倾向和思想体系。”④ 这句话常被解读成哲学的党性与哲学的阶级性是一致的，认为哲学的党性立场与阶级立场是一致的，以致出现以人们在哲学的党性立场来判断人们的阶级立场的错误之举。自改革开放以后，有许多学者已纠正指出这一问题，认为哲学的党性和哲学的阶级性虽有联系，但是哲学的党性并不是从哲学的阶级性中引申出来的，列宁所说的哲学的党性斗争归根到底表现着敌对阶级的倾向和思想体系，哲学上的党性斗争并不是直接地表现敌对阶级的斗争，故而不能将两者简单地画上等号。不能根据哲学上的党性归属直接判断阶级的党派立场。哲学党性和阶级体系的关系是思想与思想的关系，不是思想与现实的关系。哲学的党性斗争是现实的阶级斗争的反映，这种反映必须经过一系列的中间环节才能曲折地实现。

我们还必须辨析清楚哲学上的党性与政治上的党性之间关系。哲学和政治同属于上层建筑，它们之间具有密切的关系。西方政治哲学自柏拉图开始，就一直纠缠着哲学与政治的关系，认为想要达到最美好的政治生活，需要哲学的指导，依照柏拉图的话说则是哲学家必须为王，即成为“哲学王”。

---

① 《列宁专题文集——论辩证唯物主义和历史唯物主义》，人民出版社 2009 年版，第 333 页。

② 参见吴国光：《论历史唯物主义与辩证唯物主义之关系——兼论马克思主义哲学体系问题并与毛崇杰同志商榷》，《学术月刊》1983 年第 10 期。该文指出：“在《论工人政党对宗教的态度》一文中，对宗教这样一种社会意识形态，列宁却处处提到以辩证唯物主义态度对待。这里，列宁也用辩证唯物主义这个名称表达历史唯物主义的方法。”

③ 从不同思路驳斥“否定和解除哲学的党性原则”的相关论文可参见黄楠森：《必须正确地坚持和运用哲学党性原则》，《社会科学辑刊》1984 年第 2 期；郑忆石：《论坚持和发展哲学的党性原则》，《中国人民大学学报》1989 年第 2 期。

④ 《列宁专题文集——论辩证唯物主义和历史唯物主义》，人民出版社 2009 年版，第 130 页。

马克思在其早期著述中也曾指出，人的解放的头脑是哲学，它的心脏是无产阶级，“人的解放”必须是哲学和无产阶级的联合，也就是哲学和政治的联合。在阶级社会中，哲学思想很大程度上是政治、经济领域的斗争在意识形态领域内的反映，故而哲学上的党派斗争与政治上的党派斗争具有密切的联系。但是，这并不意味着可以将哲学上的党派斗争简单归结为政治上的不同阶级或者不同党派之间的斗争。哲学上的党性原则固然是历史唯物主义的一部分，但是它处理的是哲学上的党派关系，是哲学上两种派别的斗争。马克思主义者运用历史唯物主义取得这种斗争的胜利毫无疑问有助于无产阶级革命事业的进步，然而，不能由此将其等同于或者取代无产阶级在政治上的党派斗争。我们一方面要明确哲学与政治的密切联系，另一方面还需防止将政治上的党性僭越到哲学斗争的领域。

（三）历史唯物主义的“社会存在”

“社会存在”是历史唯物主义重要范畴之一，它对于深入理解哲学的基本问题具有原则性的意义。在《唯物主义和经验批判主义》中，列宁通过批判波格丹诺夫将社会存在等同于社会意识的错误思想，阐明了这两个范畴在历史唯物主义中的含义与地位。但是对于列宁的相关论述，学界在理解上存有诸多歧义与误解。其中一个重要原因在于：在阐释文本的过程中不是让文本自身说话，而是凭后人之意肢解或随意取用文本，或者是根据已有的观念来解读文本。比如，列宁曾提出了“一整块钢”的说法：“一般唯物主义认为客观真实的存在（物质）不依赖于人类的意识、感觉、经验等等。历史唯物主义认为社会存在不依赖于人类的社会意识。在这两种场合下，意识都不过是存在的反映，至多也只是存在的近似正确的（恰当的、十分确切的）反映。在这个由一整块钢铸成的马克思主义哲学中，决不可去掉任何一个基本前提、任何一个重要部分，不然就会离开客观真理，就会落入资产阶级反动谬论的怀抱”[①]。这一说法历来被当成是指“辩证唯物主义和历史唯物主义”是马克思主义哲学不可分割的部分，但这一看法却是不成立的。因为它更多

① 《列宁专题文集——论辩证唯物主义和历史唯物主义》，人民出版社2009年版，第111—112页。

的是以后来的教科书模式来解读列宁文本的含义，而列宁这一句话实质上指出的是存在和意识、社会存在和社会意识是不可分割的“一整块钢”，并由此强调社会存在是历史唯物主义的基础，社会意识对社会存在具有反映的功能。因此，阐释文本需要尊重文本自身的内在逻辑，而不能无中生有。那么如何依据文本理解列宁所论述的历史唯物主义中的“社会存在”范畴呢？笔者阐释两点意见。

首先，存在与社会存在的统一性。在《唯物主义和经验批判主义》中，当论及社会存在与社会意识的关系时，列宁常常将之比作存在与意识的关系，他强调必须看到意识反映存在这一唯物主义基本原理与社会意识反映社会存在这一历史唯物主义基本原理的不可分割的关系，同时指出社会存在不依赖于社会意识而存在，正如同存在不依赖于意识而存在一样。显然，列宁始终强调存在与社会存在的统一关系。这种统一关系意味着我们不能脱离存在或社会存在来理解任何一方，我们必须摆脱这种观念，即认为“存在”是关于自然界、社会和思维现象的一般概念，而“社会存在”是关于社会历史现象的特殊概念，两者间的关系是一般与特殊的关系。产生这种观念的根源在于将“辩证唯物主义”和“历史唯物主义”割裂开来。列宁强调存在与社会存在的统一性，一方面既强调“社会存在”与“存在”一样具有客观实在性，但另一方面也突出说明“社会存在”与“社会意识”之间的绝对对立性。存在与意识在第一性和第二性的问题上具有绝对的意义，超出这个范围则只是具有相对对立意义而已，“社会存在”与“存在”具有统一性，自然也表现为存在与意识的这种绝对对立性。传统意义上将物质生活的生产方式当作社会存在的观念是不妥当的。前者表征的存在与意识的关系只是相对对立，而后者表征的却是绝对对立的关系。更为恰当的认识或许是将物质的生产过程当作社会存在，因为生产过程本身具有客观实在性。

其次，社会存在是具有内在秩序的系统整体。在历史唯物主义者看来，社会意识通过个人意识表现出来，但是，个人意识并不等同于社会意识，社会意识不能当作个人意识的简单相加或总和，对个人意识而言，社会意识具有相对独立性和逻辑的完整性，而社会存在也具有社会意识的这种特性。社会存在离不开人的社会实践活动，并且通过社会实践活动中的个人的具体行为表现出来。但是，我们不能将社会存在归结为这些具体的个人行为，列宁指出："在世界经济中，每一个生产者都意识到自己给生产技术带来了某种变化，每一个货主都意识到他在用一些产品交换另一些产品，但是这些生产者和货主都没有意识到，他们这样做是在改变着社会存在"①。社会存在其实是一个系统的整体，而并不是每一个具体的行为，但这一系统整体是通过个体的具体行为表现出来的。当然，列宁强调的并不是每个个体活动的内在丰富性，而强调的是使个体成为社会存在的系统整体链条中作为重要一环的社会意识。同时，列宁还进一步指出，社会存在的系统整体链条既不依赖于社会意识，也不为社会意识所完全把握，故而人类的最高任务就在于把握住社会存在演进的客观逻辑，以便使我们的社会意识与社会存在相适应，这就通过"社会存在"将历史唯物主义的革命实践意蕴揭示了出来。

三、列宁哲学思想的当代魅力

一百多年前，列宁在辩证唯物主义和历史唯物主义上做出了许多极其精辟的论断，这些论断思想深刻，富于创造性，对马克思主义哲学的发展贡献卓越，已成为马克思主义经典文献中的瑰宝，非常值得我们深入学习与探讨。一百年多年后，尽管我们面对的社会历史现实与列宁当年所面对的境况大相径庭，但是，列宁的哲学思想对于我们这个风云变幻的时代，对于我们社会主义国家，却依然有着深刻的指导意义和价值启示，展现出强大的理论生命力与恒久的理论魅力。

首先，列宁的哲学思想对于我国马克思主义哲学的学科建设具有重要的意义。我国传统的马克思主义哲学体系或者说教科书体系，主要继承的是斯大林时期的苏联模式哲学教科书体系，它将马克思主义哲学体系分割为唯物论、辩证法、认识论与历史观四个部分，这种做法虽然使学科体系在安排上清晰明了，从而有助于学生的学习和掌握，但是有失科学，也不符合经典文本的逻辑，尤其是存在割裂辩证唯物主义和历史唯物主义的弊端。在这种模式中，往往是先入为主地对马克思主义经典文本进行剪裁和割舍，强制性

① 《列宁专题文集——论辩证唯物主义和历史唯物主义》，人民出版社2009年版，第110页。

地磨平文本之间的棱角与张力，将文本人为地处理或肢解成一以贯之的同质性存在。在“打磨”之后的这种模式体系中，一切问题似乎都获得了“圆满”的解决，剩下的只是对已有的“定论”进行修补或做些细枝末节之类的考证而已。因此，重新阅读列宁的文本，重构列宁探索辩证唯物主义和历史唯物主义理论体系的过程，审视列宁文本中对辩证唯物主义与历史唯物主义之关系的论述，对于我们突破传统模式的“圆满”假象，揭示被“完整体系”掩盖起来的裂痕，无疑具有深远的理论意义。通过精细地阅读列宁的文本，跟随列宁阐释马克思主义哲学思想的过程，可以激活我们审视“正统模式”的批判性思维与摆脱旧有模式的理论勇气。例如，在传统的教科书体系中，物质观与实践观是分离开来的，物质观属于自然观，而实践观属于认识论；而在列宁的哲学思想中，在其《唯物主义和经验批判主义》这一著作中，物质观与实践观是切实紧密相连的，其物质观是实践的物质观，因此列宁才会有“人的意识不仅反映客观世界，并且创造客观世界”① 的哲学论断。列宁的这一物质观，也是我们所认识的辩证唯物主义和实践唯物主义相统一的理论依据之一。但在传统的教科书模式体系中，由于将物质观与实践观分离开来，因而对于辩证唯物主义和实践唯物主义之间关系的认识与把握不可避免地存在一定的困难。此外，列宁在《哲学笔记》中，已经尝试依靠“辩证法要素”来构建马克思主义哲学的科学体系，虽然他最终没有完成这个任务，但是他对辩证唯物主义理论体系之雏形的构建与阐发，无疑是我们今天建构马克思主义哲学崭新的科学体系的重要思想源泉。从某种意义上看，通过列宁的哲学思想，可以开拓我国马克思主义哲学研究的新视野，使我们能够站在“巨人的肩”上瞭望得更深远。

其次，列宁的哲学思想对当代中国的社会主义建设具有深远的实践指导意义。第一，唯物辩证法是科学发展观的哲学基础。科学发展观是一种社会发展观，这种发展观必须以合目的、合逻辑的科学的一般发展观为其奠定哲学根基。而这种科学的一般发展观正是唯物辩证法。因为只有唯物辩证法才是最一般的、最普遍的发展观，也只有唯物辩证法才是最具科学性与实践

① 《列宁专题文集——论辩证唯物主义和历史唯物主义》，人民出版社 2009 年版，第 138 页。

性的发展观。列宁曾指出："辩证法，即最完备最深刻最无片面性的关于发展的学说。"[①] 在《再论工会、目前局势及托洛茨基同志和布哈林同志的错误》一文中，列宁又进一步详述了辩证逻辑的四点要求，这些要求与科学发展观的精神实质高度契合。他认为，辩证逻辑要求我们把握住、研究清楚事物的一切方面、一切联系；要求我们从事物的自身发展变化中考察事物；要求我们必须注重人的实践，并将其作为真理的标准；要求我们注重具体的真理。这四点要求与科学发展观的全面协调可持续的发展精神根本上是一致的，并奠定了科学发展观的辩证唯物主义基础。尤其需要指出的是，列宁强调了实践在辩证逻辑中的地位，剖析了实践与人的需要之间的关系，指出辩证逻辑的实践要求归根到底是为了人自身需要的满足与发展，这正是科学发展观之核心——以人为本的精神实质。由此我们可以说，科学发展观是当代中国社会主义建设的唯物辩证法，是中国社会主义社会发展的"最完备最深刻最无片面性的"发展学说。第二，哲学的党性原则是无产阶级政党执政必须坚持的原则。虽然哲学的党性与政治的党性不是一回事，但是以马克思主义为指导思想的无产阶级政党对两者却必须都兼而有之。一方面，坚持哲学的党性原则，坚持唯物主义，进而坚持辩证唯物主义是无产阶级认识和改造世界的根本要求，也充分体现了我们贯彻实事求是思想路线在哲学上的要求。建设中国特色社会主义事业，要求我们对中国的国情、现状和历史都有深刻的认识，还要求我们对国际的形势、条件和机遇有清醒的把握，这都需要我们秉持实事求是的思想路线，尤其需要摆脱唯心主义思想的误导，所以坚持哲学的党性原则就显得非常重要。另一方面，在坚持政治的党性原则时，必须坚持哲学的党性对政治的党性的影响。加强政治党性，必须有正确的世界观、方法论作为指导思想，必须坚信自己所信仰之政党理论的科学性。中国共产党在领导中国特色社会主义事业建设的过程中，必须以哲学的党性加强政党建设，尤其是加强党员的政治党性，使得哲学上的党性与政治上的党性相得益彰。第三，战斗唯物主义精神是思想理论战线必须坚持的革命原则。列宁在《论战斗唯物主义的意义》一文中指出：应该向亿万人民群众"提供各种

① 《列宁专题文集——论辩证唯物主义和历史唯物主义》，人民出版社 2009 年版，第 334 页。

无神论的宣传材料，告诉他们实际生活各个方面的事实，用各种办法接近他们，以引起他们的兴趣，唤醒他们的宗教迷梦，用种种方法从各方面使他们振作起来，如此等等”①。改革开放以来，我国社会现实状况发生了深刻的改变，各阶层的关系不断地变迁、调整，新情况新问题层出不穷，但最为关键并必须警惕的是，随着社会转型的加剧与社会秩序的重整，出现了心态失衡、信念丧失、信仰危机等深层次的精神品质困境，各种唯心主义、有神论和封建迷信沉渣泛起，它们不断争相夺取思想理论战线的阵地。因此，我们必须学习列宁的战斗唯物主义精神，在思想理论战线上坚持宣传马克思主义理论，抵制各种错误思潮的侵袭。“马克思主义作为一种具有强烈党派性的话语体系”，不仅“必须是一种占统治地位的意识形态”，而且必须是被广大人民群众掌握的科学力量。② 我们必须坚持列宁所提倡的战斗唯物主义精神，既要充实马克思主义的学术性，建立起理论的真理性与权威性，又要以令人信服的理论力量为基础，发挥各种宣传手段，指引广大人民群众树立正确的世界观、价值观和人生观，由此才能发挥人民群众的智慧力量，推进中国特色社会主义事业的建设。

最后，列宁的哲学思想对推进全球化时代的共产主义事业具有重要的意义。马克思主义哲学自身是科学性和革命性的统一，是真理性与党派性的统一，这种理论特质决定了它必定是无产阶级革命事业的理论指针。虽然列宁在其哲学著作的论述中较少涉及社会现实问题，但是，这些著作却充分表现出马克思主义哲学革命的精神，其在与错误的社会思潮的斗争过程中所彰显出来的马克思主义的立场、方法和观点，对于全世界的马克思主义者推进共产主义事业无疑具有重要的意义。列宁的哲学思想虽然主要诞生于20世纪初，但这种哲学思想事实上是在全球化趋势逐渐彰显的过程中产生的，与全球化的发展具有紧密的关系，它是在新的时代境遇下对马克思主义人类解放事业论述的梳理、阐释和补充，并且以此指导着俄国社会的共产主义运动，进而指导着世界上大部分地区的共产主义运动。因此，在全球化趋势不

---

① 《列宁专题文集——论辩证唯物主义和历史唯物主义》，人民出版社2009年版，第325页。

② 参见刘同舫：《在应对当代各种社会思潮的挑战中发挥马克思主义的威力》，《马克思主义研究》2010年第3期。

断加强的时代背景下，我们必须重视列宁的哲学思想在当今时代的巨大作用，它不仅有助于提升中国马克思主义阐释全球化的理论效力，也有助于更好地指导共产主义事业在全球化时代的进一步发展。

列宁的哲学思想在中国特色社会主义建设的伟大事业中，在全球化趋势不断加剧的时代背景下，具有理论和实践的双重指导意义。认真阅读和学习列宁的经典著作应该成为每个马克思主义工作者的理论任务和理论志趣。在此过程中，我们将能够更好地获得认识世界和改造世界的能力，由此，无论是“回到列宁”或者“推进列宁”的建设工程也才能发挥出应有的理论威力。

第四节　马克思主义中国化进程与党的执政理念演进*

马克思主义中国化，就其实质而言是将马克思主义和中国具体实际相结合以指导中国的革命、建设和改革。在其不断结合的发展历程中，实现了四次历史性的飞跃，形成了毛泽东思想、邓小平理论、“三个代表”重要思想和科学发展观的中国化马克思主义四大理论成果，四大理论成果历史地展现了马克思主义中国化的发展轨迹。而执政理念反映的是执政党执政活动的价值取向和目标追求，是政党执政理论、执政宗旨与执政本质的集中体现。执政理念是在历史实践中不断总结执政经验而丰富和发展起来的，具有鲜明的时代性和创新性。中国共产党自成立以来，历经了以毛泽东、邓小平、江泽民与胡锦涛等为代表的中央领导集体对执政理念的逐步发展与完善。

在中国共产党成立 90 周年之际，认真梳理与总结马克思主义中国化的辉煌历程及其理论创新成果与党的执政理念的演进过程及其两者之间的关系，对于继续推进马克思主义中国化，不断创新党的执政理念，全面建设有中国特色社会主义伟大事业，具有深刻的理论内涵与直接的现实意义。

---

* 为纪念中国共产党成立 90 周年，进一步推进马克思主义中国化的历史进程，使马克思主义研究走向繁荣和深入，《华南师范大学学报》推出系列探索性文章。笔者受《华南师范大学学报》编辑部之邀，特撰写此文。原载于《华南师范大学学报》2011 年第 5 期。

一、毛泽东思想与“革命为民”的执政理念

中国共产党成立以后，在指导中国革命和建设的过程中，以毛泽东为主要代表的中国共产党人把马克思列宁主义与中国革命和建设的具体实际相结合，创立了包括新民民主主义革命理论、社会主义改造理论与社会主义建设理论在内的毛泽东思想。毛泽东思想是马克思主义中国化的第一次飞跃，奠定了马克思主义中国化的理论基础。

在毛泽东思想的指导下，这一时期我们党的执政理念突出地表现为“革命为民”①。“革命为民”的执政理念与毛泽东思想的形成紧密关联，这种关联主要是正相关，但在一定时期也存在负相关。

在新民主主义革命时期形成的新民主主义革命理论是毛泽东思想达到成熟的主要标志。新民主主义革命理论的主体与核心内容是新民主主义革命的总路线和基本纲领，概括而言即是要推翻“三座大山”来使中国人民得到彻底解放，“建立一个以全国绝对大多数人民为基础而在工人阶级领导之下的统一战线的民主联盟的国家制度，我们把这样的国家制度称之为新民主主义的国家制度”②。新民主主义革命理论明显蕴含着我们党“革命为民”的执政理念。在新民主主义革命时期，面对帝国主义、封建主义和官僚资本主义三大敌人，一切中国共产党人，必须为通过革命解救深受剥削和压迫的中国人民的目标而奋斗。③

社会主义改造理论是毛泽东为首的共产党人关于创立中国特色社会主义制度的划时代的伟大创意和历史性宣言，极大地丰富和发展了毛泽东思想。根据这一理论，党提出了过渡时期的总路线，并找到了一条中国特色的社会主义改造道路，成功完成了对农业、手工业和资本主义工商业的社会主义改造，建立了崭新的社会主义制度。此阶段，我们党虽然认识到党的历史地位已由夺取政权的革命党转向了创建政权的执政党，意识到了经济建设的

---

① 有学者将党的第一代中央领导集体的执政理念概括为“全心全意为人民服务”。笔者认为，尽管“全心全意为人民服务”和“革命为民”都体现了中国共产党为民的根本宗旨和价值取向，但“革命为民”较之能更好地凸显这一时期党为民的执政方式与执政路径的鲜明特色。

② 《毛泽东选集》第 3 卷，人民出版社 1991 年版，第 1056 页。

③ 参见《毛泽东选集》第 3 卷，人民出版社 1991 年版，第 1059 页。

重要性，具有强调社会经济发展的倾向，但这种意识和倾向未发展为主导思想，未上升到执政理念层面：全国范围内的经济建设尚未展开，诸多行业的经济发展并不深入。事实上，改造时期党的执政理念仍然受到新民主主义“革命为民”执政理念的影响，是新民主主义“革命为民”执政理念的延伸。较之经济建设的主张，社会主义改造时期受“革命为民”执政理念的影响更为深远。

通过积极探索适合中国国情的社会主义建设道路而形成的社会主义建设理论也是毛泽东思想的重要组成部分，它为创立中国特色社会主义理论、开辟中国特色社会主义建设道路奠定了深厚的基石。值得注意的是，建设社会主义后期，由于受“左”倾思想的影响，毛泽东犯了“文化大革命”的严重错误。就主观意愿而言，“文化大革命”是毛泽东本着发展社会主义经济、建设社会主义民主、实现人民利益的目标而发起的，是“为民”的；从路径选择上看，文化大革命采取的是“以阶级斗争为纲”的方式，是“革命”的。因而，“文化大革命”的实质依然是“革命为民”的执政理念，是“革命为民”执政理念发展的高峰。但其违背了马克思主义的基本原理，脱离了中国的具体实际，不属于毛泽东思想的科学理论体系。

在新民主主义革命时期、社会主义改造时期与社会主义建设时期分别形成的新民主主义革命理论、社会主义改造理论与社会主义建设理论作为毛泽东思想的三大主要内容，与党的第一代中央领导集体的“革命为民”的执政理念存在着一定的效应关系。其中，新民主主义时期的新民主主义革命理论和社会主义改造时期的社会主义改造理论与“革命为民”的执政理念两者之间相辅相成、相互促进，呈现出正相关或正效应的关系。而社会主义建设探索时期的“文化大革命”思想与“革命为民”的执政理念在内在观念上存在矛盾，这从某种程度上反映了毛泽东思想与“文化大革命”时期“革命为民”执政理念的冲突性。究其根本，主要是因为这一时期极端化了“革命为民”的执政理念，没有用毛泽东思想正确指导执政理念，未能将毛泽东思想的精髓有机融入到执政理念，有人因此产生了对毛泽东思想的误解。应该说，“文化大革命”时期的执政理念在一定程度与一定范围内对毛泽东思想本身及人们对毛泽东思想的认识产生了负面作用。

二、邓小平理论与"实现共同富裕"的执政理念

党的十一届三中全会后，以邓小平为代表的中国共产党人重新开始了社会主义现代化建设事业的设计和构思，将马列主义基本原理同中国改革开放和现代化建设的实践相结合，成功地走上了中国特色的社会主义建设道路，实现了马克思主义中国化的第二次飞跃，创立了邓小平理论。

在邓小平理论的指引下，我们党的执政理念实现了重大创新，由"革命为民"演进为"实现共同富裕"。"实现共同富裕"的执政理念是党的第二代中央领导集体执政的价值取向和目标追求，贯彻于党的全部执政活动中。

在内容丰富的邓小平理论科学体系中，社会主义本质理论是逻辑起点和体系前提，为其奠定了坚实的理论基础。邓小平于 1992 年南方谈话中指出："社会主义的本质，是解放生产力，发展生产力，消灭剥削，消除两极分化，最终达到共同富裕。"① 社会主义本质理论第一次全面深刻地揭示了社会主义的本质，使人们对什么是社会主义、怎样建设社会主义有了明确的认识。同时，它从社会主义内在属性的三方面彰显了党"实现共同富裕"的执政理念：解放生产力和发展生产力是社会主义的任务，为"实现共同富裕"提供物质基础和根本途径；消灭剥削和消除两极分化是社会主义的内在要求，是"实现共同富裕"的根本方向和基本保证；最终达到共同富裕是社会主义所追求的，直接概括了"实现共同富裕"的最终目的和奋斗目标。邓小平强调："社会主义财富属于人民，社会主义的致富是全民共同致富"②，"社会主义的目的就是要全国人民共同富裕"③。共同富裕对于社会主义来说具有本质性的意义，社会主义本质理论为"实现共同富裕"的执政理念提供了理论基础。

社会主义市场经济理论是邓小平在马克思主义中国化探索过程中的重大突破和突出贡献，是邓小平理论体系中最具特色的理论之一。这一理论主张计划和市场都是经济手段，坚持计划应与市场相结合，认为社会主义也可以搞市场经济。它集中回答了社会主义为什么必须与市场经济相结合、能否

① 《邓小平文选》第 3 卷，人民出版社 1993 年版，第 373 页。

② 《邓小平文选》第 3 卷，人民出版社 1993 年版，第 172 页。

③ 《邓小平文选》第 3 卷，人民出版社 1993 年版，第 110—111 页。

与市场经济相结合、怎样与市场经济相结合等基本问题。其实质在于更进一步指明了通达党的执政理念——“实现共同富裕”的具体途径，为“实现共同富裕”架设了一座坚固的桥梁。具体而言，一方面，市场机制作为手段，能够有效调节供求关系，优化资源配置，促进商品经济的发展，从而有利于解放生产力，发展生产力，为我国经济发展铺设一条“高速公路”。另一方面，市场经济与我国社会主义基本制度相结合，使得我国的经济体制在所有制结构上坚持以公有制为主体，多种经济成分并存；在分配方式上实行以按劳分配为主，效率优先、兼顾公平；在宏观调控上比资本主义国家更加有力，因而有利于消灭剥削，消除两极分化。这就是说，发展社会主义市场经济，能从生产力和生产关系双层结构上保证社会主义本质的实现，使我国人民在生产力高度发展的基础上逐步“实现共同富裕”。

社会主义本质理论和社会主义市场经济理论从什么是社会主义的本质与如何实现社会主义本质的双重角度为党的第二代中央领导集体的“实现共同富裕”的执政理念提供了理论前提和实践方向。要真正做到“实现共同富裕”，就必须完整、准确地理解和把握社会主义本质理论和社会主义市场经济理论，正确运用邓小平理论来指导党的执政活动和执政实践。“实现共同富裕”的执政理念也集中体现了邓小平理论的理论意义和价值旨归，它的贯彻与实施不仅从理念层面证明了邓小平理论的科学性和价值性，而且在实践中创造性地丰富和发展了邓小平理论，促进了马克思主义中国化。

三、“三个代表”重要思想与“广大利益”的执政理念

党的十三届四中全会后，以江泽民为首的中国共产党人在指导中国特色社会主义新的伟大实践中，立足于我国所面临的世情、国情、党情的新特点的实际基础，以马克思主义的巨大理论勇气提出了“三个代表”重要思想。“三个代表”重要思想用一系列紧密联系、相互贯通的新思想、新观点、新论断，创造性地回答了中国共产党在长期执政的历史条件下建设一个什么样的党和怎样建设党的两大根本性和全局性的问题。它赋予了马克思主义新的鲜活力量，为马克思主义中国化的新发展作出了重大贡献。

“实现最广大人民的根本利益”的执政理念是新世纪“三个代表”重要

思想与党的根本性质和宗旨的相融与融合，是党的执政理念的新飞跃，标志着我们党对共产党执政规律、社会主义建设规律、人类社会发展规律认识的深化。

对于建设一个什么样的党的科学回答。“三个代表”重要思想表明，我们要建设一个始终代表中国先进生产力的发展要求、始终代表中国先进文化的前进方向、始终代表中国最广大人民的根本利益的中国共产党。这三大要求相互联系、相互作用、辩证统一：代表先进生产力的发展要求是基础和根本，是发展先进文化、满足人民根本利益的物质前提和决定性因素；代表先进文化的前进方向是先导和灵魂，为发展先进生产力提供精神动力和智力支持；代表最广大人民的根本利益是本质和归宿，是发展先进生产力和先进文化的原动力。因而，我们要建设的党是全心全意为人民谋利益，通过不断发展先进生产力和先进文化，最终“实现最广大人民的根本利益”的党。江泽民强调：“我们党始终坚持人民的利益高于一切。党除了最广大人民的利益，没有自己特殊的利益。党的一切工作，必须以最广大人民的根本利益为最高标准。”①“必须首先考虑并满足最大多数人的利益要求，这始终关系党的执政的全局，关系国家经济、政治、文化发展的全局，关系全国各族人民的团结和社会安定的全局。最大多数人的利益是最紧要和最具有决定性的因素。”②

“实现最广大人民的根本利益”的执政理念与“三个代表”重要思想在本质上具有一致性，都集中体现了党的性质和宗旨。

对于怎样建设党的创造性回答。“三个代表”重要思想把党的建设新的伟大工程同中国特色社会主义事业紧密联系起来，赋予党的建设以丰富的时代内容，确定了党的建设的总体部署。首先，加强党的思想建设，用马克思主义理论武装全党，提高党的思想理论水平和政策水平，保持党在思想上的先进性。其次，加强党的组织建设，坚持和健全民主集中制的组织原则，努力培养一支高素质的、能够担当重任、经得起考验的领导干部队伍，保持党

① 《江泽民文选》第3卷，人民出版社2006年版，第280页。
② 《江泽民文选》第3卷，人民出版社2006年版，第279—280页。

在组织上的先进性。最后，加强党的作风建设，保持党同人民群众的血肉联系，坚持党要管党，从严治党，保持党在作风上的先进性。就目标而言，之所以要全面推进党的建设新的伟大工程，保持党在思想、组织和作风上的先进性，就是要使党成为全心全意为人民服务、立党为公、执政为民的执政党，成为能做到“三个代表”，坚持把人民的根本利益作为出发点和归宿点，“实现最广大人民的根本利益”的执政党。而且，只有将“实现最广大人民的根本利益”的执政理念作为党的先进性建设的本质，作为提高党的领导水平与执政水平的目标，中国共产党才能始终成为中国工人阶级的先锋队，成为中国人民和中华民族的先锋队，党的建设新的伟大工程才具有伟大的革命性意义。

“三个代表”重要思想与“实现最广大人民的根本利益”执政理念两者之间相辅相成，相互促进。第一，“三个代表”重要思想显现了马克思主义科学理论的强大力量，是“实现最广大人民的根本利益”执政理念的思想基础。第二，贯彻“三个代表”重要思想，本质在于执政为民，在于“实现最广大人民的根本利益”。“实现最广大人民的根本利益”应作为“三个代表”重要思想理论创新的目的和最终落脚点。第三，“三个代表”重要思想与“实现最广大人民的根本利益”的执政理念共同推进了建设有中国特色社会事业的继续发展，开创了社会主义现代化建设的新局面，促进了马克思主义中国化的进一步发展。

四、科学发展观与“以人为本”的执政理念

党的十六大以来，以胡锦涛同志为总书记的党中央在中国特色社会主义建设新的征途中，既继承前人，又大胆创新，创造性地运用马克思主义基本原理解决中国发展的实际问题，产生了科学发展观等重大战略思想，形成了马克思主义中国化的最新理论成果。

“以人为本”与党全心全意为人民服务的根本宗旨和立党为公、执政为民的本质要求完全一致，是党执政理念的新发展，标志着党执政理念的成熟和完善。

十七大报告明确指出，科学发展观的第一要义是发展，核心是以人为

本，基本要求是全面协调可持续，根本方法是统筹兼顾。“以人为本”之所以是科学发展观的核心，在于科学发展观坚持发展为了人民、发展依靠人民、发展成果由人民共享，在发展的目的、发展的动力以及成果的分配上始终贯彻以人为本的原则和理念。这集中体现了党始终把实现好、维护好、发展好最广大人民的根本利益作为一切工作的出发点和落脚点，尊重人民主体地位，发挥人民首创精神，保障人民各项权益，秉承“以人为本”的执政理念。

科学发展与社会和谐具有内在关联性，深入贯彻落实科学发展观，内在要求我们积极构建和谐社会。从内容上分析，社会主义和谐社会是指以人为主体的社会和谐发展状态，它包括人与自然之间的和谐、人与社会之间的和谐、人与人之间的和谐。其中，人与自然之间的和谐要求人们在合理利用自然资源的前提下创造社会财富，提高生产力。只有保持人与自然之间的和谐，人的发展才能获得永续的空间；人与社会之间的和谐坚持城乡之间、区域之间以及社会各阶层之间和谐相处，使全体社会成员在共同利益的基础上实现劳动合作与利益共享；人与人之间的和谐强调化解不同利益主体的复杂矛盾与冲突，妥善协调和正确处理人们之间的各种利益关系。基于社会主义和谐社会三方面的基本内容规定可见，社会主义和谐社会追求的是人民群众的根本利益和长远利益，是“以人为本”的。在彻底落实科学发展观的同时，积极构建社会主义和谐社会，其实质是对“以人为本”执政理念与施政策略的真正秉持。

马克思主义中国化的最新理论成果——科学发展观与以胡锦涛同志为总书记的党中央“以人为本”的执政理念之间具有极强的相融性，两者相互影响、相互作用。科学发展观的核心在于“以人为本”，忽视“以人为本”，科学发展观就丧失其内核的理论意义。“以人为本”执政理念的贯彻与践行，不仅离不开科学发展观的理论指导，也离不开科学发展观等一系列重大战略思想在建设有中国特色社会主义现代化的具体实践。脱离科学发展观等一系列重大战略思想在建设有中国特色社会主义现代化具体实践的支撑，“以人为本”的执政理念将成为空洞的口号。

从终极价值目标的制高点而言，科学发展观与“以人为本”执政理念统一于中国特色社会主义的人本实践中，形成了在科学发展观与“以人为本”执政理念关照下的人本实践新认识，开辟了人类解放与人的全面发展的新视野、新境界。人类解放与人的全面发展终极价值目标的实现，标志着人与自然、人与物的最优整合、人与人的最佳融合以及人自身的生理与心理的和谐，是人类社会发展到真善美统一的最高境界与逻辑归宿（人类解放与人的全面发展的思想体系是人类历史发展和资本主义内部矛盾运动的科学概括，是符合社会发展规律的“真”；人类解放与人的全面发展的实现，使人经济、精神、活动方式得到重要发展，是符合人类需要的“善”；人类解放与人的全面发展的实现，也是共产主义社会制度的实现，美好的共产主义社会制度，是符合无产阶级和全人类理想的“美”)。而人类解放与人的全面发展的实现是一种需要经过若干阶段的历史过程，每一个阶段有自身的层次、程度和水平，过程中的各个阶段既有理想的始终指引，也有依据于现实情况的具体实现。科学发展观与“以人为本”执政理念及其指导下的人本实践从根本上说都是为了实现人类解放与人的全面发展的终极价值目标。科学发展观与“以人为本”执政理念所关注的发展，是属人的发展、为人的发展、依靠人的发展。这就将人置于当代中国社会发展主题的价值核心地位，确保了社会发展内在的坐标，从实质性保证了对人的权利的落实，保证了对人的价值、权益和自由的尊重，保证了对人的生活质量、发展潜能和幸福指数的关注。科学发展观与“以人为本”执政理念指导下的人本实践，既是人类解放运动与人的全面发展在当下的实践，也是当前我国社会主义现代化建设的合理性实践。社会主义现代化的过程是进一步实现人类解放与人的全面发展的历史实践过程，其实质是人的现代化。人类解放与人的全面发展是人类社会发展的理想目标，能够在社会发展的过程中得到历史生成，因而科学发展观与“以人为本”执政理念指导下的中国特色社会主义的人本实践同人类解放、人的全面发展的目标具有内在统一性。这种内在统一性与高度契合性表明了马克思主义中国化进程达到了新的高度，同时表明了党对执政理念的认识提升到了新的水平。

马克思主义中国化的进程与党的执政理念的演进是密切相关的：马克思主义中国化是实现党的执政理念不断创新与成熟的正确途径，党的执政理念的贯彻与实践进一步推进了马克思主义中国化（笔者认为，这种正相关是从总体趋势和普遍意义而言的。并不否认在特定历史时期与复杂的环境下，它们之间的矛盾性与负效应，但这种矛盾性与负效应并非永恒，也非主流）。我们应以科学的态度对待马克思主义，立足中国的具体实际，不断推进马克思主义中国化，实现理论创新，为党的执政理念的发展与完善提供途径与向导；应认真贯彻与践行党的执政理念，使建设有中国特色社会主义伟大事业在正确的理念指导下继续向前发展，进一步推进马克思主义中国化的进程；应媾和马克思主义中国化的理论成果与党的执政理念，为夺取建设小康社会新胜利，谱写人民美好生活新篇章的目标而全面努力。

第五章　理论性质与学术争辩

第一节　西方马克思主义的理论性质与中国意义*

在马克思主义发展的历史长廊中，西方马克思主义无疑是一道独特的理论景观。这道景观随着我国的对外开放正式进入了中国学者的视野。30多年来，它以独有的话语体系和犀利的思想锋芒，刺激着中国学者的理论神经。一次次研讨与争鸣，一本本译作与著作，成果不可谓不丰。然而“中国语境中的西方马克思主义”在今天仍然是一个疑窦丛生的问题性存在——西方马克思主义的基本性质、理论特质、学科边界、问题核心、历史与逻辑的主脉等基本问题既没有形成整体性的认识，也没有达成共识性的见解。这种状况也许源于西方马克思主义自身的复杂性。独立细致的专业化研究是必要的，但如果缺乏问题逻辑和整体意识，不自觉地将某一部分或某一方面的西方马克思主义的主题当作中国马克思主义研究的正题，就会出现认识上的偏差。

一、西方马克思主义的理解前提

西方马克思主义的理论性质，之所以是无法跨越的理论环节，就在于这是理解西方马克思主义的首要前提。

作为西方马克思主义的奠基者之一，德国的卡尔·柯尔施（Karl

---

* 本节原载于《中国社会科学》2010年第5期，《新华文摘》2010年第24期全文转载并作为封面要目推荐；人人“复印报刊资料”《马克思列宁主义研究》2011年第1期全文转载。该文于2013年获广东省人民政府颁发的“哲学社会科学优秀成果奖”二等奖。

Korsch，1886—1961）在1923年发表了《马克思主义和哲学》的长篇论文。在该文中，柯尔施尖锐地批判了第二国际理论家的“正统马克思主义”，并间接地批评了列宁的一些观点。因此，该文一发表就受到了共产国际的严厉指责。但柯尔施没有因此而放弃自己的观点，反而进一步扩大了批评的范围。1930年他发表了《关于“马克思主义和哲学”问题的现状——一个反批判》的论文（此文作为增补材料附在1930年重版的《马克思主义和哲学》一书之后），对《马克思主义和哲学》发表之后所遭到的批判进行反驳。在反驳中他指出了这样一个“现状”：1923年格奥尔格·卢卡奇（Georg Lukács，1885—1971）《历史与阶级意识》和他自己的《马克思主义和哲学》问世以后，一个富有创造性的哲学派别从马克思主义内部诞生了。这个派别的诞生使得马克思主义阵营内出现了对立的两派：一派是以考茨基为代表的马克思主义旧正统派和俄国列宁主义新正统派的联盟；另一派是以卢卡奇和他本人为代表的当代无产阶级运动中带有批判性的理论趋向。柯尔施坦承了这两个派别的对立性，他说：“我们这些西方共产主义者形成了共产国际自身内部一个敌对的哲学派别。”[①] 这里的“西方共产主义”就是他后面所说的“西方马克思主义”。在该文中，柯尔施不止一次地使用了“西方马克思主义”这个新概念。

柯尔施使用的西方马克思主义概念，具有内涵和外延上的明确性。从内涵上看，柯尔施所说的西方马克思主义，是指与“正统马克思主义”相对立的一股“理论趋向”。这股“理论趋向”在论及俄国革命、西欧各国革命的成败等问题上，认为俄国革命的成功经验不适用于西欧及整个西方。在列宁主义所指导下的俄国革命主要是在东方的特殊历史条件下进行的，西方革命要想取得成功，必须结合西方文化的特点，从马克思哲学中挖掘出强调辩证法的黑格尔主义源头，把总体性革命特别是主观意识革命置于重要地位，决不能像“正统马克思主义”那样，用旧的形而上学代替辩证法，导致把马克思主义被自然化与实证化。从外延上看，柯尔施所说的西方马克思主义，

① ［德］卡尔·柯尔施：《马克思主义和哲学》，王南湜等译，重庆出版社1989年版，第72页。

是指植根于西欧大陆各国尤其是德国、法国和意大利等国的马克思主义，它的代表人物主要有卢卡奇、柯尔施等。可见，柯尔施的西方马克思主义概念在意义上是明晰的，不存在逻辑上的混乱。但是，这个概念在提出之后的20多年里，一直没有引起人们的关注。

直到1955年，法国存在主义哲学家梅洛－庞蒂（Maurice Merleau-Ponty，1908—1961）出版了《辩证法的历险》一书，西方马克思主义概念才开始流传开来。在《辩证法的历险》一书中，梅洛－庞蒂把西方马克思主义作为第二章的主题进行了专门的讨论。尽管他没有对西方马克思主义概念做出直接的说明，也没有指明哪些人的理论属于他所说的西方马克思主义，但从他的有关论述可以察觉，他所说的西方马克思主义，是指以卢卡奇的《历史与阶级意识》一书开始的、同第三国际的马克思主义特别是同列宁主义相对立的理论。这种理论突出强调主体能动作用的历史辩证法，把恩格斯的自然辩证法看成是其对立面；突出强调“意识形态理论”，为意识和意识形态恢复地位；突出强调“实践哲学”，把阶级意识等同于实践；突出强调“历史相对主义”，注重偶然性的历史作用，等等。显然，梅洛－庞蒂是从思想路线的角度论证了西方马克思主义同列宁主义的对立。据此，可以把梅洛－庞蒂的西方马克思主义概念看成是对柯尔施西方马克思主义概念的沿用，只不过在具体用法上略有差别而已。

如果说柯尔施与梅洛－庞蒂的西方马克思主义概念属同一种用法，那么英国新左派理论家佩里·安德森（Perry Anderson，1938— ）的西方马克思主义概念则是另一种用法。1976年安德森出版了一本题为《西方马克思主义探讨》的小册子。在这本书中，“安德森是从马克思主义发展史的角度界定其西方马克思主义概念的”①。在安德森看来，马克思主义诞生以后的历史继承表现为几代人的更迭：第一代马克思主义的直接继承者是拉布里奥拉等4人，他们都来自“落后的东欧或南欧地区”②；第二代马克思主义继承者

① 段忠桥：《试析徐崇温的“西方马克思主义”概念的逻辑矛盾》，《吉林大学社会科学报》2004年第3期。

② ［英］佩里·安德森：《西方马克思主义探讨》，高铦等译，人民出版社1981年版，第12页。

包括列宁等7人，他们“毫无例外地都来自柏林以东的地区”[①]；第三代马克思主义继承者（其理论具有了与第一、二代继承者完全不同的崭新学术结构）包括卢卡奇等13位新一代理论家。第三代马克思主义继承者有一个地域上的显著特点——他们“都来自更远的西部”[②]。正因为如此，安德森继续使用了梅洛－庞蒂用过的术语，把他们的理论称作“西方马克思主义”。

安德森的西方马克思主义概念与梅洛－庞蒂的西方马克思主义概念在用法上存在差异。前者从马克思主义发展史的角度把西方马克思主义界定为第三代马克思主义者的理论；后者从思想路线的角度把西方马克思主义界定为与列宁主义相对立的理论。安德森是从外延的角度来界定西方马克思主义概念的，而梅洛－庞蒂则是从内涵的角度来界定这一概念的。从逻辑上讲，这两种界定概念的方法都是有效的，都能从特定的角度明确概念的意义。但是，仅从外延的角度或仅从内涵的角度来界定概念，都会带有某种程度的局限性。在很多情况下，仅从内涵的角度来界定概念，其外延会比较模糊；同样仅从外延的角度来界定概念，其内涵会比较模糊。梅洛－庞蒂的西方马克思主义概念，有比较清晰的内涵，但外延不甚明确；而安德森的西方马克思主义概念，有比较清晰的外延，但内涵却模糊不清。如何克服这种片面性？一个现存的且合乎逻辑的办法就是：将梅洛－庞蒂与安德森二者的用法结合起来，先从内涵的角度进行定义，再从外延的角度进行划分。

中国学者徐崇温先生的关于西方马克思主义概念就是这样界定的。作为国内研究西方马克思主义的先驱，徐崇温早在1982年出版的《西方马克思主义》一书中，首次对西方马克思主义概念作了明确的界定，后来在1989年出版的《“西方马克思主义”论丛》一书中又作了新的表述，认为西方马克思主义“在政治方面，它在对现代资本主义分析和社会主义的展望上，在革命的战略和策略等问题上，提出了不同于列宁主义的见解，在哲学方面，它提出了不同于恩格斯、列宁的辩证唯物主义和历史唯物主义的见

① ［英］佩里·安德森：《西方马克思主义探讨》，高铦等译，人民出版社1981年版，第15页。

② ［英］佩里·安德森：《西方马克思主义探讨》，高铦等译，人民出版社1981年版，第38页。

解，而主张按照现代西方哲学中某些唯心主义流派，首先是黑格尔主义的精神，以后还有弗洛伊德主义、存在主义、新实证主义、结构主义以及分析哲学的精神，去解释和发挥马克思主义，以‘重新发现’马克思原来的设计”①。

上述表达包含了内涵与外延的双重规定。其中，“不同于列宁主义的见解”“不同于恩格斯、列宁的辩证唯物主义和历史唯物主义的见解”，作为西方马克思主义的特有属性或本质属性，构成了这个概念的内涵；而“黑格尔主义、弗洛伊德主义、存在主义、新实证主义、结构主义以及分析哲学”等流派的马克思主义，作为对西方马克思主义的划分，则构成了它的外延。徐崇温先生是把梅洛－庞蒂的内涵定义与安德森的外延定义结合起来了。这种结合本来是很自然的事情，而问题在于，梅洛－庞蒂的西方马克思主义概念与安德森的西方马克思主义概念并不是同一个概念，或者说，前者所揭示的内涵与后者所揭示的外延分属于两个不同的概念。这两个不同的概念尽管具有相同的语词形式（这是十分常见的语言现象），但它们却不能很好地吻合，因为它们所指称的对象之间只是交叉关系而不是全同关系。将这样的两个概念捏合在一起，必然造成意义上的混乱，造成内涵与外延上的不一致。②

意识到西方马克思主义定义的困难，徐崇温先生在其2000年主编的《西方马克思主义理论研究》一书中，没有再给这个概念作出明确的定义。国内其他研究西方马克思主义的学者，也都非常谨慎地对待这个问题，没有轻易给出“西方马克思主义”的定义。俞吾金、陈学明主编的《国外马克思主义流派》一书，就没有关于西方马克思主义概念的明确定义；张一兵、胡大平的《西方马克思主义哲学的历史逻辑》一书，也只有大致的背景描述，没有严格的性质定义。这样做确实避免了某种不必要的麻烦，但它同时又引发出另外一个问题：没有西方马克思主义的明确定义，我们该怎样认识西方马克思主义的性质呢？这两个问题显然是同一个问题的两个不同方面，解决了其中一个，另一个也就迎刃而解了。

---

① 徐崇温：《“西方马克思主义”论丛》，重庆出版社1989年版，第2—3页。

② 参见段忠桥：《试析徐崇温的“西方马克思主义”概念的逻辑矛盾》，《吉林大学社会科学报》2004年第3期。

二、认识西方马克思主义性质的核心问题

上面的考察没有得出具体的结论，只是明确了如下的事实：西方马克思主义是难以精确定义的。问题是，这一事实背后的原因是什么？学术界对此的普遍看法是：西方马克思主义不是一种统一的思潮，而是一场多线索多形态的、色彩斑斓内容庞杂的理论运动。在复杂的理论“织体”给出严格的学术定义是困难的，难怪有人因此怀疑西方马克思主义概念本身的合法性。[①]“不统一”的现象却获得了“统一”的名字——西方马克思主义，并且广为流传，这一现象本身就很值得人们深思。然而要真正思考这一现象必须借助“他山之石”。这不能不使人想起维特根斯坦的“家族相似”理论。

“家族相似”理论是作为共相理论的对立面出现的。人们想当然地认为一些事物之所以归在一个语词之下是因为它们具有某种共同的属性。英籍奥地利裔的世界著名哲学家路德维希·维特根斯坦（Ludwig Wittgenstein，1889—1951），维特根斯坦以“游戏”为例否定了这一观念。他指出种种游戏并没有共同的属性。娱乐性不是游戏的共同属性，因为激烈的棋类比赛并不具有娱乐性；竞争性也不是游戏的共同属性，因为单人纸牌游戏或单人球类游戏也不具有竞争性……总之，在“游戏”这类事物中根本就找不到一个贯穿所有成员的共同之处，有的只是家族相似，即其中一些和另一些有相似之处，另一些又和其他的一些有相似之处，如此等等。维特根斯坦说：“我想不出比‘家族相似性’更好的表达式来刻画这种相似关系：因为一个家族的成员之间的各种各样的相似之处：体形、相貌、眼睛的颜色、步姿、性情等等，也以同样方式互相重叠和交叉。——所以我要说：‘游戏’形成一个家族。”[②]

维特根斯坦的“家族相似”理论因其强烈的反本质主义倾向而受到一些学者的诟病，这是十分正常的。因为共相观念的巨大惯性，不可能使人完全放弃对本质的追求。但另一方面，家族相似的存在也不容否定。为了克服这一矛盾，人们对维特根斯坦的“家族相似”理论进行了批判性拓展，提出

---

① 参见杜章智：《“西方马克思主义”是一个含糊的、可疑的概念》，《马克思主义研究》1988 年第 1 期。

② ［英］维特根斯坦：《哲学研究》，李步楼译，商务印书馆 1996 年版，第 48 页。

了一种叫做“建构型的反本质主义”的理论，这种理论主张在家族相似的基础上仍然可以寻找事物的本质，并指明了寻找本质的基本方法，其方法主要有三种：第一，以各个成员的共有属性为本质；第二，以多数成员具有的属性为本质；第三，以众多属性中的核心属性为本质。所谓核心属性也就是具有典型意义的属性，它最能代表该类事物的本质。这种属性往往不是所有成员共同具有的，甚至也不是多数成员所具有的，很多情况下可能只为少部分成员所具有。核心属性在典型事例中显示得最为突出。因此，典型分析对于确认一类事物的本质具有非常重要的意义。①

西方马克思主义作为不够统一的理论思潮无疑也符合“家族相似”理论。也正因为如此，西方马克思主义的性质问题即西方马克思主义与马克思主义的关系问题，一直是处于争论中的问题。有学者主张干脆绕过这一问题，去进行具体的理论研究。这当然不失为一个有用的策略，但这一策略显然只是暂时的应对而不是长久之计。其实，如果换一个角度，站在家族相似的立场上，并借鉴“建构型的反本质主义”所提供的方法去探求西方马克思主义的本质，我们会发现，这个问题的解决并不那么困难，因为基于家族相似的求本质的方法并不指望找到所有成员共同具有的“普遍本质”，它所要把握的只是那些具有典型意义的“区别性特征”。

这一视角转换的效果是明显的。因为西方马克思主义的区别性特征——它与“正统马克思主义”特别是与列宁主义的区别，从一开始就是一个公认的事实，柯尔施和梅洛－庞蒂在使用“西方马克思主义”概念的时候早就揭示出来了。柯尔施和梅洛－庞蒂的“西方马克思主义”概念所抓住的正是西方马克思主义的区别性特征，它集中体现在早期代表人物卢卡奇、柯尔施和葛兰西等的理论中。

这一结论蕴含着历史的视角。柯尔施和梅洛－庞蒂最初使用“西方马克思主义”概念的时候，西方马克思主义作为一股新的“理论趋向”还处在早期发展阶段，它的内部是统一的、同质的。在柯尔施和梅洛－庞蒂那里，“西方马克思主义”概念所反映的，乃是这一思潮的“共同属性”或“多数

① 参见张志林等：《反本质主义与知识问题》，广东人民出版社 1994 年版，第 47 页。

成员具有的属性”。随着时间的推移，新的流派开始增加，各种不同旗号的理论开始出场。当阿尔都塞、德拉·沃尔佩等人举起“科学主义”大旗的时候，西方马克思主义内部更是出现了分化。此时，早期代表人物所具有的个性鲜明的区别性特征，在“众声喧哗”的历史舞台上逐渐被遮蔽。但是，这并不表明它就此退出了历史舞台；相反，它在历史与逻辑的统一中被深深地积淀在了历史的底部，成了这个理论思潮的“硬核”。这类似于树木的年轮，越是早出现的越是占据“核心”位置，一切后来者都只能围绕这个“核心”扩展自己，它们会越来越远离这个“核心”，却不会完全脱离它。我们可以得到启示：西方马克思主义这个家族相似，尽管理论流派纷呈复杂，但绝不是一盘散沙，在这个家族内部，有一个具有统摄作用的理论“核心”，这就是早期代表人物卢卡奇、柯尔施和葛兰西等的理论。究其所以占据“核心”地位，除了因为他们是西方马克思主义的奠基者，更重要的是他们的理论给这个思潮定下了“基调”。正是这个“基调”使得西方马克思主义成为“家族”，也正是这个“基调”使得“不统一”的思潮获得了一个“统一”的名字——西方马克思主义。

西方马克思主义这种“形散而神不散”的特性，给我们把握它的性质带来了困难，同时也提供了可能。问题的关键在于，必须在庞杂的外表下抓住其具有统摄意义或典型意义的“核心”，只有这样，性质问题才能得到解决。目前，我国学术界在经过了广泛的讨论之后，对西方马克思主义的性质问题即西方马克思主义与马克思主义的关系问题做出了三种不同的解答。第一，认为西方马克思主义是非马克思主义；第二，认为西方马克思主义是发展了的马克思主义；第三，认为不能笼统地定性，必须针对不同人物、不同时期进行具体分析。三种观点相比较而言，前两种观点是对立的，第三种观点具有“折中”的性质。

究竟应该怎样认识西方马克思主义的性质？根据上面提供的思路可以证明，把西方马克思主义笼统地定性为马克思主义或非马克思主义都是片面的。西方马克思主义作为家族相似，不存在贯穿所有成员的共同属性。事实上，只要对西方马克思主义的具体人物及其思想稍加分析，我们就能清楚地看出这一点。例如，卢卡奇从 1918 年参加匈牙利共产党直至生命的最后一息，始终坚持对马克思主义和社会主义的信念，他的《历史与阶级意识》一书就是用马克思主义辩证法阐述了阶级意识在历史发展中的作用，因而他被很多人誉为“现代马克思主义的典范”；葛兰西是意大利共产党的创始人之一，1926年被法西斯监禁，在狱中继续坚持探索革命真理，写出了《狱中札记》这部优秀的理论著作，无疑也是杰出的马克思主义者；柯尔施1920年加入德国共产党，曾是德国共产党的意识形态领导人，他的《马克思主义和哲学》一书是想把马克思主义应用于对哲学和革命的理解，其理论框架总体上是马克思主义的，只是后来由于各种原因脱离了共产主义运动，从一个马克思主义者变成了非马克思主义者；梅洛-庞蒂是法国存在主义哲学家，他宣称要用马克思主义观点来分析社会和文化，但他对马克思主义的解释大多是歪曲的；科莱蒂是德拉·沃尔佩的学生，也是新实证主义学派最出众的成员，他于1950年加入意大利共产党，1964年退出，后来成为公开的反马克思主义者；至于法兰克福学派，最初大多都是马克思主义者，但在20世纪40年代以后，某些理论家越来越远离了马克思主义的观点……由此可知，在西方马克思主义思潮内部，不同流派、不同人物甚至同一人物的不同时期，其思想倾向、政治态度都存在着很大的差别。因此，若进行“一揽子”评价，无论是把他们笼统地归入马克思主义还是归入非马克思主义，都是失之偏颇的。

据此，是否意味着我们只能接受第三种观点？是否意味着我们只能针对具体的理论做出具体的分析，而不能对西方马克思主义思潮做出整体性评价？当然不是。根据上面提供的思路，西方马克思主义的整体性质是可以评价的。既然西方马克思主义是一个具有理论核心的家族相似，这个核心统摄着整个“家族”，那么西方马克思主义的整体性质应该从这个核心来得到说明。前面已经指出，在西方马克思主义思潮中占据核心位置的，乃是其早期代表人物卢卡奇、柯尔施和葛兰西等的理论。这些人的理论观点、政治倾向除个别之外都可以纳入到马克思主义的范畴，都符合马克思主义的基本精神。因此，我们有理由得出结论：西方马克思主义从“总体上”说是马克思主义而不是非马克思主义。这一结论显然具有统计学的意味，它是基于统计推理而不是演绎推理的结果，它没有排除西方马克思主义思潮中存在着非马克思主义的成分，但不认为这些成分具有代表性从而可以决定整个“家族”

的性质；恰恰相反，这些成分只是非典型意义上的“特例”，它们在“正态分布”中处于边沿位置。

把西方马克思主义纳入到马克思主义的范畴，除了事实的依据之外，还有一个逻辑上的理由。如果“西方马克思主义是非马克思主义”这个命题成立，那么只能这样作出理解：西方马克思主义不是我们所说的马克思主义。但问题是，“我们所说的马克思主义”就是真正的马克思主义吗？这显然不是一个不证自明的前提，相反，它还处于争论之中。以这样的前提为出发点，其结论必然是可疑的。因此，“西方马克思主义是非马克思主义”的观点蕴含着逻辑上的困难，它不是一个逻辑自洽的命题，它与“白马非马”的命题如出一辙，把普遍性与特殊性割裂开来了。其实，无论是从逻辑自洽还是从“名实相符”的角度来看，西方马克思主义都只能是马克思主义。这个命题既合乎逻辑又合乎直观。

三、西方马克思主义思潮的边界

在西方马克思主义的各种定义中，柯尔施和梅洛－庞蒂的定义值得推崇。因为他们的定义是基于“典型特征”或“区别性特征”的意义上作出的，它抓住了西方马克思主义这个“家族”的“核心属性”，从而在“总体上”揭示了它的本质特征。据此，柯尔施和梅洛－庞蒂的西方马克思主义概念具有较强的科学性。但是，正如前面所指出的，柯尔施和梅洛－庞蒂是从内涵的角度来界定西方马克思主义概念的，他们的定义并没有明确其外延，我们从中不能看出西方马克思主义思潮的边界在哪里。这不能不说是一个逻辑上的缺陷。

我们必须在明确其内涵的基础上进一步明确它的外延。概念的外延由概念的内涵所决定，一个概念的内涵确定了，其外延也就随之确定。但是，西方马克思主义这个概念似乎不那么简单，即使阐明了它的内涵，其外延仍然难以把握。问题在于：20 世纪 70 年代以后在英美兴起的马克思主义思潮是否属于西方马克思主义范畴？这个问题之所以会引起争议，归根到底还是基于同样的原因——西方马克思主义不是一个统一的理论思潮，而是一个家族相似。家族相似的复杂性特征决定了它的内涵难以精确定义，同时也造成了它的外延难以明确划分。西方马克思主义究竟包括哪些流派？不同的学者有不同的看法。徐崇温先生在2000年出版的《西方马克思主义理论研究》一书中指出，如果按照思想路线来划分，西方马克思主义大致上可划分为五个流派，即以卢卡奇、柯尔施、葛兰西、布洛赫等为代表的黑格尔主义的马克思主义；以赖希、马尔库塞和弗洛姆为代表的弗洛伊德主义的马克思主义；以梅洛－庞蒂、萨特、高兹和列斐弗尔为代表的存在主义的马克思主义；以德拉·沃尔佩和科莱蒂为代表的新实证主义的马克思主义；以阿尔都塞和普兰查斯为代表的结构主义的马克思主义。俞吾金和陈学明先生在2002年出版的《国外马克思主义哲学流派新编·西方马克思主义卷》一书中，除了论述上述流派之外，还把分析的马克思主义、生态学的马克思主义、马克思主义的批判学派和后马克思主义等最新流派纳入到西方马克思主义范畴中予以论述。该书前后共涉及32位作者的87部著作，可谓视野开阔、取材宏富。张一兵和胡大平先生在2003年出版的《西方马克思主义哲学的历史逻辑》一书中，则以安德森所说的“原本的西方马克思主义”为主要论述对象，同时兼顾了东欧“新马克思主义”、分析学派的马克思主义。至于20世纪70年代以后兴起的各种马克思主义思潮，张一兵、胡大平先生则将它们排斥在西方马克思主义范畴之外而以“晚期马克思主义”“后现代的马克思主义”和“后马克思思潮”等概念来标识，因为在他们看来，从20世纪60年代阿多尔诺出版《否定辩证法》开始，作为哲学理论逻辑的西方马克思主义思潮已经终结。① 此外，衣俊卿等学者合著的《20世纪的新马克思主义》一书，其西方马克思主义部分主要论述的是从卢卡奇到阿尔都塞理论的发展，分析学和生态学的马克思主义都不在论述之列。

西方马克思主义的对象问题与其性质问题一样，也是一个争议颇多、悬而未决的问题。这个问题可以从现象和本质两个方面来看。从现象上看，西方马克思主义的对象问题集中表现为“20世纪70年代以后兴起的各种马克思主义思潮是否属于西方马克思主义范畴”；从本质上看，西方马克思主

① 参见张一兵等：《如何理解“西方马克思主义的逻辑终结”——兼答汪行福教授的质疑》，《学术月刊》2006年第10期。

义的对象问题可以理解为“西方马克思主义思潮是否有一个明确的边界”，如果有，这个边界是什么；如果没有，应如何把握西方马克思主义的对象。显然，本质的方面具有决定性意义，本质的问题解决了，现象的问题也就相应地解决了。因此，必须从“边界”问题着手来解决对象问题。

西方马克思主义思潮究竟有没有一个明确的边界？这个问题和家族相似问题是联系在一起的。如果西方马克思主义思潮不是一个家族相似而是经典意义上的“封闭集合”，那么其对象问题就不是一个问题，它直接蕴含在概念的内涵之中，而内涵明确了，其外延或对象也就随之明确了。但现在的情况是，即使给出了西方马克思主义的基本内涵，其外延仍然不甚清晰。这正是家族相似的典型特征。维特根斯坦在阐述家族相似的外延问题时曾以“数”为例说过这样一段话：“我可以这样来对‘数’这个概念作出严格的限定，也就是把‘数’这个词用作一个严格限定的概念，但是，我也可以这样来使用这个词，使这个概念的外延并不被一个边界所封闭。而这正是我们使用‘游戏’一词的方式。因为游戏的概念该怎样来约束呢？什么仍可算作游戏，什么又不能再算了呢？你能给出一个边界来吗？不能。”①

“游戏”之类的家族相似，其外延不存在明确的边界而是具有一定程度的模糊性和开放性，这种开放性决定了家族相似的成员不是固定不变的而是可以增加的，就像“游戏”的种类越来越多一样。西方马克思主义思潮正是一种“开放集合”，它的成员从卢卡奇、柯尔施和葛兰西开始一直处在扩展之中。尽管 1966 年阿多尔诺《否定辩证法》的出版和 1968 年法国“五月风暴”的发生使这一思潮有了“断裂”的痕迹从而被部分学者指认成思潮本身的“逻辑终结”②，但我们确实很难以此为界线把西方马克思主义封闭起来并圈定一份精确的对象名单，因为在 20 世纪 70 年代之后，“西方马克思主义”的身影依然飘拂在西方世界特别是英美国家的理论园地，它们像幽灵一样挥之不去，问题只是给这些“身影”以怎样的命名，是依然如故的“西方马克思主义”，还是赋予它们以“晚期马克思主义”或“后现代的马克思主义”

---

① ［英］维特根斯坦：《哲学研究》，李步楼译，商务印书馆 1996 年版，第 49 页。

② 参见张一兵等：《如何理解“西方马克思主义的逻辑终结”——兼答汪行福教授的质疑》，《学术月刊》2006 年第 10 期。

等新的名称。

西方马克思主义的对象问题不是如何“制造”边界的问题，而是如何“处理关系”的问题——那些远离中心的“新生代”究竟还是不是这个家族的成员，它们作为“远亲”，我们还要不要把它们纳入到西方马克思主义的谱系之中？这个问题的关键不在于“英美马克思主义”和“西方马克思主义”之间的关系，而在于看问题的视角。因为英美马克思主义本身也不是一个统一的思潮，它的内部包含众多不同的理论派系，它与西方马克思主义之间的关系是极其复杂的，无论我们怎样分析和比较，我们所能看到的都只能是无尽的“重叠和交叉”，不可能发现一种具有逻辑说服力的线性关系。因此，英美马克思主义究竟属不属于西方马克思主义就不是一个事实问题而是一个价值问题，在此出现分歧是不可避免的，上述新旧名称的选择就是对这个问题的两种不同的回答。如果继续以“西方马克思主义”来指称20世纪70年代以后出现于英美国家的马克思主义，这就意味着承认了那些“远亲”还是“西方马克思主义”家族的成员；相反，如果赋予它们以新的名字，则表明它们已被排斥在这个家族之外。俞吾金、陈学明等学者的观点显然属于前者，而张一兵、胡大平等学者的观点则无疑属于后者。

对于这种相互冲突的观点，我们很难找到充足的理由去驳斥某一方而支持另一方。我们所能做到的就是调整观察的视角，即通过增加或减少概念的内涵来缩小或扩大概念的外延。具体地讲，如果不在“反对列宁主义”“植根于西欧大陆”以及“局限于哲学领域”等意义上使用西方马克思主义概念，而只是把它看成是“西方自称为马克思主义的理论家所提出的一种不同于传统马克思主义的理论思潮”[①]，则西方马克思主义概念的外延是可以很宽泛的，它涵盖20世纪70年代以后出现于英美国家的马克思主义是不成问题的。国内近年来的研究成果表明，这种超出“原本的西方马克思主义”意义上的宽泛用法正在被越来越多的学者所接受，大部分的学者默认了这种约定俗成的用法从而不再为对象问题纠缠不休。应该说这是目前西方马克思主义研究中的一个明智之举，我们不能死守过去的用法而无视西方马克

① 参见陈学明：《如何正确看待“西方马克思主义”》，《国外理论动态》2007年第6期。

思主义本身的发展。西方马克思主义作为一种思潮超越时空的限制而发展自己，必然会有时空上的起点但不必然局限于这个起点，以这个起点的名字命名很大程度上是一种偶然的选择。事实上，柯尔施和梅洛－庞蒂当初完全可以不用“西方”这个地域性名词作修饰语而选用别的修饰语，比如某个代表其理论特质的修饰语。

西方马克思主义的“家族成员”之间在理论也存在一定的逻辑差异。比如，早期西方马克思主义的兴起部分缘于认为西欧革命失败的根源在于无产阶级缺乏革命精神，而这恰恰是由商品经济所产生的物化意识和资产阶级的意识形态所造成的，因而特别突出意识形态斗争和发挥马克思主义哲学批判性功能的重要性；后马克思主义则在后现代主义理论的激发下，认为传统的马克思主义理论已经遭遇到了“一场突如其来的历史巨变”的挑战，需要积极地利用后结构主义和后现代主义理论来重建现代政治，且主张从“霸权”概念出发，对马克思主义传统作批判性的解构。这就从问题意识到理论构建上都与早期西方马克思主义存在着巨大的不同。此外，西方马克思主义不仅在流派之间存在理论逻辑差异，而且在不同的资本主义阶段上也存在着理论差异。如当代西方最负盛名的美国文艺评论家、理论家詹姆逊①（Fredric Jameson，1934—　）所言，“从晚期资本主义的现行制度，从后现代性，从曼德尔划分的信息或跨国资本主义的第三阶段产生的各种马克思主义（各场政治运动以及知识和理论的抵抗形式），必然会不同于现代时期，即第二阶段，也即帝国主义时期产生的马克思主义。它们与全球化拥有一种截然不同的关系，而且，与早期马克思主义相比，也似乎更具文化性，从根本上转向迄今人们所知的商品物化和消费主义等现象”②。虽然在发展的不同阶段上及其在各个不同流派之间固然存在理论逻辑上的差异，但西方马克思主义作为一个“家族相似”，总体上却享有共同的“理论特质”，即早期西方马克思主义者的“遗传基因”。

总之，“西方马克思主义”不能被看作是地域性概念，而应当被看作是

① 有学者译为詹明信或杰姆逊。

② 《詹姆逊文集》第1卷，王逢振主编，中国人民大学出版社2004年版，第314—315页。

"家族相似"。当这股思潮跨越空间的限制蔓延到西欧以外的地区时，我们不能人为地剪断它们与这个家族的联系，而应该以新的视角打量它们的理论特质，审视它们的理论躯体中是否还含有早期西方马克思主义者的"遗传基因"，如果有，我们就得承认它们是这个家族的成员；如果没有，就不能勉强将它们纳入到这个家族的谱系之中。以这种实事求是的态度建立起来的西方马克思主义谱系，就不会存在对象问题上的混乱。当然，这是一件具体而细致的工作，需要脚踏实地的实证精神，需要众多理论工作者的长期努力，唯其如此，西方马克思主义的对象问题或边界问题才能得到正确的解决。

四、研究西方马克思主义的中国意义

不同于"正统马克思主义"的理论思潮，我们研究西方马克思主义的中国意义应该与前面讨论的"定义问题"一样，在西方马克思主义的问题逻辑中既是基本的又是重要的，它作为"定义问题"的进一步展开，体现了认识过程的连续性和纵深性，是走进西方马克思主义思潮的必经之路。但是，这一问题在我国学术界却没有引起足够的重视，学者们大都热衷于探讨更为具体的理论问题而将它弃之不顾，这种状况影响了我国西方马克思主义研究的进程。虽然研究西方马克思主义需要我们深入考察理论内部的种种辩论和相互矛盾、相互关联的观念与主张，但也应当在辨析清楚西方马克思主义的基本性质、理论特质和边界问题之后，清晰地把握住支撑西方马克思主义历史进展的"问题意识"，从而明确研究西方马克思主义之于中国的意义。因此，如果说我国西方马克思主义研究远没有达到应有的水平，那么忽视对上述问题的探讨应该说是一个重要原因。

根据徐崇温先生的介绍，我国西方马克思主义理论研究的缘起，乃是"由努力完成政治任务所带动起来的"，"在 1977—1978 年间，胡乔木来中国社会科学院主持工作后不久，找学术情报、哲学等研究所的领导前去领受任务说，中央某领导出访欧洲期间，接触到一种叫'西方马克思主义'的思潮，要我院搞一份材料出来供参考"①。这个最初的缘起，不能说明西方马克

① 徐崇温：《徐崇温自选集》，重庆出版社 1999 年版，第 1 页。

思主义在中国落户的必然性——即使当初没有这个“政治任务”，西方马克思主义思潮仍然会在通往中国的旅途中找到自己的路，中国学术界对西方马克思主义的研究带有必然性与紧迫性。

自近代以来，中国被西方列强以坚船利炮和廉价商品强行叩开国门，硬生生被裹挟进了以西方为主导的世界历史，全面遭遇到现代性。从此，“救亡图存”与“启蒙大众”相交织，诸多西方的学术理论被引进中国社会，与中国传统学说相竞胜，并掀起了中国语境下的现代性建构。虽说中国的现代性建构一开始并非主动为之，但也隶属于世界历史之一部分。尤其是随着中国改革开放逐渐深入以及全球化趋势和现代化浪潮的进一步拓展，中国变被动为主动，积极融入世界历史，肇源于西方的现代性已成为中国社会的历史语境。然而，现代性建构在带来了巨大进步的同时，也日益暴露自身之矛盾和困境，这样一来，现时中国必须面对的即是“如何推进现代化同时克服现代性问题”这一全球理论难题。①

对这一难题的解答需要我们深刻领会“现代性问题”，理解造就现代社会的历史渊源，这就要求我们深入理解西方及其思想文化。中国的发展在理论研究上离不开对伴随着“全球化”从西方蔓延至世界各地的“现代性问题”的把握，更需要批判吸收西方应对“现代性问题”的理论成果。西方马克思主义作为西方思想脉络中的一员，是一种不同于传统马克思主义的“崭新的学术结构”，因反思传统马克思主义批判资本主义现代性弊病而兴起，充分彰显了马克思主义的当代意义，这对于长期浸染在僵化、封闭的教科书体系中的中国学者来说，无异于他山之石。

西方马克思主义“家族相似”的理论特质在于其含有早期西方马克思主义者的“遗传基因”，即西方马克思主义本身脉络中最重要的“问题意识”。我们认为，这个“问题意识”就是对传统马克思主义的理论反思与对资本主义现代性弊病的激进批判。早期西方马克思主义，首先是通过反思传统马克思主义、进而反思马克思的理论而诞生的，之后的发展则衍变为在发达资本主义国家、在革命意识衰退的历史处境下批判资本主义现代性的弊

---

① 参见刘同舫：《中国语境的现代性及其现实意义》，《天津社会科学》2010 年第 1 期。

病。因此，虽然资本主义的发展经历了三个不同的阶段，——无论是詹姆逊划分的现实主义与市场资本主义阶段、现代主义与垄断资本主义阶段、后现代主义与晚期的、消费的或跨国的资本主义阶段，还是如英国学者斯科特·拉什（Scott Lash）及美国学者约翰·厄里（John Urry）划分的自由资本主义、组织化资本主义以及非组织化资本主义三个阶段——西方马克思主义却总是在反思传统马克思主义的理论活动中提升批判资本主义现代性的弊病。如伴随着马克思主义和工人运动的发展出现的各种挫折（欧洲工人运动之未能制止法西斯主义、苏联模式社会主义的弊端和失败、1968 年的“五月风暴”及其失败、东欧剧变等）之后，不断有马克思主义学者对此作出反应，他们在反思传统马克思主义的同时，汲取新的理论学说，以求更好地切中资本主义现代性的矛盾与困境，并提出基于自身理论的解决方案，如道格拉斯·凯尔纳等学者在《后现代理论》一书中所指出的：“某些理论家（如福柯、德勒兹与加塔利、拉克劳与墨菲、杰姆逊以及许多女性主义者）力图发展一种新的激进政治；而另外一些理论家（如利奥塔）则退回到了旧的自由政治当中，并给之贴上了新的标签；同时还有一些人（如博德里拉）最终全盘放弃了政治，声称社会、政治、大众以及历史均已终结。”[①] 探明西方马克思主义的这一“问题意识”之后，我们可以明确认识到，研究西方马克思主义之于中国的意义有如下几个方面。

第一，反思教科书体系，提升马克思主义理论的学科品质。西方马克思主义在促进我们觉醒的同时，激活了我们沉寂多年的批判性思维，使我们在开阔视野的基础上增强了学术反思能力，从而反观自身之不足与缺陷，明确未来学术研究的路向与方法，其中最突出的应当为反思传统教科书体系。传统马克思主义先入为主地对经典文本进行剪裁与割舍，强制性地磨平文本之间的问题棱角，将其处理成一以贯之的同质性存在。苏联模式的教科书正是这种“打磨”后的结果。在这种“体系严整”的教科书中，一切问题似乎都获得了“圆满”的解决，剩下的只是对已有的“定论”进行补充或做些细

---

① ［美］道格拉斯·凯尔纳等：《后现代理论》，张志斌译，中央编译出版社 2004 年版，第 237 页。

枝末节的考证。但是，翻开卢卡奇的《历史与阶级意识》以及阿尔都塞的《保卫马克思》和《阅读〈资本论〉》等著作，我们看到的是精耕细作式的文本解读，同时还伴有超越文本的理论想象。这种被阿尔都塞称为“症候阅读法”的研究方式，具有极强的思想穿透力，它能从固化了的字里行间透视出作者思想变化的心路历程。并且，它使我们注意到，过去很多被认为是铁板钉钉的结论，在西方马克思主义那里却出现了完全不同的理解。这就警示我们，传统教科书体系的“圆满”其实是一种假象，很多没有解决好的问题被“体系”的外壳所掩盖，并因此长期得不到解决。从这个角度上说，西方马克思主义的意义就是“揭开了盖子”。对于西方马克思主义者的“离经叛道”，我们应该表示好感甚至敬意。正是他们敢于挑战“正统”的理论勇气，激活了我们沉寂多年的批判性思维和创造性思维。也正是他们缜密而多样的研究成果，开启了我国马克思主义理论研究的新视野，使得我们能够在新的起点上“回归马克思”和“推进马克思”并将二者统一起来。

第二，反思学院式研究，注重马克思主义理论的实践品格。马克思主义是学术性与实践性、科学属性与政治属性相统一的理论。我们只有充分重视马克思主义的这种双重属性，辩证看待其双重属性的关系，才能发挥马克思主义“求真”的理性精神，凸显其在学术上的权威性、神圣性和科学属性，为马克思主义的实践诉求奠定坚实的理论基础；也才能发挥马克思主义的“求善”的价值意志，凸显其在实践上的动力性、影响性和政治属性，为马克思主义的理论发展提供现实的动力和源泉。“但是，目前国内马克思主义研究却有另一种不良的‘学院化’趋势，试图将马克思主义研究当做一种纯而又纯的学术活动，关进‘深楼大院’，远离现实，直接地说就是远离政治，根本无视马克思主义的实践品格，使马克思主义研究逐渐变成了一种‘中性’的概念和话语操作。”① 与此相反，西方马克思主义却以批判当代资本主义著称于世，因此，研究西方马克思主义，注重其对资本主义现代性问题的批判精神，借鉴其从理论的高度把握实践中的困境与难题，直面活生生

---

① 陈学明等：《充分认识研究西方马克思主义对当代中国的意义》，《学术月刊》2004 年第 5 期。

的社会现实政治的实践品格，有助于促使我国的马克思主义研究走进现实，为解决当代中国和当代世界的现实问题提供马克思主义的解决思路。

第三，批判现代性弊病，探索中国特色的社会主义现代化路径。现代性建构虽然带来了巨大的进步，却也有其自身之弊病。探索中国特色的健康合理的社会主义现代化路径，克服西方现代化过程中的各种弊端与困境，已经成为我国马克思主义理论界的重大课题。面对这样的课题，既需要我们在实践中与时俱进地推进马克思主义的理论创新，也需要我们汲取已有的理论成果，充实自身的理论建设。西方马克思主义诞生于20世纪初，其对现代性的危机有深切的体会，或者说其本身即是应对现代性弊病的产物。存在主义的马克思主义、结构主义的马克思主义、新实证主义的马克思主义、法兰克福学派的马克思主义等等，都是试图融合马克思主义理论和西方新兴的理论来克服启蒙所带来的现代性危机。虽然中国的现代性处境具有历史的具体性，但是，其与西方的现代性却也有一定的同质性，尤其是肇始于西方的现代性弊病随着全球化蔓延至世界各地的同时，研究西方马克思主义这一与中国国家建设的指导思想——传统的马克思主义具有亲缘性的“他者”，无疑能够更好地增强中国在实践政治中克服现代性的诸多弊病的能力。尤其是西方马克思主义具有其难能可贵之处，即不把现代性进程中出现的问题归罪于现代性本身，而是积极地澄清现代性问题的根源，并且发挥马克思主义的实践批判精神，为矫正社会现实中出现的问题提供理论思路。

第四，应对全球化趋势，推进全球化时代的共产主义伟大事业。全球化已是不可避免的大趋势，因此，如何应对全球化，是当今世界各国的重大政治议程。西方马克思主义的产生与发展，与全球化趋势不断凸显的现实背景相关联。西方马克思主义的产生和发展大多以苏联官方的马克思主义作为理论参照，希图打破其“意识形态性”的体系建构，重新梳理、阐释抑或补充马克思主义对人类解放事业的论述，以此指导当时东欧或西欧的共产主义革命运动。尤其是第二次世界大战以后，世界冷战格局形成，全球化趋势明确地彰显出来，西方马克思主义者无论是对马克思主义经典文本的解读，还是对新形势下共产主义革命的论述都明显带有全球化时代的理论印迹。因此，研究西方马克思主义对于逐渐融入全球化的社会主义中国，无疑是一项具有现实政治意义的理论工程，既有助于提升中国马克思主义阐释全球化的理论效力，也有助于更好地指导共产主义事业在全球化时代的进一步发展。

当然，对西方马克思主义表示好感或敬意并不意味着我们接受它的一切。西方马克思主义对传统马克思主义的反思，的确不断地汲取同时代其他哲学思潮作为理论资源。但是，“当西方马克思主义者在利用这些哲学流派的理论来反对教条主义等扭曲和偏离马克思的学说的倾向时，有时的确可能存在积极的方面，但他们自己往往又受到这些流派的主观主义和相对主义等片面性学说的影响，用这些学说来重新解释马克思主义必然在很大程度上背离马克思主义，特别是混淆了作为无产阶级革命导师的马克思与西方资产阶级思想家在理论上的原则界限”①。

西方马克思主义有其局限性，很多流派也都存在着这样或那样的理论失误。但必须承认，相对于其所取得的成就，西方马克思主义的局限是瑕不掩瑜的。更重要的是，即使是局限也不是只有消极意义——它能给我们以必要的警示和教训。因此，研究西方马克思主义的意义是双重的：除了使我们登上一个新的理论平台从而获得更为开阔的理论视野之外，还能使我们得到一面镜子，从这面镜子中虽然不能看出我们应该怎么做，但可以看出我们不应该怎么做。西方马克思主义在很多方面存在失误，我们应引起警觉，避免重蹈它的覆辙，避免像对待苏联模式教科书那样将之神圣化。只有这样，我们的马克思主义研究才能沿着健康的轨道不断前进，“回归马克思”和“推进马克思”的建设工程才能建立在可靠的基础之上。

第二节　西方马克思主义辩证法的理论特色及其局限*

自20世纪80年代初，我国理论界对西方马克思主义的基本理论与代表性人物作了系统且深入的研究，但学界涉及西方马克思主义的辩证法问题还处于对代表人物的细碎化研究上，其细碎性研究也主要集中于代表性人物的学

① 刘放桐：《从经典马克思主义到西方马克思主义》，《求是学刊》2004 年 5 期。

* 本节由笔者的博士白文杰与笔者合作完成，原载于《华南师范大学学报》2014 年第 6 期。

术贡献上，对其理论特色概括尤其理论局限的总结相对缺乏。本节在已有成果的基础上，对西方马克思主义辩证法所凸显的理论特色、内部理论分歧及其所反映的理论局限试图加以整体性归纳，并在对西方马克思主义辩证法的观察和评价中，努力倡导挖掘西方马克思主义辩证法的理论贡献与当代价值，反思西方马克思主义辩证法自身存在的理论局限，克服对西方马克思主义辩证法理解上的片面性。

一、西方马克思主义辩证法的理论特色

西方马克思主义[①]诞生于20世纪20年代，卢卡奇、柯尔施、葛兰西等是开创性人物。西方马克思主义辩证法是由其开创性人物针对第二国际的修正主义与苏联以“正统”自居的马克思主义而提出的，他们不仅认为第二国际的修正主义与“正统”的马克思主义误解甚至抛弃了马克思辩证法，还形成了与之相比具有自身特色的辩证法。

第一，拒斥自然辩证法。关于辩证法存在的领域（自然与社会），西方马克思主义与第二国际的修正主义、“正统”的马克思主义具有明显分歧。第二国际的修正主义、“正统”的马克思主义将辩证法归属于辩证唯物主义

① 对于西方马克思主义的界定学界仍然存在分歧，总体上具有狭义和广义之分。这里所理解的西方马克思主义是一种狭义的指称，即从1923年卢卡奇的《历史与阶级意识》一书出版到1968年法国“五月风暴”期间内的西方马克思主义。这种理解方式早在20世纪70年代便由佩里·安德森所使用，他在《西方马克思主义探讨》一书中列出了要讨论的西方马克思主义理论家，从早期的卢卡奇、柯尔施、葛兰西一直延伸至中后期的萨特、阿多诺、阿尔都塞等，以此说明西方马克思主义具有地域性和时间性。（参见［英］佩里·安德森：《西方马克思主义探讨》，高铦等译，人民出版社1981年版，第36—37页）国内有部分学者不仅赞同这种观点，而且明确提出了狭义与广义理解之分，如胡大平和张一兵教授等。胡大平教授认为，西方马克思主义在狭义上，是指从卢卡奇的《历史与阶级意识》发表到1968年法国“五月革命”左右这段时间内主要发达资本主义国家的“特定哲学思潮”；在广义上，指涉“主要发达资本主义国家的各种马克思主义思潮”，不存在时间限定。（参见胡大平编著：《西方马克思主义哲学概论》，第3页，北京师范大学出版社2010年版）张一兵教授认为西方马克思主义思潮，作为一种哲学理论逻辑在20世纪60年代末就已终结，并将此前的西方马克思主义称为狭义的西方马克思主义，以之“对应于学术界以西方马克思主义泛指国外诸多马克思主义流派”的用法。（参见张一兵等：《如何理解“西方马克思主义的逻辑终结”？——兼答汪行福教授的质疑》，《学术月刊》2006年第10期）

研究领域，自然辩证法是他们关注的重心。西方马克思主义则把辩证法限定在社会历史领域，批评自然辩证法，甚至指出恩格斯将辩证法从社会历史领域扩展到没有辩证思维和要求的自然界存在错误。

拒斥自然辩证法是西方马克思主义者共同的理论倾向。① 在西方马克思主义者中，对自然辩证法的反对肇始于卢卡奇。他认为辩证法只存在于社会和历史范围，不存在于自然界，因为辩证法的客观基础和最关键的决定因素——主体以及主客体的交互作用——在自然界中找不到，并强调辩证法被运用到自然领域，是恩格斯错误地追随黑格尔导致的结果。继创始人之后的存在主义马克思主义者——梅洛－庞蒂以形象的比喻驳斥了自然辩证法，批评自然辩证法是将历史辩证法“塞进了自然”的魔术，“在辩证法中加了一剂自然主义的溶液……立刻瓦解了辩证法”②，他只承认历史辩证法。法兰克福学派第二代代表性人物——施密特虽然认同人对自然的认识过程具有辩证性，甚至直言批判恩格斯的自然观“并不意味着应该否认自然辩证法的概念”，但坚决反对自然界存在辩证法。因为他认为按照马克思的观点，离开实践谈论自然是否具有辩证性，这是“纯粹经院哲学”的问题。③ 在他看来，只有以实践为中介，自然和人才能发生辩证作用，因而辩证法只存在于人改造自然的实践中，它只在历史领域才具有可能性，自然本身并不是辩证的。可以看到，虽然西方马克思主义者对自然辩证法拒斥的具体论证不尽相同，却一致坚持自然本身不存在辩证法。

第二，捍卫马克思辩证法的批判性与革命性。关于辩证法的批判性和革命性，西方马克思主义与第二国际的修正主义、“正统”的马克思主义也存在分歧。第二国际的修正主义、“正统”的马克思主义把历史看作脱离人

---

① 西方马克思主义者不论是属于人本主义还是属于科学主义都一致拒斥自然辩证法。（参见孙承叔：《是自然辩证法还是历史辩证法——西方马克思主义的辩证法观论析》，《学习与探索》2012 年第 1 期；朱晓鹏：《西方马克思主义对恩格斯的自然辩证法思想的研究述评》，《求是学刊》1988 年第 6 期）

② Maurice Merleau-Ponty. *Adventures of the Dialectics*，Evanston：Northwestern University Press，1973，p.387.

③ 参见［德］A. 施密特：《马克思的自然概念》，欧力同等译，商务印书馆 1988 年版，第 57 页。

的意志和实践的自然过程，否定历史发展的能动性，抽离了马克思辩证法的批判性和革命性。西方马克思主义坚决捍卫马克思辩证法的批判性与革命性，主张历史绝不是无意识的自然过程，而是离不开主体意志和实践的能动过程。

西方马克思主义者基于不同的理论视角强调马克思辩证法的批判性和革命性。卢卡奇认为，马克思辩证法的革命性体现为：在主客体交互关系中实现对社会的改造，“对辩证法来说，中心问题乃是改变现实”①。葛兰西通过实践哲学来指认马克思辩证法的批判性和革命性本质，认为马克思哲学之所以是一种超越了旧哲学的实践哲学，就在于坚持了辩证法的批判性和革命性，保持了历史发展过程中的自由创造性。柯尔施也认为马克思辩证法在本质上是一种批判的和革命的理论，辩证法从“被黑格尔神秘化了的形式向马克思的唯物辩证法的‘合理形式’的转化，实质上意味着它已经成了唯一的理论—实践的和批判—革命的活动的指导原则”②。西方马克思主义的主要理论流派——法兰克福学派则直接把马克思的思想界定为“社会批判理论”，该学派的主要代表——阿多诺明确指认马克思辩证法的基本精神就是批判和自我批判精神。阿多诺以拒斥同一性、反对概念、反体系的“否定的辩证法”充分诠释了马克思辩证法的基本精神。

第三，强化马克思辩证法的总体性原则。在对辩证法的理解上，总体性原则是西方马克思主义与第二国际的修正主义、“正统”马克思主义的又一分歧。在西方马克思主义看来，第二国际的修正主义、“正统”的马克思主义只用抽象的、个别的规律来解释事实，取消了辩证的方法，抛弃了整体。而西方马克思主义强调总体性原则是马克思辩证法的核心，必须以具体的、“总体”的观点认识和把握社会。

总体性原则在西方马克思主义辩证法中占有理论的核心地位。从早期的西方马克思主义者——卢卡奇、柯尔施、葛兰西、布洛赫，到中后期的理

① ［匈］卢卡奇：《历史与阶级意识：关于马克思主义辩证法的研究》，杜章智等译，商务印书馆 1999 年版，第 51 页。

② ［德］卡尔·科尔施：《马克思主义和哲学》，王南湜等译，重庆出版社 1989 年版，第 52 页。

论巨匠——萨特、霍克海默、阿多诺、马尔库塞，都始终坚持辩证法的总体性原则。卢卡奇就将总体性原则看作辩证法的实质与主旨，强调“总体”的绝对首要性以及整体对部分的优越性是马克思辩证法的实质，“辩证法不管讨论什么主题，始终是围绕着同一个问题转，认识历史过程的总体”①；萨特把总体性原则视为决定辩证法是否存在的根本因素，“如果某个作为一种真理的东西应该可能在人学中存在的话”，它“必须是变化的”，“必须成为总体化的”，这个双重要求规定了辩证法的存在。②如果缺少了总体化（总体性）原则，辩证法就会消失。需要指出的是，法兰克福学派成员——霍克海默、阿多诺、马尔库塞等是从否定意义上看待辩证法的总体性原则：面对“否定的辩证法”，资本主义社会已然成为一个否定的整体，整体否定了个体，个体性被总体性所湮没。

就理论三个特色的关系而言，拒斥自然辩证法是西方马克思主义辩证法的前提，批判性和革命性是西方马克思主义辩证法的灵魂，总体性原则是西方马克思主义辩证法的核心。拒斥自然辩证法、批判性和革命性、总体性原则三者相互联系，缺一不可，共同凸显了西方马克思主义辩证法的基本理论特色。当然这些共性的特色并不能表明西方马克思主义各个时期的代表人物的主要思想具有绝对一致性。作为一个并不统一的思想体系，西方马克思主义对辩证法的理解存在明显分歧。

二、西方马克思主义对马克思主义辩证法的分歧

西方马克思主义对马克思主义辩证法的理解，从早期步入人本主义逻辑开始，经过第二代西方马克思主义的人本化发展，直至20世纪五六十年代出现科学主义的理论反思，总体显现出人本主义内部的差异以及人本主义与科学主义之间的明显分化。

第一，关于人本主义内部的分化。20世纪上半叶，西方马克思主义呈

---

① ［匈］卢卡奇：《历史与阶级意识：关于马克思主义辩证法的研究》，杜章智等译，商务印书馆1999年版，第88页。

② 参见［法］萨特尔：《辩证理性的批判》第一分册，徐懋庸译，商务印书馆1963年版，第2页。

现人本主义思潮“一枝独秀”的状况，开辟了从人本主义维度理解马克思主义辩证法的路径，将辩证法看作是主体打破异化，实现自由、解放的方法。然而，在主体是集体概念还是个体概念、主体是以革命斗争还是以理论批判打破异化、马克思主义是否等同于人本主义等问题上，早期西方马克思主义者与第二代西方马克思主义者在人本主义思潮内部具有显著差异：前者着眼于阶级主体，后者转向个体主体，否认集体主体的革命性；前者希望以阶级意识发动革命来变革现实，后者期望通过文化、道德、心理学批判来消除异化；前者认为马克思主义带有明显的人本主义倾向，后者将马克思主义与人本主义完全等同，实现了对马克思主义辩证法的人学解读。

针对第二国际的修正主义、“正统”的马克思主义对辩证法主体性、总体性的抹煞，早期西方马克思主义者将马克思主义辩证法诠释为以主体为中心的主客体相互作用的历史辩证法。对他们而言，历史主体不是具体的某个人，也不是资产阶级，而是无产阶级。无产阶级既是历史的创造者，又是历史的对象和产物，是历史进程中主体与客体的统一体，肩负着埋葬资本主义的阶级使命。而无产阶级只有具备成熟的阶级意识，才能正确认识自身的阶级地位并担负起自己的历史使命，并从总体上颠覆资本主义社会。但被资本主义物化麻痹的无产阶级失去了主体意识，成为消极被动的“物”的追随者，必须唤醒和培育日益涣散、衰落的无产阶级意识，因为革命的命运甚至人类的命运都取决于无产阶级意识。早期西方马克思主义者虽然从人本主义逻辑出发解释辩证法，却没有把马克思主义直接等同于人本主义，而是将人本主义隐藏在对阶级意识的强烈伸张中，即复苏无产阶级的革命意识，才能实现以人类自由、解放为目标的共产主义。

面对社会经济条件发生变化、法西斯主义兴起、第二次世界大战爆发、弗洛伊德精神分析学说的传播等时代背景，第二代西方马克思主义者依据马克思的《1844 年经济学哲学手稿》一书，明确宣称马克思主义就是人本主义，揭开了遮蔽人本主义的面纱，把在卢卡奇等人那里还遮遮掩掩的“主客体辩证法”直接表达为以个体生存为核心的历史辩证法。与早期西方马克思主义者着眼于阶级主体不同，他们更为关注个体的生存状况，希望现实的个人以心理、道德、文化批判方式从资本主义总体异化中解放出来，实现自由和尊严。如马尔库塞和赖希运用弗洛伊德的心理分析理论批判资本主义对人的本能的压抑，解读人的本质及其解放。前者把人的解放与爱欲[①]的解放等同起来，认为被资本主义压制的爱欲得到解放，就是被异化的人实现了解放；后者指出现代资本主义社会压抑了人的性本能，导致人的本能欲望无法得到合理纾解，人失去了尊严和自由，提倡以性革命对抗资本主义异化，解放被遏制的性本能，以获得身心自由，回归人的本质。

第二，关于人本主义与科学主义之间的分化。第二代西方马克思主义者高举人本主义旗帜，逐步将马克思主义辩证法推向人本主义解读路径顶端的同时，也引发了来自科学主义的批判。

20世纪五六十年代，随着人本主义思潮的泛滥，西方马克思主义阵容出现了一种反思与批判人本主义的科学主义思潮。这一思潮主张以自然科学的实证方法重新解读马克思主义的经典文献，从而引出一条从科学主义出发诠释马克思主义辩证法的新思路。沿着科学主义路径阐释马克思主义辩证法的学者，主要是结构主义马克思主义者——阿尔都塞以及新实证主义马克思主义者——德拉－沃尔佩。

阿尔都塞批评人本主义思潮给马克思主义辩证法带来了非科学的“意识形态污染”，他把马克思辩证法解释为“结构辩证法”，试图以此来消解人本主义马克思主义把历史描述为主客体交互作用的观点，从而维护马克思主义辩证法的科学性。他认为马克思对黑格尔辩证法变革的实质，“不是对辩证法‘含义’的颠倒，而是对辩证法结构的改造”，马克思的辩证法与黑格尔的辩证法根本的差异“应该在辩证法的实质中，即它的规定性和特有结构中得到反映”。[②]在他的“结构辩证法”中，社会是一个具有复杂结构的有机整体，由结构和上层建筑构成，这个与上层建筑相对的结构是指经济基础，经济基础的结构由生产力与生产关系组成。在分析了社会构成之后，他借助生产关系来规定历史主体，“生产关系的结构决定生产当事人所占有的地位

---

① 马尔库塞认为爱欲和性欲是两个不同的概念，性欲将“成长为”爱欲。（参见［美］赫伯特·马尔库塞：《爱欲与文明——对弗洛伊德思想的哲学探讨》，黄勇等译，上海译文出版社1987年版，第164页）

② 参见［法］路易·阿尔都塞：《保卫马克思》，顾良译，商务印书馆2010年版，第80—81页。

和所担负的职能，而生产当事人只有在他们是这些职能的‘承担者’的范围内才是这些地位的占有者”，因此，真正的“主体”不是“这些地位的占有者和职能的执行者”，不是“具体的个体”或“现实的人”，而是“生产关系（以及政治和意识形态的社会关系）”。①“结构辩证法”仅仅把人视为“结构”的承担者，否认了人的主体地位，将历史解释为一个“无主体的过程”。

德拉－沃尔佩认为，卢卡奇等人本主义者把马克思主义装扮成人道主义的伦理、文化批判，宣扬抽象、思辨的人本主义，阉割了马克思主义的科学性。他主张运用自然科学方法研究马克思主义，把马克思辩证法诠释为逻辑实证主义的科学实验方法。他把马克思辩证法称作“科学的辩证法”，认为马克思在《黑格尔法哲学批判》中深入批判了黑格尔的辩证法，揭露了先验的、思辨的和唯心主义的辩证法的“神秘方面”，创立了与黑格尔辩证法相对立的革命的“科学的辩证法”。②他指出这种辩证法与以诉诸实验、事实、经验为本质特征的伽利略的科学实验方法具有同构性，应该“被描述为从具体到抽象然后再回到具体的一种循环运动”③。这样便把马克思运用的方法还原为一种自然科学实验方法，剔除了马克思辩证法中的主体向度。

科学主义思潮的出现，打破了人本主义马克思主义对辩证法的一元解读，形成了人本主义与科学主义阐释马克思主义辩证法的二元对立局面。从步入人本主义逻辑到打出人本主义旗帜，人本主义思潮始终沿着人学路径解释马克思主义辩证法：马克思主义是关注人性、以实现人的本质为目标的理论，马克思主义辩证法是主体打破异化、实现自身解放的方法。与之相对峙，科学主义思潮反对从人本主义维度解读马克思主义辩证法：人本主义是资产阶级意识形态，马克思主义正是彻底颠覆了人本主义才成为科学，马克思主义是“理论上的反人本主义”，马克思主义辩证法不是强调抽象的人性复归的方法，而是一种实证科学方法。可以看到，科学主义思潮强烈冲击了

---

① 参见［法］路易·阿尔都塞、艾蒂安·巴里巴尔：《读〈资本论〉》，李其庆等译，中央编译出版社 2001 年版，第 209 页。

② 参见［意］加尔维诺·德拉－沃尔佩：《卢梭和马克思》，赵培杰译，重庆出版社 1993 年版，第 154 页。

③ Galvano Della-Volpe. *Logic as a Postive Science*，*NLB*，London：Verso，1980，p.188.

人本主义思潮对辩证法的人学解释。

三、西方马克思主义辩证法的理论局限

西方马克思主义对辩证法解读所形成的共同特色以及各个时期所形成的理论分化，是共性和个性的统一，这种统一拓展了辩证法的研究视域，其理论的进步性为理解辩证法提供了有益借鉴。但是西方马克思主义辩证法同时也背离了辩证法彻底的唯物、辩证、实践的精神，存在着自身难以克服的理论局限和缺陷。

第一，西方马克思主义辩证法陷入了唯心主义的沼泽。在早期西方马克思主义者看来，社会“总体”变革同时包含物质关系和意识因素的变革，理论、意识不仅和实践、物质不可分离，而且为革命实践提供精神动力与激情保证。但是第二国际的修正主义、“正统”的马克思主义却将辩证法歪曲为脱离主体意识的自然规律。因此，在解释马克思主义辩证法时，西方马克思主义者便试图从意识角度进行理论上的突破。如卢卡奇使用无产阶级意识问题解读马克思主义辩证法。在他看来，无产阶级要实现自身的历史使命必须具备一个根本条件即无产阶级意识，无产阶级只有形成自身的阶级意识，才能打破物化束缚，并从根本上变革资本主义制度。与当时将辩证法看作客观规律或实证科学的自然哲学思路相比，卢卡奇对历史辩证过程中主体意识的重视确实具有理论矫正的作用，但是却认为“革命的命运（以及与此相关联的是人类的命运）要取决于无产阶级在意识形态上的成熟程度，即取决于它的阶级意识”①，把革命看作一种意识活动，否认了“经济基础决定上层建筑”这一唯物史观的基本原理，并由于对主体能动作用的过分强调而走向了主观唯心主义。正如有学者所言，早期西方马克思主义者“开启了一条从马克思主义科学历史观的客观历史辩证法退回到主体辩证法的错误道路”②。

沿着早期西方马克思主义者开启的主体辩证法道路，第二代西方马克思主义者在“人本马克思”发现的背景下，将历史辩证法看作现实的个人通

① ［匈］卢卡奇：《历史与阶级意识：关于马克思主义辩证法的研究》，杜章智等译，商务印书馆 1999 年版，第 134 页。

② 张一兵：《马克思历史辩证法的主体向度》，武汉大学出版社 2010 年版，第 309 页。

过实践克服异化、复归人性的过程。但是他们或者将文化批判、心理分析当作实践，或者把实践的根源置于主体能动性上，否认经济基础对意识形态的根本制约，夸大主观能动性的作用，这样辩证法便成了主体通过意识活动克服异化的纯粹主观思辨。如萨特以意识解释实践范畴，在诠释马克思主义辩证法时不可避免偏向了唯心主义。他把实践界定为辩证法的中心范畴，主张辩证法仅存在于“社会世界”，与实践紧密相随，个人及其实践是辩证法的内在根源与唯一动力。这抨击了把历史看作没有人的实践参与的自然进化的观点，但是他却把实践置于人的意识之上，认为没有人的意识，便没有实践的存在，而且一切都在人类实践中产生，意识决定了实践和辩证法，创造了一切。显然，萨特对实践和辩证法的阐释陷入了主观唯心主义。

面对第二国际的修正主义、“正统”的马克思主义将辩证法阐释为自然规律的情形，为了捍卫辩证法的历史性与革命性，西方马克思主义者极力强调意识能动性，进而把主观意识看作历史过程的根本动力，最终走向唯心主义。表面看来，这是受客观历史环境的影响甚至“逼迫”，但从更深层次上分析，是形而上学的方法论导致了唯心主义的错误：片面突出意识能动性，忽视物质关系的决定作用，并从根本上颠倒二者之间的辩证关系，把主观意识凌驾于客观存在之上，从而滑进了唯心主义的沼泽。

第二，西方马克思主义辩证法最终走向了形而上学。近代哲学的研究对象是整个世界，它把整体世界划分为对立的二元结构：现象与本体世界、主观与客观世界，造成了二元分立的认识格局。第二国际的修正主义与“正统”的马克思主义继承了这一认识论原则，以二元分立的视角来认识和分析社会历史问题。他们从马克思经济学理论出发，运用“实证主义”和“科学主义”将历史与科学对立起来，认为唯物史观只是一种世界观，而不是科学，因为它无法提供能被经验和逻辑思维规律证实的客观依据，只是依靠主观想象和愿望来构建社会。他们把历史描述为可以凭借经验和逻辑思维规律来把捉的过程，自然科学的实证方法成为唯一的研究方法，唯物史观遭到冷落。西方马克思主义者正是从方法论上对这种“实证主义”与“科学主义”的二元思维进行批判。辩证法便是他们进行批判的武器。他们声称马克思主义辩证法仅仅是一种历史方法，不存在恩格斯所谓的自然辩证法，以此凸显历史是人的活动的产物，而不是自然进化的过程。这虽然有力地批判了第二国际理论家的“科学主义”思维，但却是以片面解释历史发展作为代价：展示了社会历史进程中主体向度的重大作用，却忽略甚至否定了客体向度，从而割裂了历史发展中主观能动性与客观规律性的辩证关系。如前所述，阿尔都塞、德拉－沃尔佩认为人本主义思潮给马克思辩证法带来了非科学的“意识形态污染”，主张从科学主义维度理解辩证法，这有力地批驳了将马克思辩证法弱化为抽象的“人学”辩证法的错误倾向，但是却否认科学主义与人本主义的统一性，片面突出历史的客体向度，牺牲主体向度，同样是以二元思维方式处理主体与客体之间的辩证关系。将社会发展中的主体与客体、主观与客观对立起来，要么以主体吞没客体，要么以客体消融主体，正是这种二元分立的认识格局导致西方马克思主义辩证法陷入形而上学。

第三，西方马克思主义辩证法落入了乌托邦的迷宫。面对资本主义统治日趋稳固、工人革命日渐消弭的现实境况，自卢卡奇开始，西方马克思主义者逐渐退出实际的斗争领域，躲在高高在上的文化、道德、心理学背后抨击异化结构，找寻消灭异化之路。将对未来社会的设想建立在文化、道德、心理学批判之上，并以此来寻求变革现实的途径，这意味着西方马克思主义者从“生产范式”转向“文化、道德范式”来解释社会发展。这一转向表达了西方马克思主义者对现实的失望与无奈，陷入以理论批判代替实践革命的幻想，使他们的辩证法抹上了一层浓重的乌托邦色彩。

西方马克思主义者承认他们对未来社会的构想是乌托邦，却反对将自己的乌托邦与旧式的空想乌托邦等同起来。如马尔库塞认为，他的新式乌托邦并没有对未来社会进行细致规划，只是对其可能性作了论证，这样既否定了现存社会，又克服了空想的蓝图设定。但是，乌托邦是否为“空想”，并不在于它对未来提出了什么构想，而是取决于它的构想是在什么基础上提出的。西方马克思主义辩证法之所以是空想的乌托邦，恰恰在于其未来社会是基于理论批判得出的结论，而不是社会运动产生的客观结果。这种乌托邦辩证法面对现实世界只有哀怨，无法作出改变。马尔库塞在《单面人》和《乌托邦的终结》两部论著中意识到辩证法的无力：“否定的辩证法”既不能提供医治现实病痛的处方，也不能提供可以发起革命的力量，它无法架设一座从现在通往未来的桥梁；阿多诺在《否定的辩证法》一书中同样看到了辩证法的软弱：它对现实的任何否定，总是比被否定的事物更坏。① 正因为如此，在面对“如何解决现实社会中的同一性问题，如何在具体生活中将‘被管理的世界’改造成为他理想中的星丛密布的夜空，阿多诺却成了一个失语者”②。从这个意义上说，不论西方马克思主义辩证法批判的锋芒多么锐利，否定的声音如何嘹亮，都已失去了辩证法内蕴的革命的、批判的实践精神，最终无法逃脱浪漫主义和乌托邦的迷宫。

20 世纪 20 年代初，西方马克思主义辩证法肇端于卢卡奇等人与第二国际的“修正主义”、“正统”的马克思主义就如何理解马克思主义的理论斗争，历经早期人本主义思潮浸润、第二代西方马克思主义的人本化发展、20 世纪五六十年代科学主义的理论反思，凸显了自身的理论特色、内部理论分歧以及必须正视的思想局限。准确剖析这些问题，尤其要反思其理论局限，有利于全面理解西方马克思主义辩证法。

第三节 英国新左派思想家对历史唯物主义研究的拓展*

历史唯物主义一直以来都是学界研究的热点问题，对此研究的基本理路是多方面的，其中，对于历史唯物主义在马克思身后的理论延伸、拓展与实践及其争议做出必要回应是其重要的研究路径之一，有不少学者在这一方面进行了有价值的探讨。而研究成果大多集中“倾斜”在对德、法两国历史唯物主义理论发展及其流派的考察，相对缺少对英国历史唯物主义理论发展及其流派的探讨。这种理论研究发展的不均衡性和偏颇性凸显出我国对英美历史唯物主义研究的迫切性。本节试图对英国新左派思想家的历史唯物主义的现实追问与理论延伸进行探讨。

---

① 参见［苏］B. H. 别索诺夫：《在“新马克思主义”旗帜下的反马克思主义》，德礼译，中国人民大学出版社 1983 年版，第 257—258 页。

② 张一兵主编：《当代国外马克思主义哲学思潮》中卷，江苏人民出版社 2012 年版，第 394 页。

* 本节由中山大学哲学系赵传珍博士与笔者合作完成，原载于《福建论坛》2011 年第 5 期。

一、作为马克思主义载体的英国新左派

作为马克思主义理论与实践载体的英国新左派的诞生与国际社会主义形势密切关联。1956年，在世界范围内，发生了“苏共二十大赫鲁晓夫政变事件”“匈牙利事件”和“苏伊士运河危机事件”等一系列社会主义国家内乱及国际事件。以美国为首的西方资本主义国家开始痛批共产国际和社会主义运动，从根本上动摇了人们对社会主义的信仰。社会主义国家内乱及重大国际事件对英国左派社会力量产生了深刻影响和冲击，其中大部分人对苏联模式共产主义的幻想破灭了。面对突如其来的国际变化局势，在英国共产党、工党和左派内部发生了矛盾和分化，有的人退出共产党，有的公开反对苏共。在这种局势下，那些不满苏联共产党和斯大林主义的左派知识分子、前共产党员和激进的青年学生结合到一起，形成了英国新左派运动。新左派成员重新反思马克思主义理论和实践，在马克思主义理论指导下思考战后发达资本主义国家在阶级和社会结构方面的变化，思考流行文化和核裁军运动等种种社会问题，寻找在新的局势下马克思主义和社会主义的命运与出路。并创办了《新理性主义者》和《大学与左派评论》以便为持有不同政见的马克思主义者提供发表意见的平台，这两本杂志于1960年合并成为至今仍具有国际影响力的《新左派评论》，其为英国新左派赋予了强烈的文化马克思主义的理论特质。

英国新左派的性质综合地体现在起因、政治文化目标与功能等多维度。在起因上，英国新左派是由前共产主义者、不忠的工党支持者以及希望复兴社会主义理论和实践的社会主义学生组成的异质团体，其群体关系因1956年苏伊士和匈牙利危机，共同致力于核裁军运动（CND）而更加稳固。在政治文化目标上，新左派试图创造一个植根于英国传统，但是又不停留于过去的正统的民主社会主义政治，确立承认战后经济和文化变化的政治。在功能上，英国新左派不仅作为政治运动在社会实践中丰富和发展了英国马克思主义，而且在文化理论领域以《新左派评论》期刊为基地对英国文化马克思主义的理论发展做出了贡献。[①] 我们认为，英国新左派是英国马克思主义理

---

① 参见［美］丹尼斯·德沃金：《文化马克思主义在战后英国——历史学、新左派和文化研究的起源》，李丹凤译，人民出版社2008年版，第64页。

论和实践发展的主要载体。

正确理解英国新左派，还需要从思想上关注三个方面的问题：一是将其与作为国际现象的“新左派”做出区分；二是将其与英国传统左派划清界限；三是关注其重要理论特征。具体而言，英国新左派与作为国际现象的新左派的区别主要在于：第一，从形式上来看，国际新左派主要借助于社会运动来表达他们的政治诉求，例如反越战示威运动、黑人民权运动、工人罢工运动和学生游行运动等；而英国新左派则主要通过文化运动来展现他们的社会主义民主道路理想，新左派思想家们为宣传其主张，创办了《新左派评论》等杂志来发掘本国民众历史上的反抗传统，引进新的社会思想。第二，从程度上来看，国际新左派表现得更为激进，他们主张通过无产阶级革命道路达到他们的政治目标；英国新左派则相对表现得比较温和，他们主张社会主义民主改良道路，以理论著作来表达其主要政治理想。而英国新左派与传统左派的区别主要在于新老左派成员对待苏联模式共产主义的态度上：老左派成员仍然相信苏联模式的工会主义、社团主义和议会主义，新左派思想家则对苏联共产主义模式基本上持批判的态度，他们主张发展工人阶级的文化、政治，他们斗争的领域主要在文化阵地。至于英国新左派的重要理论特征，则在于其内部成员思想的“异质性”。新左派思想家之间经常发生思想上的争辩，并以著述的方式公开发表。新左派内部组成人员之间的分歧不仅存在于同一代新左派成员之间，而且存在于不同代际新左派成员之间。但是，这些思想上有重大差别乃至彼此对立的理论家在一个“核心问题”上却是不约而同地完全一致——他们都怀抱着社会主义理想，都忠实于运用马克思主义理论批判资本主义社会的使命，都曾对传统的历史唯物主义进行过反思和批判，并结合英国社会的实际问题重建和发展了历史唯物主义。就此而言，我们完全可以把这些学术观点悬殊、貌似“水火不容”的理论家放置在同一个“英国新左派思想家历史唯物主义研究”的论域中进行探讨。

二、相互激荡又相互关联的理论特质

在英国新左派成员中，雷蒙德·威廉斯（Raymond Williams，1921—1988）、特里·伊格尔顿（Terry Eagleton，1943—　）、爱德华·汤普森

（Edward Palmer Thompson，1924—1993）和佩里·安德森（Perry Anderson，1938—　）等伴随着英国新左派运动而崛起的英国马克思主义杰出代表，虽然出生和生活在不同的时代，但都是他们生活的那个时代的英国马克思主义理论发展史上标志性人物，他们的历史唯物主义思想既具有各自的理论个性，又具有相互激荡、相互关联的理论特质。

威廉斯和汤普森是活跃在英国马克思主义历史上20世纪五六十年代重要的代表人物，他们的观点代表了第一代新左派的政治历史文化观以及对马克思主义理论的理解与运用，批判与反思。伊格尔顿和安德森则是20世纪六七十年代英国马克思主义理论最杰出的代表人物，他们作为第二代英国新左派与第一代新左派在历史观、文化观和政治观等方面展开了激烈的争论，批判性地继承和发展了第一代新左派的历史唯物主义理论思想。这四位人物之所以具有代表性，不仅在于他们之间在理论思想上的对话与碰撞：他们要么在文化理论方面具有继承和批判的关系（例如威廉斯和汤普森、威廉斯与伊格尔顿），要么在阶级观、革命观、政治观上展开过激烈的论战（例如汤普森和安德森），等等；而且还因为他们在关于历史唯物主义理论的一系列重大论题上有过共同性的、继承性的思考和探究。

从威廉斯、伊格尔顿、汤普森和安德森的学术旨趣来看，他们之间既有"共性"又有"异质性"，且共性和异质性相辅相成，为我们提供了一个别样的唯物史观研究新视野。

他们的共性彰显在他们都曾根据社会历史条件的新变化，结合本国传统经验文化，并在与当代西方马克思主义思想家的对话中，对历史唯物主义理论作经济决定论和庸俗唯物论的错误理解进行了深刻的批判和反思，并进行了新的解释和建构。他们之间的异质性则体现在他们对唯物史观的重建方面各有其特点和侧重点。具体而言，威廉斯对历史唯物主义重建的主要建树在于其提出的"文化唯物主义理论"，开辟了把"文化和物质"相结合起来重释历史唯物主义的新向度，这种结合是为了强调文化实践的根本作用和文化的物质实践形态。威廉斯的这一理论主要建立在对传统的经济基础与上层建筑模式的反思与批判以及对意识形态概念的创新理解基础之上。威廉斯提出，传统的经济基础和上层建筑模式存在一个突出的问题，即倾向于把文化问题同经济关系孤立起来进行分析，相对忽略了上层建筑本身的社会作用和能动作用。威廉斯反对把上层建筑只是看作对经济基础的反映并受经济基础决定的简单模式，提出要辩证地重新认识上层建筑，要对以往所接受的经济基础概念进行重新评价。与马克思、恩格斯在《德意志意识形态》中考察意识形态的方法不同，在威廉斯看来，只有坚持意识形态的物质性立场，才能保证意识形态这一概念的正确性。他认为，意识形态的生成基础是社会实践，是社会物质生产进程和社会文化的主要组成部分；马克思关于意识形态的论述过于强调意识对于存在，观念对于实践的依赖性。意识形态理论的基点在于思维总是发生在一种特定的物质和意识形态语境中，意识应该被理解为人类物质社会进程的一部分。他特别强调："意识形态以观念形式所表现出来的产物就和物质产品一样是这一过程的组成部分。"① 在威廉斯看来，整体的真正生活进程是正确理解意识形态概念的关键。基于以上认识，威廉斯构建了他的文化唯物主义理论。

伊格尔顿批判性地继承和发展了威廉斯的文化唯物主义理论和意识形态理论。伊格尔顿以经济基础与上层建筑这个被公认为具有马克思历史唯物主义普遍性质的模式分析为切入点，对威廉斯的思想进行了批判。在他看来，威廉斯对经济基础与上层建筑模式的批判完全背离了马克思主义道路。因为，当威廉斯试图论证文化从属于实践的物质性的基础范畴，而不是非物质的上层建筑范畴时，他预设了一个错误的理论前提：经济基础与上层建筑模式是一个区分物质与非物质的问题。伊格尔顿提出，我们并不是根据物质与非物质之分来区别经济基础与上层建筑，经济基础也可以是一种精神活动，例如艺术品的生产和消费；而上层建筑也可以是一种物质性行为，例如商品拜物教，它存在于人们的实际交换行为之中，甚至已经成为资本主义社会的客观物质结构，远非仅是一种观念和意识。在此基础上，伊格尔顿提出功能解释进路的经济基础与上层建筑关系论。在他看来，经济基础是上层建筑的先决条件，上层建筑是经济基础的必要条件，它们的关系就像一枚硬币

① 参见 Raymond Williams. *Marxism and Literature*，New York：Oxford University Press，1977，pp.50-60。

的正面和反面，谁也离不开谁，是你中有我，我中有你的关系。另外，伊格尔顿还从后果的角度批驳了威廉斯的文化唯物主义理论。他认为，文化唯物主义最终会导致把一切因素都物质化的结果，是一种“过度”唯物主义。正如他所言：“在广义的人类学意义上，经济也是文化，但是在这种超容量的意义中，还有什么不是文化的吗？坚持经济是文化，只对那些相信法律由神口授的人有影响力，这些人在资本主义的传统时代为数不少，但是现在几乎绝迹了。”① 文化具有超越物质基础的维度，但这种超越只有在物质过剩的支持下才能实现。伊格尔顿理论在某种意义上是一种意识形态批判理论，他曾明确提出，“马克思主义批评是一个更大的理论分析体系中的一部分，这个体系旨在理解意识形态，即人们在各个时代借以体验他们的社会的观念、价值和情感。而某些观念、价值和感情，我们只能从文学中获得。理解意识形态就是更深刻地理解过去和现在；这种理解有助于我们的解放”②。他还进一步提出：“马克思主义批评的创造性不在于它对文学进行历史的探讨，而在于它对历史本身的革命的理解。”③ 由此可见，伊格尔顿的意识形态批判理论与他的社会历史观密切相关。

与威廉斯和伊格尔顿关注历史唯物主义社会宏观方面的理论兴趣相比，汤普森则更钟情于微观基础上的“人”，以及与人密切相关的阶级理论。他紧紧围绕在唯物史观周围辩证地继承并发展了马克思、恩格斯的阶级理论。汤普森提出：“我强调阶级是一种历史现象，而不把它看成是一种‘结构’，更不是一个‘范畴’，我把它看成是在人与人的相互关系中确实发生（而且可以证明已经发生）的某种东西。”④ 汤普森正是站在马克思主义辩证法的立场上，反对结构主义给工人阶级一个永恒不变的定义。在他看来，阶级是一

---

① ［英］特瑞·伊格尔顿：《再论基础与上层建筑》，张丽芬译，刘纲纪主编：《马克思主义美学研究》第5辑，广西师范大学出版社2001年版，第462页。

② ［英］特瑞·伊格尔顿：《马克思主义与文学批评》，文宝译，人民文学出版社1980年版，第2—3页。

③ ［英］特瑞·伊格尔顿：《马克思主义与文学批评》，文宝译，人民文学出版社1980年版，第7页。

④ ［英］爱德华·汤普森：《英国工人阶级的形成》，钱乘旦等译，译林出版社2001年版，前言第1页。

个流动的变化的历史过程，工人阶级的形成是资本主义生产方式与工人阶级主体能动性相互作用的结果，也是一个运动、变化的过程。汤普森深受西方人道主义思潮的影响，尤其强调工人阶级的主观能动性，正是在承认并强调工人阶级的主观能动性基础之上，汤普森建构了他的“阶级是社会与文化的形成”的理论观点。可见，汤普森对阶级形成的本质观点，一方面继承了马克思主义传统对社会关系重要性的强调，另一方面也有对威廉斯文化唯物主义思想的继承。因为汤普森认为，工人阶级可以借用文化的方式发挥其主观能动性，从而创造出阶级意识，使工人阶级最终形成。汤普森的工人阶级形成理论创新了论述唯物史观的研究方法，即在历史叙事中进行论述，这种方法有别于传统纯粹思辨的理论方法。同时，他也继承了由法兰克福学派的弗洛姆等人所开辟的从人本学向度解释历史唯物主义的理论路径。

尽管安德森对诸如阶级、国家、意识形态、社会结构等唯物史观论题都有所探讨，并提出诸多真知灼见，但是他对历史唯物主义研究突出的贡献在于其“历史和哲学相结合”方法论的提出。他指出：“在过去几十年间，有一个很普遍的现象，即尽管马克思主义历史学家进行了许多引人注目的研究，但并不总是密切关注自己的工作所提出的重大理论问题。与此同时，马克思主义哲学家虽然致力于澄清或者解决历史唯物主义的基本理论问题，但往往脱离历史学家提出的具体经验问题。”① 安德森对这种把历史与哲学，经验与理性隔离开来的做法持批评的态度，他尝试在历史实践与哲学理论的双重维度中建构其历史唯物主义思想。他从结构主义逻辑原则出发，运用“历史与哲学”相结合的方法，对绝对主义国家特征进行了考察。安德森提出，从经济基础来看，西欧出现了一种具有资本主义特质的货币地租，它已不再是以农奴制为核心的劳役地租或实物地租，而东欧则处于农奴制的形成期；从上层建筑看，西欧的绝对主义国家接受了经过代役租的封建阶级调整后的政治机构，东欧的绝对主义国家则是抹杀了穷人的传统公社自由的封建阶级的镇压机器。如果按照传统马克思主义强调的以经济基础为标准来界定绝对主义国

① ［英］佩里·安德森：《绝对主义国家的谱系》，刘北城译，上海人民出版社 2001 年版，前言第 1 页。

家的性质，东西欧则具有完全不同的社会性质；如果按照政治上层建筑标准来加以界定，东西欧就具有了相似的封建性质。安德森以此为例，生动地例证了经济基础与上层建筑的相互作用性质，说明了经济基础并不能脱离开上层建筑单独发挥作用，只有在与上层建筑的相互关系中才能体现其功能。

三、对传统历史唯物主义拓展的维度

通过以上对英国新左派思想家历史唯物主义具体观点的考察，可以看到，新左派思想家从不同的角度与研究范式上，拓展了传统历史唯物主义研究的理论维度。

首先，从文化与物质、社会相关联的角度上超越了传统历史唯物主义对文化的浪漫主义理解。文化与物质相结合的“文化唯物主义”理论不但批判了英国传统利维斯精英主义的文化观，而且超越了传统马克思主义者所沿用的浪漫主义的文化概念。浪漫主义把文化视为一种与物质相对立的纯粹精神性和思想性的存在，沿用到经济基础与上层建筑模式上，文化就成了只是出于机械反映功能的上层建筑，这样的理解完全无视文化作为人类社会活动的实践价值和作为人类生活方式的意义。与此相反，文化唯物主义理论强调文化与社会之间相互构成的关系，强调文化的物质性和实践性，强调文化也是社会生产和社会存在的组成部分，从而丰富并拓展了文化概念的内涵和外延。

其次，从经济基础与上层建筑相关联的角度上批判了传统历史唯物主义的经济决定论。在历史唯物主义的理论框架中，经济基础与上层建筑的关系问题一直是学界争论不休却没有定论的命题。斯大林式的马克思主义和庸俗唯物主义对这一关系的错误理解，更是使这个问题显得错综复杂和扑朔迷离。新左派思想家们在研究历史唯物主义的过程中，不断追问和思考这一马克思主义理论的根本问题。威廉斯和汤普森对这个命题的主要贡献在于他们旗帜鲜明地反对斯大林主义的经济决定论，彻底抛弃经济基础与上层建筑的僵化机械的思维模式。是不是经济基础与上层建筑的模式必然导致机械决定论？这是伊格尔顿提出并思考的问题。在伊格尔顿看来，文化不仅是一种物质存在，也是整个社会物质生产的一部分，更是一种意识形态实践。因此，他提出：“意识形态已经从上层建筑转移到了基础，成为资本主义经济的一

种功能。”① 伊格尔顿把对经济基础与上层建筑模式的思考延伸、扩展到了文化理论之外的政治哲学领域。安德森与伊格尔顿同为第二代英国新左派代表人物，他们在经济基础与上层建筑关系问题上继承了一个共同的理论渊源，那就是阿尔都塞的结构主义。安德森在结构主义影响下，特别强调国家政治、经济、文化的整体社会结构，同时他又扬弃了阿尔都塞的结构主义，提出要将“社会结构和阶级主体结合”起来分析社会形态的观念。

再次，从打破学科边界的研究范式的演变上扩大了传统历史唯物主义的研究领域。新左派思想家们提出的“文化唯物主义”不仅是一种创新的理论，还是一种具有方法论性质的研究范式。这种研究范式打破了传统历史唯物主义研究的学科界限，使历史唯物主义理论成为历史学、文学、美学、政治学和哲学等跨学科的研究对象。“文化唯物主义”研究范式的确立，也使英国新左派思想家对历史唯物主义研究的领域超越了法兰克福学派研究的领域。法兰克福学派坚持精英主义文化理念，坚持文化的批判性，贬斥“大众文化”的娱乐性和无思想性，导致他们的文化研究游离于人民大众文化的实践生活和工人阶级普通大众的范围之外。与此相反，新左派思想家们挖掘了更为广阔的人民大众文化、社会政治运动、青年亚文化、女性主义等历史唯物主义研究领域。除了“文化唯物主义”研究范式，安德森提出的“历史与哲学相结合”研究历史唯物主义的方法，也是对英国传统马克思主义历史学家只重视历史事实，单凭在历史叙事中考察唯物主义理论方法的扬弃。新左派思想家们不但拓展了历史唯物主义研究的方法，而且还坚贞不渝地贯彻了研究马克思主义理论的经典方法——“理论与实践相结合”，他们把自己的理论研究与个人的现实关怀联系在一起，把理性主义与经验主义联系在一起，把作为实践整治活动的新左派运动和作为思想理论探讨的《新左派评论》结合在一起。

英国新左派思想家对历史唯物主义在研究内容上的扩展和提升，在研究方法上的突破和超越，在研究角度、研究范式上的转换和变迁，对我们今天所进行的历史唯物主义理论与实践的双重探索仍然具有重要意义。他们对

① Eagleton，Terry. *Ideology*：*An Introduction*，London：Verso，1991，p.85.

传统历史唯物主义的“当代”解释与理论嫁接不是外在的，而是在历史唯物主义理论谱系内部使传统历史唯物主义在“当代”现实中的延续。对英国新左派思想家关于历史唯物主义的观点予以科学、客观和系统的考察，将有助于我们更加科学地把握时代发展的脉搏，更为深入地思考我们这个时代之历史唯物主义的发展问题。

第四节　英国文化马克思主义：人道主义与结构主义之辩*

20世纪60年代，在英国文化马克思主义历史上发生了一场重要的争辩，它反映了两代英国新左派对英国资产阶级革命历史、英国工人阶级以及马克思主义理论的不同认识和立场，彰显出两代人探索英国马克思主义理论发展道路的不同政治文化观。这场争辩一方面丰富和发展了英国文化马克思主义的理论和实践；另一方面也暴露出英国文化马克思主义理论发展过程中存在的突出问题与理论上的最大失误：缺少经济学理论对文化研究的支撑。本节拟对这场争辩进行系统地梳理和阐释，并对争辩之间的联系以及争辩背后所隐藏问题的实质提出自己的看法。

一、英国文化马克思主义的人道主义实质

英国文化马克思主义历史语境下的人道主义，与英国新左派和英国文化发展具有紧密的关联性。

英国新左派作为英国文化马克思主义理论和实践发展的主要载体之一，是我们正确破解英国文化马克思主义人道主义实质的理论前提。1957年的核裁军运动为新左派踏上英国的政治舞台提供了契机，新左派成员大多数是在核威胁伴随下成长起来的中产阶级知识分子和政治家，他们独特的成长经历促使他们积极参与到核裁军运动中，通过核裁军运动的道德问题的政治化使他们认识到，“从意识形态上讲，和平主义可以在社会主义思想框架内得到确认。而且对核裁军运动的支持不仅仅意味着只是对核武器的反对。从组

* 本节由中山大学哲学系赵传珍博士与我合作完成，原载于《哲学动态》2011年第9期。

织上讲，社会主义的潜力似乎存在于大众抗议运动之中”①。新左派成员不仅积极参与核裁军运动、中产阶级激进运动与和平抗议活动，而且还努力对战后英国的马克思主义理论和实践的变化进行重新认识。他们尤其关注在新的资本主义环境下，传统社会主义的动力——工人阶级的革命性遭到质疑的问题，以及发达资本主义社会民主与社会主义政治是否相适应问题。他们对这些属于马克思主义理论问题的探索始终围绕着“文化”而进行，他们创立的文化主义与结构主义研究范式丰富和发展了英国文化的研究，同时使英国马克思主义的发展呈现出文化马克思主义的特色。

第一代英国新左派理查德·霍加特（Richard Hoggart，1918—　）、爱德华·汤普森（Edward Palmer Thompson，1924—1993）、雷蒙德·威廉斯（Raymond Williams，1921—1988）都曾与人道主义“正面”相遇。

霍加特是英国文化主义研究范式的奠基者，他创办了伯明翰当代文化研究中心，为英国文化研究的发展起到了推动作用。他的著作《文化的用途》通过对1920—1930年间英国工人阶级自然、纯朴、健康的文化生活方式的回顾和描述，考察了1950年以来美国大众娱乐文化对英国工人阶级文化的冲击和影响。霍加特认为：“工人阶级天生有强大的能力，通过适应或吸收新秩序的需要，忽视其他，在变化中生存下来。”②这一观点充分体现了霍加特对工人阶级主动性和能动性的肯定，相信他们能够抵制美国大众娱乐文化的负面影响。在反对美国外来大众文化的同时，霍加特强调要发展本国工人阶级的大众文化，他对工人阶级大众文化的研究工作为威廉斯和汤普森的“文化唯物主义”理论奠定了坚实的基础。

汤普森是英国文化马克思主义的人道主义重要发起者。他在《社会主义的人道主义——给菲力斯人的书信》中提出：“社会主义的人道主义是人的，因为它再一次把现实的男人和女人置于社会主义理论和抱负的中心，它又是社会主义的，因为它重申了共产主义的革命视角。”③他还特别强调：“共

① Lin Chun. *The British New Left*，Scotland：Edinburgh University Press，1993，p.8.

② Richard Hoggart. *The Uses of Literacy*，New York：Oxford University Press，1957，p.32.

③ E.P.Thompson. “Socialist Humanism：An Epistle to the philistines”，*The New Reasoner*，No.1，Summer 1957，p.109.

产主义的目的不是一个政治目的，而是人的目的。”① 这些论述初步展示了汤普森的社会主义人道主义观，突显了其对人的重视和尊重。他在《英国工人阶级的形成》中将这种人道主义情怀融合于对“阶级”和“英国工人阶级形成”术语的特殊界定中，他说，“我强调阶级是一种历史现象。我不把阶级视为一种‘结构’，也不把它视为一个‘范畴’，而把它看为实实在在发生（而且可以证明已经发生）在人与人的相互关系之中的某种东西”②。基于对阶级的上述理论认识，汤普森对1780—1832年间英国工人阶级实际生活的各个方面进行了较为详细地考察，包括工人的工资、消费、道德状况、生活水平等，最后得出与古典马克思主义对英国工人阶级形成不同的看法。相对于恩格斯强调蒸汽机和棉纺织厂是英国工人阶级形成必不可少的要素，汤普森则提出，“工人阶级的形成不仅是经济史上，而且同样是政治史和文化史上的事实……工人阶级不仅被人形塑，而且同样也在自我形塑”③。汤普森对阶级和英国工人阶级形成的看法中更多地强调了“人”和“工人阶级”的主体性、能动性和经验性。除此之外，汤普森还从社会主义的人道主义立场出发，确定人民群众在历史中的重要作用，肯定人类动力因素。他重点批判了斯大林主义的经济基础与上层建筑模式，在他看来，斯大林对经济基础与上层建筑模式教条主义的理解是对历史唯物主义的严重扭曲，是一种还原论和经济决定论。与斯大林的理解相反，汤普森强调经济基础与上层建筑之间的相互作用，肯定上层建筑的积极能动作用，强调从人（尤其指普通的人民群众和工人阶级）的实践活动出发来理解上层建筑中的文化因素。他认为，斯大林的意识形态由三个因素组成：反智主义、道德虚无主义和个人的贬值。与斯大林的意识形态相反，汤普森提倡社会主义的人道主义，它结合了自由传统对个人的关注以及社会主义社会的平等目标。④

---

① E.P.Thompson. “Socialist Humanism：An Epistle to the philistines”, *The New Reasoner*, No.1, Summer 1957, p.125.

② E. P. Thompson. *The Making of the English Working Class*, Harmondsworth：Penguin Books, 1968, p.9.

③ E. P. Thompson. *The Making of the English Working Class*, Harmondsworth：Penguin Books, 1968, pp.209—213.

④ 参见［美］丹尼斯·德沃金：《文化马克思主义在战后英国——历史学、新左派和文化研究的起源》，李丹凤译，人民出版社2008年版，第73页。

这些思想为汤普森作为新左派内部最忠实的马克思主义者和人道主义者提供了佐证。

威廉斯对英国文化马克思主义的突出贡献呈现在《文化与社会》和《漫长的革命》两本著作里，他开创了“文化唯物主义”这一带有标识性的观念体系。威廉斯在批判性地继承英国文化传统基础之上，强调文化不是少数精英的专利，而是包括工人阶级在内的全体社会成员所创造的。他提出，我们应从一种整体的生活方式，一个总的社会过程等意义上来运用文化这一术语。① 而汤普森在批判威廉斯思想的同时继承和完善了这一概念，提出“文化是整体的斗争方式”。在汤普森看来，英国工人阶级独立地创造出包含革命意识、民主观念、集体性机制和国际主义精神的阶级文化，是具有真正推动历史进步的创造性成就。② 汤普森的文化唯物主义强调文化既是物质性的又是象征性的特定社会实践。

虽然霍加特、威廉斯和汤普森在各自具体的文化观方面存在着不同的侧重点，但是他们对工人阶级大众文化的关注，对人的直接能动性的肯定，对英国传统历史经验的吸收，对马克思历史唯物主义思想的创造和发展等方面却有着共同的理解和运用。

英国文化马克思主义的人道主义在政治观上，坚持立足于英国传统马克思主义历史和本国国情发展英国社会主义，重视英国工人阶级的主体性和革命性，肯定改良路线；在文化观上，以文化唯物主义思想为指导，主张进行文化分析时把政治、经济与日常生活相结合，重视发展工人阶级大众文化的重要性，强调在英国本土激进传统内部发展以人的直接能动性为核心的文化研究新模式。

二、结构主义对人道主义的挑战

正如新左派的出现与核裁军运动密切相关一样，新左派的衰落也与核裁军运动息息相关。新左派成员把核裁军运动和工党的联盟合作看成是进行

① 参见吴治平：《雷蒙德·威廉斯的文化理论研究》，甘肃人民出版社 2006 年版，第 131 页。

② 参见吴治平：《雷蒙德·威廉斯的文化理论研究》，甘肃人民出版社 2006 年版，第 48 页。

社会主义变革的必要前提条件。所以，当工党采取不合作的单边主义立场时，大部分新左派成员的政治梦想严重受挫。与此同时，作为新左派运动的理论基地《新左派评论》也在困难时期走向衰退。1962 年 5 月，第二代英国新左派最杰出的代表人物佩里·安德森（Perry Anderson，1938— ）在这种背景下走马上任为《新左派评论》主编，从此第二代新左派开始活跃在英国文化马克思主义的舞台，而第一代新左派则失去了他们主要的文化政治思想传播阵地。伴随着第二代英国新左派的崛起，以汤普森为主要代表的社会主义人道主义面临着来自其他西方马克思主义理论的挑战，尤其是来自结构主义的马克思主义的批判。

安德森在《当代危机的起源》中对英国资产阶级革命进行了全面的考察，得出了与第一代新左派马克思主义历史学家完全相反的结论：英国资产阶级革命并没有沿着经典唯物主义设计的路线发展，它没有像法国资产阶级那样彻底推翻封建贵族的统治，只是改变了经济基础，没有改变上层建筑，英国的工人阶级虽有所发展和进步，却无力改变英国社会的基本性质，依然从属于英国资本主义不可动摇的结构之中。安德森还从时间上分析了英国资产阶级革命和法国资产阶级革命的两种截然不同的指导思想——经验主义和理性主义，并从这种比较分析的方法中看到了理性主义文化对革命运动产生的巨大力量，促使他投向了结构主义的马克思主义怀抱。

法国著名哲学家、“结构主义马克思主义”的奠基人路易斯·阿尔都塞（Louis Althusser，1918—1990）的结构主义对第二代英国新左派在文化研究领域方面产生了重大影响。苏共二十大后，在国际范围内和法国共产党内掀起一股把马克思主义人道化的浪潮，针对这股声势浩大的浪潮影响，阿尔都塞站在捍卫马克思主义学说立场上，对马克思主义学说的基本思想和基本理论，进行了重新解释和论证，目的在于把马克思主义理论中不科学的因素“清算”出去，他在《保卫马克思》中提出：“人道主义仅仅是个意识形态概念”，“我们说人道主义是个意识形态概念（因而不是科学概念），这是为了肯定，一方面它确指一系列存在着的现实，另一方面它不同于科学的概念，因而不提供认识这些现实的手段。它用一种特殊的（即意识形态）方式确指一些存在，但不说明这些存在的本质。混淆这两种不同的概念，就不可能得出任何认识，就会含糊不清，甚至可能会犯错误”①。在阿尔都塞看来，作为意识形态概念的人道主义即理论人道主义是不科学的人道主义，在这种人道主义中，人作为开端性主体只是空洞观念中抽象的人，而现实的具体的人则是经过结构主义分析的人。阿尔都塞的结构主义为英国的文化马克思主义研究开辟了一条新的道路和方法，并成为英国历史上重要的文化研究范式之一。

安德森和第二代新左派另外一位重要的代表人物汤姆·奈恩（Tom Nairn，1932—　）不但把阿尔都塞的结构主义马克思主义思想和葛兰西的霸权理论引入英国，而且运用这些理论资源对汤普森的人道主义进行了颠覆性批判。首先，安德森以国际社会的视野从理论上寻找英国社会主义革命的新出路，这一做法彻底打破了汤普森等人只是关注英国本土政治的民族主义局限性。《新左派评论》发表了一系列关于大陆社会理论的研究成果，表明了他们理论视野方向的转变。同时安德森还提出：“我们以同情的态度观察了东欧1956年的动乱，却没有结局。1959年的古巴革命对于我们来说似乎对未来更重要并更有希望。”②这说明第二代新左派对第三世界的政治感兴趣，希望在欧洲以外看到革命的新机。其次，安德森用结构的和抽象的术语批判了汤普森的阶级观。安德森批评汤普森的英国工人阶级的形成在很大程度上游离于新的生产方式之外，因此不能为考察主观经验的作用提供任何可能性。安德森强调，阶级不但有着结构赋予的客观位置，而且其结构位置不受人的意志或者态度的制约。安德森从根本上否定了汤普森对英国工人阶级的看法，与汤普森强调工人阶级的革命性和主动性截然相反，安德森强调的却是阶级结构位置的不可制约性。最后，第二代新左派还攻击了第一代新左派的文化主义研究范式。奈恩在《英国的分裂：危机与新民族主义》中，质疑文化主义的理论来源并非是纯正的马克思主义传统。在奈恩看来，来源于英国本土的社会批判与传统文化研究范式的文化主义完全忽视了基本经验对

① 吴治平：《雷蒙德·威廉斯的文化理论研究》，甘肃人民出版社2006年版，第218页。

② ［英］佩里·安德森：《英国马克思主义的内部争论》，维索出版社1980年版。转引自［美］丹尼斯·德沃金：《文化马克思主义在战后英国——历史学、新左派和文化研究的起源》，李丹凤译，人民出版社2008年版，第150页。

认识的局限性，这种研究范式缺乏理论性。安德森和奈恩还都指责汤普森犯了“民粹社会主义”的错误。

第二代英国新左派文化马克思主义的结构主义，通过借助阿尔都塞结构主义的马克思主义和葛兰西霸权理论，重新审视英国的资产阶级革命历史和工人阶级的革命性动力，分析英国的历史和工人阶级，在新的国际形势和新左派处于危机形势之下，积极探索英国社会主义道路的出路问题。他们主张立足于国际社会视野，积极吸取大陆社会理论的精华，对第一代新左派的理论和学术观点进行了全面、彻底的批判，得出了与第一代新左派完全不同的政治观和文化观。

在这种面对挑战的学术背景下，以汤普森为代表的第一代新左派亦不甘示弱，纷纷做出理论回应与理论反批判，于是在英国历史上上演了一场独特的具有英国文化马克思主义特色的“人道主义”与“结构主义”之辩。

三、双方争辩的主线与主题

英国文化马克思主义视域下的人道主义与结构主义的争辩，主要围绕两大问题而展开：英国工人阶级、资产阶级革命历史，英国实现社会主义的前景与道路问题；“结构主义”与马克思主义的关系问题。从双方所发表的学术著作为主要线索来看，这场争辩以 1963 年汤普森出版《英国工人阶级的形成》为序幕，直到 1981 年安德森出版《英国马克思主义内部的争论》而终结。

《英国工人阶级的形成》主要探讨的是 1780 年至 1832 年期间英国工人阶级从“自在的阶级”走向“自为的阶级”的斗争历程。通过这本著作，汤普森成功地表达了他的基本思想，即英国工人阶级不仅有革命的思想传统，而且有革命的实践活动，他们最终通过革命实践创造了自己。[①] 同时，汤普森还在这本书中对他的“文化唯物主义”概念进行了论证。针对汤普森的《英国工人阶级的形成》，第二代新左派安德森和奈恩随即在《新左派评论》

---

① 参见张亮：《阶级、文化与民族传统——爱德华 · P. 汤普森的历史唯物主义思想研究》，江苏人民出版社 2008 年版，第 20 页。

上发表一系列的文章（又被称之安德森—奈恩论题），其中最重要的文本是安德森的“当前危机的起源”。安德森—奈恩论题对英国历史的发展做了结构性的分析，不仅回答了英国社会主义为什么会出现当前危机的问题，而且对为什么英国是西方工业化国家中唯一贵族专制统治国家问题做出了解答，在当时的英国社会产生了广泛的关注和影响。安德森认为：“在英国，懒散的资产阶级产生了附属的无产阶级。它没有传承自由的冲动、革命的价值观、通用的语言。”① 第二代新左派对英国历史的“新解”和“轻蔑”的立场，激起第一代新左派的愤慨，汤普森从历史学视角对安德森—奈恩论题又进行了反驳，这就是广为人知的《英国的特性》一文，它主要阐述并批驳了以下几个观点：“第一，汤普森认为把判断英国资本主义发展道路的标准建立在法国大革命之上，是一种外在的衡量标准，以此为标准不能科学地把握英国革命和发展道路的内在本质。第二，汤普森批判了安德森和奈恩的英国缺乏革命论。第三，对于安德森—奈恩论题指责英国缺乏马克思主义理论的指导这一观点，汤普森把与马克思、恩格斯同时代的威廉·莫里斯（William Morris，1834—1896）认定为是一名真正的英国马克思主义者，以莫里斯为代表的英国马克思主义者一直致力于马克思主义与英国工人阶级相结合的工作，从这个意义上看，英国工人阶级从来不缺乏马克思主义理论的指导”②。在第一阶段的交锋中，第一代新左派站在民族的立场上，从英国具体的社会历史出发，得出英国工人阶级具有革命的传统，肯定了英国工人阶级的革命性，这种马克思主义的历史分析方法是值得肯定的，汤普森不仅继承了英国传统的经验主义方法，而且拓展了这一方法。从某种意义上来说，他为其他国家探索社会主义道路立足于本国实际的做法提供了正确的方法论借鉴意义。但是，汤普森和其他第一代新左派成员都未曾对新左派的衰落进行理论的分析和探求又明显缺乏理论上的说服力。安德森等第二代新左派面对危机的现状所进行的历史反思和新的理论探索是历史发展的必然。正是因为存在诸多的矛盾不能调和，所以新左派两代的争论才会持续到第二个

---

① ［美］丹尼斯·德沃金：《文化马克思主义在战后英国——历史学、新左派和文化研究的起源》，李丹凤译，人民出版社2008年版，第152页。

② 张亮：《汤普森视域中的民族性与马克思主义》，《福建论坛》2008年第7期。

阶段。

在阿尔都塞的结构主义的马克思主义的深刻影响下，安德森出版了《绝对主义国家的系谱》和《从古代到封建主义的过渡》两部历史学著作，对英国传统马克思主义历史学观点进行了批判：第一，批判了传统的“自下而上”的历史观，强调重视“自上向下看的历史”的重要性。第二，安德森在多元决定论的框架下强调政治国家视角的优先性。① 第三，主张从普遍性出发看待特殊性，即从世界出发看待欧洲，从欧洲出发看待英国②，与汤普森的民族性视角构成对立。第四，重视对理论的分析方法与汤普森的具体问题具体分析也是冲突的。与此同时，另外两位第二代新左派——斯特德曼·琼斯（Stedman Jones，1942—　）和特里·伊格尔顿（Terry Eagleton，1943—　）也采用结构主义的马克思主义方法对第一代新左派“开炮”，琼斯的《1870—1990 年伦敦的工人阶级文化和工人阶级政治》和《阶级斗争与工业革命》两篇文章对汤普森的阶级理论进行了彻底的颠覆。而伊格尔顿则对自己的老师进行了严厉的批判，颇有亚里士多德的“吾爱吾师，吾更爱真理”的架势。在英国文化研究领域也发生了大致相似的情景。在斯图亚特·霍尔（Stuart Hall，1931—　）等人的领导下，霍加特和威廉斯参与过创建的伯明翰大学当代文化研究中心，在20世纪70年代集体转向结构主义，与当代文化研究中心齐名的《银幕》集团则成了不折不扣的结构主义者。面对“结构主义”如此“铺天盖地”般的影响和英国追随者们的疯狂，第一代新左派们的反应会是怎样的呢？

有人选择忽视，有人选择妥协，而汤普森则选择了反击，这就是《理论的贫困》诞生的根源，《理论的贫困》的基本观点如下：

第一，阿尔都塞的认识论是从有限的理论学习过程中揭示出来的，缺乏合法性与普遍性；第二，阿尔都塞认识论是典型的马克思主义传统所指责的“唯心主义”思维模式；第三，将必要的经验对话与经验主义相混淆，以

---

① 参见［英］佩里·安德森：《绝对主义国家的谱系》，刘北城译，上海人民出版社 2001 年版，第 4—5 页。

② 参见［英］佩里·安德森：《绝对主义国家的谱系》，刘北城译，上海人民出版社 2001 年版，第 2 页。

最粗俗的方式歪曲马克思的历史唯物主义的理论实践；第四，对“历史主义”的批判在特定方面与对历史主义的反马克思主义批判是一致的。第五，阿尔都塞的结构主义是停滞的结构主义，它与马克思的历史方法差距甚远；第六，阿尔都塞的理论体系缺乏能够解释冲突、变化或者阶级斗争等过程性事件的适当范畴；第七，严重的理论局限正说明，阿尔都塞会对“需要”“经济”等重要范畴保持沉默或者逃避的原因；第八，由此，虽然阿尔都塞及其追随者能够用极端抽象化的方式言说价值问题、文化问题和政治理论，但他们不能根本处理与解决这些问题。①

汤普森以上八个命题切中了结构主义的问题要害，他对结构主义理论缺乏真实的社会历史、人民群众主体的日常认识活动的批判，对必要的经验活动与作为意识形态的经验主义所做出的区别都是切实到位的。但是这些命题中也存在极端之处或缺乏可信的论据：对结构主义理论价值给予了全盘否认；认为阿尔都塞的历史主义与波普尔的历史主义殊途同归。而这一思想问世即引起了轰动，第二代新左派思想家们纷纷发表著述对汤普森进行批判。安德森在 1981 年出版《英国马克思主义内部的争论》围绕上述论点对汤普森思想进行了全面清算，并主要批驳了汤普森《理论的贫困》中的“经验”概念，指出了“经验”概念的使用前后矛盾。对此，第一代新左派没有做出回应，至此《英国马克思主义内部的争论》为人道主义与结构主义的论战画上了句号。20 世纪 80 年代之后，伴随着全球化新的国际形势的到来，英国马克思主义者的理论兴趣以及学术资源走向多元化的趋势，分析的马克思主义、后现代的马克思主义、女权主义的马克思主义、解构主义等等如雨后春笋般涌现，人道主义与结构主义的二元对立局势也走向了“历史的终结”。

根据上述线索，我们大致可以明确“人道主义”与“结构主义”争辩的主题主要是围绕以下几个方面进行的：第一，不同的历史观。一方立足于英国传统肯定英国拥有优良的资产阶级革命历史，另一方以法国大革命为衡

① 参见［英］爱德华·汤普森：《论阿尔都塞的结构主义的马克思主义》，张亮译，《马克思主义美学研究》第二辑，第 247—248 页。

量标准，否认英国的资产阶级革命历史；一方强调具体问题具体分析的历史分析法，另一方却侧重于对历史理论的分析。第二，不同的文化观。一方倾情于发展本民族工人阶级和普通民众日常生活实践的大众文化，另一方对外来的理性主义文化传统情有独钟，强调理论的建构性。第三，对英国马克思主义传统的不同理解。一方肯定英国工人阶级具有马克思主义理论指导的传统，一方从根本上否认英国工人阶级具有革命性。概而言之，这场争辩的主题最终可以归结为关于英国马克思主义的发展道路问题。

四、争辩的理论性质与局限性

审视和反思英国文化马克思主义视域下人道主义与结构主义的这场争辩，我们可以得出两方面的结论。

第一，这场争辩的理论性质是从属于马克思主义的。这场辩论深受当时法国存在主义与结构主义之争的时代大背景的影响，可以说是存在主义与结构主义之争在英国文化马克思主义内的反应和拓展。其争辩的本质是围绕政治、文化两个方面展开的，是两代新左派借助于著述的文化形式，体现他们自身的政治诉求，他们分别采用了文化主义和结构主义的文化研究形式展示他们的政治意愿和理想。这场争论代表了两种理论思考和实践探索之间的冲突，这不仅是一场学术争论，而且是在英国马克思主义内部两条理论路线与政治实践的探索：第一代新左派作为忠诚的社会主义的人道主义者和文化马克思主义者，认为阶级是历史的和文化的构成，是人类动力的产物。他们在批判的基础上坚决维护英国马克思主义传统和民族经验主义的思想精华。第二代新左派立足于国际视野，用结构的和抽象的术语解读阶级，他们关注国家的霸权和压制功能，认为“意识形态”这一术语比“文化”具有无懈可击的马克思主义的可靠性。① 从辩论双方所涉及的主题和关注的问题来看，英国文化马克思主义本质上从属于马克思主义范畴，是西方马克思主义的一个流派。因为无论是人道主义，还是结构主义，都是马克思主义的人道主义

---

① 参见［美］丹尼斯·德沃金：《文化马克思主义在战后英国——历史学、新左派和文化研究的起源》，李丹凤译，人民出版社 2008 年版，第 156 页。

和结构主义；无论是第一代新左派，还是第二代新左派，他们始终是围绕着马克思主义在进行研究和探索；无论他们是批判马克思主义，还是反对马克思主义，他们试图进行的工作都是为了发展马克思主义。从这个意义上来看，无论第一代新左派与第二代新左派之间有多么激烈的争辩和不能调和的矛盾，他们却归属于同一个理论范畴——英国文化马克思主义。

第二，这场争辩的局限性是明显的。社会结构中重要的组成部分——经济范畴在这场论战中是“缺席的”，这背离了文化马克思主义的语境。虽然英国文化研究始终是在发展马克思主义理论这一过程中进行并发展的，但是在以马克思主义理论为标准的视域下，英国文化研究中的“经济”范畴缺失是其理论上的最大失误。马克思在《哥达纲领批判》中指出：“权利决不能超出社会的经济结构以及由经济结构制约的社会的文化发展。”① 这句话表明了政治、经济和文化三者之间的关系。政治、经济、文化是处于社会结构之中密不可分的统一体。英国文化马克思主义视域下的人道主义与结构主义这场争辩虽然在最初双方都致力于政治上反对斯大林主义，经济上反对经济主义。但是，随着辩论的深入，双方都淡化了经济这个重要的社会结构要素，尤其是当第二代新左派在辩论中占据主导位置时，过度强调文本理论研究，忽视了文化与生产方式的密切联系。因此，英国文化马克思主义理论的最大问题在于缺少经济学理论对其文化研究的支撑。

---

① 《马克思恩格斯文集》第 3 卷，人民出版社 2009 年版，第 435 页。

第六章　学科拓展与学科交叉

第一节　马克思主义历史哲学在学科对话中复兴*

马克思主义历史哲学是一门学科体系日臻完善的交叉性学科，它在跨越学科边界的意义上实现了史学与哲学的对话、“和解”，在史学具体性与哲学抽象性的张力及共振中寻求平衡，形成了自身的生成逻辑，实现了对史学与哲学学科的超越。随着全球化的推进，当今社会生活和个人生活境况发生了深刻的历史变化，马克思主义历史哲学正是在此背景下得以复兴。在马克思主义历史哲学的视野中观察当今纷繁多变的国际环境，对于科学地认识世界图景有着具体的指导意义；对于我国的社会主义市场经济建设及协调发展，特别是对于摆脱顾此失彼、失衡发展的思维惯性具有指导作用。

一、生成逻辑与深刻意蕴

随着当今社会从传统走向现代，从一元走向多元，在学术科研领域也出现了一个不可否认的基本事实，即没有哪一个学科单纯依靠本学科的力量就能够解决某一个重大理论和实践问题，学术研究越来越多地需要学科与学科之间互相借鉴、融合。打破学科间的壁垒，在学科对话中寻求新的突破口，成为当下学术研究的生长点和崭新空间。

具体而言，在史学与哲学各自的研究领域，许多学者都明确意识到克

---

* 本节由笔者的博士生余晓玲和笔者合作完成，原载于《天津社会科学》2013 年第 2 期，原文题目为《马克思主义历史哲学：在史学与哲学之间》，《新华文摘》2013 年第 15 期论点摘编。

服史学的具体性与哲学的抽象性，在两者之间找到有效平衡点的重要性，由此开始致力于学科之间的广泛对话和频繁交流。有学者就认为：“我们现在所提出的历史学与哲学的对话，实际上可能恰恰是缘起于当代中国学术研究过于硬化的学科边界和学科际存在的陌生性……而对话即是推倒学科间的屏蔽之墙，打破学科壁垒，探索我们在面对今天的总体性社会生活时所共通共识的理论方法。”① 马克思主义历史哲学正是在以史学和马克思主义哲学为主体的学科对话与超越自身的“和解”中得以复兴，其基本路径是：将马克思主义哲学的基本立场、观点、方法的宏观指导进一步贯穿于史学研究之中，使实证性的史学研究在马克思主义哲学的统领下反思与重构而“真正获得科学的尊严”②，形成与时俱进、适合当前社会发展需要的史学学科基础理论体系和价值评判标准，提升史学研究“人文”内涵；使马克思主义哲学从史学的已有研究成果中汲取营养，凸显历史性维度，形成历史性认识机制，丰富马克思主义哲学体系的相关内容。史学与马克思主义哲学的充分融合与学科超越，构成了马克思主义历史哲学内在生成逻辑。

马克思主义历史哲学凭借其内在生成逻辑，使其具备了史学与马克思主义哲学单个学科所不具备的深刻意蕴。马克思主义历史哲学研究的问题域已超出纯马克思主义哲学、纯史学的界限，单凭马克思主义哲学、史学已无法回答其问题域，它集马克思主义哲学和史学的知识、基本功能于一身，使它们以新的形式有机结合（并非两部分的机械相加），产生“合流”：既使马克思主义哲学理论体系具体化，也使史学渗透了马克思主义哲学的基本方法和原则，彰显出抽象性特征。马克思主义历史哲学的基本内容包括：历史本体论与历史认识论两个方面，至少涵盖：人类社会历史的起源、社会交往与世界历史、社会的组织结构、社会形态的更替、社会历史发展的动力、社会历史发展的规律、社会进步与人的发展、社会未来发展等具体方面。马克思主义历史哲学“着意在哲学层面上，动态地、全方位地概括人类实践活动的过程及其价值，总结以往的经验，揭示现实的艰难，展望未来的辉煌”，它

① 孙麾等主编：《唯物史观与历史评价》，中国社会科学出版社 2009 年版，第 144 页。

② 俞吾金：《历史事实和客观规律》，《历史研究》2008 年第 1 期。

“超越于具体的、特殊的历史事件和过程，既注重于对历史的宏观的、整体的把握，又具有高度的抽象性和普遍适用性”①。马克思主义历史哲学不是单纯研究历史事实的学科，也不是单纯研究历史规律的学科。马克思主义历史哲学既用历史事实来说明问题，又强调其中蕴含的科学规律，在事实的真实性中，通过对事实相互间因果关系的理解，揭示规律的真实性，即通过“微观具体层次”的史学和“宏大叙事层次”的马克思主义哲学的视域融合产生“中观”层次的马克思主义历史哲学。

在史学与哲学的融合及“和解”上，马克思主义创始人——马克思与恩格斯的文本中已有涉及。马克思与恩格斯在共同合作的《德意志意识形态》中曾经指出：“我们仅仅知道一门唯一的科学，即历史科学。”② 他们试图融合史学与哲学，创立了唯物史观，使史学由描述历史现象和偶然事件的学说抽象化、思辨化，从而哲学化。马克思主义历史哲学就是马克思、恩格斯运用唯物史观进一步对社会历史的发展过程、规律和其他各个方面全面整体的研究，从哲学的角度对历史整体的思考，对人类社会历史综合、立体、全方位、整体性的透视，使历史哲学真正成为既包含具体历史事实又包含哲学逻辑抽象的能够揭示人类社会历史发展规律的科学。

笔者认为，马克思主义历史哲学与马克思主义唯物史观有共通之处或交叉关系，但它们的区别也是明显的。其深刻关系体现为：唯物史观是马克思主义历史哲学的核心和真正源头，马克思正是通过对传统历史哲学的批判和反思，结束了以往与唯物主义相对立的唯心主义世界观的思辨历史哲学，建立了以唯物主义为前提的世界观历史哲学体系。它们之间的交叉与重叠并不表明两者可以完全等同，正如有学者所说：“马克思主义历史哲学以历史唯物论为指导，但并不包含所有历史唯物论的观点，它有着自己确定的内容……而历史唯物论客观上强调历史本体论和历史规律论，对历史认识论的内容则论及很少。只有马克思主义历史哲学才包含所有这三方面的完整内容。”③ 马克思主义历史哲学是唯物史观在史学中运用的逻辑结果，这一逻辑

① 万斌：《万斌文集：历史哲学》，杭州出版社 2004 年版，第 10 页。

② 《马克思恩格斯选集》第 1 卷，人民出版社 1995 年版，第 66 页。

③ 周世敏：《对马克思主义历史哲学的再认识》，《江西社会科学》1991 年第 6 期。

结果包含着唯物史观没有阐述或没有重点阐述的范畴与问题，如历史真实事实及反映历史真实事实的历史时空、历史结构；具有史学特性的历史认识规律等。马克思主义历史哲学在理论建构与理论创新上意义重大——从现实人的物质生产出发来揭示历史认识论基础与社会整体性结构，以经济生活为主轴来诠释社会发展的基本规律和动力系统，以人的自由全面发展和人的“类解放”为历史终极目标等——成功地实现了对传统历史哲学的全面超越，实现了历史本体论、历史认识论与历史方法论的内在历史性统一，实现了历史认识论、历史价值论与历史审美论的统一，在历史高度上丰富了马克思主义理论体系与内容。正因为它们之间不能完全等同，也就体现了马克思主义历史哲学研究不可替代的价值，不能以唯物史观来取代马克思主义历史哲学，否定其学科地位。

当代史学研究始终没有脱离主观性理论的总体视角来探讨历史这一困境，而马克思主义历史哲学的复兴是当代史学研究走出其困境的基本出路。现代著名史学家狄尔泰、克罗齐、柯林伍德都将史学家的直觉与个性看成是史学研究的主题，后来发展的新史学、分析史学、年鉴学派和新年鉴学派等各个派别，也未能使史学研究走出其面临的主观性、历史相对主义困境而得以重建。不同于传统的历史哲学流派，马克思主义历史哲学并不完全是关于历史发展的认知图式，也不完全是对于历史发展的具体设计，而是包含了对社会历史发展事实背后的根源的客观本质表达和方法论揭示，是随着社会历史实践的发展而发展的学说。马克思主义历史哲学最本质的方法就是现实历史沿革与逻辑发展统一的方法、历史主体与历史客体辩证统一的方法、多维度诉求的整体方法、辩证思维探讨历史规律的方法、历史的现实性与可能性双重解读的方法等。正是马克思主义历史哲学的最本质的方法论原则以及这些原则所具有的开放性特质与内在客观品质决定了其在当代的理论价值，特别是在史学研究中对学科本质探索的方法论意义。

英国历史哲学家柯林伍德在对马克思及马克思主义历史哲学的高度评价中曾表明，马克思和马克思主义历史哲学对于史学的研究而言，无论是赞成者还是诋毁者，都是一个无法绕开的话题和问题。他形象地说，“对某种学说进行激烈的论战，乃是争论中的学说在作者的环境中形象高大甚至对他本人具有强大的吸引力的一种更确实无误的标志”①。英国史学家巴勒克拉夫在评价马克思主义历史哲学在史学中的地位时也曾指出：“今天仍然保留着生命力和内在潜力的唯一的‘历史哲学’，当然是马克思主义……当代著名历史学家，甚至包括对马克思的分析抱有不同见解的历史学家，无一例外地交口称誉马克思主义历史哲学对它们产生的巨大影响，启发了他们的创造力。”②

二、世界图景审视的原则高度

马克思主义历史哲学具有强大生命力与强大诠释功能，它不仅能审视过去和现在的世界图景，而且也能把握未来世界图景。其当代价值体现在对现存的世界全球化、对资本主义命运的把握和所持的态度上，也体现在对未来社会发展的总趋势所进行观察的方法论和解释学意义。马克思主义历史哲学在史学具体性与哲学抽象性的张力中，对世界图景的“宏观”与“微观”相结合的“中观”把握——澄清世界发展的前提、划清各种是非界限（用史学思维澄清历史事实，用哲学思维揭示历史表象背后的本质性）——使得对世界发展图景的审视具有原则性高度。

科学地洞察世界，断定本国在世界中的地位和发展的方向，只有借助世界历史之“镜”，通过全面自觉把握世界历史发展潮流，在对世界历史作出整体把握的基础上，进行澄清前提、划清界限的有原则高度的审视。经济全球化是当今世界的一大趋势，如果不具备科学的世界历史眼光，不考察世界历史发展的前提、划清是非界限，就无法理解经济全球化背景下的必然性及其内在矛盾。马克思主义历史哲学考察世界历史的方法，特别是运用生产力与生产关系的基本原理及其历史哲学的基本原则来审视全球化，是深刻认识全球化“双刃剑”效应实质的钥匙。

当今世界全球化的发展是一种客观现实。就生产力角度而言，是其发展到一定阶段的必然产物与历史结果，是一个客观的“自然”历史进程，因

① ［英］R.G. 柯林伍德：《历史的观念》，何兆武等译，商务印书馆 2007 年版，第 24 页。

② ［英］杰弗里·巴勒克拉夫：《当代史学主要趋势》，杨豫译，上海译文出版社 1987 年版，第 263 页。

此我们不能回避而应正视这一趋势，必须在经济、政治、文化的关联中自觉融入全球化体系，这种融入并不是简单的顺应，而是积极扬弃，有所作为。从生产关系的角度而言，全球化是资本扩张与资本增殖运行的产物，是资本主义制度发展的结果。全球化和现代性最根本的支柱之一就是资本及资本积累，这种积累使得资本主义具有了贪婪的扩张性。全球化发展趋势不是抽象的、宿命论式的必然性，它既体现了现实历史的的必然性，也体现了逻辑发展的必然性，是现实历史沿革与逻辑发展的统一。

面对历史与逻辑必然性相统一的全球化发展，特别需要运用马克思主义历史哲学的思维方法，将历史分析与逻辑判断、具体事实分析与抽象思辨相结合及多维度诉求的整体性原则来看待全球化，审视全球化的问题及发展前提。全球化在马克思主义历史哲学的具体性与抽象性统一的视野中不是十全十美的，应该看到全球化的资本主义制度扩张性前提以及所导致的严重不足。历史事实与逻辑演进已经证明，当今世界经济格局被西方发达国家控制，如果盲目地顺应经济全球化，可能会误入发展的尴尬境地，陷入被动与依赖的发展局面。同时，资本主义全球化欲把各个国家都纳入资本主义的框架之中，甚至企图从经济扩张的前提中和经济的依赖性中，在意识形态上改变发展中国家原有的社会性质。西方发达国家想抑制发展中国家可能的强大繁荣，千方百计使老百姓对政治理想信念淡化；企图让马克思主义在多元化意识形态冲击下融化；对发展中国家的领导人及其历史进行百般丑化；利用互联网使人们的意识形态、人生观、价值观全面西化。因此，我们对全球化的批判应该具有历史哲学的原则高度，必须澄清的前提和划清的界限是：经济全球化并不等于全球一体化，不能在经济全球化的“裹挟”下推行政治全球化或文化全球化。各个国家的社会制度性质和文化、民族传统都各具特色，在以国家为“基本单位”的世界体系中，社会的基本矛盾是具体的，它决定了不同国家具有差别的现存的社会形态，在世界范围内也不可能有完全“普适”的上层建筑，经济全球化的意义不应该被泛化和扩大化。在经济全球化与西方国家控制全球化主导权的境况中，发展中国家不能机械地抛弃原有的政治形态，抛弃民族的文化特色，应敏锐地发现经济全球化过程中的“被政治”“被文化”现象及其可能的冲击，清醒地认识自己民族的根本利益之所在，在发展道路与发展模式的选择上增强独立自主性。

在看待资本主义同社会主义的关系问题上，也应该运用马克思主义历史哲学的基本原则与方法。马克思主义认为，社会发展不是作为单纯地域性的存在，“是以生产力的普遍发展和与此相联系的世界交往为前提的”①。用“世界交往前提”分析社会存在及社会制度关系问题，是学者无法避开的课题之一。社会主义与资本主义同处于世界历史的背景下，两者联系密切。中国特色社会主义发展道路的鲜明“特色”，并不是与资本主义世界相隔绝、脱离世界整体联系而形成的，而如何在世界整体联系中看待资本主义也要求我们树立正确观念。美国学者福山曾抛出“历史终结论”的思想，宣扬西方资产阶级民主自由制度是人类社会发展的“终极理想”，并认为其终极理想已变成事实，宣称资本主义私有制是最符合人的本性的完美制度，不存在社会基本矛盾，这种论调显然是站不住脚的。当今的历史现实并不能证明资本主义私有制的优越性，全世界以私有制为基础的国家很多，少数资本主义国家在运作方式和表现形式上呈现出一定活力，但绝大多数国家的资本主义制度并没有表现出明显的优越性。深刻认识资本主义的当代发展，认识资本主义同社会主义在世界整体中的共存关系，站在历史哲学澄清前提、划清界限的原则性批判高度，运用马克思主义历史哲学实现历史沿革与逻辑发展统一的方法、整体研究的方法、辩证思维探讨历史规律的方法，有助于社会主义国家在与资本主义国家较量中认清其本质。

马克思主义历史哲学的原则与方法对于我们认识世界未来历史发展的总趋势具有启迪意义。近代以来的世界历史发展过程表明，世界历史的形成就是资本逻辑在生产力中作用的结果，而世界历史的发展和走向将何去何从？马克思主义经典作家对于世界历史与共产主义关系的深刻论述，并不是一般地论及世界历史的后果与实质，重点在于从过程论的视域，即从历史发展的维度来研究世界历史发展趋势问题。共产主义实现趋势是世界历史发展的必然，其本质是由社会发展的若干规律决定的，其中世界历史的形成、生产力空前发展与大众思想觉悟的提高是共产主义实现的历史性前提，为共产

① 《马克思恩格斯文集》第1卷，人民出版社2009年版，第539页。

主义取代资本主义奠定了物质与思想基础。马克思主义历史哲学在原则高度上对共产主义实现的前提及其实现的可能性进行了科学论证：资本主义异化的消除并不具有随意性，“这种‘异化’（用哲学家易懂的话来说）当然只有在具备了两个实际前提之后才会消灭。要使这种异化成为一种‘不堪忍受的’力量，即成为革命所要反对的力量，就必须让它把人类的大多数变成完全‘没有财产的’人，同时这些人又同现存的有钱有教养的世界相对立，而这两个条件都是以生产力的巨大增长和高度发展为前提的”①。世界历史的发展不仅扩大了资本主义内在矛盾的范围，也加剧了劳动与资本之间矛盾的对立，由广泛的世界交往所引起的发达国家与发展中国家的竞争可能走向激化。“现代的工业劳动，现代的资本压迫，无论在英国或法国，无论在美国或德国，都是一样的，都使无产者失去了任何民族性。”②因此，“大工业却创造了这样一个阶级，这个阶级在所有的民族中都具有同样的利益，在它那里民族独特性已经消灭，这是一个真正同整个旧世界脱离而同时又与之对立的阶级”③。世界历史的发展，本身也锻造了世界性的无产阶级，培养了埋葬资本主义的“掘墓人”。资本主义越是发展，它所积累的社会主义因素及其创造的否定自身的因素就越多。在全球化背景下，劳动力的国际性与资本集中性（仍为少数个人和集团占有）等世界性矛盾的克服、消除必然依靠共产主义过程化的基本方式与基本路径来解决。马克思主义历史哲学原则高度的运用，对于当今世界图景的把握具有划时代的意义。

三、顾此失彼思维惯性的消解

以马克思主义历史哲学为视野，在马克思主义历史哲学的总体观照下，我们能够在原则高度上明晰全球化的意义和局限、资本主义制度的发展逻辑以及共产主义实现的充分可能，马克思主义历史哲学具有世界意义。

马克思主义历史哲学在当今中国的市场经济与现代化建设中也具有解释学意义，其价值与实际指导作用是多方面的，而尤其值得重视的是：在我

① 《马克思恩格斯文集》第1卷，人民出版社2009年版，第538页。

② 《马克思恩格斯文集》第2卷，人民出版社2009年版，第42页。

③ 《马克思恩格斯文集》第1卷，人民出版社2009年版，第567页。

国经济高速发展的今天，如何摆脱顾此失彼、失衡发展的思维惯性，指导科学发展、协调发展，马克思主义历史哲学的作用明显，和谐发展构成了马克思主义历史哲学的理论取向和现实实践目标诉求。

中国经济的发展速度及其形成的发展模式，得到了国际社会的充分肯定和高度评价，但随着时间的推移，在市场经济发展过程中矛盾日益凸显，在发展过程中要面对的复杂风险性开始显现，例如，人口众多与人均资源占有量少，贫富差距、城乡差距、地区差异的存在和继续扩大，就业和社会保障压力日增，教育、卫生、文化等事业发展相对滞后，经济发展、转变方式的落后，生态环境质量逐渐下降，作为国家竞争力核心的自主创新能力不强等。这要求人们对社会历史发展的认识不能仅仅停留在经验层面上，必须要有切实可行的“协同”理论作指导。而马克思主义历史哲学通过融合具体性与抽象性，对社会历史分析具有历史的、政治的、经济的、文化的多维度诉求，以客观历史事实为前提，形成历史性认识机制，体现出全面性与历史厚重感，必将成为我国市场经济条件下协调性发展实践的重要思想资源库。

马克思主义历史哲学在当代中国发展中的指导价值体现在当今社会主义现代化建设的实践中。以历史哲学多维度诉求的视野和学术传统看，市场经济建设不仅仅是单纯的经济学问题，即不能简单地把市场经济看成资源分配和劳动力配置的问题，更为重要的是经济与政治、文化、社会、生态的整体协调建设发展的问题。20 世纪以来，南斯拉夫、波兰、匈牙利、苏联等社会主义国家都进行过以市场为导向的改革，这些国家却走向了政治制度、文化制度发生了根本性改变的不归路。政治建设、经济建设、文化建设、社会建设与生态建设“五位一体”的关系问题，始终是社会主义现代化建设与市场经济建设的一道不可逾越的难题。人们在这个问题上走极端的根源在于——思维的惯性：强调经济建设就容易忽视政治、文化、社会、生态建设等。[①] 历史事实警示我们：要重视政治建设、经济建设、文化建设、社会建设与生态建设的辩证统一，以科学的指导思想“规划”市场经济和市场经济

① 参见张奎良：《历史唯物主义的政治诉求》，《哲学研究》2012 年第 10 期。

改革，自觉地走出顾此失彼的思维惯性与“怪圈”，始终是我们现代化面临的重大课题和承担的历史使命。

马克思主义历史哲学认为，历史的本质是人通过人的劳动而诞生的过程。从代际传递关系看，历史是一个过程，是在前人留下的生产力条件下进行的。从生产力决定生产关系出发，历史是物质资料生产方式发展和变化的历史，评价历史是否进步的重要标准只能是社会生产力的发展。因此，在社会主义市场经济建设中毫无疑问应当以经济建设为中心，因为“只有在现实的世界中并使用现实的手段才能实现真正的解放；没有蒸汽机和珍妮走锭精纺机就不能消灭奴隶制；没有改良的农业就不能消灭农奴制；当人们还不能使自己的吃喝住穿在质和量方面得到充分保证的时候，人们就根本不能获得解放”①。雄厚的物质基础与发达的生产力是社会进步的先决条件。但是社会主义市场经济决不仅仅是纯粹以追求经济增长为中心，而是要实现经济建设与政治、文化、社会、生态建设等协调发展。

在马克思主义历史哲学的视野中，我们既要继承过去的历史，也要立足现在的实际，创建理想的未来；既要取得生产力的提高，也要追求政治文明、精神文明、生态文明等全面协调的进步。人类在创造历史的实践活动中包含着主体选择性和目的性，采取何种方式来发展经济，如何使这种发展有利于整个社会结构的均衡、协调，都必须以客观规律为依据。“历史不是作为‘源于精神的精神’消融在‘自我意识’中而告终的，历史的每一阶段都遇到一定的物质结果，一定的生产力总和，人对自然以及个人之间历史地形成的关系，都遇到前一代传给后一代的大量生产力、资金和环境。”②人类的延续是社会发展的基本前提和基本要求，每一代人的发展都应该为下一代人的更好生存和发展留出“地盘”。马克思在《〈政治经济学批判〉序言》中就指出：“社会的物质生产力发展到一定阶段，便同它们一直在其中运动的现存生产关系或财产关系（这只是生产关系的法律用语）发生矛盾。于是这些关系便由生产力的发展形式变成生产力的桎梏。那时社会革命的时代就到来

① 《马克思恩格斯文集》第 1 卷，人民出版社 2009 年版，第 279 页。
② 《马克思恩格斯文集》第 1 卷，人民出版社 2009 年版，第 544 页。

了。随着经济基础的变更，全部庞大的上层建筑也或慢或快地发生变革。”①我们要为生产力发展创造宽松的空间和条件，在理论上应该着眼于马克思主义历史哲学的视野，认清我们对于历史发展所应承担的深沉责任，理解马克思主义历史哲学的基本精神与学科本质，关注马克思主义历史哲学的多维度诉求、提高马克思主义历史哲学干预现实社会的能力，深入分析社会主义市场经济建设与马克思主义历史哲学之间的内在关联，避免把历史问题、社会发展纳入对立两极思维的偏颇。也只有如此，才能充分实现我们所追求的社会和谐发展与可持续发展的整合形态社会。

第二节　罗尔斯教育公正理论情结及方法论原则批判*

约翰·罗尔斯（John Rawls，1921—2002）是当代西方最具代表性的公正论者，自 20 世纪 70 年代其《正义论》著作出版以来，对学界产生了巨大的影响。他的教育公正观（立足于自身正义论的理论脚本之上又渗透了正义论的全部理念）也幸运地赢得了教育界不少学者的高度颂扬。在教育公正问题的大讨论中，许多学者青睐于反复引用、评述罗尔斯对公正理念的相关设想与论证，以罗尔斯的教育公正观为启示来研究当前的教育公正问题，试图从中发现关于教育公正问题的“真理”，笔者称这一现象为“罗尔斯教育公正理论情结”。这种热衷于罗尔斯教育公正理论的情结，使罗尔斯的教育公正理论在广泛散布之余必然具有某些无可争辩的值得借鉴之处。但是，作为一种方法论原则的教育公正观③所暴露出来的缺陷和困境是否还能使其在现实社会中科学合理地谋划改革、彰显实质意义上的公正力量，是值得深思的。揭示罗尔斯的正义原则及教育公正观的理论困境，厘清教育公正的应有之义，在现实语境下重新探讨教育公正何以可能的问题，对我们进一步拓展并深入研究通达教育公正的可能路径具有重要意义。

① 《马克思恩格斯文集》第 2 卷，人民出版社 2009 年版，第 591 页。

* 本节原载于《教育研究》2012 年第 1 期，《高等学校文科学术文摘》2012 年第 3 期转摘。

③ 参见郦平：《“〈正义论〉与社会正义观念之构建”学术讨论会综述》，《哲学动态》2009 年第 10 期。

一、抽象的理论前提：人性的虚拟假设

罗尔斯的正义观基于社会契约理论，但又将社会契约理论上升至一个更高的抽象水平，正如他所说的，“我们要把握这样一条指导线索：适用于社会基本结构的正义原则正是原初契约的目标”①。罗尔斯对其原初状态和无知之幕的假设构成了这条线索的源头，他的公平的正义原则正是在这种平等的原初状态中为人们所接受，它是确定有理性的人联合的基本条件，以实现促进人们的利益的自由。所谓平等的原初状态相当于传统的社会契约论中的自然状态，是一种完全虚拟的而不是历史的存在，是为了推论出正义原则的一种纯粹设想状态。在原初状态中，“没有一个人知道他在社会中的地位——无论是阶级地位还是社会出身，也没有人知道他在先天的资质、能力、智力、体力等方面的运气”②，甚至被设想为是有理性的和相互冷淡的各方并不知道他们特定的善的观念或他们特殊的心理倾向。罗尔斯认为，在这种原初状态中所达成的契约是公平的，自由平等的人按照这样的条件进行合作。

罗尔斯信仰的人性观是自由、平等和理性的，在他的视野框架下，人被摒除了任何非理性的动机而张扬自由主义的人性精神。他认为人的行动是自主的、仁爱的，而且人是具有道德人格的。而所有这些具有自主能力的人都被罗尔斯赋予了正义原则的权利，“他们都具有平等的自由、平等的机会以及与他们的优势成反比的资源”③。罗尔斯成功实现了传统契约思想的理论转型，由个体自利的理性视角向普遍主义的理性视角转化，强调获得共同接受的道德原则的普遍有效性和正当性，经过无知之幕的过滤，个体丧失了各种随心所欲的可能欲求而转变成一个普遍化的主体，即个体在追求利益最大化的同时，其选择将以合乎每一个体的普遍利益为前提。

这种“理想”的理论前提假设和方法论优势无疑为罗尔斯的理论带来了巨大的奠基作用，其教育公正观在这种前提下追求普遍平等自然而然受到了学者们的极大推崇。但问题是，罗尔斯的这一前提假设能否成立？“幕纱

---

① ［美］约翰·罗尔斯：《正义论》，何怀宏等译，中国社会科学出版社 1988 年版，第 11 页。
② ［美］约翰·罗尔斯：《正义论》，何怀宏等译，中国社会科学出版社 1988 年版，第 12 页。
③ ［美］约翰·凯克斯：《反对自由主义》，应奇译，江苏人民出版社 2005 年版，第 211 页。

背后”所设定的抽象的、被齐一化的人是否可以成为正义原则的实施主体？其与现实的关联性何在？

在罗尔斯以前的思想家绝大多数对人性的假设都只是对人性的抽象表达，罗尔斯对人性的假设也没有逃离抽象的困境，其理论图景中所假设的人是有理性的抽象主体，是自利的、没有差别的。这种对人的绝对设定，将人所具有的现实性、差异性完全遮盖掉，只在一个单一的抽象的维度中考察人与人的关系问题，对于特定的社会环境来说显然是没有多大用处的。正如马克思所说，“哪怕是最抽象的范畴，虽然正是由于它们的抽象而适用于一切时代，但是就这个抽象的规定性本身来说，同样是历史条件的产物，而且只有对于这些条件并在这些条件之内才具有充分的适用性”①。事实上，人必然是身处某一特定历史阶段中具体的、历史的人，而且人的这种历史性也必然是一个动态的变化发展过程。如果剥去了人的特殊性，仅仅用一把普遍化的标尺将人全面齐一来看待，就会陷入黑格尔式的唯心主义旋涡。罗尔斯一方面假定所有人都是自由而平等的合作的公民，将非合作的公民的可能性排除在其理论范畴之外；另一方面，由于人是具有道德人格的人，罗尔斯论证了原初状态中的人必将选择正义原则的平等权利。可见，罗尔斯仍在抽象的契约论观点中讨论问题，没有跳出纯粹抽象的范畴，甚至可以说，他的理论是基于抽象的“道德人”为前提设想的。我们暂且不去研究罗尔斯这种“道德人”的人格能力的要求必须达到何种标准或程度才能构成人获得平等正义权利的充分条件，仅仅是他这种彻底消解了主体特性的理想化理论前提所推导出来的正义原则和良序社会就必然会遭受现实可能性的追问。试问：从理论本身的需要设定出来的极度抽象的人是否能够进行自主的思考和判断？还能够做出什么样的选择？答案显然是否定的。

对人性的虚拟假设，同样使得罗尔斯的教育公正观被实质借鉴中受到追问和质疑。对人的本性的考察和研究，是教育公正研究中不容忽视的首要问题，人性的观点将影响教育公正理论的结构。历史实践的经验和大量的科学研究表明，人是具有社会性的、具体的个体，是不可能离群索居的。生活

① 《马克思恩格斯文集》第8卷，人民出版社2009年版，第29页。

在社会关系中的人是现实的，是有真正存在意义的，具有思考、判断和选择的能力，人不是形式上的抽象概念，不是仅具有“人形”的动物而已。教育视域下的主体，是真实的、具体的、相对性意义上的主体，而不是抽象齐一化的概念。教育本身具有特殊的性质，其根本目的在于使人成为人。具体来说，就是根据现实个体的先天特质，遵循其成长发展的需要，使其所具有的潜质和才能得到充分的挖掘和发挥。因此，只有在一定的时空范畴中，以动态发展的眼光看待教育主体，才符合教育的根本目的，才有教育公正可言。盲目地试图以罗尔斯的教育公正观来审视现实教育的公正状况，缺乏对其理论本身做科学的考量，尤其是缺乏对罗尔斯理论的根本性前提的思考，进而对教育现状进行绝对性的评价或提出主观性的设想都是不可取的。

二、片面的理论视角：尺度统一的正义原则

作为追求自由的平等主义者，罗尔斯认为正义意味着平等，平等是一种基本的价值，应使用统一尺度对待每个公民。“所有社会价值——自由和机会、收入和财富、自尊的基础——都要平等地分配，除非对其中的一种价值或所有价值的一种不平等分配合乎每一个人的利益。”① 基于这种尺度统一的要求，罗尔斯提出了两个正义原则：一是适用于确定与保障公民的平等自由方面的政治权利原则，“每个人对与其他人所拥有的最广泛的基本自由体系相容的类似自由体系都应有一种平等的权利”②；二是指定与建立社会及经济不平等方面的分配正义原则，“社会的和经济的不平等应这样安排，使它们被合理地期望适合于每一个人的利益；并且依系于地位和职务向所有人开放”③。他认为这两个正义原则是相辅相成的，第一个原则优先于第二个原则，第二个原则是对第一个原则的补充；第二个原则包含机会的公平平等原则和差别原则，其中前者优先于后者。

罗尔斯基于两个正义原则之上的教育公正观内含着以下规定。首先，

① ［美］约翰·罗尔斯：《正义论》，何怀宏等译，中国社会科学出版社1988年版，第62页。

② ［美］约翰·罗尔斯：《正义论》，何怀宏等译，中国社会科学出版社1988年版，第60—61页。

③ ［美］约翰·罗尔斯：《正义论》，何怀宏等译，中国社会科学出版社1988年版，第61页。

每个人都应在统一尺度下享有接受教育平等的自由的权利和公平的机会。受教育权作为每一个合法公民的一项政治权利，是任何人都不能以任何理由剥夺的，正如罗尔斯所指出，“获得文化知识和技艺的机会不应当依赖于一个人的阶级地位，所以，学校体系（无论公立还是私立学校）都应当设计得有助于填平阶级之间的沟壑”①。罗尔斯要求受教育者应当拥有公平的机会实现教育的目的，以保障教育符合“纯粹的程序正义”。他强调，“所有人都至少有同样的合法权利进入所有有利的社会地位”②，“各种地位不仅要在一种形式的意义上开放，而且应使所有人都有平等的机会到达它们”③。其次，每个人在（教育）资源分配中具有统一尺度的平等份额，对不平等份额的分配必须适合于最少受惠者的最大利益。但客观环境下要按照每个人所期望的计划进行分配资源是不可能的，资源的分配必须为一定的条件所限定，即自然禀赋（天赋）和社会因素的限制。“对每个具有相似动机和禀赋的人来说，都应当有大致平等的教育和成就前景”④，对待自然禀赋和社会条件相异的所有人，“社会必须更多地注意那些天赋较低和出生于较不利的社会地位的人们”，“较大的资源可能要花费在智力较差而非较高的人们身上，至少在某一阶段，比方说早期学校教育期间是这样”⑤。具体途径就是天赋较高者“通过抵消训练和教育费用和用他们的天赋帮助较不利者得益”⑥。只有天赋较高者在谋求利益的同时以使所有人获利为目的，才可能满足最少受惠者的最大利益。罗尔斯假设的这种人与人之间链式联系的合作关系说明，各种收入阶层的利益是紧密相连的，缺少链式连接的任何一环，都不可能维持这种合作关系。

罗尔斯的公正理论及教育公正观是以统一尺度促进所有人的公平、平等为视角，体现的是他对最少受惠者的偏爱，希冀在正义原则所提供的制度性保障下，不断地促使公正和公平实现最大化。正是罗尔斯这种在统一尺度

---

① ［美］约翰·罗尔斯：《正义论》，何怀宏等译，中国社会科学出版社 1988 年版，第 74 页。
② ［美］约翰·罗尔斯：《正义论》，何怀宏等译，中国社会科学出版社 1988 年版，第 72 页。
③ 何怀宏：《公平的正义——解读罗尔斯〈正义论〉》，山东人民出版社 2002 年版，第 111 页。
④ ［美］约翰·罗尔斯：《正义论》，何怀宏等译，中国社会科学出版社 1988 年版，第 73 页。
⑤ ［美］约翰·罗尔斯：《正义论》，何怀宏等译，中国社会科学出版社 1988 年版，第 101 页。
⑥ ［美］约翰·罗尔斯：《正义论》，何怀宏等译，中国社会科学出版社 1988 年版，第 102 页。

下对平等的执着诉求和对利益分配独断的裁定，致使其正义原则误入无法避免的诘难。

第一，平等与自由的悖论如何调和？罗尔斯期望受教育者之间达到事实上的平等，同时又主张自由而平等的权利具有优先权，这不免使其理论陷入尴尬的两难境地。一方面，追求事实上的平等需要以不平等为前提，即对受不同自然禀赋和社会因素影响的个人采取不同尺度的标准来权衡资源的配给，只有形式平等（形式平等是以法律的形式赋予每个人面对教育资源分配的时候拥有平等的地位和权利，但对平等的地位和权利所致使的可能结果不予以任何承诺或保证）被打破才有可能改变先天条件不同等的人由于使用同一标尺所必然造成的差距。然而，社会是不可能采取打破形式平等的方式以达到事实平等的状况。尽管历史上衡量等级不同的人的标准在发生变化，但个人天赋等客观因素不可回避，个人天赋的不同是形式平等的客观前提，这使得事实平等成为了不同历史境遇下的难题。这是因为权利不能超出社会的经济结构以及由经济结构制约的社会的文化发展。另一方面，民主的国家所推崇的自由，就是要彻底地保障个人的自由，即最大限度地保障个人的参政自由、言论自由、集会自由和思想自由，以及个人拥有财产和积累财富的自由。但这意味着，由于人的先天禀赋以及后天社会环境的差别，保障个人的自由可能导致人与人之间的悬殊和不平等。罗尔斯致力于事实平等，就是在初次分配的基础上，通过各种手段对资源与财富进行再分配，作为公共资源的教育也不例外，这势必会使某些人的自由权利遭受干预或侵犯。可见，无论在理论上还是现实意义上，平等和自由之间存在着难以克服的矛盾，罗尔斯以统一尺度为基础的第一正义原则“自由体系都应有平等的权利”无法实施。

第二，普遍性置换了普遍与特殊二者的应有内涵及其关系，如何可行？罗尔斯的机会公平平等是为受教育者提供程序上保证的原则，他把影响机会平等的社会差别因素排除在外，而对无法完全排除在外的偶然因素（包含自然因素和部分社会因素）则运用差别原则给予补偿以实现最大限度的平等。罗尔斯过分地重视客观因素（即包含自然因素和社会因素在内的偶然因素），忽视了对个人主观因素的全面考虑，他甚至将主观因素完全纳入到客观因素之中去，模糊了不同人的普遍与特殊之间的差别，取而代之的是所有人的应然选择，从而用普遍性置换了普遍与特殊应有的存在和统一。正如同一个家庭中，在同样的父母抚养下，两个不同的小孩或许天资类似，但不一定都喜欢上学，不一定都愿意付出一样大的努力去学习，更不用说取得一样的学习效果了。即使在完全相同的客观环境下，如果教育不关注其主体的主观动机、真实欲求和兴趣喜好的差异，不关注主体本身的多样性和特殊性，那就会使得受教育者在配给资源时被“公正化”。教育公正必须满足普遍与特殊的辩证统一，从普遍性上看，它只能是使同一性质、同一类型的对象得到公正的对待；从特殊性上看，教育在符合一个总体性的普遍原则的基础上，对于不同的群体应以相应的特殊规则来对待和评价；从普遍性和特殊性的关系上看，教育公正也是存在于一个多方博弈的动态平衡之中，如果做到在上限上各方都满意，在下限上各方都能接受，那么相对的公正就可能得以实现。

第三，平等与效率的相互矛盾如何权衡？罗尔斯在解决分配平等问题时，并没有避开效率空谈平等，相反，他认为以平等为实质的正义，是与效率相关联的。不过，他的效率观有别于马克思政治经济学意义上“投入和产出的比例关系”的理解。他认为，“对于某种社会基本结构的安排来说，如果没有别的可改善某些人的前景而不损害另一些人的前景的再安排方式，这种安排就是有效率的”①。显然，罗尔斯的平等构成了效率的价值边界，是效率最直接的制衡力量。其效率原则反映出他“对所有人有利”思想的坚持，这与正义观所提出的“尽量平等”的思想相契合。按照他的逻辑，资质较差的人的前景应该受到保护，这就是有效率的分配。但问题在于，这种分配是否实现了真正意义上的效率？实现教育公正必定是以遏止天资聪慧的人的发展为代价，而天资聪慧的人是社会的最大贡献者，如果坚持最少受惠者（资质较差的人）获得最大利益，忽视天资聪慧的人应该得到的最大利益，那么势必会影响他们创造社会财富的主动性和积极性，最少受惠者能得到的利益也随之受到影响。从个体主体上看，教育的根本目的在于促使每个个体的发

① ［美］约翰·罗尔斯：《正义论》，何怀宏等译，中国社会科学出版社 1988 年版，第 71 页。

展实现最大化，不是为了一部分人的发展而限制甚至牺牲另一部分人的发展；从社会主体上看，教育资源的公正分配是在相对平等的基础上追求社会效率、实现教育效益。如何平衡平等与效率的张力来确保社会处于良性循环的状态，罗尔斯对此的回答显然是欠缺的。

由于罗尔斯对正义原则的设定和推论缺乏全面、辩证的视角，使得其平等所表现出来的内涵不但受到现实合理性的质疑，而且受到具体实践的限制。片面地企图实现统一尺度的所有人的平等反而会造成现实更严重的不平等。教育理论与教育公正理论只有被置于一个辩证的、动态的理论视域之下，才能摆脱某种片面理论的局限性，获得辩证理论的有益启迪，得出符合相对公正的价值标准与评价判断，这是教育公正理论的内在要求。

三、乌托邦式的理论归宿：平均主义的倾向

从某种意义上看，正义的社会制度就是要使其最大限度地实现平等。罗尔斯的正义原则却将这一观点推向了平均主义的极端。从表面上看，其平均主义倾向的理论是以整个社会的平等为目标，孜孜不倦地追求分配上获得最大共识的真理性公正，而事实上它却不关注存在于社会制度之下的无数个体，这种平均主义倾向的设计为践行的可能埋下了深深的隐忧。

罗尔斯的正义原则，尤其是机会公平平等原则和差别原则，将这种平均主义的倾向表现得淋漓尽致。机会的公平平等旨在消除那些来自社会环境和家庭出生所造成的不平等事实，而差别原则则是对天赋相异的客观因素做进一步的补偿。通过对那些出身较差和天赋较低的人给予补偿（这种补偿的正当理由是人们的“社会合作”观念），从而缩小甚至拉平同出身较好和天赋较高的人在出发点上的差距，而社会的公正与否正是从这种公共资源的对待和处理中得以体现的。所有的公共资源（包括教育资源）在初次分配的前提下将被列入再分配的过程，我们姑且不去质疑用什么标准来确定具有获得补偿资格的群体，也不去质疑公共机构是否有权利干预这些资源的再分配，单从机会平等和对差别进行补偿的平均主义的倾向所体现的分配原则来说就是一种空想。对于正义原则，罗尔斯不无天真地表现出一种期望：“倘若始终遵循这两个原则的话，未来社会的人不仅将在制度形式上保证平等，而

且能够接近事实上的平等”①。但令人遗憾的是，在多元文化互相交集的社会里，罗尔斯的理论体系仿佛一个精心设计的空中花园，精美却缥缈，完整却遥远，它缺乏扎扎实实的现实根基，只能留给人们憧憬和向往。他的教育公正观，也只是那些关注着教育公正的人们沉浸于其中的乌托邦式的梦。

罗尔斯的平均主义公正观是理想化的，它将导致教育公正陷入乌托邦的空想中。“实践价值的共同合理性不是存在于理想的世界之中，而是存在于可能的世界之中。教育公正制度与原则重构的过程中，就是在这个可能的世界之中寻找更好世界的过程。”② 在现实的可能环境中，过于理想化的教育公正安排是不适合的。完全实现平均主义的分配着实是对现实的强迫。现实社会教育资源的有限性成为了“所有人事实平等”最强大的制约力量。倘若人们共处于教育资源富足的社会中，那么完全的事实平等就不再是遥不可及了，人们可以在对教育资源的各取所需中实现自由而全面的发展。然而，在现实教育资源无法满足所有人的需要时，罗尔斯采取这种被诺齐克称之为“模式化”的分配方式，即对资源的份额进行等额配给和相应的补偿，这样，在保障了一部分人的权利的同时忽视了另一部分人的权利，在现实中必定会受到被侵犯者的坚决反对而变得举步维艰。尤其是在教育资源匮乏的情况下，罗尔斯式的对平等的追求势必以牺牲卓越为代价，仅仅确保平等权利而不考虑受教育者的具体需要和接受水平，盲目地提供补偿并美其名曰“实现事实上的公正”，这种平均分配的态势没有平衡教育平等与效率之间的张力，使教育公正陷入空想的泥潭。在理想与现实之间存在着不可逾越的鸿沟。“罗尔斯所考虑的主要是一种理想的正义，而非现实制度的不正义，也就是说，不仅他的方法，而且他的问题也有一种抽象、虚拟和形式的特征。”③ 罗尔斯由抽象的原则和假设所推出的正义原则和所搭建起来的整个社会基本结构体系的落脚点都是理论的遐想，他把寻求正义的答案简单化地归结到理论层面上的问题，从来没有把它看作是现实实践的问题，其对公正的

① 何怀宏：《良心与正义的探求》，黑龙江人民出版社 2004 年版，第 368 页。

② 苏君阳：《公正与教育》，北京师范大学出版社 2008 年版，第 51 页。

③ ［美］约翰·罗尔斯：《正义论》，何怀宏等译，中国社会科学出版社 1988 年版，译者前言第 23 页。

追求包含着浓厚的乌托邦理想色彩，缺乏从历史的角度对实践进行深度的考量和反思。

教育的平均主义倾向与教育的本质背道而驰。教育不同于其他公共资源，是特殊的实践过程和心智活动过程。通过教育，具有主体性、能动性和社会性的受教育者被施加系统的影响，使其生理、心理受到影响而获得身心的全面发展，并在此过程中使得外在文化内化为其内在的素质，体现在其知识技能、思想情感和价值观念等方面的提高上。① 即便在平等的受教育权利的保护伞下，在各种外在接受教育的条件完全相同的情况下，在教育过程中无论形式上还是程序上都给予同样的平等待遇的境况下，不同的受教育者接受教育的结果都是不可能得到承诺或保证的。教育关注的不只是外部性条件的完善程度（包括教育制度安排、教育的具体设施等），还包括教育主体的心理、智力等内在条件，它允许并尊重不同主体内在条件的多样性和特殊性存在。对教育公正性的衡量不应当采取一刀切的评价标准，完全的平等（或者说平均的倾向）是不符合教育本质的内在要求的。“教育平等的终极原则是：人即目的，教育不能把人当手段当工具，人人居于平等的地位而有同等的机会。但这种平等不能是机械式的，社会的进步有待于不同的人发挥不同的潜能。”② 衡量教育公正的重要标准是个体身心发展上的公正，而不是以社会的公正来衡量教育的公正。

罗尔斯的公正理念有其值得借鉴的价值所在，能够对我们教育改革提供某种意义上的可能思路。但罗尔斯教育公正观中所蕴含的方法论原则需要谨慎对待。抽象的、片面的、空想性的理论体系与具体的、动态的、现实的实践活动难以寻找到相吻合的接熔点。要散发理论指导实践的强大能量，要求其理论本身来源于现实，而且这种理论是基于对现实社会的多维度、多层面的考察。我们在借鉴、运用罗尔斯教育公正观审视和指导中国的教育问题时，不应当持照本宣科般的拿来主义的态度，不加分析地对中国教育现状提出批评或提出所谓有效的改革方案，而应当以批判性的眼光看待罗尔斯的教

① 参见朱德全等主编：《教育学概论》，西南师范大学出版社 2003 年版，第 29 页。

② 袁振国主编：《当代教育学》，教育科学出版社 2004 年版，第 348 页。

育公正理论，警惕陷入罗尔斯教育公正理论情结，以防盲目地信仰其理论而做出与现实不相符的判断。

第三节　康德道德观及其对现实道德教育困境的开解*

伊曼努尔·康德（Immanuel Kant，1724—1804）是西方哲学史上最具影响力的哲学家之一，其三大批判理论更是奠定了他在哲学史上的泰山北斗地位。我国康德研究的开创者郑昕曾评论康德说："超过康德，可能有新哲学，掠过康德，只能有坏哲学。"① 康德凭借批判哲学闻名于世，其在教育哲学尤其是道德教育方面的贡献，也越来越受到广泛关注。

在道德教育方面，康德摒弃了在他之前的哲学家所注重的培养个人心灵情感的品质，转而从理性角度诠释道德教育的真正内涵，主张依靠理性力量建立纯粹的道德，即不掺杂任何感性成分的道德。康德所强调的基于理性的道德是对永恒人性的思考，具有超出其个人所处时代的普遍意义。尽管康德的纯粹道德在实践性运用等方面受到后世学者的质疑和批判，但他的道德哲学观并没有在众多的质疑声和批判声中沉沦，而是一直保持着巨大的理论魅力，巍然伫立于世界哲学之林。在道德教育陷入形式化困境并缺乏内在驱动内核的今天，康德的道德教育观依然闪耀着智慧的璀璨光芒。其道德教育观，尤其是其中对义务和自律的阐发，为当代公民道德教育的发展提供了源泉和动力，对道德教育由外在规范向内在自发转变以实现真正的"至善"目的具有重要借鉴意义。

一、义务：道德的至上动机

康德在《道德形而上学》一书中对义务做了详细阐述，认为义务可分为德性义务和法权义务两种：德性义务"并不涉及某个目的（质料、任性的客体），而是仅仅涉及道德的意志规定的形式东西（例如，合乎义务的行动

---

* 本节原载于《教育研究》2014 年第 4 期，人大"复印报刊资料"《教育学》2014 年第 7 期全文转载。

① 郑昕：《康德学述》，商务印书馆 1984 年版，第 1 页。

也必须是出自义务发生的)。只有一个同时是义务的目的才能被称为德性义务";法权义务则是"从目的出发,发现合乎义务的行动的准则"①。两者的本质区别就在于:前者依靠主体自我强制;后者是主体之外的外在强制。在此,笔者探讨的侧重点是德性义务。

就德性义务而言,康德认为,义务有"出于义务"与"合乎义务"之别,只有出于义务的行为才被认为是道德的,而合乎义务的行为,无论其结果如何,都称不上是道德的。于此,康德将义务归结为三个命题:

第一,"只有出于责任(义务——笔者注)的行为才具有道德价值"②。这一命题从质的规定性上限定了道德的范畴:真正符合道德内在要求的是出于义务的行为,而非合乎义务的行为。出于义务的行为,就是个体的行为没有目的、动机的附加,不受外在因素的影响和制约,是一种自觉和应然状态下的行动;合乎义务的行为,是指个体行为的结果受到爱好或其他目的性意图的驱使,具有明显的功利趋势。前者完全是受自身理性的驱使,而非受到外界任何环境因素和目的的影响,是纯粹的义务,或者说是为了义务而义务;后者尽管可能有善意的结果,如商人在交易中童叟无欺、公平买卖,但是其原本目的或动机却是为了获取更高的利润,这种看似善的行为称不上道德的行为,只有当他本身认为其售卖行为理应做到童叟无欺、公平交易而不论结果如何时,才能彰显出道德价值。

第二,"一个出于责任的行为,其道德价值不取决于它所要实现的意图,而取决于它所规定的准则"③。这一命题从量的规定性上说明了道德价值的多少与欲望、目的对象无关。康德所要强调的是:具有道德价值的行为并不以行为对象的实现作为评判标准,在判断行为的道德价值时,不能够将引起该行为的目的纳入考虑范围;决定行为道德价值的是行为所遵从的原则规定性的多少,包括主观原则与客观原则的量的规定。不论如何,"只有实行自己责任的原则或准则,而不管自己的责任是什么,才能给予行为以道德价值"④。

---

① 李秋零主编:《康德著作全集》第6卷,中国人民大学出版社2007年版,第395—396页。
② [德]康德:《道德形而上学原理》,苗力田译,上海世纪出版集团2005年版,第16页。
③ [德]康德:《道德形而上学原理》,苗力田译,上海世纪出版集团2005年版,第16页。
④ [德]康德:《道德形而上学原理》,苗力田译,上海世纪出版集团2005年版,第102页。

第三，“责任就是由于尊重规律而产生的行为必要性”①。这一具有综合性的命题表明，真正道德的行为，其必然性取决于理性规律。理性规律就是成为普遍规律准则的绝对命令，尊重法规和规律的意志是最为根本性的。根据规律的内容，义务的强制性要求行为与客观法则具有同一性，同时也要求主体具备履行义务的自觉性，这种自觉性履行是对主体意志的要求，它不仅仅出于爱好等经验动机，而且还出于义务动机。

在对义务命题陈述的基础上，康德将义务视为道德的动机，并赋予其至上的地位。但在康德之前的思想家中，没有任何一位思想家将义务直接作为道德的动机，他们大都倾向将善或者至善作为道德出发点或最终目标。康德打破了传统的思维理路，用义务而非善或至善作为道德的动机，将义务动机提升到至上的地位，而且还对善、义务与动机之间的关联性及其递进关系进行了剖析：善并非动机→法则是使义务成为动机的根源→道德律将义务推向至高。

善不是作为动机而存在。康德认为，那些关于善的理论都是从目的论出发，将善作为目的来进行理解，这种理解具有缺陷性。正如他在《实践理性批判》中所言，“只有联系到这些目的，完善（我们自身的内部的完善或上帝的外部完善）的概念才能成为意志的规定根据”②。通过预期的目的，“完善”才能规定意志。而“完善”对于意志而言，只是一种经验、一种质料，不能构成纯粹理性实践原则中纯粹化的前提。当然，康德并没有完全否定善，他也强调德性和幸福的完美结合，即道德的最高境界与至善有密切的关联。

法则的存在是义务成为动机的根本原因。康德明确指认，对于内在或外在行动的任何立法而言，都不能够缺失法则与动机两个维度：法则在客观上把应当发生的行动体现为必然，使行动成为义务；动机在主观上把对行动的规定根据与法则必然性关联起来。法则、义务与动机三者的关系是：“法则使义务成为动机。”③但值得提出的是，法则仅仅只是在动机领域嵌置了义

---

① ［德］康德：《道德形而上学原理》，苗力田译，上海世纪出版集团 2005 年版，第 16 页。

② ［德］康德：《实践理性批判》，邓晓芒译，人民出版社 2003 年版，第 54 页。

③ 李秋零主编：《康德著作全集》第 6 卷，中国人民大学出版社 2007 年版，第 225—226 页。

务，并没有给义务至上的地位，义务的至上性客观要求道德律的责任承担。

道德律将义务引向至上地位。在康德看来，动机是存在者意志的主观规定根据。“我们不能赋予上帝的意志以任何动机，但人的意志的动机（以及任何被创造的有理性的存在者的意志的动机）却永远只能是道德律。”① 康德将道德动机直接指向最为根本的道德律，并将道德律对于上帝与对于有限的理性存在者的不同意义做了区别。“道德律对于一个最高完善的存在者的意志来说是一条神圣性的法则，但对于每个有限的理性存在者的意志来说是一条义务的法则，道德强迫的法则，以及通过对这法则的敬重并出于对自己义务的敬畏而规定他的行动的法则。”② 这就使得道德律这一动机，在有限的理性存在者范围内转变成了义务动机。对于并非完善的理性者而言，凡是出于义务的行为都是道德的，任何不是出于义务的行为，不论其结果如何，都是不道德的。

较之于传统的思想家，康德对道德动机的思考更为深刻，他将道德动机继续向前推移，深度挖掘了人在善和至善背后更具有本源意义的道德出发点——义务。康德对义务给予了高度的评价，甚至用罕见的感叹文字表达了其对义务的崇敬：“义务！你这崇高伟大的威名！你不在自身中容纳任何带有献媚的讨好，而是要求人服从，但也绝不为了推动人的意志而以激起内心中自然的厌恶并使人害怕的东西来威胁人，而只是树立一条法则，它自发地找到内心的入口，但却甚至违背意志而为自己赢得崇敬（即使并不总是赢得遵行），面对这法则，一切爱好都哑口无言，即使它们暗中抵制它”③。

二、自律：道德的唯一原则

在康德的道德大厦中，自律起着不可或缺的支柱性作用。自律原则，即自我立法而又自我遵从，“在同一意愿中，除非所选择的准则同时也被理解为普遍规律，就不要做出选择”④。只有当自身所立之法成为普遍适用的法

① ［德］康德：《实践理性批判》，邓晓芒译，人民出版社2003年版，第98页。
② ［德］康德：《实践理性批判》，邓晓芒译，人民出版社2003年版，第112页。
③ ［德］康德：《实践理性批判》，邓晓芒译，人民出版社2003年版，第118页。
④ ［德］康德：《道德形而上学原理》，苗力田译，上海世纪出版集团2005年版，第61页。

时，才是可以遵从并付诸实践的法。康德明确指出："自律性是道德的唯一原则"[①]，也是最高原则。

康德认为，自律是一种积极自由。自由是康德所追求的终极目标之一，它"构成了纯粹理性的、甚至思辨理性的体系的整个大厦的拱顶石"[②]，是理性者意志的因果性所固有的性质。康德将自由区分为积极自由与消极自由：积极自由是指理性者意志的自律；消极自由是指理性者完全不受外在因果律的限制与干扰。康德的自律是一种积极自由，积极自由并非肆意妄为，而是要服从规律并受其制约，这种制约不是来自于外在自然规律的束缚或限制，而是来自于自身强加的约束和规范，亦即来自于理性者自身规定的规范准则。这种自我立法的理性动因与自我遵从的实现，便形成了自律。

康德的自律也是绝对命令的一条重要命令形式。人的理性是不完全的，不像完全理性者——上帝那样能够按照其对规律的意念而行动。因而，对不完全理性者而言，必须用客观原则从外在强加于其意志，使得个人的行动变为"应该做什么"的形式，从而构成了一种命令式。"一切命令式，或者是假言的（hypothetisch），或者是定言的（kategorisch）。"[③] 定言命令即绝对命令，是指"把行为本身看作是自为地客观必然性，和另外目的无关"[④]。康德断言："定言命令只有一条，这就是：要只按照你同时认为也能成为普遍规律的准则去行动。"[⑤] 从这条总的绝对命令出发，康德又推导出三条派生的命令形式："要这样行动，就好像你的行为的准则应当通过你的意志成为普遍的自然法则似的"[⑥]；"你要如此行动，即无论是你的人格中的人性，还是其他任何一个人的人格中的人性，你在任何时候都同时当做目的，绝不仅仅当做手段来使用"[⑦]；"意志能够通过其准则同时把自己视为普遍立法者"[⑧]。三条

① ［德］康德：《道德形而上学原理》，苗力田译，上海世纪出版集团 2005 年版，第 62 页。
② ［德］康德：《实践理性批判》，邓晓芒译，人民出版社 2003 年版，第 2 页。
③ ［德］康德：《道德形而上学原理》，苗力田译，上海世纪出版集团 2005 年版，第 32 页。
④ ［德］康德：《道德形而上学原理》，苗力田译，上海世纪出版集团 2005 年版，第 32 页。
⑤ ［德］康德：《道德形而上学原理》，苗力田译，上海世纪出版集团 2005 年版，第 39 页。
⑥ 李秋零主编：《康德著作全集》第 4 卷，中国人民大学出版社 2005 年版，第 429 页。
⑦ 李秋零主编：《康德著作全集》第 4 卷，中国人民大学出版社 2005 年版，第 437 页。
⑧ 李秋零主编：《康德著作全集》第 4 卷，中国人民大学出版社 2005 年版，第 442 页。

派生的命令形式中，前两者并列性地构成了后者的前提，并衍生出后者。

在阐明自律范畴的基础上，康德对自律在道德哲学中的地位也进行了充分论证。他从道德法则的性质与特点出发，认为作为道德依据的道德法则必然是具有普遍必然性的先天存在，他否定把后天得来的经验作为道德根据的可能性。一方面，经验中的事实并不包含普遍必然性。经验事实本身具有不确定和不可预知的因素，若用不确定或不可预知的经验事实去推断反映普遍必然性的道德，则难有可行性和可信度可言；另一方面，偶然的道德事例不可推论出道德规律的必然性。在现实生活中，从道德特例现象到道德规律本质不可能构成必然的单向因果关系。既然后天经验中难以发掘具有普遍必然性的道德根据，那么就只有从完全理性存在出发去寻找能够作为道德原则的律令，这便是自律原则，而且，自律原则是道德的唯一原则，“道德原则必定是个定言命令，而这命令所颁布的，不多不少恰好是自律性”①。“不多不少”与“唯一”在根本上具有统一性，表征自律原则的唯一性。

自律对他律在伦理学上最畏惧的问题——自由与道德法则关系问题的圆满解决，凸显出其在道德哲学体系中的重要地位。近代哲学为了反对宗教神学和封建专制，在关于人生观是自然主义还是超自然主义的选择中偏向自然主义，发展了一种以自我保存等自然属性为本性的人性论，并以此为基础建立了一系列伦理、政治、社会等不同方向的理论学说。但在康德看来，这类伦理学说的根本缺陷就在于它们的他律性：无论是从自然出发引出的具有动物性或物性本质的人性，还是从上帝那里引出的具有神性特质的人性，其意志均不是以自身为依据而是由在它之外或之上的东西所主宰。这种他律性不仅因其决定论品格而泯灭了人的自由、尊严和价值，而且由于其外在性和条件性使道德法则失去了内在的普遍约束性，最终使道德成为不可能。人之道德性必须要以自由为前提，但在他律伦理学中，自由与道德法则之间具有深层悖论并表现为形而上学一元论与道德二元论之间的深刻矛盾。康德创立的自律伦理学，主张道德法则乃是理性为自己确立的法则，从而使伦理学从他律转向自律。他认为，人之为人的本质不在于神性或者自然属性，而在于

① ［德］康德：《道德形而上学原理》，苗力田译，上海世纪出版集团 2005 年版，第 62 页。

人所具有的超越神性与自然属性的理性，以及由这种理性为自身立法所凸显的道德性。自由即自律，道德法则是理性为自己所制定的法则，两者通过自律紧密联系在一起。基于此，伦理学的相关问题就迎刃而解了。

康德在论证自律原则的唯一性时，并没有因此完全否定他律原则的重要性。自律与他律是相对应的一个概念，两者既相互对立又相互补充。他认为，任何事物都具有两重性，即“现象界”和“物自体”。“‘现象’是依存在于主体的、可认知的对象，而‘物自体’则是永远处在认知能力（包括直观形式）之外的不依存于主体的‘对象’。时间空间是我们先天具有的直观形式，通过时空所能得到的只是‘现象’而不及于‘物自体’；所以时空乃是‘玛雅之幕’（叔本华语），它使我们根本无法认知‘物自体’。”① 与“现象界”和“物自体”相对应，人也具有两重性：作为自然存在的人，必须服从自然因果律，受到自然因果律的制约，具有不自由性，这叫他律；作为理性存在的人，能够超越自然因果律的限制，遵从理性为自身所制定的法则而行动，具有自由性，即是自律。他律与自律的不同特性，决定了其对人的作用也存在不同，这也是康德重视他律原则的缘由之一。康德将自律和他律原则对人产生的不同影响引入教育领域，认为人并非纯粹的理性者，在教育之初必须受到他律的规制，而后人逐渐从他律转变为自律，摆脱自然因果律的辖制，实现真正的自由。在道德教育体系的全过程中，若是缺少道德教育中的他律环节，道德教育可能难以达到建立良好德行的要求；若是缺少自律原则在道德教育中的自觉发生和最终体现，道德教育也就变成对丧失尊严的受教主体人的一种单纯驯服教育。毋庸置疑，在道德教育中，他律只能作为初始阶段的引导，不能作为道德教育的主要方式，自律才是道德教育的最根本方式，是道德的唯一原则。

三、康德道德观：开解现实道德教育困境的钥匙

在物欲横流、商品琳琅满目的现代社会，人们对物质的欲求随着社会物质财富的急剧增长而持续膨胀。这股对物质片面追求的浪潮容易使得人的

① 钱广华：《开放的康德哲学——重读“物自体”》，《中国社会科学》2004 年第 5 期。

价值、文化和精神追求逐渐被抛之脑后，甚至淹没于追逐财富的足迹之中。公民道德教育无法抵抗这股浪潮的威力，不可幸免地被卷入其中，接踵呈现出各种不良态势，诸如形式化道德教育等（即将道德教育拘泥于表层形式的教育或者以单一片面的教育方式等同于实质上的道德教育），这种道德教育趋势尤其值得我们警惕和深思。经济利益与价值对道德良知的严峻考验及道德理想与客观现实比照的差距，使得康德的道德观在道德教育的尴尬处境中更加彰显出其独具的理论魅力。

在现实的道德教育境遇中，形式化的道德教育已经渗透到道德教育的各个方面，突出地表现在教育方法和教育内容两个方面。一是教育方法以灌输式为主，忽视对受教育者内在道德动机的发掘。灌输式的道德教育方法带有强制性和被动性，倾向于道德知识的硬性填充，效率较低，所能达到的效果有限。这一教育方法与道德的真谛相悖，是对人的自由、尊严和个体主体性的藐视。一种非内化而仅独立于主体主观意识之外的具有强迫性质的道德教育方式，使得接受主体不但没有自觉吸纳教育内容的动机，反而有产生逆反心理的可能性。当前，较为单一地灌输社会主旋律的道德条款占领主导地位，相对缺乏其他方法的合理运用，忽视开启道德教育良性动机的重要性，这一道德教育现状势必会引起道德教育“消化不良”的后果。二是教育内容重知识教导，轻实践培养。作为普遍化和客体化的道德原则和道德规范以知识形式出现，对道德生活具有指导意义，理应在公民道德教育中居于重要地位。但是，与道德知识化教育相对应的道德实践培养更要引起足够的重视，因为只有道德实践培育才有可能真正触及道德教育的内核，只有在道德实践中才可能形成道德法则，也只有道德实践才能真正为自律的道德行为提供现实的广袤空间。某种意义上，道德知识和道德实践是一种形式与内容的关系，只重形式而忽略内容，必将导致道德教育陷入抽象化和概念化的困境。如果片面强调道德的知识教育，不能保持道德知识教育与道德实践培养两者之间的有效平衡，无疑会使道德教育的效果受到不同程度的弱化。

形式化的道德教育带来了诸多负面后果。一方面，它致使主体自觉性缺失，个体道德行为缺乏由内及外的动力和源泉，使道德对主体的牵制力和引导力显著下滑。在个体行为中，道德修养不足，道德规范对个体的指导作用减弱，个体逐渐从道德主体向道德客体转变，最终形成一种旁观者的心态，将道德规范看作是规制他人的条款，从而完全取代道德规范应作为自身及他人活动行为准则的全部功能。另一方面，形式化道德教育披着知识化的外衣，不切实际地希望所倡导的道德在维护社会秩序上能与法律对等而坐。缺乏道德内核的驱动和道德实践的培养，不仅社会整体的道德水平难以得到较大提升，甚至各种形式的触及乃至僭越道德底线的行为频频出现，屡见不鲜，以至于现实呈现给我们这样的画面：反面道德事例做主角，正面道德知识唱大戏，这不禁使人望而生畏、引人深思。只有真正把道德知识的运用与道德实践行为融合起来，才能将道德引向实质化、实践化方向。

道德教育令人忧虑的现状，根源在于形式化道德教育未能触碰道德教育的内核，道德动机和道德原则的培育尚有欠缺——缺乏良好道德动机的培育，不能使个体按照一定的道德原则将道德意愿变为现实行动。对此，康德的道德观恰恰是开解现实道德教育困境的一把钥匙，其思想精髓对改善当前形式化道德教育的现状所具有的启发和借鉴意义无疑是极其珍贵的一大瑰宝。

第一，关于良好道德动机的培育。人类的活动都是动机的外在展现，道德教育要转向良性发展，必须从源头开始改变，培育良好的道德动机。在康德看来，良好的道德动机即是义务，唯有从义务出发的行为才是道德的行为。康德在如何培育义务动机方面的思考也将我们引入沉思："人理应有德性（作为一种道德力量）。因为尽管绝对能够并且必须预设由于自己的自由而克服一切感性地起相反作用的冲动的能力（facultas），但毕竟这种能力作为力量（robur）是某种必须来获得的东西，其方式是通过对我们心中的纯粹理性法则之尊严的沉思（contemplatione），但同时也通过练习（exercitio）来振奋道德的动机（法则的表象）。"① 要"振奋道德的动机"需要从两方面入手：一是要对义务保持敬重。二是要"通过练习"从而"振奋道德的动机"。

义务作为一种道德情感需要被敬重。人作为不完全理性者，其行动的动机错综复杂，但唯有是否出于义务行动的动机才是判断行为道德与否的至

① 李秋零主编：《康德著作全集》第 6 卷，中国人民大学出版社 2007 年版，第 410 页。

上标准。作为与义务相对的“任性”不得成为阻碍因素，“因为一种在病理学上刺激起来的（虽然并不由此被规定，从而也永远是自由的）任性带有一种愿望，这愿望产生自主观的原因，因而也可能经常与纯粹的客观规定根据相悖，从而需要实践理性的某种抵抗来作为道德上的强制，这种抵抗可以被称为内部的，但却是理智的强制”①。我们需要对义务给予充分的肯定，并逐渐在肯定中消融、内化、升华为对义务的敬重，从而真正将义务视为行事的纯粹动机。

“振奋道德动机”要通过不断“练习”来完成。在道德教育活动中，义务动机必须被视为行动的至上动机和评判行动道德的最高标准。个体在行动中需锻炼自己出于义务而作为、行事的自觉性和积极性，并通过刻意的反复练习，不断警觉、改进自身的不足，在练习和反省中将它演变为生活的习惯。但是，这种练习并不只是量的积累过程，更是质的逐步提高，正如康德所言，“把不同的不充分的根据并列起来，并不使一个根据弥补另一个根据的不足而达到确定性，甚至连或然性也不能达到。它们必须作为根据和后果而在一个序列中一直前进直至充足的根据”②，即将出于义务真正意义上确立为人们行为的动机，“行动不仅是合乎义务地（依照惬意的情感），而且是出自义务而发生的，这必须是一切道德教育的真正目的”③。只有这样，义务动机的培育才能将道德行为从根本上引向纯粹道德的方向。

第二，关于道德规范制定的主体参与及自律的坚持。在通往道德的路途中，出于义务的动机固然必不可少，但要自觉地遵守道德法则并始终贯彻于主体的一切行为之中，就必然要求道德主体充分发挥其自主、自觉精神，坚持自律原则——倡导道德主体参与道德规范的制定，实行自我立法自我遵从。“他之所以服从，由于他自身也是个立法者，正由于这规律，法律是他自己制定的，所以他才服从。”④在此，康德言明了自我立法与自我遵从的内在逻辑，为自我立法向自律发展提供了佐证。进一步来讲，倡导主体参与道

---

① 李秋零主编：《康德著作全集》第5卷，中国人民大学出版社2007年版，第35页。

② 李秋零主编：《康德著作全集》第6卷，中国人民大学出版社2007年版，第416页。

③ 李秋零主编：《康德著作全集》第5卷，中国人民大学出版社2007年版，第127页。

④ ［德］康德：《道德形而上学原理》，苗力田译，上海世纪出版集团2005年版，第50页。

德规范的制定，也充分体现了道德主体的理性能力及尊重其作为人的价值和尊严的存在。个人自发形成的道德规范能够调动道德主体的道德积极性，引发道德主体的道德认同，成就道德主体德行与德性的道德诉求及道德超越，发挥道德主体自觉的自律功效；而国家、政府或集体组织强制推行的以某一或某些集团利益为前提的道德制度安排体现的是一种制度他律的精神，往往容易使人们对其道德规范形成反感或冷漠的态度，因为在其中个人的道德动机与道德行为可能被抑制。道德规范的制定，只有在国家、政府和集体组织与个人的主体参与的制定中充分权衡他们之间的张力时，才能使道德规范真正回归到个人应有的动机状态，为自律的持续坚持提供保障。

从道德发生学的视域来看，道德始源于外在约束的他律，最终形成于内在道德自觉的自律。道德由他律升华为自律的基本发生学指向表明：道德行为的充分展开与彰显有赖于道德主体内在道德的自觉形成、道德主体道德品质的精神觉醒与自我完善。道德是主体的自觉意识，道德的最高境界是自律，只有通过道德内化，才能真正昭示道德的价值和活力，“如果只能是与法则相结合的某种欲求的客体的意欲质料进入实践法则作为它的可能性的条件，那么，由此就形成任性的他律，亦即对遵从某种冲动或者偏好的自然法则的依赖性，而意志就不是自己给自己提供法则，而只是提供合理的遵循病理学法则的规范”①。康德道德教育的终极目的就是使人从他律到自律地遵守道德规范，从而达致人性的完满。当然，自律还需要个体从幼年开始，经过长期培养才能在道德主体中保持其稳固状态并自始至终发生作用。“教育中最重大的问题之一是，人们怎样才能把服从于法则的强制和运用自由的能力结合起来。因为强制是必需的。我怎样才能用强制培养出自由来呢？我应该让儿童习惯于忍受对其自由所施加的强制，并应同时指导他去良好地运用其自由。”② 在道德教育的全过程中，康德认为个体应该从儿童期就开始接触并分辨好与坏的概念，让其认识到道德是崇高的、神圣的，理应自觉遵守。仅仅靠惩罚的方式把道德教育降格到规训的层面上是难以使自律得到坚持的，

---

① 李秋零主编：《康德著作全集》第 5 卷，中国人民大学出版社 2007 年版，第 37 页。

② ［德］康德：《论教育学》，赵鹏译，上海世纪出版集团 2005 年版，第 13 页。

因为“教育必须带有强制性，但绝对不能是奴役性的”①。

归根结底，道德教育和整体道德发展水平的关键落脚点都在于道德实践主体，道德实践主体如何看待道德并由此付诸怎样的行动，是道德教育关注的核心，也是实施道德教育所直面的最大难题。人们往往都会有一条内化的道德标尺来规范他们的行为，他们不会过多地纠结于康德道德观中关于自律的问题而将自律视为道德实践主体的一种应然的本能行为。但事实上，人们却没有在具体的道德实践中诠释自律的全部内涵，而且更多地将用于自律的道德法则“暗度陈仓”地转化为对他人的强大约束力，忽视了自律对自我的道德约束。换句话说，自我主体意识过于强大以至驾驭于自我的道德规范之上，只在他人的行为中评价道德的合理性和制约力，这显然脱离了道德自律所要通达的目标。尽管道德实践主体的道德自律不可能等同齐一，但是外化的道德规范应当作为平衡道德行为张力并使道德自律持久稳定的首要依据。培育道德实践主体，除了要在道德动机上加以引导和强化，还必须还原道德自律的相互性，使自律的坚持不仅在衡量他人、约束他人的道德行为时发生效力，更在规范自我道德主体意识时发生效力。只有道德规范的自我规约实现了，它们才有可能规约他人，道德教育才能够在根本意义上取得成功，道德实践主体的现实行为才真正富含具有渗透力的道德品质。

康德建立在纯粹理性基础上的道德观为工业文明和商业文明时代，如何透过工具理性和消费主义的迷雾，重建道德教育体系提供了源泉和动力，在一定意义上使道德教育的形式化“躯壳”充实了道德内核，为其持续发展奠定了基础。但同时，对于某些由康德哲学观出发来思考康德在道德教育所作贡献的学者来说，康德道德观的纯粹理性基础为他们提供了一个质疑、批判康德道德观的借口。康德的道德观立于先验理性之上，并强调遵循绝对命令的道德法则。正是这种强调形式主义而脱离现实生活、偏向于先验而忽视经验的带有先验色彩的道德法则理论，引来了诸多批判之声。我们姑且不去评价这种质疑或批判是否科学合理，但不可否认的是，在教育的现实境遇

① ［德］康德：《论教育学》，赵鹏译，上海世纪出版集团 2005 年版，第 29 页。

中，康德的道德观着实以强调内在力量的方式为道德行为的外显镶嵌了一颗美丽的心灵，复归了一种本真、高尚的道德情怀，激励着我们不断向纯粹的道德奋进。在摒弃形式化道德教育、纠偏道德教育存在误区的倾向、构建公民道德教育体系的过程中，对于道德观问题，“你可以赞同康德，也可以反对康德，但不能绕过康德”[①]。

---

① 范进：《康德道德哲学的拱心石》，《中国社会科学》1988 年第 3 期。

结语　解放的诉求与人类生存方式的变革

在一些人的印象中，马克思的人类解放是一个遥远无边的话题，甚至是一个空洞华美的概念。在人们变得越来越“实际”的今天，市场原则和个人主义大行其道，谁还会在意“以后”？谁还会关注“人类”？出于反叛和崛起的需要，一些所谓“新潮”学者，也不遗余力地贬低、嘲讽人类解放，借以显示自己的先锋姿态和务实精神。他们把人类解放和现实对立起来，认为人们应该更多地关注眼前，而人类解放看不见、摸不着，更乏介入时代及社会的力度，容易使人们迷醉在关于未来的虚空图景中，误国误民。人类解放由此被诠释为“形而上”色彩极强的话语，被巧妙地转化为一种本质上反现实的异化物，甚至沦为虚无的标签。

但是，人类解放真的是一种浮华虚无的存在吗？真的是一种阻碍人们认识现实社会的障碍性因素吗？不是的。这种认识很大程度源起于仅仅把人类解放简单地理解为一种理想和追求。其实，理想和追求只不过是人类解放丰富深刻意蕴构成中的一个部分。

除此之外，人类解放还指涉一种公允坦荡的价值立场。20世纪末以来，为了强调冷静客观，学术论文进入了“冷叙事”的时代。人的社会诉求和政治愿望被“符号”和“话语”所遮蔽。然而哲学社会科学不可能是非意识形态的，也不可能价值中立。问题不在于有没有自己的立场，而在于有什么样的立场。人类解放之所以是马克思终生围绕的主题，是一种伟大的具有持久生命力的哲学样态，最根本的原因是它在精神上深刻地体现了学术的人学本质，即强烈的人文情怀和自觉的责任担当。我们在社会现代化转型的艰难过程中尤其需要深刻地领会马克思主义的方向感和意义感，清晰地勾勒人类解放思想的内在价值图景。

人类解放蕴含一种健康有力的情感态度。哲学社会科学的研究动力来源于研究者对民族命运的执着关注和对时代激情的热烈拥抱。马克思从少年时代起就拥有不屈的解放精神，致力于人类不断进步的伟大事业，不断书写广大的自然与人生，关注社会、批判社会，表达大多数人的政治诉求，最大限度地对丰富的社会生活发出声音，尤其是对社会非正义现象进行批判。他站在对整个世界、整个人类的关照和悲悯上，其内在的创作精神背景是广阔的，精神积淀是深厚的，是一种大境界、大视野。我们只有明白了这一点，才能摆脱世俗卑琐，达到较高的精神目标和要求。

特别需要指出，人类解放的社会理念是由一套具有内在逻辑的、严密完整的马克思主义科学体系作为理论支撑的。这一科学体系绝非单纯地以注经释义、构建庞大的思想王国为最高意旨，而是摆脱了历史的重负，走出了思辨的传统，改变了思想史的前进轨迹，开始变成一种真正地认识世界和改造世界的无产阶级世界观。凡属于马克思主义学派的首要条件，就是要立足实践、面对时代，运用马克思主义基本理论解决自己时代面对的新情况、新问题和以不同方式为实现马克思所争取的无产阶级和人类的解放及其自由全面发展的社会理想而奋斗。对马克思主义基本理论理解得越深刻，致力于人类解放伟大事业的努力就越自觉。

当代中国的马克思主义理论工作者，要系统地研究马克思主义经典作家关于某些理论的基本观点及其在不同时期的论述，从而深化对这些理论的认识。但文本研究本身并不是目的，我们还要关心社会的发展，寻找当代社会与马克思当年思考的内在关联。当代社会的要求和矛盾最强烈地表现在人类面对的现实问题之中，因而我们必须遵循马克思主义的本性，以正在做的问题为中心，实际地参与解决问题、改变世界的活动并从中提炼出具有生命力的思想精华。唯有如此，才能激活文本，客观地展现出马克思主义在当代的真理性和有效性，从而真正地在理论上和实践上推进人类解放事业的发展。

因此，在马克思主义的视域中，人类解放不但不是一种虚无，还是一种与现实生活发生关联的方式。秉持某种理想和追求，也要有“不虚美，不隐恶”的求实精神。马克思讲述未来是为了照亮眼前，否则其共产主义展望将会失去价值和意义。马克思同每一个生活在现实社会中的人一样，他能够从心灵深处感受理想的启示，坚信人类正在向美好的未来靠近。这是一种真正的信仰。这种信仰绝不是炫耀自身，绝非轻松安逸之事，它要求人们有攻坚克难的努力，有深沉迫切的投入。因此，人类解放的意义不仅在于它能够启示我们在辗转挣扎于不完美的现实泥沼时，抬头仰望遥远而灿烂的理想星空，更重要的在于要求我们在理想与现实的差距中，充满激情地呈现时代最真切生动的面影，以改变现实、完善现实。

在我们的时代，技术以其无与伦比的威力扮演着日益重要的角色，成为各个国家和地区关注的核心问题。一方面，技术促进社会财富的巨大增长和人们精神境界的显著提高；另一方面，人类的生产方式深度技术化，人与自然矛盾的激化、人与人的疏远化、社会疾病丛生等社会问题成为客观事实。在技术永无止境的创造逻辑面前，技术带给人类的究竟是福祉还是祸害？面对这一新的时代难题，我们需要多角度、多层次去研究由技术所引发的一系列问题的性质、原因和解决方法，因为这些问题即技术化过程所引发的负效应，超出了单纯自然科学和技术研究的范围，离开哲学社会科学的参与，离开人文精神与技术的互动，不可能解决由技术所带来的命运安排，更不可能获得人类的内在解放。只有发挥自然科学技术与哲学社会科学的互动作用，对技术的发展进行反思与批判，才能防止工具主义和功利主义对人的心灵的过分侵蚀，促使人类从对技术的幻想走向觉醒，消解在技术发展过程中出现的负面效应，寻找一条正确理解当代人类困境问题的本质和摆脱困境的出路。当然，技术异化不是马克思所身处的时代关注的焦点问题，马克思也并未系统论及。但它是时代向我们提出的课题，我们有责任在马克思现有文本的指导下继续拓展研究这一课题，变革人类生存方式，探索超越技术异化的未来的人类解放之路。

责任编辑:孔　欢
版式设计:董晋伟
责任校对:孟　蕾

图书在版编目(CIP)数据

马克思的哲学立场/刘同舫 著.—北京:人民出版社,2017.1(2018.12 重印)
ISBN 978-7-01-016783-1

Ⅰ.①马…　Ⅱ.①刘…　Ⅲ.①马克思主义哲学-研究　Ⅳ.①B0-0

中国版本图书馆 CIP 数据核字(2016)第 235511 号

马克思的哲学立场
MAKESI DE ZHEXUE LICHANG

刘同舫　著

人民出版社 出版发行
(100706　北京市东城区隆福寺街 99 号)

北京盛通印刷股份有限公司印刷　新华书店经销

2017 年 1 月第 1 版　2018 年 12 月北京第 2 次印刷
开本:710 毫米×1000 毫米 1/16　印张:22.75
字数:361 千字　印数:2,001 4,000 册

ISBN 978-7-01-016783-1　定价:56.00 元

邮购地址 100706　北京市东城区隆福寺街 99 号
人民东方图书销售中心　电话 (010)65250042　65289539